제5판

쉽고 알찬 회계원리

Accounting Principles

김경자

박영사

PREFACE

머리말

투명경영, 부실회계공시의 법적 책임 강화 등 공정한 경영성과 측정과 재무보고를 위해서는 회계원리 지식을 정확하게 습득한 뒤 실무에 적용하는 것이 필수 과제이다.

그런데 기업의 언어인 회계를 많은 사람들은 난해한 학문이라는 선입관 때문에 회계전문가의 고유 영역인 것처럼 잘못 생각하고, 배우기를 기피하는 경향이 있다.

회계학은 회계에 관한 기본적인 지식을 체계적으로 구성하고 있는 학문 분야로서 일정한 원리 원칙만 간단하게 익힌다면 별로 어려울 것이 없다. 먼저 회계는 기초개념과 회계정보를 산출하는 데 필요한 중요한 계산기구인 복식부기원리에 대한 이해가 필수적이다.

따라서 본서인 '쉽고 알찬 회계원리'는 회계의 기초개념들을 이해시키는 데 중점을 두고 서술하였다. 기존의 난해한 용어들을 이해하기 쉬운 보편적인 용어로 대체하였으며, 최근 K-IFRS의 도입으로 인한 계정과목별 회계처리 등을 회계원리 수준에 맞추어 서술하였다. 그리고 K-GAAP에 의한 회계처리방법도 반영하였다.

본서의 구성은 핵심적인 이론을 먼저 정리하고, 예제 및 연습문제를 통하여 반복 학습할 수 있도록 구성하였다. 그리고 회계관리, 기업회계, 전산회계, 전산세무회계, FAT, TAT, 공무원시험, 재경관리사, 경영지도사, 공정가치평가사, 신용분석사, 원가분석사 등의 수험준비 교재로 활용할 수 있으며 자격증 취득을 목적으로 하시는 분들은 부록에 수록된 문제들도 다 풀어보시길 바란다.

회계학을 성공적으로 학습하기 위해서는 많은 예제와 연습문제를 다루어 보아야 한다. 이 책을 통하여 회계학을 처음 배우는 사람들이 계정과목과 결산, 재무제표 읽는 방법 등을 잘 터득하여 회계학에 흥미와 자신감을 갖게 되기를 바란다. 앞으로 더 좋은 책이 될 수 있도록 계속 수정·보완하여 회계의 길잡이로 활용될 수 있도록 하겠다.

2026. 1.
저자 씀

CONTENTS

차례

CHAPTER 01

회계의 기본구조

CHAPTER 02

회계순환과정

CHAPTER 03

기본 재무제표

CHAPTER 04

금융자산(Ⅰ): 현금 및 금융상품

CHAPTER 05

금융자산(Ⅱ): 유가증권

CHAPTER 06

금융자산(Ⅲ): 수취채권과 지급채무

CHAPTER 07

상품매매거래와 재고자산

CHAPTER 08

금융자산(Ⅳ): 지분증권과 채무증권

CHAPTER 09

유형자산과 무형자산, 기타비유동자산

CHAPTER 10

금융부채와 비유동부채 및 장기충당부채

CHAPTER 11

자본 회계

CHAPTER 12

수익과 비용 회계

CHAPTER 13

회계변경과 오류수정

APPENDIX

부록

연습문제 정답

ACCOUNTING PRINCIPLE

CHAPTER

01

회계의 기본구조

SECTION 01

회계의 기초 개념

1 회계의 의의

회계(accounting)는 기업과 관련된 정보이용자들에게 그 기업의 경영활동에 관한 재무상태나 경영성과를 측정하여 전달함으로써 정보이용자가 합리적으로 의사결정을 할 수 있도록 도와준다.

미국회계학회에서는 1966년 발표한 보고서(A Statement of Basic Accounting Theory, 기초적 회계이론에 관한 보고서)에서 "회계란 정보의 이용자가 사정에 정통한 판단이나 의사결정을 할 수 있도록 경제적 정보를 식별하고 측정하며 전달하는 과정이다"라고 하였다.

위의 정의에서 알 수 있듯이 회계는 기업실체의 경영활동과 관련된 경제적 행위를 측정하여 회계정보를 산출하고 이를 정보이용자들에게 전달함으로써 정보이용자(audience)들의 경제적 의사결정에 도움이 되는 정보를 제공하는 것이다.

참고 회계란?

- 정보이용자들에게 유용한 정보를 식별, 측정하고 전달하는 과정이다.

회계과정

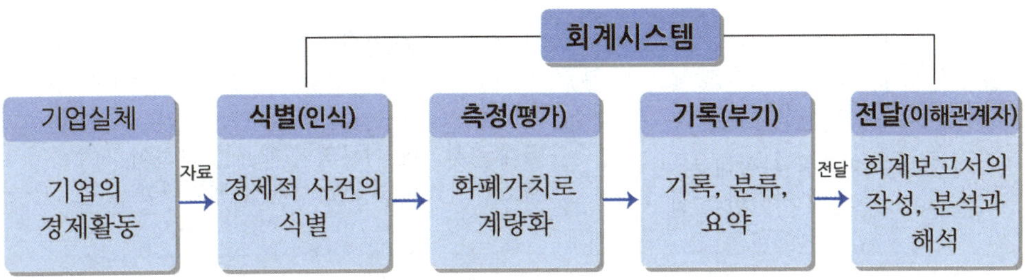

[식별 → 측정 → 기록 → 전달]

회계정보의 식별에서부터 전달까지는 정보산출자인 기업의 영역이 되며, 전달 후 해석 및 의사결정은 정보이용자의 영역이 된다.

2 부기와 회계

(1) 부기의 정의와 목적

부기(book-keeping)란 "장부기입"의 줄임말로 "기업에 관한 경제적 사실과 그 변화를 일정한 방법에 의해 체계적으로 기록하여 전달하기 위한 일체의 과정"이라고 할 수 있다.

부기는 회계와 동일한 용어가 아니다. 부기는 거래를 사실대로 단순히 기록하는 것에 그치는 반면 회계는 기업의 이해관계자에게 기업에 관련된 유용한 정보를 제공하는 것까지 포함한다.

부기와 회계

회계

부기

거래를 사실대로 장부에 기록하는 것

\+ **회계**는 부기에 이론적인 체계를 더하여 이해관계자에게 **유용한 정보**를 **제공**하는 것

(2) 부기의 분류

가. 단식부기(=간편장부대상자)

단식부기(single entry bookkeeping)란 일정한 원리원칙이 없이 발생순서에 따라 상식적으로 재산의 변동사항만을 기록하는 장부기장 방법이다. 단식부기의 예로는 가정에서 작성하는 가계부가 대표적이다.

나. 복식부기(=복식부기의무자)

복식부기는 일정한 원리원칙에 따라 거래를 차변과 대변으로 나누어 이중기록하는 장부기장방법을 복식부기(double entry bookkeeping)라고 하며, 일반적으로 부기라고 하면 복식부기를 가리킨다. 따라서, 복식부기를 이용하여 장부를 기장하면 한 항목의 기입에 오류가 발생하였다고 하여도 다른 항목이 올바르게 기입되었는지 오류를 쉽게 발견할 수 있고 수정할 수 있는 장점이 있는데 이를 자기검증기능이라고 한다.

단식부기와 복식부기

- **부 기**
  - **단식부기**: 하나의 거래에 대하여 한 가지만 기술하는 것
    예 가정에서 작성하는 가계부 등
  - **복식부기**: 하나의 거래를 두 가지로 나누어 기록하는 것
    예 기업의 회계장부 등

* 단식부기는 간단한 대신 많은 정보를 담기 부적합하다.
* 복식부기는 오류나 조작이 개입될 여지를 줄여준다.

참고 복식부기의 역사

- 이탈리아의 수도사이자 수학자이던 루카 파치올리는 1494년 베니스상인들이 사용하던 복식부기 방식을 "산술, 기하, 비, 비례총람"이라는 책을 통해 소개함으로써 세상에 알리게 된다. 따라서 복기부기의 역사는 531년 이전에 만들어졌다.
- 경제학자 Sombart → 「자본주의는 복식부기의 발달과 더불어 발달하였으며 그것은 자본주의 발전에 중대한 공헌을 하였다」라고 하였으며, Goethe → 「빌헬름마이스터르」라는 소설에서 복식부기의 원리야말로 인류가 창조한 최고의 것 중의 하나라고 극찬하였다.
- 12~13세기 유렵의 도시국가 및 상업융성기인 문예부흥기에 플로렌스, 베니스, 제노바 등 도시지역 금융업자가 금전의 대차 기입에 복식부기를 이용하였다.
- 우리나라는 사개송도치부법(=개성부기)이 고려시대(915-1392년)에 보급되었다는 설은 있으나 증거자료가 없는 상태이다.

3 회계정보이용자

기업이 산출한 회계정보를 이용하는 회계정보이용자는 투자자, 채권자, 경영자 등을 비롯한 수많은 이해관계자들이 있다. 이 중에서 투자자, 채권자 등을 기업 외부정보이용자라고 하며, 경영자를 기업 내부정보이용자라 한다. 투자자와 채권자는 자기가 투자 또는 대출을 하려는 기업에 관한 회계정보를 필요로 할 것이다. 또한 경영자는 경영관리를 위하여 자신이 경영하고 있는 기업의 회계정보를 필요로 한다.

회계정보의 제공

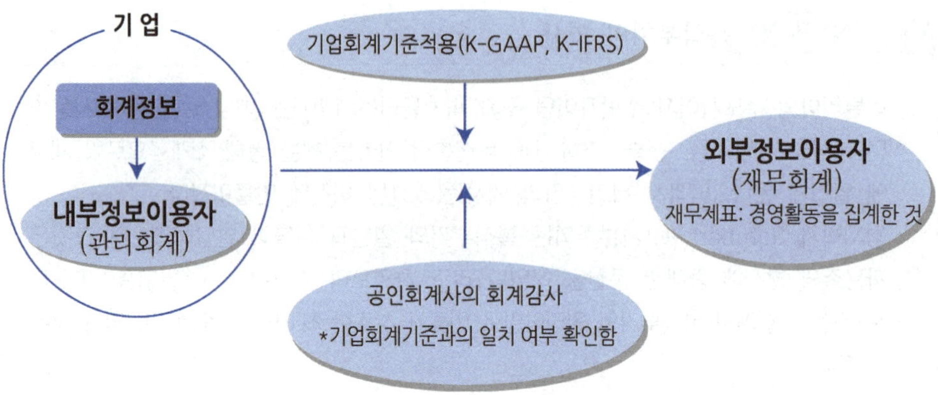

회계정보이용자는 기업 외부정보이용자와 기업 내부정보이용자로 구분된다. 그리고 정보를 활용하는 내용은 다음과 같다.

❙ 회계정보이용자와 필요한 정보내용

회계정보이용자		정보이용 목적
내부정보 이용자	경영자	경영실적을 알 수 있으며, 경영의사결정과 적절한 보상, 합리적 투자 및 자금조달, 배당정책 및 경영정책 수립 등에 정보를 활용한다.
외부정보 이용자	투자자 (주주)	주주는 자금을 투자하고 배당금을 받는다. 그래서 주식과 사채의 취득, 보유 및 처분 여부 결정한다.
	채권자	채권자는 자금을 대여하고 이자와 원금을 받는다. 그래서 신규대출, 기간 연장 및 회수 여부 결정한다.
	노동조합	고용안정성 판단과 적절한 보상(임금협상) 및 근로계약 등
	공급업자	계약의 지속 여부, 신용거래 여부, 대금회수 여부
	세무서	과세액의 결정
	정부당국	정책수립, 조세징수, 감독 및 규제
	소비자	A/S능력, 가격인하 및 품질개선 요구

4 회계의 분류

회계는 보고목적에 따라 외부보고목적 회계를 재무회계, 내부보고목적 회계를 관리회계라고 한다.

회 계
- 재무회계(financial accounting): **외부**정보이용자에게 보고
- 관리회계(management accounting): **내부**정보이용자에게 보고

(1) 재무회계

재무회계(financial accounting)는 기업 외부정보이용자들의 경제적 의사결정을 위한 정보를 제공하는 회계이다. 기업 외부정보이용자는 투자자, 채권자 외에도 거래처, 소비자, 정부기관, 노동조합 등 다양한 집단으로 구성된다. 재무회계에서는 다양한 정보이용자의 요구를 모두 수용할 수 없기 때문에 그들의 공통적인 요구만을 수용하는 재무회계정보는 기업회계기준을 적용하여 정기적으로 재무제표를 작성하고, 이를 기업 외부에 공시(disclose)한다.

– 재무제표 공시자료(K-IFRS)는 다음과 같다.

① 재무상태표: 일정시점 현재 기업의 재무상태(자산, 부채, 자본)를 보고
② (포괄)손익계산서[1]: 일정기간 동안 경영성과(수익, 비용)를 보고
③ 자본변동표: 기업의 일정기간 동안의 자본의 크기와 변동에 관한 보고
④ 현금흐름표: 일정 기간의 현금의 유입과 유출에 대한 보고
⑤ 주석: 재무제표의 명료성을 해치지 않게 하기 위하여 별도로 설명하는 방법으로 재무제표의 해당과목과 금액에 기호를 붙여 별지에 재무제표상에 필요한 추가적 정보 보고

(2) 관리회계

관리회계(management accounting)는 기업 내부의 정보이용자인 경영자에게 유용한 정보를 제공하는 것을 목적으로 하는 회계이다. 따라서 관리회계는 경영자의 의사결정 유형에 적합한 회계정보를 제공하여야 한다. 경영자가 기업을 합리적으로 경영할 수 있도록 과거나 현재의 정보보다는 미래지향적인 정보를 제공하는 데 있다. 이러한 정보는 경영자가 의사결정을 하는 시점마다

1) 당기순이익뿐만 아니라 기타포괄손익누계액의 당기변동액도 포함된 총포괄손익을 표시하는 서식이다.

수시로 보고서가 작성되고 그 형식은 매우 다양하다.

재무회계와 관리회계의 비교

구 분	재무회계	관리회계
정보제공 목적	(기업) 외부공표목적	내부관리목적
정보이용자	현재 및 잠재투자자, 채권자, 거래처 등 외부이해관계자	기업 내의 경영자, 관리자 등
작성 근거	상장기업과 총자산 규모 120억 이상 기업은 한국채택국제회계기준(K-IFRS)을 준수해야 한다. *비상장기업은 K-GAAP를 채택한다.	기업회계기준에 구속되지 않음. 경제이론, 경영학, 통계학 등
주된 정보 수단	재무제표(재무상태표, 손익계산서, 현금흐름표, 자본변동표, 주석)	일정한 양식이 없다(전략수립/평가, 사업부별 손익정보, 성과평가를 위한 정보).
정보제공의 강제성과 외부감사 여부	일정 규모 이상의 주식회사는 정기적 재무제표 공시가 의무화되며 또 외부감사를 받아야 한다. 보통 1년 단위(또는 분기, 반기)	경영자의 필요에 따라 수시로 정보를 추출해서 활용하며, 외부감사가 필요하지 않음. 필요시 또는 요구시
정보의 성격	기업의 과거 활동에 대한 정보이다.	과거 및 미래 예측 정보도 생산된다.

*기업의 연차보고서는 금융감독원의 전자공시시스템(DART)에서 찾아볼 수 있다. (http://dart.fss.or.kr)

(3) 기타의 회계 영역

재무회계와 관리회계 이외에 회계학에 속하는 분야로 세무회계, 원가회계, 회계감사, 정부회계 및 비영리회계 등이 있다.

가. 세무회계(tax accounting)

세무회계는 조세징수기관을 위한 회계로 과세소득과 납세액에 대한 정보를 제공한다. 기업은 법인세, 부가가치세, 지방세 등 여러 가지 세금을 납부하고 있다. 세금은 기업회계상 순이익에 세법 규정에 의한 여러 가지 조정계산을 한 과세표준을 기준으로 납부하여야 할 세액을 산출하는 과정을 다루는 회계 분야가 세무회계이다.

나. 원가회계(cost accounting)

원가회계는 기업이 생산, 공급하는 재화 또는 용역의 생산원가를 계산하는 회계이다. 원가계산절차, 원가정보의 관리적 응용, 예산편성 등 특수한 의사결정 등의 문제도 다룬다.

다. 회계감사(auditing)

회계감사는 기업이 작성한 재무제표가 정해진 기준에 따라 제대로 작성되었는지 검증할 필요가 있는데 이와 같이 기업이 작성한 재무제표의 신뢰성을 검증하여 그에 대한 의견을 표명하는 분야이다. 감사인이 표명하는 감사의견에는 적정의견, 한정의견, 부적정의견, 의견거절 등이 있다. 적정의견은 재무제표가 기업회계기준에 따라 적정하게 표시되어 있음을 나타내는 의견으로서 일단 재무제표를 믿을 수 있는 것이다. 한정의견은 주로 이익을 부풀린 경우로 분식회계(粉飾會計)가 많다. 부적정의견이나 의견거절을 받은 기업은 기업회계기준에 크게 미흡한 상태로 이런 기업의 주식에 대해서는 손을 대지 않는 것이 좋을 것이다.

라. 정부회계(government accounting)

정부회계 및 비영리회계는 최근 들어 각광을 받고 있으며 우리나라 정부 역시 복식부기를 도입함으로써 그 중요성이 강조되고 있다. 이러한 정부 및 비영리회계(병원, 사회단체, 종교단체 등)는 영리를 추구하지 않고 공공서비스를 제공한다는 면에서 일반 기업회계와 커다란 차이가 존재한다. 따라서 정부회계 및 비영리회계는 이들 단체의 회계보고책임, 운영성과, 재정상태, 재무건전성 등의 보고를 위하여 존재한다.

“M/E/M/O”

SECTION 02

재무회계의 이론 및 구조

우리나라의 재무회계 개념체계는 재무회계의 목적, 회계의 기본가정, 회계정보의 질적 특성, 회계원칙(재무회계기준), 회계절차 및 실무 등의 논리적 체계로 구성된다. 이들 각 개념은 독립적인 위치에 있는 것이 아니라 상호관련성을 가지고 존재한다.

재무회계의 목적은 정보이용자의 경제적 의사결정에 유용한 정보를 제공하는 것이다. 이러한 목적을 달성하기 위해서는 실제 기업의 회계 실무를 통해 정보이용자의 의사결정에 유용한 정보가 산출되어야 한다. 그러나 아무런 실무적 처리 지침이 없이 회계정보가 산출된다면 이러한 회계정보는 정보이용자의 정보이용욕구를 충족하지 못할 뿐만 아니라 부실한 회계정보로서 정보의 유용성을 떨어뜨릴 것이다.

이러한 관점에서 기업이 실무적으로 회계정보를 산출하고 유용한 정보가 되기 위해서 지도 및 통제기능을 담당하는 실무처리지침이 필요하게 되는데, 이를 일반적으로 인정된 회계원칙(GAAP: Generally Accepted Accounting Principle) 또는 재무회계기준이라 한다.

한편, 실무적 처리지침을 제공하는 회계원칙을 제정하는 데 있어서는 실무상의 현실적 제약요소를 완화하기 위한 적절한 가정이 필요하고, 회계원칙에 따라 산출된 회계정보가 유용한 정보가 되기 위해서는 어떠한 정보의 속성을 갖추어야 하는가를 우선적으로 고려하여야 하는데 이것을 회계의 기본과정과 회계정보의 질적 특성이라고 한다. 이들은 모두 유용한 정보를 산출하고자 하는 재무회계의 목적으로부터 도출되었다.

재무보고에 의한 정보는 주로 회계시스템에 근거한 재무제표(financial statements)에 의해 제공된다.

재무회계 이론 및 구조

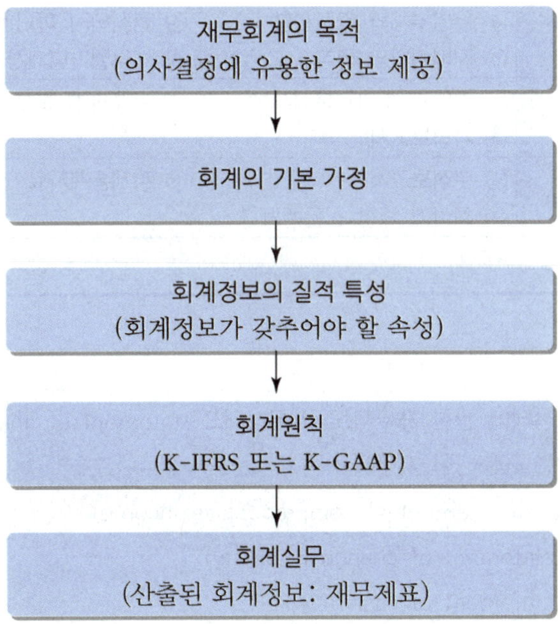

그리고 재무보고의 기타 수단으로 제공되는 주석 및 부속명세서와 기타 정보는 재무제표에 보고되기에는 적절하지 않지만 정보이용자의 의사결정에 꼭 필요한 유용한 정보가 포함된다.

ㅣ기업의 K-IFRS 적용 재무보고 종류

재무제표	① 재무상태표 ③ 자본변동표 ⑤ 주석	② (포괄)손익계산서 ④ 현금흐름표
주석 및 부속명세서	① 적용한 회계정책 ③ 우발부채와 약정사항 ⑤ 지배기업의 명칭	② 기업의 소재지와 법적 형태 ④ 인식되지 아니한 배당금 ⑥ 계약원가명세서
기타 재무보고 수단	① 경영자 토의 · 분석자료 ③ 사업보고서	② 주주에게 보내는 서신
기타 정보	① 분석보고서 ③ 회사에 대한 신문논평	② 경제통계자료

① 특정 시점의 상태에 관한 재무제표: 재무상태표(statement of financial position)

② 특정 기간의 변동에 관한 재무제표

- 포괄손익계산서(statement of comprehensive income)
- 자본변동표(statement of change in equity)
- 현금흐름표(statement of cash flow)

1 재무회계의 목적

재무회계의 목적은 투자 및 신용제공과 관련한 의사결정에 유용한 정보를 제공하는 것이며, 유용한 정보가 되기 위해서는 투자나 신용제공에 따른 미래의 현금흐름에 관한 정보를 제공해야 하고 이를 위해서는 기업의 경제적 자원과 경제적 자원에 대한 청구권(재무상태표) 및 자원과 청구권의 변동에 관한 사항(포괄손익계산서 등)을 제공해야 한다는 것을 의미한다.

2 회계의 기본 가정

회계의 기본가정이란 회계를 둘러싸고 있는 환경으로부터 도출된 가정으로서 회계원칙의 기초가 되는 기본적 가정, 자명한 명제 또는 가설적인 명제로써 논리의 체계를 형성하는 데 있어서 기초가 되는 것이다.

재무제표를 작성하는 데 있어 발생기준의 가정과 계속기업의 가정이라는 두 가지의 기본가정이 있다.

(1) 발생기준(accrual basis)의 가정

발생기준에서는 거래나 그 밖의 사건의 영향을(현금이나 현금성자산의 수취나 지급시점이 아니라) 발생한 기간에 인식하며 해당기간의 장부에 기록하고 재무제표에 표시한다. 발생기준을 적용하여 작성한 재무제표는 현금의 수지를 수반한 과거의 거래뿐 아니라 미래에 현금을 지급해야 하는 의무와 현금의 수취가 기대되는 자원에 대한 정보를 이용자에게 제공한다. 이에 따라 거래는 발생하였으나 현금 유입과 유출이 이루어지지 않은 외상매출금, 외상매입금 등이 발생주의 계정이다.

(2) 계속기업(going concorn)의 가정

재무제표는 일반적으로 기업은 계속기업이며 예상 가능한 기간 동안 영업을 계속할 것이라는 가정하에 작성된다. 따라서 기업은 그 경영활동을 청산하거나 중요하게 축소할 의도나 필요성을 갖고 있지 않다는 가정을 적용하며, 만약 이러한 의도나 필요성이 있다면 재무제표는 계속기업을 가정한 기준과는 다른 기준을 적용하여 작성하는 것이 타당할 수 있으며 이때 적용한 기준은 별도로 공시하여야 한다.

3 회계정보의 질적 특성

회계정보의 질적 특성(qualitative characteristics of accounting information)이란 회계정보가 정보이용자의 의사결정에 유용하기 위해 갖추어야 할 주요속성을 말하며, 회계정보의 유용성의 판단기준이 된다.

회계정보의 질적 특성은 경영자와 감사인이 회계정책을 선택 또는 평가하거나 회계정보이용자가 기업실체가 사용한 회계처리방법의 적절성 여부를 평가할 때 판단기준을 제공한다.

(1) 근본적 질적 특성: 목적적합성, 충실한 표현
(2) 보강적 질적 특성: 비교가능성, 검증가능성, 적시성, 이해가능성

(1) 근본적 질적 특성

1) 목적적합성

목적적합성이란 정보를 이용하지 않고 의사결정을 하는 경우와 회계정보를 이용하여 의사결정을 하는 경우에 정보이용자의 의사결정에 차이가 나도록 할 수 있다는 속성이다.

가. 예측가치와 확인가치

재무정보에는 예측가치와 확인가치 또는 둘 모두가 있다면 의사결정에 차이가 나도록 할 수 있다. 정보가 정보이용자들이 미래 결과를 예측하기 위해 사용하는 절차의 투입요소로 사용될 수 있다면 그 재무정보는 예측가치를 갖는다. 재무정보가 과거 평가에 대한 피드백을 제공, 즉 확인하거나 변경시킨다면 확인가치를 갖는다.

나. 중 요 성

정보가 누락되거나 잘못 기재된 경우 특정 보고기업의 재무정보에 근거한 정보이용자의 의사결정에 영향을 줄 수 있다면 그 정보는 중요한 것이다.

중요성은 개별 기업 재무보고서 관점에서 해당 정보와 관련된 항목의 성격이나 규모 또는 이 둘 모두에 근거하여 해당 기업에 특유한 측면의 목적적합성을 의미한다.

2) 충실한 표현

재무보고서는 경제적 현상을 글과 숫자로 나타내는 것이다. 재무정보가 유용하기 위해서는 목적적합한 현상을 표현하는 것뿐만 아니라 나타내야 하는 현상을 충실하게 표현해야 한다. 완벽하게 충실한 표현을 하기 위해서는 서술이 완전하고, 중립적이며, 오류가 없어야 할 것이다.

충실한 표현 그 자체가 반드시 유용한 정보를 만들어 내는 것은 아니다. 보고기업이 적절한 절차를 올바르게 적용하였고, 추정치를 올바르게 기술하였으며, 추정치에 유의적인 영향으로 미칠 수 있는 불확실성을 설명하였다면, 그 추정치는 충실한 표현이 될 수 있다. 그러나 그러한 추정치에 불확실성의 수준이 충분히 크다면, 그 추정치가 꼭 유용하지는 않을 것이다.

(2) 보강적 질적 특성

1) 비교가능성

비교가능성은 정보이용자가 항목간의 유사점이나 차이점을 식별하고 이해할 수 있게 하는 질적 특성이다. 보고기업에 대한 정보는 다른 기업에 대한 유사한 정보 및 해당 기업에 대한 다른 기간이나 다른 일자의 유사한 정보와 비교할 수 있다면 더욱 유용하다. 기업 간 비교와 기간 간 비교가 가능한 속성을 갖고 있다.

2) 검증가능성

검증가능성은 정보가 나타내고자 하는 경제적 현상을 충실히 표현하는지를 정보이용자가 확인하는 데 도움을 준다. 검증가능성은 합리적인 판단력이 있고 독립적인 어느 누구가 회계처리를 하여도 동일한 결과가 나타나는 것이다.

3) 적시성

적시성은 의사결정에 영향을 미칠 수 있도록 의사결정자가 정보를 제때에 이용가능하게 하는 것을 의미한다. 일반적으로 정보는 오래될수록 유용성이 떨어진다.

4) 이해가능성

이해가능성은 이용자가 정보를 쉽게 이해할 수 있어야 한다는 것으로, 정보를 명확하고 간결하게 분류하고, 특징을 묘사하며, 표시하면 이해가능하게 된다. 일부 현상은 내재적으로 복잡하여 이해하기 쉽게 할 수가 없다. 그 현상에 대한 정보를 재무보고서에서 제외하면 그 재무보고서의 정보를 좀 더 이해하기 쉽게 만들 수는 있으나 결과적으로 보고서는 불완전하게 잠재적으로 오도될 수 있다.

SECTION 03

회계원칙과 기업회계기준의 제정

1 기업회계기준(K-IFRS)의 제정

우리나라의 기업회계기준의 제정은 '주식회사의 외부감사에 관한 법률(외감법)'에 근거를 두고 있다. 「외감법」에서는 자산 총액 120억원 이상인 주식회사는 공인회계사에 의한 외부감사를 받도록 규정하고 있다.

「주식회사의 외부감사에 관한 법률」 시행령 제7조의 2는 회계처리기준에 관한 해석 · 질의 · 회신 등 관련업무를 포함한 회계처리기준에 관한 업무를 민법에 의하여 금융위원회의 허가를 받아 설립된 사단법인 한국회계기준원(KAI: Korea Accounting Institute)에 위탁하고 있다.

한국회계기준원은 회계처리에 관한 사항을 심의 · 의결하기 위하여 관계전문가로 구성되는 위원회를 둔다.

그리고 회계기준원은 2007년 11월 23일 국제회계기준을 채택한 "한국채택국제회계기준(K-IFRS: Korea International Financial Reporting Standards)"을 제정하였으며, 2011년부터 상장회사 전체에 대하여 국제회계기준을 의무 적용하였다. 한국채택국제회계기준을 국제회계기준의 내용과 일치시키는 것을 원칙으로 하였다.

우리나라의 기업이 한국채택국제회계기준을 적용하게 되면, 전 세계의 회계처리기준 단일화 추세에 적극 동참하게 되고 우리나라 기업의 재무제표와 외국기업의 재무제표간의 비교가능성이 제고되며 국제사회에서 우리나라 회계투명성에 대한 신뢰도가 향상될 것이다.

그리고 우리나라 기업의 해외 소재 사업장 또는 우리나라에서 영업하는 외국기업의 사업장에 대한 재무보고 비용을 감소시키게 될 것이다.

기업회계기준과 재무제표

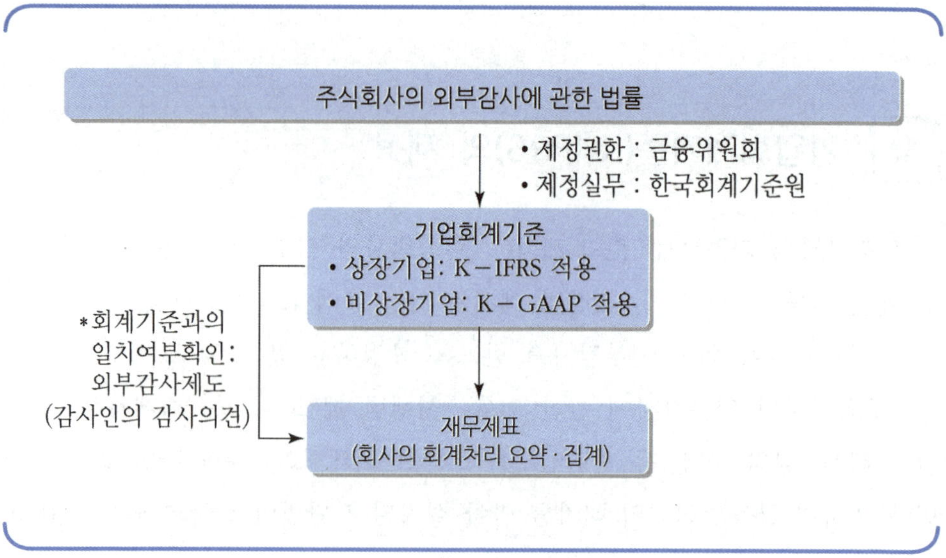

참고 K-IFRS와 K-GAAP의 주요특징 비교

K-IFRS	K-GAAP
원칙중심 회계	규칙 중심 회계
연결재무제표 중심	개별재무제표 중심
공정가치 회계 확대 적용	제한적인 공정가치 회계 적용
공시 항목의 확대	상대적으로 적은 공시 항목
각국의 협업을 통해 기준 제정	독자적인 기준 제정

2 회계연도(회계기간)

기업은 설립과 동시에 경영 활동이 무한히 계속되므로 그 기간 전체에 대한 경영성과를 파악하기가 어렵다. 따라서 인위적으로 6개월 또는 1년으로 기간적 범위를 설정하여야 하는데, 이때 설정하는 기간을 회계 연도 또는 회계기간이라고 한다.

회계연도란 기간적 범위를 의미하며, 1년을 초과할 수 없다.

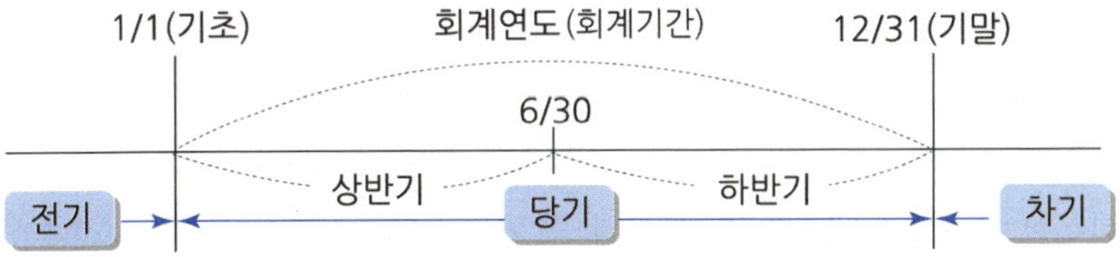

참고

- 기초: 회계연도가 처음 시작하는 날
- 기말: 회계연도가 끝나는 날
- 전기: 이전의 회계연도
- 당기: 현재 회계연도
- 차기: 다음 회계연도
- 전기이월: 전기에서 당기로 넘어오다.
- 차기이월: 당기에서 차기로 넘어가다.

SECTION 04

재무제표의 구성 요소

회계정보는 정보이용자의 요구에 따라 기업이 제공하는 것이다. 기업에 대한 정보이용자의 관심과 회계정보는 밀접한 관계가 있으며 재무제표의 양식으로 나타낸다.

재무제표는 거래나 그 밖의 사건의 재무적 영향을 경제적 특성에 따라 대분류하여 나타내는데, 이러한 대분류를 재무제표의 요소(elements of financial statements)라고 한다. 재무제표의 구성 요소에는 자산·부채·자본·수익·비용이 있는데, 이 중 재무상태표의 요소는 자산·부채 및 자본이며, 포괄손익계산서의 요소는 수익과 비용이다. 자본변동표나 현금흐름표는 일반적으로 재무상태표 요소의 변동과 포괄손익계산서 요소를 반영하므로 별도의 요소를 식별하지 않는다.

1 재무상태표의 구성요소

재무상태표란 일정시점의 기업의 재무상태(자산·부채·자본)를 나타내는 보고서이다.

재무상태표

재무상태표

기업명 2026년 12월 31일 현재 (단위: 원)

계정과목	금 액	계정과목	금 액
자산	100	부채 자본	60(채권자 지분) 40(투자자 지분)
합계	100	합계	100
총자산 (자금운용상태: 투자활동)		총자본 (자금조달상태: 재무활동)	

- 재무상태표 등식 : 자산 = 부채 + 자본

  ⇒ 자산합계액은 부채합계액과 자본합계액으로 반드시 일치한다.

- 자산 : 기업이 소유하고 있는 여러 가지 재화와 채권으로 미래 경제적 효익을 창출할 것으로 기대되는 자원
- 부채 : 과거의 거래나 사건의 결과로 미래에 자원의 유출 또는 사용이 예상되는 의무(빚)
- 자본 : 자산 총액에서 부채 총액을 차감한 잔여 지분(회삿돈)

(1) 자산

자산(assets)이란 기업이 경영활동을 수행하기 위하여 소유하고 있는 것으로서 재화나 권리를 말한다. 기업활동을 수행하기 위해서는 현금, 상품, 비품, 토지, 건물 등의 재화가 필요하고 이러한 재화를 거래하면 대여금, 매출채권, 미수금 등의 채권이 발생하게 된다.

예를 들어 기업은 현금, 기계, 공장건물 등을 사용하여 제품을 생산하고, 이를 통하여 앞으로 수익을 벌어들이게 될 것이다. 이같이 미래에 수익을 창출하는 데 공헌할 수 있는 능력을 갖고 있는 경우에만 자산으로 인정된다. 대체로 자산은 기업의 재산 전부를 의미하는데, 그 이유는 기업이 가지고 있는 재산은 어느 것이나 수익을 얻을 목적으로 구입하였다고 보기 때문이다. 따라서

어느 기업의 자산이 많다는 것은 사업목적을 달성하기 위해 현재 보유하고 있는 경제적 자원인 용역잠재력이 그만큼 많다는 것을 의미한다. 즉, 자산은 미래에 현금유입을 가져올 것으로 기대되는 자원이다.

자산계정과목과 해설

현금	통화 및 통화대용증권(타인발행수표, 자기앞수표 등), 일상적으로 사용하는 화폐
상품	영업활동에서 판매를 목적으로 외부에서 구입한 것
제품	영업활동에서 판매를 목적으로 제조한 것
외상매출금	원재료, 상품, 제품 등을 외상으로 매출한 경우의 채권
받을어음	원재료, 상품, 제품 등을 매출하고 어음을 받은 경우
매출채권	외상매출금과 받을어음의 합한 금액
단기대여금	1년 이내에 회수할 조건으로 현금 등을 빌려준 경우 단기대여금, 1년 이후에 회수할 조건은 장기대여금이라 함
미수금	상품 이외의 물건(건물, 비품, 토지 등)을 판매하고 못 받은 것
비품	영업활동에 사용할 목적으로 구입한 컴퓨터, 책상, 에어컨, 복사기 등
건물	영업(업무)활동을 위하여 구입한 공장, 창고, 점포 등
토지	사무실, 사업에 사용되는 땅
차량운반구	업무에 사용되는 차량

자산은 유동자산과 비유동자산으로 분류한다. 유동자산은 1년 이내에 현금화할 목적으로 보유중인 자산을 말하고, 비유동자산은 1년 이상 보유하면서 기업의 경영활동에 사용하기 위하여 보유중인 자산을 말한다.

자산의 분류

구분		계정과목
유동자산	당좌자산	현금 및 현금성자산(현금, 보통예금, 당좌예금), 매출채권(외상매출금, 받을어음), 단기금융상품, 단기매매증권, 단기대여금, 미수금, 미수수익, 선급금, 선급비용 등
	재고자산	상품, 제품, 원재료, 재공품, 반제품, 저장품 등
비유동자산	투자자산	투자부동산, 장기금융상품, 장기투자증권, 장기대여금
	유형자산	토지, 건물, 차량운반구, 비품, 건설중인자산
	무형자산	영업권, 산업재산권
	기타비유동자산	임차보증금

(2) 부채(liabilities)

부채란 상대방으로부터 현금을 빌리거나, 상품·제품과 같은 재화 또는 용역을 제공받았지만, 그 대가를 아직 지급하지 않아서 장차 갚아야 할 경제적 의무(economic obligations)를 말한다.

부채계정과목과 해설

외상매입금	원재료, 상품, 제품 등을 외상으로 구입한 경우
지급어음	외상대금을 약속어음을 발행하여 지급한 경우(주상거래인 원재료, 상품, 제품과 관련된 것)
매입채무	외상매입금과 지급어음의 합한 금액
단기차입금	1년 이내에 지급할 조건으로 현금 등을 빌려온 경우 단기차입금, 1년 이후에 지급할 조건으로 빌린 것은 장기차입금이라고 한다.

미지급금	상품 이외의 물건을 외상으로 구입시(주상거래인 원재료, 상품, 제품 이외의 외상 구입시) 사용, 예를 들면 건물을 외상으로 구입하다
장기차입금	타인으로부터 돈을 빌리고, 상환기간이 1년 이상인 경우
사채	기업이 불특정다수인에게 돈을 빌리고 발행한 증권(회사채)
퇴직급여충당부채	기업의 근로자가 퇴직할 것을 예상하고 미리 설정한 금액

부채도 유동부채와 비유동부채로 분류한다.

부채의 분류

유동부채	매입채무(외상매입금, 지급어음), 단기차입금, 미지급금, 선수금, 예수금, 유동성장기부채
비유동부채	장기매입채무, 장기차입금, 사채, 퇴직급여충당부채

재무상태표 작성

- 자산과 부채는 1년 기준이나 정상적인 영업주기 기준으로 유동과 비유동으로 분류
- 자산과 부채는 유동성이 큰 항목부터 배열하는 것이 원칙
- 주주와의 거래에서의 자본잉여금과 영업활동에서의 이익잉여금으로 구분 표시
- 재무상태표 등식: 자산=부채+자본

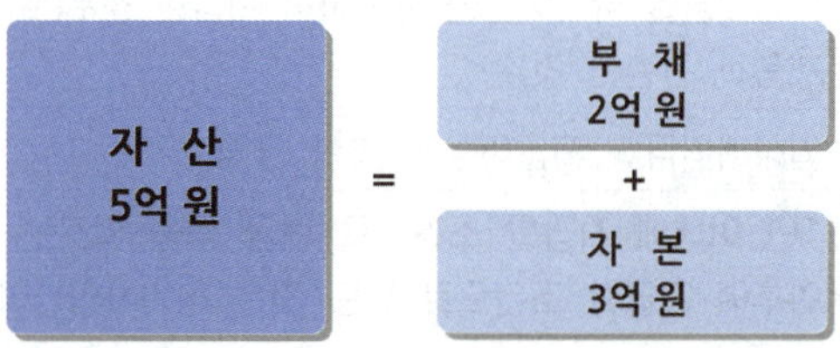

(3) 자본(owners' equity)

자본은 기업의 소유주가 투자한 자금 및 영업활동을 통한 자금의 증가분으로서 자산에서 부채를 뺀 후에 남는 몫을 말하며, 이를 순자산 또는 잔여지분이라고 한다. 기업의 소유주에게 귀속되어야 할 몫을 나타내기 때문에 **소유주지분** 또는 **주주지분**이라고 한다. 이는 기업의 소유주가 투자한 금액과 관련된 항목은 자본금과 자본잉여금이며, 영업활동 등으로 인하여 증가한 이익 금액은 이익잉여금으로 구성된다.

자본 등식 : 자산 − 부채 = 자본(순자산)

자본계정과목과 해설

자본금	기업주가 영업개시를 위해 출자한 돈이나 물품
인출금	기업주가 개인적인 용도로 인출한 금액의 기중처리
이익잉여금	기업의 순이익으로 인하여 증가한 순자산

개인기업과 법인기업의 자본 분류는 다음과 같다.

분류		내용
① 개인기업의 자본	자본금	자본금(자본금 ± 인출금 + 당기순손익)
② 법인기업의 자본	자본금	보통주 자본금
	자본잉여금	자본거래에서 발생한 잉여금
	자본조정	기타 자본에 가감되는 임시적 항목
	기타포괄손익누계액	당기손익에 포함되지 않지만 자본에 포함되는 평가손익의 잔액

분류		내용
	이익잉여금	영업활동에서 발생한 순이익 중 회사에 남아있는 금액 (미처분이익잉여금, 당기순손익)

▎재무상태표 예시

자산		부채·자본	
유동자산			유동부채
	당좌자산	부채	
	재고자산		비유동부채
비유동자산			자본금
	투자자산		자본잉여금
	유형자산	자본	자본조정
	무형자산		기타포괄손익누계액
	기타비유동자산		이익잉여금

자산 = 부채 + 자본

2 손익계산서의 구성요소

손익계산서란 기업의 경영성과를 명확하게 보고하기 위하여 일정기간 동안에 일어난 거래나 사건을 통해 발생한 수익과 비용을 나타내는 보고서이다.

❙ 손익계산서

손익계산서

기업명 2026년 1월 1일~2026년 12월 31일 (단위: 원)

계정과목	금 액	계정과목	금 액
비 용	60	수 익	100
순이익	40		
합 계	100	합 계	100

• 수익 – 비용 = 당기순손익

• 수익 : 기업이 일정기간 동안 경영활동을 수행한 결과로 벌어들인 것
• 비용 : 수익을 얻기 위해서 지출한 것이거나 발생한 것

• 손익계산서 등식(손익법)

수 익	-	비 용	=	순이익
300,000원		200,000원		100,000원
수 익	-	비 용	=	순손실
200,000원		300,000원		-100,000원

• 순손익의 계산(재산법)
 – 기말자본** – 기초자본* = 당기순이익(기말자본 〉 기초자본)
 – 기초자본 – 기말자본 = 당기순손실(기말자본 〈 기초자본)

 *기초자본 = 기초자산 – 기초부채
 **기말자본 = 기초자본 + 당기순이익

(1) 수익(revenues)

수익(revenues)이란 기업이 일정기간 동안 경영활동을 수행한 결과로 벌어들이게 되는 경제적 가치를 수익이라 하며 이러한 수익은 자본(순자산)의 증가요소이다. 예를 들면 매출액, 이자수익, 수수료수익, 임대료, 유형자산처분이익 등이 있다.

수익의 분류

분 류	계정 과목
① 매출액(영업수익)	상품매출, 제품매출, 용역매출 등
② 영업외수익	이자수익, 배당금수익, 수수료수익, 임대료수익, 단기매매증권처분이익, 단기매매증권평가이익, 유형자산처분이익, 잡이익

수익계정과목과 해설

매출액	고객에게 상품(제품)을 판매한 경우
임대료	건물, 토지 등을 임대하고, 집세 및 지대를 받았을 때
수수료수익	중개 및 용역을 제공하고, 수수료를 받았을 때
이자수익	금전대여, 은행예금 등에서 생기는 이자를 받았을 때
유형자산처분이익	유형자산(토지 · 건물 · 기계장치)을 처분하였을 때 생기는 이익금액
잡이익	영업활동과 관계없이 생기는 이익

(2) 비용(expenses)

비용은 수익을 얻기 위해서 경영활동 과정에서 지출하거나 발생한 금액을 비용이라 하며 비용은 자본의 감소 요소로 비용발생하면 순자산(자본)이 감소하게 된다. 예를 들면 매출원가, 급여, 이자비용, 임차료, 유형자산처분손실 등이 있다.

비용계정과목과 해설

매출원가	매출된 상품이나 용역의 원가
임차료	건물, 토지 등을 빌리고 집세 및 지대를 지급한 것
급여	종업원을 채용하고 월급을 지급한 것
복리후생비	종업원의 복지증진을 위해 지출된 금액
여비교통비	영업활동을 하기 위해 출장비 및 교통비 지급
통신비	전신, 전화, 인터넷 등 요금 지급
수도광열비	수도, 전기, 가스요금 지급
소모품비	영업용으로 사용하기 위한 사무용품 등
세금과공과	세금 및 상공회의소회비, 적십자회비, 조합비 등을 지급
보험료	보험료 지급(화재보험료, 자동차보험료 등)
광고선전비	광고료와 선전비 지급
운반비	매출시 운임 지급, 매입시 운임은 매입원가에 포함
수선비	건물, 기계장치 등의 수리비 지급
도서인쇄비	각종 인쇄비 및 신문, 잡지 구독료 지급
감가상각	건물 등 유형자산에 대한 가치감소액
이자비용	차입금에 대해 발생하는 이자

비용의 분류

분 류	계정 과목
① 매출원가	상품매출원가, 제품매출원가 등
② 판매비와 관리비	급여, 복리후생비, 여비교통비, 접대비, 교통비, 보험료 등
③ 영업외비용	이자비용, 기부금, 재해손실, 잡손실
④ 법인세비용	법인세(법인), 소득세(개인) 등

참고 재무상태표와 손익계산서의 관계

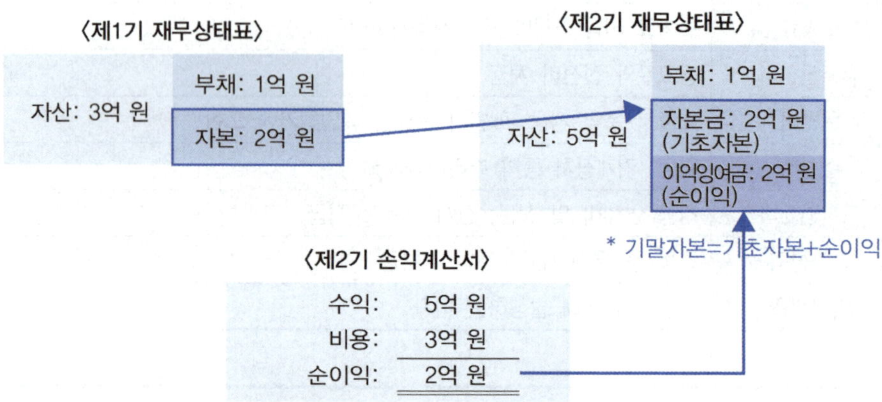

예제 1 자산, 부채, 자본 구분 예(1)

다음 항목 가운데 자산, 부채, 자본을 구분하여 기입하시오.

현금	( )	유가증권	( )	상품	( )
차입금	( )	외상매입금	( )	미수금	( )

지급어음	( )	미지급금	( )	비품	( )
받을어음	( )	대여금	( )	외상매출금	( )
자본금	( )	토지	( )	차량운반구	( )
제품	( )	선급비용	( )	선수수익	( )
미수수익	( )	미지급비용	( )	매입채무	( )

풀 이

• 자산항목: 현금, 유가증권, 상품, 미수금, 비품, 받을어음, 대여금, 외상매출금, 토지, 차량운반구, 제품, 선급비용, 미수수익

• 부채항목: 차입금, 외상매입금, 지급어음, 미지급금, 선수수익, 미지급비용, 매입채무

• 자본항목: 자본금

예제 2 **자산, 부채, 자본 구분 예(2)**

다음 ( )안에 알맞은 금액을 기입하시오. (단위: 원)

현 금	외상매출금	상 품	외상매입금	단기차입금	자본금
60,000	40,000	30,000	20,000	40,000	( )
( )	40,000	90,000	80,000	30,000	60,000
80,000	50,000	30,000	( )	40,000	80,000

풀 이

• 자산 − 부채 = 자본

• 현금: 40,000원

• 자본금: 70,000원

• 외상매입금: 40,000원

예제 3 자산, 부채, 자본의 합계 예

다음 자료를 이용하여 자산, 부채, 자본(순자산)을 각각 구하시오.

현금	50,000	외상매입금	100,000	상품	30,000
당좌예금	150,000	건물	500,000	비품	650,000
예수금	300,000	미수금	80,000	차량운반구	100,000
선수금	350,000	차입금	100,000	미지급비용	3,000
대여금	20,000				

풀이

- 자산합계: 50,000 + 30,000 + 150,000 + 500,000 + 650,000 + 80,000 + 100,000 + 20,000 = 1,580,000원
- 부채합계: 100,000 + 300,000 + 350,000 + 100,000 + 3,000 = 853,000원
- 자본합계: 자산합계 − 부채합계 = 자본합계
  1,580,000 − 853,000 = 727,000원

예제 4 계정과목의 이해

다음의 거래 상황에 대하여 회계상용어인 계정과목으로 표시하시오.

번호	거래상황	회계상용어 (계정과목)	자산 · 부채 · 자본
①	돈	현금	자산
②	은행에 입출금예금		
③	업무용 땅		
④	업무용 빌딩		
⑤	업무용 자동차		
⑥	업무용 책상, 의자		

⑦	당좌수표를 발행할 수 있는 기업의 예금		
⑧	증권거래소에서 주식매입		
⑨	판매용 물품		
⑩	1년 이내 갚기로 하고 빌려준 돈		
⑪	1년 이내 갚기로 하고 빌려온 돈		
⑫	상품을 판매하고 대금을 못 받은 경우		
⑬	상품을 구입하고 대금을 지급 못한 경우		
⑭	상품을 판매하고 약속어음을 받은 경우		
⑮	상품을 구입하고 약속어음을 발행한 경우		
⑯	비품을 구매하고 대금을 지급 못한 경우		
⑰	자동차를 중고로 판매하고 대금을 못 받은 경우		
⑱	상품구매에 대한 계약금을 지급한 경우		
⑲	상품판매에 대한 계약금을 받은 경우		
⑳	사업을 시작하기 위해 설립시 출자한 돈		

풀이

① 현금(자산) ② 보통예금(자산) ③ 토지(자산)
④ 건물(자산) ⑤ 차량운반구(자산) ⑥ 비품(자산)
⑦ 당좌예금(자산) ⑧ 단기매매증권(자산) ⑨ 상품(자산)
⑩ 단기대여금(자산) ⑪ 단기차입금(부채) ⑫ 외상매출금(자산)
⑬ 외상매입금(부채) ⑭ 받을어음(자산) ⑮ 지급어음(부채)
⑯ 미지급부채(부채) ⑰ 미수금(자산) ⑱ 선급금(자산)
⑲ 선수금(부채) ⑳ 자본금(자본)

예제 5 수익, 비용 구분 예

다음 과목 중 수익, 비용과목을 ( ) 안에 표기하시오.

(1) 이자수익	(　　)	(2) 이자비용	(　　)	(3) 상품매출이익	(　　)
(4) 급여	(　　)	(5) 임차료	(　　)	(6) 임대료	(　　)
(7) 상품매출손실	(　　)	(8) 잡이익	(　　)	(9) 잡손실	(　　)
(10) 수수료수익	(　　)	(11) 수수료비용	(　　)	(12) 광고선전비	(　　)
(13) 보험료	(　　)	(14) 세금과공과	(　　)	(15) 잡비	(　　)
(16) 통신비	(　　)	(17) 소모품비	(　　)	(18) 수도광열비	(　　)
(19) 유형자산 처분이익	(　　)	(20) 여비교통비	(　　)	(21) 단기투자자산 처분이익	(　　)

풀이

(1) (수익) (2) (비용) (3) (수익) (4) (비용) (5) (비용) (6) (수익)
(7) (비용) (8) (수익) (9) (비용) (10) (수익) (11) (비용) (12) (비용)
(13) (비용) (14) (비용) (15) (비용) (16) (비용) (17) (비용) (18) (비용)
(19) (수익) (20) (비용) (21) (수익)

예제 6 계정과목의 이해 예

다음의 거래 상황에 대하여 회계상용어인 계정과목으로 표시하시오.

번호	거래상황	회계상용어 (계정과목)	수익 · 비용
①	직원 월급	급여	비용
②	지급한 택시요금(직원 업무용)		
③	수도요금과 전기요금		
④	건물 화재보험료, 자동차 보험료		
⑤	사무실을 임차하고 지급한 월세		

⑥	사무용 문구 구입(자산)		
⑦	전화요금과 인터넷사용료		
⑧	거래처에게 줄 선물 구입		
⑨	업무용 차량에 대한 주유대금		
⑩	신문구독료와 명함 인쇄대금		
⑪	은행에서 빌린 차입금에 대한 이자		
⑫	상품을 고객에게 판매한 경우		
⑬	은행예금에 대한 결산이자		
⑭	건물을 빌려주고 받은 월세		
⑮	회사홍보를 위한 홍보물제작비		
⑯	건물 재산세, 자동차세		
⑰	현금을 대여하고 받은 이자		
⑱	은행 계좌 이체수수료 지급		
⑲	직원식대 및 회식비		
⑳	지방출장시 지급한 여비		

풀이

① 급여(비용)　② 여비교통비(비용)　③ 수도광열비(비용)
④ 보험료(비용)　⑤ 임차료(비용)　⑥ 소모품비(비용)
⑦ 통신비(비용)　⑧ 접대비(비용)　⑨ 차량유지비(비용)
⑩ 도서인쇄비(비용)　⑪ 이자비용(비용)　⑫ 상품매출(수익)
⑬ 이자수익(수익)　⑭ 임대료(수익)　⑮ 광고선전비(비용)
⑯ 세금과공과(비용)　⑰ 이자수익(수익)　⑱ 수수료비용(비용)
⑲ 복리후생비(비용)　⑳ 여비교통비(비용)

인터넷을 이용한 회계탐험

한국회계기준원: www.kasb.or.kr
한국공인회계사회: www.kicpa.or.kr
금융감독원: www.fss.or.kr
한국증권거래소: www.kse.or.kr
국제회계기준위원회: www.iasc.org.uk
공정거래위원회: www.ftc.go.kr

주/요/용/어

- 자산(asset)
- 부채(liabilities)
- 자본(capital)
- 수익(revenue)
- 비용(expense)
- 자본금(capital stock)
- 자본잉여금(capital surplus)
- 유동자산(current assets)
- 비유동자산(noncurrent assets)
- 기타비유동자산(other noncurrent assets)
- 유형자산(tangible assets)
- 유동부채(short-term liabilities)
- 비유동부채(long term liabilities)
- 부기(book-keeping)
- 단식부기(single entry book-keeping)
- 복식부기(double entry book-keeping)
- 무형자산(intangible assets)
- 감사(auditing)
- 공인회계사(certified public accountant)
- 과세당국(taxation authority)
- 국제회계기준(international financial reporting standards)
- 식별(identification)
- 일반적으로 인정된 회계원칙(generally accepted accounting principles)
- 적정의견(unqualified opinion)
- 전달(communication)
- 중립성(neutrality)
- 중요성(materiality)
- 질적 특성(qualitative charateristics)

Chapter 01 주관식 연습문제

01 재무회계의 목적과 재무회계 정보이용자들의 의사결정내용에 대하여 설명하시오.

02 자산, 부채, 자본, 수익, 비용에 대하여 설명하시오.

03 재무회계와 관리회계에 대하여 비교 설명하시오.

04 한국채택국제회계기준(K-IFRS)에 대하여 설명하시오.

05 회계정보이용자에는 어떤 집단들이 존재하며 이들은 각각 어떠한 의사결정에 회계 정보를 이용하는지 설명하시오.

Chapter 01 객관식 연습문제

01 회계의 목적에서 내부보고목적 회계는?

① 원가회계 ② 세무회계

③ 재무회계 ④ 관리회계

해설 내부보고목적의 회계를 관리회계라 하며, 외부보고목적의 회계를 재무회계라 한다.

02 기업 외부의 불특정다수로 구성되어 있는 이해관계자에게 유용한 정보를 제공하기 위한 회계는?

① 재무회계 ② 세무회계

③ 원가회계 ④ 관리회계

해설 외부보고목적의 회계를 재무회계라고 한다.

03 (주)미래의 자산과 부채가 다음과 같을 때 이 기업의 순자산(자본)은 얼마인가?

단기차입금	200,000원	기계장치	300,000원
현금	180,000원	매출채권	80,000원
매입채무	110,000원		

① 100,000원 ② 150,000원

③ 200,000원 ④ 250,000원

해설 자산－부채＝자본
560,000원－310,000원＝250,000원

* 자산: 현금(180,000원)＋기계장치(300,000원)＋매출채권(80,000원)＝560,000원
부채: 단기차입금(200,000원)＋매입채무(110,000원)＝310,000원

04 다음 중 회계의 기본적 기능에 해당하는 것은?

① 원가분석 및 가격결정 ② 재무제표 분석기능

③ 감사기능 ④ 측정 및 전달기능

해설 회계는 측정기능과 전달기능의 양대 기능을 가진 것으로 이해되고 있다.

05 다음 중 회계단위와 회계연도에 관한 설명 중 틀린 것은?

① 회계연도는 1년을 초과할 수도 있다.

② 공장은 하나의 회계단위가 될 수 있다.

③ 하나의 기업에 복수의 회계단위가 존재할 수 있다.

④ 회계단위는 자산, 부채, 자본의 변동을 기록하고 계산하는 장소적 범위를 말한다.

해설 회계기간은 기업이 1년 이내에 임의로 결정할 수 있으나 1년을 초과할 수는 없다.

06 다음 중 회계상에서 기업의 내부이해관계자는?

① 주주 ② 채권자

③ 노동조합 ④ 경영자

07 회계과정 중 경제활동을 관찰하여 측정대상과 측정시점을 결정하는 과정은?

① 식별과정 ② 측정과정

③ 기록과정 ④ 전달과정

08 회계과정 중 부기와 관련된 것은?

① 식별 ② 측정

③ 기록 ④ 전달

09 다음 중 회계과정에 포함되지 않는 것은?

① 측정과정 ② 검증과정

③ 기록과정 ④ 전달과정

해설 식별－측정－기록－전달과정이다.

10 식별된 경제적 사건에 화폐가치를 부여하는 과정은?

① 식별과정 ② 측정과정

③ 기록과정 ④ 전달과정

해설 화폐가치를 부여하는 것은 측정과정이다.

11 경영자의 경영계획과 통제를 위해 필요한 회계정보를 제공하는 회계분야는?

① 관리회계 ② 재무회계
③ 세무회계 ④ 회계감사

해설 관리회계는 경영계획과 통제를 위한 것이다.

12 우리나라 기업의 재무회계행위에 기본적 지침이 되는 것은?

① 상법 ② 세법
③ 증권거래법 ④ 기업회계기준(K-IFRS)

해설 K-IFRS는 회계행위의 기본적 지침이다.

13 수익에 해당되지 않는 계정과목은?

① 매출액 ② 임대료
③ 매출원가 ④ 유형자산처분이익

해설 매출원가는 비용에 해당된다.

14 현행 우리나라의 기업회계기준 제정기관은?

① 국세청 ② 재정경제부
③ 공인회계사회 ④ 한국회계기준원

해설 기업회계기준 제정기관은 한국회계기준원이다.

15 특정인의 정보독점으로 인한 피해를 막기 위한 회계원칙은?

① 신뢰성의 원칙 ② 완전공시의 원칙
③ 계속성의 원칙 ④ 목적적합성의 원칙

해설 정보의 독점을 피하기 위한 회계원칙을 완전공시의 원칙이라 한다.

16 기업회계기준은 자산과 부채를 1년 및 정상적인 영업주기 기준으로 분류하는바, 이 경우 1년 내라 함은 언제부터 기산하는 것인가?

① 자본은 투자일로부터 1년 내를 말한다.

② 자산의 경우 발생일로부터 1년 내를 말한다.

③ 재무상태표일로부터 1년 내를 말한다.

④ 부채의 경우 채무발생일로부터 1년 내를 말한다.

해설 "1년 내"라 함은 재무상태표 작성일로부터 1년 이내를 말한다.

17 기업회계기준의 필요성을 가장 잘 설명한 것은?

① 회계처리를 신속하게 처리한다.

② 기업의 회계부정을 예방한다.

③ 회계담당자의 비밀을 모두 공개한다.

④ 회계정보의 신뢰성, 공정성, 정확성을 기한다.

해설 회계정보의 필요성은 신뢰성, 공정성, 정확성이 있어야 한다.

18 독립성을 가지고 기업의 외부감사를 수행하는 직업적 회계전문가는?

① 세무사 ② 공인회계사

③ 경영지도사 ④ 증권분석사

해설 외부감사를 수행하는 직업적 전문가는 공인회계사이다.

19 다음 중 복식부기의 설명으로 옳은 것은?

① 일정한 원칙에 의하여 재산의 변동사항을 기록한다.

② 일정한 원칙이 없이 재산의 증감만 기록한다.

③ 손익의 발생원인을 계산하지 않는다.

④ 소규모의 경영이나 가계 등에서 이용된다.

해설 ①은 복식부기, ②, ③, ④는 단식부기이다.

20 다음 중 복식부기의 특성이라 할 수 없는 것은?

① 일정한 원리 원칙을 가지고 있다.

② 대차평균의 원리에 의한다.

③ 자기검증능력을 가지고 있다.

④ 거래 이중성에 의하여 주로 비영리단체에서 이용된다.

해설 복식부기는 영리 또는 비영리단체에서 이용

“M/E/M/O”

ACCOUNTING PRINCIPLE

CHAPTER

02

회계순환과정

SECTION 01

회계순환과정(Ⅰ)

회계의 순환이란 회계상의 거래로부터 출발하여 재무제표가 작성되는 과정이다. 여기서 이러한 일련의 회계처리과정을 회계순환과정(accounting cycle)이라 한다.

회계순환과정은 거래의 식별, 분개, 원장전기, 수정분개, 시산표 작성, 재무제표 작성, 장부마감 등의 필수적 절차로 이루어진다. 회계순환과정을 단계별로 간단하게 요약하면 다음과 같다.

회계순환과정 첫 번째 과정은 회계기간 중 매일매일 발생하는 거래들을 식별하여 분개하고 각 계정별로 전기하여 장부에 기록하는 과정이다.

두 번째 과정은 결산 때 이루어지는 것으로 수정전시산표를 작성하여 회계기간중 거래 기록에서 잘못된 것이 있는지를 확인한 후 결산정리사항을 찾아서 결산수정분개를 하고 원장전기한 후 수정후시산표를 작성한다.

그 다음에는 수정후시산표의 재무상태표 계정인 자산, 부채, 자본계정을 이용하여 재무상태표를 작성하고, 포괄손익계산서 계정인 수익, 비용계정을 이용하여 포괄손익계산서를 작성한다.

재무제표 작성 후 총계정원장의 각 계정을 마감하고 포괄손익계산서 계정의 경우에는 집합손익계정을 통해 마감분개를 하여 당기순손익을 구한 후 이익잉여금으로 대체시키며 재무상태표 계정의 경우는 마감과정을 통하여 다음연도 장부로 이월한다.

❙ 회계순환과정 (=회계처리 절차)

구분	절차	내용
기중거래	거래의 식별	• 회계기록의 대상이 되는 거래 식별 • 회계상 거래는 자산, 부채, 자본, 수익, 비용의 변동을 가져오는 경제적 사건을 말함.
	↓ 분개	• 복식부기원리(자산=부채+자본) • 거래내용을 분개장 또는 전표에 분류, 기록
	↓ 총계정원장 전기	• 분개장 또는 전표상의 분개내용을 원장(총계정원장)에 옮기는 과정
기말결산	↓ 수정전 시산표 작성	• 결산예비절차 • 회계기록의 오류 여부 검증 • 원장의 각 계정 대·차변의 합계 또는 잔액 나열 • 기업의 개략적 재무상태 및 경영성과 파악
	↓ 결산정리사항 수정분개 원장전기	• 기말정리사항 수정분개 및 원장전기(선급 및 선수항목, 미지급비용 및 미수수익, 감가상각비 및 대손상각 등의 추정항목 반영)
	↓ 수정후 시산표 작성	• 결산수정항목을 분개장 및 원장에 기입한 후 그 정확성 여부를 검증하기 위하여 작성
	↓ 재무제표 작성	• 포괄손익계산서 • 재무상태표 • 자본변동표 • 현금흐름표 • 주석
	↓ (포괄)손익계산서 계정 마감	• 집합손익계정 설정 및 수익, 비용계정 마감 • 당기순이익(손실)의 대체
	↓ 재무상태표 계정 마감	• 자산, 부채, 자본 계정의 마감과 이월
	↓ 이월시산표 작성	• 이월시산표에는 자산, 부채, 자본계정항목만 기록(영구계정), 수익, 비용계정(임시계정)은 올 수 없다.

1 거래의 인식

(1) 회계상 거래의 개념

회계에서 거래는 자산, 부채, 자본의 증감과 수익, 비용의 증감을 발생시키는 경제적 사건으로 화폐단위로 측정이 가능한 것을 말한다. 따라서 일상생활에서 말하는 거래와는 반드시 일치하지 않는다.

I 회계상의 거래와 일상생활의 거래 비교

[회계상 거래]

화재, 도난, 훼손, 분실, 비유동자산의 감가, 자산의 증여, 천재지변에 의한 자산의 감소 등

상품매매, 금전대차, 비유동자산의 구입과 처분, 채권·채무의 발생과 소멸 등

[회계상 거래 아님]

상품주문, 토지·건물의 임대차계약, 계약금 없는 토지·건물의 매매계약, 고용계약 등

(일상생활에서 거래 아님)

(일상생활에서 통용되는 상식적인 거래)

예제 1 거래의 인식

회계상 거래인 것과 회계상 거래가 아닌 것을 구분하시오.

(1) 제일은행에서 현금 300,000원을 차입 요청하였다.

(2) 거래처 미국상사에 상품 500,000원을 주문하였다.

(3) 취득원가 800,000원인 공장 건물에 화재가 발생하여 건물의 일부가 소실되었다.

(4) 차입금 500,000원에 대한 이자 7,000원을 현금로 지급하였다.

(5) 원가 100,000원인 상품을 150,000원에 외상으로 매출하였다.

(6) 취득원가 500,000원인 건물을 사용하여 가치가 감소하였다.
(7) 현금 운송 중에 현금 200,000원을 분실하였다.
(8) 월급 680,000원씩 주기로 하고 종업원을 채용하였다.
(9) 일본상사로부터 컴퓨터 1대(2,000,000원)를 기증받았다.
(10) 급료 680,000원을 현금으로 지급하였다.
(11) 지점을 개설하기 위하여 점포 20평을 월세 900,000원의 조건으로 임차계약을 체결하였다.

풀이

- 회계상 거래인 것: (3), (4), (5), (6), (7), (9), (10)
- 회계상 거래가 아닌 것: (1), (2), (8), (11)

(2) 거래의 이중성과 대차평균의 원리

회계상의 거래는 반드시 원인과 결과라고 하는 대립관계로 차변과 대변에 나누어 나타나는데 이를 거래의 이중성이라 한다. 즉, 하나의 거래는 차변과 대변 양쪽에 같은 금액으로 변동한다.

또한 일정기간 동안에 발생한 모든 회계상의 거래를 각 계정에 올바르게 기입하면 각 계정의 차변합계와 대변합계는 반드시 일치하게 되는데 이것을 대차평균의 원리(principle of equilibrium)라고 한다.

(3) 거래의 8요소와 결합관계

기업에서 발생하는 거래는 여러 가지가 있는데 이를 회계관점에서 보면 결국 자산의 증가와 감소, 부채의 증가와 감소, 자본의 증가와 감소, 수익·비용의 발생 등이 거래의 요소가 되어 여러 가지 결합된 형태로 나타난다.

거래의 8요소 결합관계

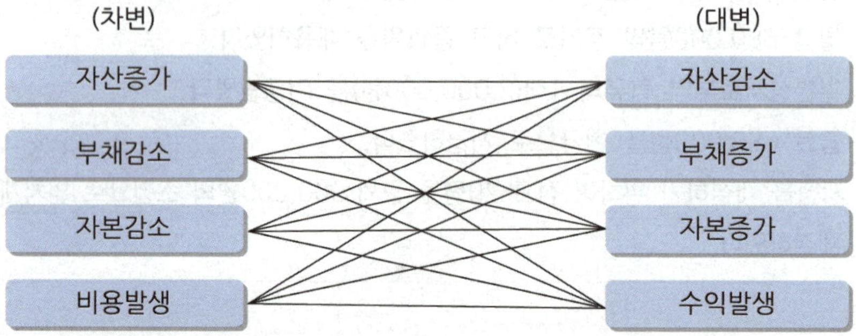

거래요소의 결합관계

재무상태표

(차변)	(대변)
자산	부채
	자본

손익계산서

(차변)	(대변)
비용	수익

거래의 8요소

(차변)	(대변)
자산의 증가	자산의 감소
부채의 감소	부채의 증가
자본의 감소	자본의 증가
비용의 발생	수익의 발생

거래의 8요소의 구체적 사례

차변 요소		대변 요소	
자산의 증가	차량취득, 정기예금 불입	자산의 감소	토지 매각, 외상매출금 회수
부채의 감소	외상매입금 지급, 차입금 상환	부채의 증가	차입금, 외상으로 물건 구입
자본의 감소	자본금 반환	자본의 증가	자본금 납입(출자를 받음)
비용의 발생	급여, 운반비, 수선비	수익의 발생	상품 판매, 이자수익

이와 같은 거래요소의 결합유형은 이론상으로 16가지가 있다. 16가지 결합유형의 예를 들면 다음과 같다.

1. 상품 100,000원을 매입하고 대금은 현금으로 지급하다.
   (차) 상　　품　100,000　(대) 현　　금　100,000
   　(자산의 증가)　　　　　(자산의 감소)
2. 상품 150,000원을 외상으로 매입하다.
   (차) 상　　품　150,000　(대) 외상매입금　150,000
   　(자산의 증가)　　　　　(부채의 증가)
3. 현금 600,000원을 출자하여 개업하다.
   (차) 현　　금　600,000　(대) 자 본 금　600,000
   　(자산의 증가)　　　　　(자본의 증가)
4. 대여금이자 15,000원을 현금으로 받다.
   (차) 현　　금　15,000　(대) 이 자 수 익　15,000
   　(자산의 증가)　　　　　(수익의 증가)
5. 사채 600,000원을 현금으로 상환하다.
   (차) 사　　채　600,000　(대) 현　　금　600,000
   　(부채의 감소)　　　　　(자산의 감소)

6. 약속어음 60,000원을 발행하여 외상매입금을 지급하다.

(차) 외상매입금 60,000 (대) 지 급 어 음 60,000
(부채의 감소) (부채의 증가)

7. 주식 600,000원을 발행하여 교환으로 사채를 상환하다.

(차) 사 채 600,000 (대) 자 본 금 600,000
(부채의 감소) (자본의 증가)

8. 차입금 400,000원의 지급을 면제받다.

(차) 차 입 금 400,000 (대) 채무면제이익 400,000
(부채의 감소) (수익의 발생)

9. 기업주가 자본금 중 500,000원을 현금으로 회수해가다.

(차) 자 본 금 500,000 (대) 현 금 500,000
(자본의 감소) (자산의 감소)

10. 자본주가 퇴사하면서 출자금 60,000원을 반환하지 않고 차입금으로 대체하다.

(차) 자 본 금 60,000 (대) 차 입 금 60,000
(자본의 감소) (부채의 증가)

11. 출자자 갑이 퇴사하면서 출자금 300,000원을 을의 출자금으로 대체하다.

(차) 자 본 금 300,000 (대) 자 본 금 300,000
(자본의 감소) (자본의 증가)

12. 출자자 병이 퇴사하면서 출자금 600,000원을 기업에 기증하다.

(차) 자 본 금 600,000 (대) 잡 이 익 600,000
(자본의 감소) (수익의 발생)

13. 종업원 급료 600,000원을 현금으로 지급하다.

(차) 급 여 600,000 (대) 현 금 600,000
(비용의 발생) (자산의 감소)

14. 사채이자 40,000원을 지급기일에 지급하지 못하였다.

(차) 이 자 비 용 40,000 (대) 미지급이자 40,000
(비용의 발생) (부채의 증가)

15. 점원의 급료 700,000원을 출자금으로 대체하다.

(차) 급 여 700,000 (대) 자 본 금 700,000
(비용의 발생) (자본의 증가)

16. 사채이자 30,000원을 대여금 이자와 상계하다.

(차) 이 자 비 용	30,000	(대) 이 자 수 익	30,000
(비용의 발생)		(수익의 발생)	

거래가 발생하면 반드시 어떤 계정의 차변과 또 다른 계정의 대변에 같은 금액을 기입하므로 아무리 많은 거래가 기입되더라도 계정 전체를 통해서 본다면 대차평균의 원리에 따라 차변과 대변의 각 합계금액은 반드시 일치하게 된다.

모든 계정의 차변 합계 = 모든 계정의 대변 합계

복식부기는 이 원리를 이용하여 거래의 정확성 여부를 자동적으로 검사할 수 있는 자기검증기능을 갖추고 있다.

(4) 거래의 종류

거래는 손익의 발생 여부에 따라 교환거래, 손익거래, 혼합거래로 구분하고 현금의 수입, 지출에 의하여 현금거래와 대체거래로 구분한다.

가. 교환거래

자산, 부채, 자본에 증감변화를 일으키나 비용 또는 수익이 발생하지 않는 거래를 말하며 이를 구체적으로 살펴보면 자산항목 간의 교환거래, 부채항목간의 교환거래, 자본항목간의 교환거래, 자산항목과 부채항목간의 교환거래를 들 수 있다(예 건물의 현금구입 및 처분, 주식 및 사채의 발행, 상품을 외상으로 매입 등이 있다).

예제 2 **교환거래의 예**

① 현금 100,000원으로 영업을 시작하다.

(차) 현금	100,000	(대) 자본금	100,000

② 외상매입금 50,000원을 현금으로 지급하다.

(차) 외상매입금	50,000	(대) 현금	50,000

나. 손익거래

비용 또는 수익이 발생하는 거래로서 수익이 발생되면 자본이 증가되고 비용이 발생되면 자본이 감소되는 결과를 가져오므로 자본에 영향을 미친다(예: 종업원에게 지급 또는 대여금 이자를 받는 경우, 차입금을 면제받는 경우 등).

예제 3 **손익거래의 예**

① 급여 500,000원을 현금으로 지급하다.

(차) 급여	500,000	(대) 현금	500,000

② 대여금에 대한 이자 100,000원을 현금으로 받다.

(차) 현금	100,000	(대) 이자수익	100,000

다. 혼합거래

한 거래 안에 교환거래와 손익거래가 혼합되어 있는 것을 말한다.

예제 4 **혼합거래의 예**

① 원가 500의 상품을 600에 현금으로 매출하다.

(차) 현금	600	(대) 상품	500
		상품매출이익	100

예제 5 거래의 결합관계 이해

다음 거래의 결합관계를 표시하시오.

① 건물을 임대하고 집세 1개월분 200,000원을 현금으로 받다.

차변	현금	200,000	대변	임대료	200,000

② 신문 구독료 10,000원을 현금으로 지급하다.

차변	도서인쇄비	10,000	대변	현금	10,000

③ 교통비 5,000원을 현금으로 지급하다.

차변	여비교통비	5,000	대변	현금	5,000

④ 상품 130,000원을 매출하고 대금은 현금으로 받다.

차변	현금	130,000	대변	상품매출	130,000

⑤ 단기차입금 200,000원과 이자 10,000원을 현금으로 지급하다.

차변	단기차입금 이자비용	200,000 10,000	대변	현금	210,000

⑥ 단기대여금 500,000원과 이자 20,000원을 현금으로 받다.

차변	현금	520,000	대변	단기대여금 이자수익	500,000 20,000

⑦ 상품 80,000원을 외상으로 매출하다.

차변	외상매출금	80,000	대변	상품매출	80,000

풀이

	차변요소	대변요소
①	자산의 증가	수익의 발생
②	비용의 발생	자산의 감소
③	비용의 발생	자산의 감소

	차변요소	대변요소
④	자산의 증가	수익의 발생
⑤	부채의 감소 비용의 발생	자산의 감소
⑥	자산의 증가	자산의 감소 수익의 발생`
⑦	자산의 증가	수익의 발생

2 분개(journalizing)

분개(分介)란 거래를 계정기입의 법칙에 따라서 계정과목과 금액을 확정한 뒤에 회계장부에 기록하는 행위를 말한다. 즉, 회계거래의 내용을 분해하여 ① 어떤 계정과목으로 할 것인가? ② 차변 또는 대변 중 어느 쪽에 기입할 것인가? ③ 얼마의 금액으로 기입할 것인가?를 결정하는 것을 분개라 하며, 계정기입의 기초가 된다. 분개는 회계정보를 식별, 측정하는 회계과정의 첫 단계로서 이 단계에서 오류가 발생하면 전 과정에 영향을 미치므로 매우 중요한 역할을 한다.

(1) 분개의 법칙

모든 거래의 발생을 분개하여 이를 각 계정에 기입하게 되므로 분개의 법칙은 계정기입의 법칙과 같다.

[재무상태표 계정]

① 자산의 증가는 차변,　자산의 감소는 대변,　잔액은 차변에 남는다.

② 부채의 증가는 대변,　부채의 감소는 차변,　잔액은 대변에 남는다.

③ 자본의 증가는 대변,　자본의 감소는 차변,　잔액은 대변에 남는다.

[손익계산서 계정]

① 비용의 발생은 차변,　비용의 소멸은 대변,　잔액은 차변에 남는다.

② 수익의 발생은 대변,　수익의 소멸은 차변,　잔액은 대변에 남는다.

(2) 분개장 작성 예시

＜거래＞ 3월 1일　제품 500,000원을 현금으로 매출하다.

＜분개＞ 3/1　(차) 현금　500,000　(대) 제품매출　500,000

분개장

1

일 자		적 요	원면	차변	대변
3	1	(현금)	1	500,000	
		(제품매출)	15		500,000
		현금을 받고 제품을 매출하다			
	10	이 하 생 략			

가. 일자

거래의 발생날짜를 월, 일의 순서로 기입한다.

나. 적요

왼편에는 차변 계정과목을 괄호로 묶어서 표시하고 오른편에는 대변 계정과목을 괄호로 묶어서 표시하며 이어서 거래의 내용을 간단하게 요약한 다음 하나의 거래에 대하여 분개가 끝났다는 것을 나타내기 위하여 구분선을 긋는다. 차, 대변 기록 계정과목이 둘 이상일 경우에는 여러 개의 계정이라는 의미의 제좌(諸座)라고 적고 그 아래에 계정과목을 괄호로 묶어서 차례대로 쓴다.

다. 원면

분개장의 내용을 각 원장으로 전기했을 경우 전기된 원장의 '쪽수'를 기입한다. 여기서는 총계정원장에 수록되어 있는 현금계정의 원장 페이지는 1이고 매출계정의 원장 페이지는 15라고 가정한 것이다.

라. 차변 및 대변

해당 계정과목의 금액을 기입한다.

마. 분개장의 매 페이지마다

우측 상단에 페이지 번호를 부여하고 각 페이지 맨 끝 부분의 적요란에 차면이월(다음 면으로 넘어가 기록을 계속한다는 의미)이라고 쓰고 그 페이지의 차변과 대변의 합계금액을 각각 차변란, 대변란에 기입한다. 또한 분개장의 다음 페이지에 기록의 계속성을 보장하기 위해 적요란의 맨 첫 번째 칸에는 전면이월(앞면에 이어 거래를 계속 기록한다는 의미)이라고 쓰고 차변란과 대변란에 앞 페이지의 차면이월 해당금액을 기입하면서 계속한다.

예제 6 **분개의 예**

다음 거래를 분개하시오.

(1) 현금 50,000,000원을 출자하여 상품매매업을 시작하다.
(2) 상품 3,000,000원을 매입하고 대금은 현금으로 지급하다.
(3) 상품 2,600,000원을 매출하고 대금은 외상으로 하다.
(4) 외상매출금 중 2,000,000원을 현금으로 회수하다.

(5) 현금 10,000,000원을 남부상점에 6개월간 대여하다.
(6) 설악상점으로부터 현금 15,000,000원을 장기차입하다.
(7) 외상매출금 6,000,000원을 현금으로 회수하다.
(8) 영업용 책상 3,000,000원을 구입하고 대금은 외상으로 하다.
(9) 금월분 종업원 급여 10,000,000원을 현금으로 지급하다.
(10) 단기대여금 6,000,000원과 이자 500,000원을 현금으로 받다.

풀이

(1)	(차) 현 금	50,000,000	(대) 자본금	50,000,000
(2)	(차) 상 품(매입)	3,000,000	(대) 현 금	3,000,000
(3)	(차) 매출채권 (또는 외상매출금)	2,600,000	(대) 상품매출	2,600,000
(4)	(차) 현 금	2,000,000	(대) 매출채권 (또는 외상매출금)	2,000,000
(5)	(차) 단기대여금	10,000,000	(대) 현 금	10,000,000
(6)	(차) 현 금	15,000,000	(대) 장기차입금	15,000,000
(7)	(차) 현 금	6,000,000	(대) 매출채권 (또는 외상매출금)	6,000,000
(8)	(차) 비 품	3,000,000	(대) 미지급금	3,000,000
(9)	(차) 급 여	10,000,000	(대) 현 금	10,000,000
(10)	(차) 현 금	6,500,000	(대) 단기대여금	6,000,000
			이자수익	500,000

3 원장 전기

(1) 계정(acccout: a/c)

계정이란 부기상의 거래를 기록하고 계산하는 단위를 말한다. 즉, 거래가 발생하면 자산, 부채, 자본, 수익, 비용에 미치는 영향을 체계적으로 분류하고 집합시키기 위해 쓰이는 도구이다.

모든 거래는 자산, 부채, 자본, 수익, 비용, 소유주의 투자, 소유주에 대한 분배 등을 구성하는 개별 계정으로 정리된다.

분개가 끝나면 이를 해당 계정에 옮겨 적는다. 이때 각 개별 계정을 집합하여 놓은 장부를 총계정원장(또는 원장)이라고 하며, 분개장에 기록된 내용을 원장에 옮겨 적는 것을 전기라 한다.

그리고 개별계정의 성질을 표시하는 명칭을 계정과목이라 하고, 왼쪽을 차변(Dr: Debit), 오른쪽을 대변(Cr: Credit)이라 하며 계정과목은 그 내용이 단순, 명료해야 하며 설정된 계정과목은 임의로 변경해서는 안 된다.

참고 **계정과목, 차변(Dr: Debit), 대변(Cr: Credit)**

○○과목	
차 변	대 변

계정과목의 분류

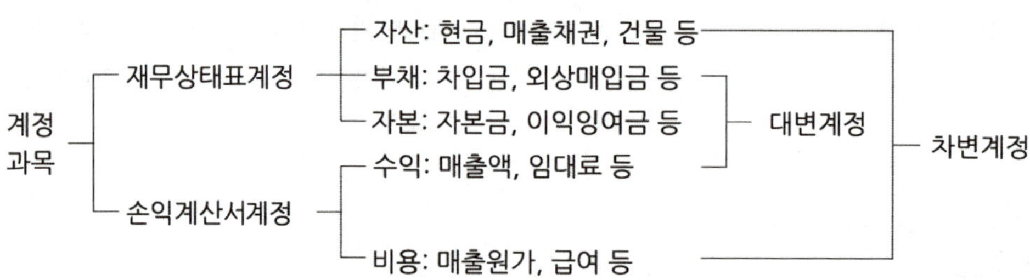

❙ 계정과목의 내용

계정 과목	재무상태표 계정	자산계정	현금, 매출채권, 받을어음, 선급비용, 비품, 건물, 매도가능금융자산 등
		부채계정	매입채무, 지급어음, 차입금, 미지급비용, 사채 등
		자본계정	자본금, 자본잉여금, 이익잉여금 등
	손익계산서 계정	비용계정	급여, 보험료, 매출원가, 광고비, 이자비용 등
		수익계정	매출, 이자수익, 수입수수료, 비유동자산처분이익 등

(2) 계정과목과 계정기입 법칙

거래가 발생하면 이것을 자산, 부채, 자본, 수익, 비용에 대하여 구체적인 항목별로 설정하는 기록·계산의 단위를 계정이라 한다. 계정기입 법칙이란 장부기입방법이다. 계정은 자산, 부채, 자본, 수익, 비용을 T자 형태의 계정에 기입할 때 각 항목의 증감이 각 계정의 차변과 대변에 어떻게 기입되는가를 나타내는 법칙이다. 이것의 이론적 근거는 '거래의 8요소'에서 설명한 기본원리를 따르고 있다.

[원장 전기절차]

① 분개할 때 해당 계정과목을 찾는다.

② 차변계정에 분개된 금액을 총계정원장의 해당 계정 차변에 기입한다.

③ 대변계정에 분개된 금액을 총계정원장의 해당 계정 대변에 기입한다.

④ 금액 앞에 상대 계정과목을 기입한다.(상대 계정과목 두 개 이상 '제좌')

거래 예 상품 200,000원을 현금으로 구입한 경우 분개와 원장전기는 다음과 같다.

① 분개

차변	상품(자산증가)	200,000	대변	현금(자산감소)	200,000

② 원장전기

상품	
현금 200,000 (상대계정과목)	

현금	
	상품 200,000 (상대계정과목)

자산계정	
증가(+) (차변)	감소(-) (대변)

부채계정	
감소(-) (차변)	증가(+) (대변)

자본계정	
감소(-) (차변)	증가(+) (대변)

수익계정	
소멸(-) (차변)	발생(+) (대변)

비용계정	
발생(+) (차변)	소멸(-) (대변)

총계정원장 기록방법(전기방법)

기록란	기록방법
일자	거래가 발생한 일자를 기록한다.
적요	분개시 결정된 상대편(변)의 계정과목을 기록한다. 단, 상대편(변)의 계정과목이 둘 이상인 경우에는 '제좌'라고 기록한다.
금액	분개시 결정된 각 계정의 해당금액을 기록한다.

1) 원장전기의 예시

총계정원장에 마련된 각 계정과목별 원장은 다음과 같다(현금과 매출만 예시).

예제 7 **원장전기 예(1)**

3월 1일 제품 500,000원을 현금으로 매출하다.

① 분개

3/1 (차) 현 금	500,000	(대) 제품매출	500,000

② 원장전기

현 금

3/1 매 출	500,000		

제품매출

		3/1 현 금	500,000

2) 원장전기의 예시 요령

① 분개장에 기록된 분개의 해당 계정을 총계정원장에서 찾는다.

② 분개장에서 분개된 차변계정의 금액을 총계정원장 해당 계정의 차변에 기입한다.

③ 분개장에서 분개된 대변계정의 금액을 총계정원장 해당 계정의 대변에 기입한다.

④ 총계정원장 해당 계정의 적요란에는 상대편 계정과목을 기입한다(위의 예에서는 현금계정 적요란에는 '매출'이, 매출계정 적요란에는 '현금'이 기입된다).

⑤ 분면란에는 전기시킨 거래가 기록되어 있는 분개장의 페이지를 적는다. 이렇게 함으로써 만약 전기한 내용에 문제가 발생하면 원시기입장인 분개장의 내용을 직접 추적할 수 있게 된다.

⑥ 전기가 끝나면 분개장의 원면란에 총계정원장에 설정된 전기시킨 계정과목의 해당 페이지를 적는다.

* 총계정원장의 각 계정과목별 장부기입은 위에서 살핀 형태의 양식에 기입하나, 흔히 복식부기를 공부할 때는 T자 형태의 약식계정으로 대신한다. T자 형태의 계정으로도 차변, 대변을 구분하면서 복식부기 원리를 충분히 나타낼 수 있기 때문이다. 앞으로 본서에서도 특별한 경우를 제외하고는 T자 형태의 약식계정을 활용하여 학습할 것이다.

예제 8 원장전기 예(2)

다음 거래 내용을 분개하고 원장에 전기하시오.

• 3월 1일 현금 600,000원을 출자하여 개업하다.

풀이

① 분개 3/1 (차) 현 금 600,000 (대) 자 본 금 600,000

② 원장전기

현 금			
3/1 자 본 금	600,000		

자본금			
		3/1 현 금	600,000

예제 9 원장전기 예(3)

다음 거래 내용을 분개하고 원장에 전기하시오.

• 3월 15일 비품 150,000원을 외상으로 매입하다.

풀이

① 분개 3/15 (차) 비 품 150,000 (대) 미지급금 150,000

② 원장전기

비 품			
3/15 미지급금	150,000		

미지급금			
		3/15 비 품	150,000

예제 10 원장전기 실습(3)

다음 거래를 분개하고 총계정원장에 전기하시오.

- 9월 1일: 현금 2,000원을 출자하여 경성상회를 개업하다.
- 9월 3일: 현금 700원을 보증금으로 지급하고 사무실을 임차하다.
- 9월 8일: 비품 200원을 현금으로 구입하다.
- 9월15일: 상품판매 중개를 하여 수수료 300원을 현금으로 받다.
- 9월20일: 종업원 급여 100원을 현금으로 지급하다.
- 9월30일: 임차료 70원을 현금으로 지급하다.

풀이

① 분개

날짜	차변	금액	대변	금액
9/ 1	(차) 현 금	2,000	(대) 자 본 금	2,000
9/ 3	(차) 임차보증금	700	(대) 현 금	700
9/ 8	(차) 비 품	200	(대) 현 금	200
9/15	(차) 현 금	300	(대) 수수료수익	300
9/20	(차) 급 여	100	(대) 현 금	100
9/30	(차) 임 차 료	70	(대) 현 금	70

② 총계정원장전기

현 금

차변		대변	
9/ 1 자본금	2,000	9/ 3 임차보증금	700
9/15 수수료수익	300	9/ 8 비 품	200
		9/20 급 여	100
		9/30 임차료	70

자본금

차변		대변	
		9/ 1 현 금	2,000

임차보증금

차변		대변	
9/ 3 현 금	700		

비 품

차변		대변	
9/ 8 현 금	200		

수수료수익

차변		대변	
		9/15 현 금	300

급 여

차변		대변	
9/20 현 금	100		

임차료	
9/30 현 금 70	

4 장부(books)

거래를 기록하는 지면을 장부라 하며 장부는 기업의 업종, 규모 등을 고려하여 조직되며 회계계산 및 영업활동에 관한 증빙자료가 된다.

장부에는 주요부와 보조부가 있다.

(1) 장부의 종류

1) 주요부

주요부는 특정계정에 관한 거래를 상세하게 기록하는 장부를 말한다.

재무제표는 주요부인 전표와 총계정원장에 기록된 내용을 토대로 작성되는데 특히 총계정원장은 이러한 재무제표의 작성이 신속하게 이루어지도록 거래내용을 총괄적으로 파악하여 재무제표를 작성하는 데 기초가 되는 장부로 분개장과 총계정원장이 있다.

① 분개장(journal): 모든 거래를 발생순서대로 기입하는 장부로서 총계정원장에 전기하기 위한 준비를 하는 장부이다.

② 총계정원장(ledger): 분개장의 기록에 의하여 각 계정별로 분류, 기입, 정리되는 장부로서 재무상태표와 포괄손익계산서 작성의 기초자료가 되는 장부이다. 총계정원장은 회계에서 가장 기본이 되는 중요한 장부이므로 분개장과 더불어 주요부라 한다.

2) 보조부

특정 계정과목의 내용을 더욱 상세히 기록하여 주요부를 보조하는 관리목적의 장부로서 보조기입장과 보조원장이 있다.

보조기입장은 거래가 빈번하게 발생하는 과목의 증감사항을 일자별로 자세하게 기록한 장부를 말하고, 보조원장은 거래처, 일정종목 등의 특성별로 집계한 장부를 말한다.

자세한 내용은 다음 표와 같다.

참고 장부의 분류

- 장부
  - 주요부
    - 분개장: 입금전표, 출금전표, 대체전표
    - 총계정원장: 현금, 당좌예금, 매출채권, 매입채무 등
  - 보조부
    - 보조기입장: 현금출납장, 당좌예금출납장, 매입장, 소액현금출납장, 매출장, 받을어음기입장, 지급어음기입장
    - 보조원장: 매입처원장, 상품재고장, 매출처원장

총계정원장과 보조부는 다음과 같이 짝지을 수 있다.

참고 총계정원장과 보조부

총계정원장		보 조 부
현　　　금	…………………………	현금출납장
당 좌 예 금	…………………………	당좌예금출납장
매 출 채 권	…………………………	매출처원장
매 입 채 무	…………………………	매입처원장
상　　　품	…………………………	상품재고장
매　　　출	…………………………	매출장
매　　　입	…………………………	매입장

SECTION 02

회계순환과정(II)

1 결산

결산(closing)이란 그동안 열심히 일해서 얻은 성과가 무엇이고 얼마인지를 계산하고 정리하는 것을 의미한다. 결산절차는 회계기록의 종점이자 가장 중요한 회계기록의 절차 중 하나이다.

참고 **결산절차**

결산 예비 절차	결산 본 절차	재무제표 작성
① 시산표 작성 (또는 정산표 작성) ② 결산정리사항 (수정분개 및 원장전기)	① 수익과 비용계정 마감 ② 자산, 부채, 자본계정 마감	① 재무상태표 ② 포괄손익계산서 ③ 자본변동표 ④ 현금흐름표

| 결산절차

시산표 작성 → 수정분개, 원장전기 → 장부의 마감 → 재무제표 작성

(1) 시산표(T/B: Trial Balance)의 작성

결산은 총계정원장의 각 계정을 중심으로 행해지기 때문에 우선 결산시점까지 발생된 거래에 관한 분개장의 기입내용을 총계정원장의 각 계정에 정확하게 전기하였는지 확인할 필요가 있다. 이를 위해 결산절차 중 가장 먼저 작성하는 시산표를 수정전시산표라고 한다.

시산표는 총계정원장에 기록되어 있는 각 계정의 차변합계와 대변합계가 서로 일치하는가를 검증하는 역할을 한다. 만약 시산표상의 차변합계와 대변합계가 서로 일치하지 않는다면 총계정원장의 회계기록에 오류가 있음을 알 수 있다.

시산표 등식: 자산 + 비용 = 부채 + 자본 + 수익 (즉, 기말자산 + 총비용 = 기말부채 + 기초자본 + 총수익과 같다)

1) 시산표의 종류

시산표는 작성되는 시점에 따라 다음과 같이 분류한다.

① 수정전시산표: 수정분개 전에 작성하는 시산표로 단순히 시산표라고도 한다.
② 수정후시산표: 수정분개 후에 작성하는 시산표를 말한다.
③ 이월시산표: 계정이 마감된 후에 작성하는 시산표를 말한다.

한편, 시산표의 작성 형식(방법)에 따라 다음과 같이 분류한다.

① 합계시산표: 원장에 있는 각 계정의 차변합계액과 대변합계액만을 표시한 시산표를 말한다.

② 잔액시산표: 원장에 있는 각 계정의 차변합계액과 대변합계액을 상계시켜 잔액만을 표시한 시산표를 말한다.

③ 합계잔액시산표: 합계시산표와 잔액시산표를 결합하여 하나의 표로 작성한 시산표를 말한다.

예제 11 시산표 작성 예

총계정원장에 전기된 결과는 다음과 같다. 다음 자료를 가지고 합계시산표, 잔액시산표, 합계잔액시산표를 작성하시오.

총계정원장

현 금 1

4/ 1	100,000	4/13	80,000
10	70,000	20	5,000
26	50,000	28	40,000

상 품 3

4/ 5	60,000	4/10	40,000
13	80,000	25	50,000

외상매출금 2

4/25	80,000	4/26	50,000

외상매입금 4

4/28	40,000	4/ 5	60,000

자 본 금 5

		4/ 1	100,000

매 출 6

		4/ 1	150,000

매출원가 7

4/10	40,000		
25	50,000		

통 신 비 8

4/20	5,000		

풀 이

① 합계시산표: 원장 각 계정의 차변합계액과 대변합계액을 모아 작성한 표로 합계시산표의 합계액은 그 회계기간에 있어서의 총거래액을 나타낸다.

합계시산표

차 변	원면	계정과목	대 변
220,000	1	현 금	125,000
80,000	2	외상매출금	50,000
140,000	3	상 품	90,000
40,000	4	외상매입금	60,000
	5	자 본 금	100,000
	6	매 출	150,000
90,000	7	매출원가	
5,000	8	통 신 비	
575,000		합 계	575,000

* [예제 11]의 총계정원장을 보고 작성한 것임.

② 잔액시산표: 원장 각 계정의 잔액만을 모아 작성한 표로서 자산·부채·자본·수익·비용 각 계정의 잔액만을 나타낸다.

잔액시산표

차 변	원면	계정과목	대 변
95,000	1	현 금	
30,000	2	외상매출금	
50,000	3	상 품	
	4	외상매입금	20,000
	5	자 본 금	100,000
	6	매 출	150,000
90,000	7	매출원가	
5,000	8	통 신 비	
270,000		합 계	270,000

* [예제 11]의 총계정원장을 보고 작성한 것임.

③ 합계잔액시산표: 합계시산표와 잔액시산표를 하나의 표에 모은 것이다.

합계잔액시산표

차변		원면	계정과목	대변	
잔 액	합 계			합 계	잔 액
95,000	220,000	1	현 금	125,000	
30,000	80,000	2	외상매출금	50,000	
50,000	140,000	3	상 품	90,000	
	40,000	4	외상매입금	60,000	20,000
		5	자 본 금	100,000	100,000
		6	매 출	150,000	150,000
90,000	90,000	7	매출원가		
5,000	5,000	8	통 신 비		
270,000	575,000		합 계	575,000	270,000

* [예제 11]의 총계정원장을 보고 작성한 것임.

2) 시산표의 오류 조사방법

총계정원장의 각 계정을 모아 시산표를 작성하면 시산표의 차변합계금액과 대변합계금액은 반드시 일치하게 된다. 만일, 시산표의 차변합계금액과 대변합계금액이 일치하지 않으면, 오류가 있는 것을 뜻하며, 일반적으로 다음과 같은 순서대로 오류를 조사한다.

① 시산표의 차변합계금액과 대변합계금액이 정확한가를 조사한다.
② 원장금액이 시산표에 정확하게 전기되었는가를 조사한다.
③ 원장 각 계정의 합계 또는 잔액이 정확하게 계산되었는가를 조사한다.
④ 분개장에서 총계정원장에 정확하게 전기되었는가를 조사한다.
⑤ 분개장에서 분개와 기록 · 계산이 정확한가를 확인한다.

3) 시산표에서 발견할 수 없는 오류

① 거래 전체가 분개 또는 전기되지 않은 경우
② 거래를 중복하여 분개하거나 전기한 경우
③ 차변 · 대변 계정과목을 반대로 분개하거나 전기한 경우
④ 대차를 똑같이 틀린 금액으로 분개하거나 전기한 경우
⑤ 계정과목을 잘못 분개하거나 전기한 경우
⑥ 두 가지 오류가 우연히 중복되어 상계된 경우

4) 시산표의 작성 예시

잔액시산표의 차변 잔액란에는 자산과 비용이 관련되고, 대변 잔액란에는 부채와 자본, 수익이 관련된다. 작성순서는 자산, 부채, 자본, 수익, 비용계정 순으로 작성된다.

수정전시산표(잔액시산표)

회사명: 년 월 일 (단위: 원)

차변 잔액	계정과목	대변 잔액
×××	자 산 계 정	
	부 채 계 정	×××
	자 본 계 정	×××
	수 익 계 정	×××
×××	비 용 계 정	
×××	합 계	×××

차변, 대변 합계 일치 확인

자산 + 비용 = 부채 + 자본 +수익

참고 대차평균의 원리(principle of equilibrium)

대차평균의 원리란 계정과목 전체의 차변합계와 대변합계는 항상 일치한다는 원리로서 시산표상의 분개 및 원장전기의 완전성이나 정확성을 검증하는 데 적용되는 원리이다. 또한 거래의 분개, 재무상태표나 포괄손익계산서의 작성에서도 이 원리에 따라 차변금액과 대변금액은 항상 일치하여야 한다. 복식부기는 거래의 이중성에 따라 항상 동일한 금액을 차변과 대변에 동시에 기입하므로 대차평균의 원리가 당연히 적용되며 이 원리에 따라 자기검증기능을 수행한다. 오늘날 시산표는 전산화된 회계환경에서도 재무제표 작성을 위한 준비절차로 여전히 부기의 중요한 절차이다.

(2) 결산정리분개 및 원장전기

결산정리사항의 기말 수정내용에 대하여 분개를 하고 이를 총계정원장에 전기한 뒤, 결산정리사항을 반영한 후의 총계정원장 계정잔액을 토대로 수정후시산표를 작성하게 된다. 수정후시산표는 결산수정사항이 분개장에서 원장으로 전기가 정확하게 이루어졌는가를 확인하는 과정으로 이해할 수 있다.

1) 기말 수정분개 대상

대상항목	세부구성항목	거래의 예
이연항목	선급비용[1)]	선급임차료, 선급보험료 등
	선수수익[2)]	선수임대료, 선수용역수익 등
발생항목	미지급비용[3)]	미지급급료, 미지급광고비 등
	미수수익[4)]	미수이자, 미수임대료 등

1) 선급비용: 현금을 먼저 지급하고 사용이나 소모는 차후에 이루어지는 항목
2) 선수수익: 대금을 먼저 받고 부채로 기록한 항목으로서 아직 상품의 인도나 용역의 제공이 이루어지지 않은 거래
3) 미지급비용: 기중에 발생한 비용으로서 아직 지급되지 않아서 장부에 기록되지 않은 비용
4) 미수수익: 기중에 획득된 수익으로서 아직 현금수취 및 기록이 이루어지지 않은 수익

2) 기말 수정분개 유형

선급비용, 선수수익의 이연은 현금으로 지급(수취)한 수익, 비용을 차기 이후의 수익, 비용으로 인식하기 위해 조정하는 것을 말한다. 즉 발생주의에 의한 수익, 비용의 인식시점이 현금주의 보다 늦게 나타나는 경우의 결산수정분개이다.

가. 선급비용

회계기간 중 이미 계산한 비용에 차기 이후의 비용이 포함되어 있는 경우 이를 당해 비용에서 차감하고 선급비용이라는 자산으로 계산하는 결산수정분개이다. 선급비용에는 선불로 지급하는 임차료, 보험료, 이자비용 등을 대상으로 한다.

㉠ 자산처리

ⓐ [현금지급시]	(차) 선급비용	×××	(대) 현　　금	×××
ⓑ [결산시 수정분개] (경과된 부분 수정분개)	(차) 비용발생(비용)	×××	(대) 선급비용	×××

예제 12　선급비용 예(자산 처리)

10월 1일 1년치 보험료 120,000원을 현금으로 지급하다(현금지급시 모두 자산처리).

10/1　현금지급시:

(차) 선급보험료	120,000	(대) 현　　금	120,000

12/31　결산시 수정분개*:

(차) 보 험 료	30,000	(대) 선급보험료	30,000

*결산시 수정분개는 이미 인식한 선급비용 중 기간 경과분만큼 선급비용을 감소시키면서 비용을 인식

풀 이

선급보험료	
10/ 1 현 금 120,000	12/31 보험료 30,000

보험료	
12/31 선급보험료 30,000	

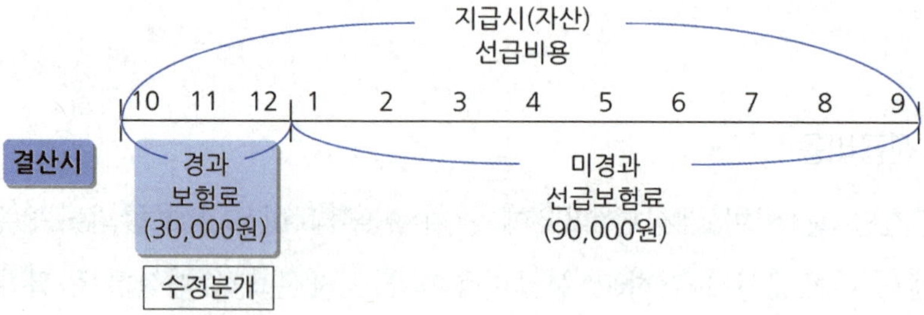

㉡ 비용처리

ⓐ [현금지급시]	(차) 비용발생 ×××	(대) 현 금 ×××
ⓑ [결산시 수정분개] (미경과된 부분 수정)	(차) 자산증가 ×××	(대) 비용(감소) ×××

예제 13 **선급비용 예(비용처리)**

10월 1일 1년치 보험료 120,000원을 현금으로 지급하다(현금지급시 모두 비용처리).

10/1 현금지급시:

(차) 보 험 료	120,000	(대) 현 금	120,000

12/31 결산시 수정분개*:

(차) 선급보험료	90,000	(대) 보 험 료	90,000

1/1 다음연도 초 역분개:

(차) 보 험 료	90,000	(대) 선급보험료	90,000

*결산시 수정분개는 이미 인식한 비용 중 기간 미경과분만큼 비용을 감소시키면서 선급비용을 인식

풀 이

선급보험료

차변	대변
12/31 보험료 90,000	

보험료

차변	대변
10/ 1 현 금 120,000	12/31 선급보험료 90,000

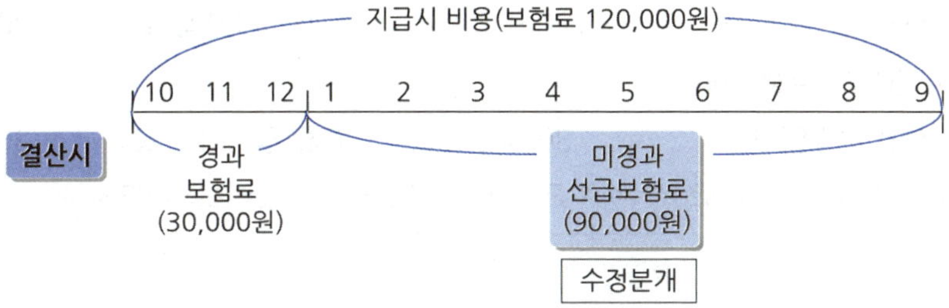

기중에 현금을 지급할 때 모두 자산(선급비용)으로 처리했다면 결산시에 기간이 경과된 부분만큼 선급비용을 감소시키면서 비용을 인식한다.

그러나 기중에 현금을 지급할 때 모두 비용으로 처리했다면 결산시 기간이 미경과된 부분만큼 비용을 감소시키면서 선급비용을 인식한다.

나. 선수수익

회계기간 중 이미 수취한 수익 중 차기 이후의 수익이 포함되어 있는 경우 이를 당해 수익에서 차감하고 선수수익이라는 부채로 계상하는 결산수정분개이다. 선수수익은 미래에 재화나 용역을 제공하여야 하는 현재의 의무로 부채에 해당한다. 선수수익은 선불로 수수한 임대료, 이자수익 등을 대상으로 한다.

㉠ 부채처리

구분	차변	금액	대변	금액
ⓐ [현금수령시]	(차) 현 금	×××	(대) 부채증가(선수수익)	×××
ⓑ [결산시 수정분개] (경과된 부분 수정분개)	(차) 부채감소 (선수수익)	×××	(대) 수익발생	×××

예제 14 선수수익 예(부채처리)

10월 1일 1년치 집세 120,000원을 미리 현금으로 받다(현금수령시 모두 부채처리).

10/1 현금수령시:

(차) 현 금	120,000	(대) 선수임대료	120,000

12/31 결산시 수정분개*:

(차) 선수임대료	30,000	(대) 임 대 료	30,000

*결산시 수정분개는 이미 인식한 선수수익 중 기간 경과분만큼 선수수익을 감소시키면서 수익으로 인식

풀 이

선수임대

차변	대변
12/31 임대료 30,000	10/ 1 현 금 120,000

임대료

차변	대변
	12/31 선수임대료 30,000

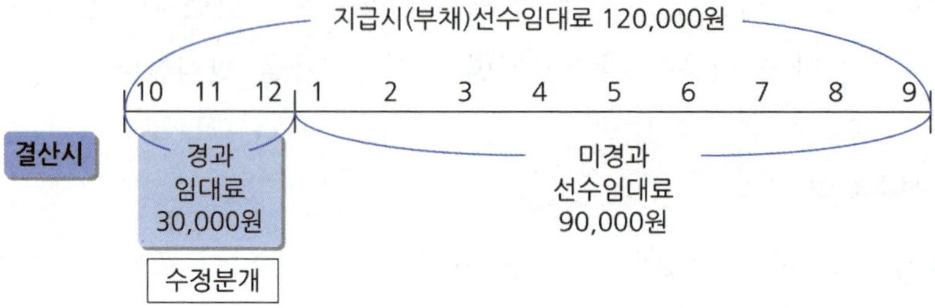

㉡ 수익처리

ⓐ [현금수령시]	(차) 현 금	×××	(대) 수익(증가)	×××
ⓑ [결산시 수정분개] (미경과된 부분 수정)	(차) 수익(감소)	×××	(대) 부 채 증 가	×××

예제 15 선수수익 예(수익처리)

10월 1일 1년치 집세 120,000원을 미리 현금으로 받다(현금수령시 모두 수익처리).

10/1 현금수령시:

(차) 현 금	120,000		(대) 임 대 료	120,000

12/31 결산시 수정분개*:

(차) 임 대 료	90,000		(대) 선수임대료	90,000

1/1 다음연도 초 역분개:

(차) 선수임대료	90,000		(대) 임 대 료	90,000

*결산시 수정분개는 이미 인식한 수익 중 기간 미경과분만큼 수익을 감소시키면서 선수수익으로 인식

풀이

선수임대료

차변	대변
	12/31 임대료 90,000

임대료

차변	대변
12/31 선수임대료 90,000	10/ 1 현 금 120,000

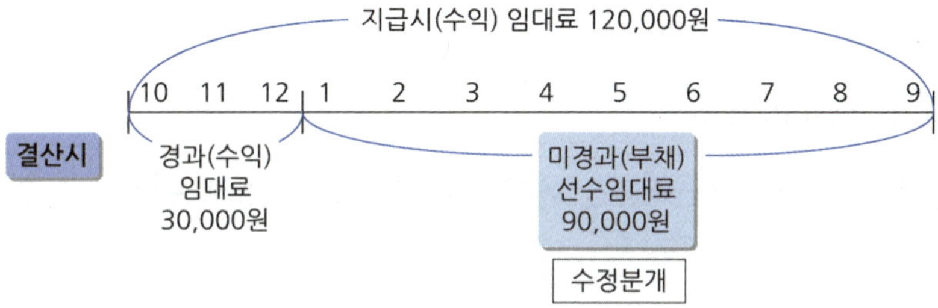

기중에 현금을 수령할 때 모두 부채(선수수익)로 회계처리했다면 결산시에 기간이 경과된 부분만큼 선수수익을 감소시키면서 수익을 인식한다.

그러나 기중에 현금을 수령할 때 모두 수익으로 처리했다면 결산시 기간이 미경과된 부분만큼 수익을 감소시키면서 선수수익을 인식한다.

다. 미지급비용(부채)

이자비용이나 임차료처럼 비용이 발생하였으나 대금을 아직 지급하지 않은 경우 당기 비용을 인식하는 절차이다.

[결산시 수정분개] (차) 비용발생 ××× (대) 부채증가 ×××

예제 16 **미지급비용 예**

12/31 급여 3,000,000원을 미지급하다.

12/31 (차) 급여 3,000,000 (대) 미지급급여 3,000,000

풀이

급여	
12/31 미지급급여 3,000,000	

미지급 급여	
	12/31 급여 3,000,000

라. 미수수익(자산)

수익이 발생하였으나 대금을 아직 회수하지 않은 경우 당기 수익을 인식하는 절차이다.

[결산시 수정분개] (차) 자산증가 ××× (대) 수익발생 ×××

예제 17 **미수수익 예**

12/31 제품 2,000,000원을 외상으로 매출하다.

12/31 (차) 외상매출금 2,000,000 (대) 제품매출 2,000,000

풀이

외상매출금	
12/31 제품매출 2,000,000	

제품매출	
	12/31 외상매출금 2,000,000

결산정리사항을 정리해 보면 다음과 같다.

1. 이연항목

선급비용	선수수익
비용을 현금으로 미리 지급한 경우 당기에 귀속되지 않는 부분은 다음기로 이연시키는 개념	수익을 현금으로 미리 수취한 경우 당기에 귀속되지 않는 부분은 다음기로 이연시키는 개념
예 선급임차료, 선급이자, 선급보험료	예 선수임대료, 선수이자, 선수수수료

2. 발생항목

미수수익	미지급비용
아직 현금으로 유입되지는 않았지만 당기에 귀속되는 수익은 당기의 수익으로 인식하는 개념	아직 현금으로 지출되지는 않았지만 당기에 귀속되는 비용은 당기의 비용으로 인식하는 개념
예 미수임대료, 미수이자	예 미지급임차료, 미지급이자

예제 18 결산수정분개 예

서울상사의 12월 말 현재 수정이 필요한 항목은 다음과 같다.

(1) 12월 중에 지급된 임차료 300원은 12월, 다음해 1월, 다음해 2월분으로서 3개월에 걸쳐 비용으로 회계처리해야 할 항목이다(비용처리).

(2) 12월 27일 받은 현금 600원은 차후에 경영자문용역을 제공하기로 하고 받은 선수금이다. 이 중 300원에 상당하는 용역이 12월 31일에 수행되었다(수익처리).

(3) 12월 중 급료는 1,500원인데 이 중 1,000원만 지급되고 500원은 2주일 후에 지급하기로 되어 있다.

(4) 12월 1일 구입한 비품 1,200원은 내용연수에 걸쳐 영업활동을 하는 데 사용될 것이므로 이에 대한 감가상각을 하여야 한다. 구입한 비품은 5년의 내용연수를 갖고 5년 후의 잔존가치는 없으며 정액법으로 감가상각한다고 가정한다.

풀이

⇒ 12월 31일 기말수정분개

• (차) 선급임차료	200	(대) 임차료	200
• (차) 용역매출	300	(대) 선수금	300
• (차) 급　료	500	(대) 미지급급료	500
• (차) 감가상각비	20	(대) 감가상각누계액	20

* 감가상각비 $= \frac{(\text{취득원가} - \text{잔존가치})}{\text{내용년수}} = \frac{(1,200\text{원} - 0\text{원})}{60\text{개월}} = 20\text{원}$

3) 수정후시산표 작성 또는 정산표 작성

수정분개를 원장에 전기한 후에는 수정후시산표가 작성된다. 수정후시산표를 작성하는 목적은 회계기간중에 발생한 모든 재무제표 작성을 표시하기 위한 것이다.

가. 정산표의 작성

정산표(work sheet)는 수정전시산표, 결산정리사항의 수정분개, 수정후시산표를 하나의 표에 모은 다음 이를 이용하여 포괄손익계산서와 재무상태표를 간편하게 미리 작성해 볼 수 있는 양식이다. 결산절차에서 정산표는 반드시 작성하여야 하는 것은 아니다. 정산표는 재무제표 작성을 편리하게 하여 주는 보조수단에 불과하고 이것으로 재무제표 작성을 갈음하는 것은 아니며 재무제표 작성을 위한 모든 항목들이 빠짐없이 적절하게 나열되었다는 것을 의미할 뿐이다.

나. 정산표의 종류

정산표의 종류에는 구성요소의 칸수에 따라 6위식, 8위식, 10위식 등이 있으며, 상기업에서는 일반적으로 8위식 정산표, 제조기업에서는 10위식 정산표가 주로 이용되고 있다.

종류	구성 요소
6위식 정산표	잔액시산표, 포괄손익계산서, 재무상태표
8위식 정산표	잔액시산표, 정리기입, 포괄손익계산서, 재무상태표
10위식 정산표	잔액시산표, 정리기입, 수정후시산표, 포괄손익계산서, 재무상태표

다음은 8위식 정산표의 양식이다. 이 양식을 보면 8위식 정산표에는 잔액시산표, 정리기입, 포괄손익계산서, 재무상태표 등 4개란이 있으며 각각 차변과 대변이 있어서 금액을 기록할 수 있는 칸은 총 8개가 된다.

정산표(8위식)

2026년 01월 01일부터 ~ 2026년 12월 31일

회사명: (단위: 원)

계정과목	수정전시산표		정리기입		포괄손익계산서		재무상태표	
	차 변	대 변	차 변	대 변	차 변	대 변	차 변	대 변

다. 정산표 작성방법

- 수정전시산표란에 결산정리사항을 수정분개하기 전의 각 계정잔액을 옮겨 적는다. 이때 차변합계와 대변합계가 일치해야 함은 물론이다.
- 결산정리사항을 찾아 순서대로 수정분개 내용을 기입한다(계정과목, 차변금액, 대변금액을 표 양식에 맞춰 기입).
- 수정전시산표의 각 계정과목별 차변, 대변금액에 수정기입란의 차변, 대변금액을 추가 반영하여 산정된 최종의 차변 및 대변잔액을 포괄손익계산서와 재무상태표란의 차변과 대변에 반영하여 적는다.
- 포괄손익계산서란과 재무상태표란의 차변합계액과 대변합계액을 계산하여 그 차액인 순순익을 계산한다.
  (순이익 → 포괄손익계산서란의 차변, 재무상태표란의 대변 기입)
  (순손실 → 포괄손익계산서란의 대변, 재무상태표란의 차변 기입)
- 수정전시산표란, 수정기입란, 포괄손익계산서란, 재무상태표란은 각각 차변과 대변합계를 구하여 표시한다. 복식부기원리에 의하여 수정전시산표란과 수정기입란은 당연히 차변과 대변합계가 일치되며, 포괄손익계산서란과 재무상태표란은 순손익을 기입한 후 차변과 대변합계가 일치된다. '10위식 정산표'는 위 '8위식 정산표'의 수정분개란과 포괄손익계산서란의 사이에 '수정후시산표'란을 추가시킨 것을 말한다.

예제 19 6위식 정산표 작성 사례

다음 잔액시산표를 이용하여 6위식 정산표를 작성하시오.

시산표

(주)남해상사 2026.12.31 (단위: 원)

차 변	계정과목	대 변
10,740,000	현 금	
6,500,000	외 상 매 출 금	
60,000	소 모 품	
5,500,000	원 재 료	
	선 수 금	1,200,000
	자 본 금	10,000,000
	제 품 매 출	16,500,000
4,000,000	급 여	
900,000	임 차 료	
27,700,000	합 계	27,700,000

풀이

정산표(6위식)

(주)남해상사 2026년 01월 01일부터 ~ 2026년 12월 31일 (단위: 원)

계정과목	잔액시산표		포괄손익계산서		재무상태표	
	차 변	대 변	차 변	대 변	차 변	대 변
현 금	10,740,000				10,740,000	
외 상 매 출 금	6,500,000				6,500,000	
소 모 품	60,000				60,000	
원 재 료	5,500,000				5,500,000	
선 수 금		1,200,000				1,200,000
자 본 금		10,000,000				10,000,000
제 품 매 출		16,500,000		16,500,000		
급 여	4,000,000		4,000,000			
임 차 료	900,000		900,000			
당 기 순 이 익			11,600,000			11,600,000
	27,700,000	27,700,000	16,500,000	16,500,000	22,800,000	22,800,000

대차차액

(3) 재무제표의 작성

재무제표란 기업실체의 경영성과나 재무상태 등에 관한 정보를 제공하는 양식을 말하며, 회계의 목적을 달성하기 위해 정보이용자에게 회계정보를 전달하는 대표적인 수단이며 정보전달매체이다. 기본적으로 작성해야 할 재무제표는 재무상태표, 포괄손익계산서, 자본변동표, 현금흐름표, 주석이 있다.

재무상태표

회사명　　　　제×기　2026년 12월 31일 현재　　　　(단위: 원)

자 산	금 액	부 채 및 자 본	금 액
현금	×××	매입채무	×××
매출채권	×××	차입금	×××
상품	×××	자본금	×××
건물	×××	이월이익잉여금	×××
비품	×××	(당기순이익포함)	
차량운반구	×××		
자산합계	×××	부채 및 자본 합계	×××

포괄손익계산서

회사명　　제×기　2026년 01월 01일부터 2026년 12월 31일까지　　(단위: 원)

계 정 과 목	금 액	
수익		×××
매출액	×××	
임대료	×××	
유가증권처분이익	×××	
이자수익	×××	
비용		(×××)
급여	×××	
소모품비	×××	
임차료	×××	
보험료	×××	
당기순이익		×××

집합손익계정에 기입된 수익, 비용 금액을 포괄손익계산서 양식에 명시된 각 계정과목의 금액란에 옮겨 적으면 포괄손익계산서가 작성된다. 그리고 총계정 원장의 자산, 부채, 자본계정의 차기이월액을 재무상태표 양식에 명시된 각 계정과목의 금액란에 옮겨 적으면 재무상태표가 작성된다.

(4) 장부마감

장부마감은 포괄손익계산서계정의 마감과 재무상태표계정의 마감으로 구분할 수 있다.

1) 손익계산서 계정의 마감

당기에 발생한 수익과 비용을 소멸시키는 마감분개를 하고 수익, 비용의 대응결과 산출된 순이익을 확인한 뒤 소멸시키는 임시계정이다. 경영성과는 회계기간마다 구분하여 측정하므로 당 회계기간과 다음 회계기간의 수익, 비용은 별도로 집계하여야 한다. 마감을 위해서는 집합손익이라는 임시계정을 설정하여야 한다. 집합손익계정은 수익, 비용을 집계한 뒤 그 잔액을 자본금 또는 이익잉여금으로 대체하기 위해 설정한다. 다른 수익, 비용과 마찬가지로 마감 후 집합손익계정의 잔액은 영(0)이 된다.

집합손익	
비용	수익

참고 집합손익계정 설정

① 총계정원장에 손익계정을 설정한다.
② 수익계정의 잔액을 손익(집합손익)계정의 대변에 대체한다.
(차변) 수익계정 ××× (대변) 손익계정 ×××
③ 비용계정의 잔액을 손익계정의 차변에 대체한다.
(차변) 손익계정 ××× (대변) 비용계정 ×××
④ 손익계정의 잔액을 자본계정에 대체한다.
- 당기순이익이 발생한 경우:
  (차변) 손익계정 ××× (대변) 자본금 ×××
- 당기순손실이 발생한 경우:
  (차변) 자본금 ××× (대변) 손익계정 ×××

⑤ 수익과 비용계정의 총계정원장을 마감한다.
차변과 대변의 합계를 확인한 후 두 줄을 긋고 마감한다.

가. 수익, 비용계정 마감

㉠ **수익계정 마감:** 수익계정잔액은 대변에 나타나기 때문에 이를 0으로 만들기 위해서는 차변에 수익계정잔액을 기록하고 대변에 집합손익계정을 기록한다.

(차) 수익 각 계정 (수익소멸)	×××	(대) 집합손익	×××

㉡ **비용계정 마감:** 비용계정잔액은 차변에 나타나기 때문에 이를 0으로 만들기 위해서는 대변에 비용계정잔액을 기록하고 차변에 집합손익계정을 기록한다.

(차) 집합손익	×××	(대) 비용 각 계정 (비용소멸)	×××

예제 20 수익 · 비용계정의 마감 실습

12월 31일 매출액계정의 대변잔액이 50,000,000원인 경우와 광고선전비계정의 잔액이 10,000,000원인 경우의 수익계정과 비용계정을 집합손익계정을 설정하여 마감하시오.

풀이

결산분개: 12/31 (차) 매　　출 50,000,000 (대) 집합손익 50,000,000

매　출

12/31 집합손익	50,000,000	현　금	50,000,000
	50,000,000		50,000,000

결산분개: 12/31 (차) 집합손익 10,000,000 (대) 광고선전비 10,000,000

광고선전비

현　금	10,000,000	12/31 집합손익	10,000,000
	10,000,000		10,000,000

집합손익

12/31 광고선전비	10,000,000	12/31 매출액	50,000,000

나. 집합손익계정의 마감

㉠ 집합손익계정의 차변에는 당기에 발생한 모든 비용이, 대변에는 당기에 발생한 모든 수익이 기록된다. 이때 집합손익계정의 잔액을 계산하면 당기순손익(당기의 수익에서 당기의 비용을 차감한 것)이 산출된다.

㉡ 산출된 당기순손익은 이월이익잉여금계정에 대체하며, 이 결과 집합손익계정 잔액도 0이 된다.

참고

- 당기순이익의 발생

(차) 집합손익 (당기순이익)	×××	(대) 자본금(또는 이익잉여금) (자본증가)	×××

- 당기순손실의 발생

(차) 자본금(또는 이익잉여금)	×××	(대) 집합손익	×××

* 당기순이익을 주식회사의 경우 자본계정 중 이익잉여금계정으로 대체하나, 개인기업의 경우 자본계정인 자본금계정으로 대체한다.

예제 21 집합손익계정의 마감 실습

위 [예제 20]을 이용하여 집합손익계정을 이익잉여금(또는 자본금)계정에 대체하시오.

풀이

결산(대체)분개: 12/ 1 (차) 집합손익 40,000,000 (대) 이익잉여금 40,000,000

집합손익

12/31 광고선전비	10,000,000	12/31 매출액	50,000,000
12/31 이익잉여금	40,000,000		
	50,000,000		50,000,000

이익잉여금

		12/31 집합손익	40,000,000

2) 재무상태표계정의 마감

자산, 부채, 자본계정은 수익, 비용계정과 달리 한 회계기간이 종료되더라도 잔액이 0으로 되지 않고 계속하여 잔액을 유지한다. 따라서 재무상태표계정 잔액은 다음 회계기간으로 이월시켜야 한다.

마감방법은 각 계정의 차변과 대변합계를 비교하여 금액이 부족한 쪽에 부족한 금액을 기입하고 이를 붉은 글씨로 '차기이월'로 표시하고, 차변과 대변합계를 일치시킨다. 그리고 반대편에 동일한 금액을 '전기이월'로 표시한다.

자산의 전기이월잔액은 차변에 표시되고, 부채, 자본의 전기이월잔액은 대변에 표시된다.

다음 [예제 22]를 통하여 실습해 보기로 한다.

예제 22 **재무상태표계정 마감과 이월시산표**

재무상태표계정을 마감하고 이월시산표를 작성하시오. 결산일은 12월 31일이다.

현 금

차변	대변
5,000,000	2,000,000

외상매출금

차변	대변
800,000	500,000

상 품

차변	대변
1,000,000	400,000

외상매입금

차변	대변
200,000	500,000

자 본 금

차변	대변
	3,000,000

이익잉여금

차변	대변
	400,000
	12/31 집합손익 200,000

풀이

① 자산 · 부채 · 자본계정의 마감

현 금

적요	차변	적요	대변
	5,000,000		2,000,000
		12/31 차기이월	3,000,000
	5,000,000		5,000,000
1/1 전기이월	3,000,000		

외상매출금

적요	차변	적요	대변
	800,000		500,000
		12/31 차기이월	300,000
	800,000		800,000
1/1 전기이월	300,000		

상 품

	1,000,000		400,000
		12/31 차기이월	600,000
	1,000,000		1,000,000
1/1 전기이월	600,000		

외상매입금

	200,000		500,000
12/31 차기이월	300,000		
	500,000		500,000
		1/1 전기이월	300,000

자 본 금

12/31 차기이월	3,000,000		3,000,000
	3,000,000		3,000,000
		1/1 전기이월	3,000,000

이익잉여금

12/31 차기이월	600,000		400,000
		12/31 집합손익	200,000
	600,000		600,000
		1/1 전기이월	600,000

② 이월시산표 작성

이월시산표

차 변	계정과목	대 변
3,000,000	현 금	
300,000	외 상 매 출 금	
600,000	상 품	
	외 상 매 입 금	300,000
	자 본 금	3,000,000
	이 익 잉 여 금	600,000
3,900,000		3,900,000

*이월시산표에는 자산, 부채, 자본만 올 수 있다.

3) 이월시산표의 작성

재무상태표계정의 경우 회계연도 말의 잔액을 다음 회계연도로 이월시키게 되므로 잔액이 잘못 기록되면 그 이후의 기록이 아무리 정확하게 기입된다고 가정하더라도 기록상의 오류를 제거할 수 없게 된다. 따라서 다음 회계연도로 이월된 잔액의 정확성을 확인해 볼 필요가 있는데 이를 위해 작성되는 시산표가 이월시산표이다. 즉 이 시산표는 대차평균의 원리를 이용하여 다음 회계연도 회계기록의 기초가 되는 재무상태표계정 잔액의 정확성을 검증하는 역할을 한다.([예제21] 참고)

4) 기초재수정분개

기초재수정분개는 회계기록을 편리하게 하기 위하여 전기 말에 행해진 기말수정분개를 취소하는 분개로 역분개(reversing entries)라고도 한다. 기초재수정분개는 기말수정분개 중 발생항목 및 이연항목에 대하여 행하여진다.

이연항목은 기초재수정분개를 하지 않는 경우도 있는데 보험료의 예를 들면, 보험료를 지급하는 시점에서 보험료로 처리한 경우에만 기초재수정분개를 하면 되는 것이며, 선급보험료로 처리한 경우에는 기초재수정분개를 할 필요가 없다. 앞의 결산수정분개 선급비용과 선수수익의 포괄손익계산서법을 참고하기 바란다.

2 회계순환과정 실습 총정리(1): 개인회사

한강기획사는 2026년 12월 1일 개업하여 12월 31일에 결산을 맞이하다.

12월 1일 한강산 씨는 현금 10,000,000원을 출자하여 광고대행사인 한강기획사를 개업하다.

12월 2일	광고용역에 대한 계약금으로 선수금 1,200,000원을 현금으로 미리받다 (부채처리할 것. 3개월에 걸쳐 순차적으로 제공함).
12월 3일	12월분 임차료 900,000원을 현금으로 지급하다.
12월 24일	종업원 급료 4,000,000원을 현금으로 지급하다.
12월 31일	12월에 제공된 광고용역비 10,000,000원을 현금으로 받다.

(1) 분개

12월 1일	(차) 현 금	10,000,000	(대) 자본금	10,000,000
12월 2일	(차) 현 금	1,200,000	(대) 선수금	1,200,000
12월 3일	(차) 임차료	900,000	(대) 현 금	900,000
12월 24일	(차) 급 여	4,000,000	(대) 현 금	4,000,000
12월 31일	(차) 현 금	10,000,000	(대) 용역매출	10,000,000

(2) 총계정원장전기

현 금

12/ 1	자본금	10,000,000	12/ 3	임차료	900,000
12/ 2	선수금	1,200,000	12/24	급 여	4,000,000
12/31	용역매출	10,000,000			

선 수 금

			12/ 2	현 금	1,200,000

임 차 료

12/ 3	현 금	900,000			

용역매출

			12/31	현 금	10,000,000

급 여

12/24 현 금	4,000,000		

자 본 금

		12/ 1 현 금	10,000,000

(3) 결산

수정전시산표(잔액시산표)

한강기획사 2026. 12. 31. (단위: 원)

차 변	계정과목	대 변
16,300,000	현 금	
	선 수 금	1,200,000
	자 본 금	10,000,000
	용 역 매 출	10,000,000
4,000,000	급 여	
900,000	임 차 료	
21,200,000	합 계	21,200,000

(4) 결산정리사항

12월 2일에 한강기획사는 광고용역에 대한 계약금인 선수금으로 1,200,000원을 미리 수령하였으나 12월 중에 실현된 수익은 400,000원이다. 따라서 다음과 같은 수정분개가 필요하다.

(5) 수정분개

12월 31일 (차) 선수금 400,000 (대) 용역매출 400,000(B/S법)

(6) 원장전기

선수금

12/31 용역매출	400,000	12/ 2 현 금	1,200,000

용역매출

		12/31 현 금	10,000,000
		12/31 선수금	400,000

(7) 수정후시산표

수정후시산표(잔액시산표)

한강기획사 2026. 12. 31. (단위: 원)

차 변	계 정 과 목	대 변
16,300,000	현 금	
	선 수 금	800,000
	자 본 금	10,000,000
	용 역 매 출	10,400,000
4,000,000	급 여	
900,000	임 차 료	
21,200,000	합 계	21,200,000

(8) 재무제표작성

재무상태표

한강기획사 2026. 12. 31 현재 (단위: 원)

현 금	16,300,000	선수금	800,000
		자본금*	15,500,000
	16,300,000		16,300,000

*기초자본금 10,000,000원에 당기순이익 5,500,000원 포함됨.

포괄손익계산서

한강기획사	2026. 12. 01~2026. 12. 31.	(단위: 원)
용역매출		10,400,000
급　여	4,000,000	
임차료	900,000	(4,900,000)
당기순이익		5,500,000

(9) 수익, 비용계정의 마감(집합손익계정 설정)

12월 31일	(차) 용역매출	10,400,000	(대) 집합손익	10,400,000
12월 31일	(차) 집합손익	4,000,000	(대) 급　여	4,000,000
12월 31일	(차) 집합손익	900,000	(대) 임차료	900,000
12월 31일	(차) 집합손익	5,500,000	(대) 자본금	5,500,000

집합손익

12/31 급　여	4,000,000	12/31 용역매출	10,400,000
12/31 임차료	900,000		
12/31 자본금	5,500,000		
	10,400,000		10,400,000

급　여

12/24 현　금	4,000,000	12/31 집합손익	4,000,000
	4,000,000		4,000,000

임 차 료

12/ 3 현　금	900,000	12/31 집합손익	900,000
	900,000		900,000

용역매출

12/31 집합손익	10,400,000	12/31 현　금	10,000,000
		12/31 선 수 금	400,000
	10,400,000		10,400,000

자 본 금

			12/ 1	현　금	10,000,000
			12/31	집합손익	5,500,000

(10) 자산, 부채, 자본계정의 마감

현　금

12/ 1	자본금	10,000,000	12/ 3	임차료	900,000
12/ 2	선수금	1,200,000	12/24	급 여	4,000,000
12/31	용역매출	10,000,000	**12/31**	**차기이월**	**16,300,000**
		21,200,000			21,200,000
1/ 1	전기이월	16,300,000			

선 수 금

12/31	용역매출	400,000	12/ 2	현　금	1,200,000
12/31	**차기이월**	**800,000**			
		1,200,000			1,200,000
			1/ 1	전기이월	800,000

자 본 금

12/31	**차기이월**	**15,500,000**	12/ 1	현　금	10,000,000
			12/31	집합손익	5,500,000
		15,500,000			15,500,000
			1/ 1	전기이월	15,500,000

*차기이월은 붉은색으로 표기한다.

(11) 이월시산표

이월시산표(잔액시산표)

한강기획사　　　2026. 12. 31.　　　(단위: 원)

차　변	계정과목	대　변
16,300,000	현　금	
	선 수 금	800,000
	자 본 금	15,500,000
16,300,000	합　계	16,300,000

3 회계순환과정 실습 총정리(2): 주식회사

(주)서울상사는 2026년 12월 1일 개업하여 12월 31일에 결산을 맞이하다.

12월 1일 (주)서울상사를 설립하고 주식 2,000주(액면 5,000원)를 발행하고 현금 10,000,000원을 납입하다.
12월 2일 (주)한양에 제품을 완성해 주기로 하고 선수금 1,200,000원을 현금으로 받다(3개월 제공)
12월 3일 12월분 공장 건물 임차료 900,000원을 현금으로 지급하다.
12월 12일 소모품 60,000원을 현금으로 구입하다.
12월 25일 종업원 급여 12월분 4,000,000원을 현금으로 지급하다.
12월 27일 (주)토성에서 원재료 5,500,000원을 현금으로 매입하다.
12월 29일 한성상사에 제품 10,000,000원을 매출하고 대금은 현금으로 받다.
12월 31일 신라상사에 제품을 6,500,000원을 매출하고, 외상으로 하다.

(1) 분개

일자	차변	금액	대변	금액
12월 1일	(차) 현 금	10,000,000	(대) 자본금	10,000,000
12월 2일	(차) 현 금	1,200,000	(대) 선수금	1,200,000
12월 3일	(차) 임차료	900,000	(대) 현 금	900,000
12월 12일	(차) 소모품	60,000	(대) 현 금	60,000
12월 25일	(차) 급 여	4,000,000	(대) 현 금	4,000,000
12월 27일	(차) 원재료	5,500,000	(대) 현 금	5,500,000
12월 29일	(차) 현 금	10,000,000	(대) 제품매출	10,000,000
12월 31일	(차) 외상매출금	6,500,000	(대) 제품매출	6,500,000

(2) 총계정원장 전기

현 금

12/ 1	자본금	10,000,000	12/ 3	임차료	900,000
12/ 2	선수금	1,200,000	12/12	소모품	60,000
12/29	제품매출	10,000,000	12/25	급 여	4,000,000
			12/27	원재료	5,500,000

선 수 금

			12/ 2	현 금	1,200,000

자 본 금

			12/ 1	현 금	10,000,000

임 차 료

12/ 3	현 금	900,000			

소 모 품

12/12	현 금	60,000			

급 여

12/25	현 금	4,000,000			

제품매출

			12/29	현 금	10,000,000
			12/31	외상매출금	6,500,000

외상매출금

12/31	제품매출	6,500,000			

원 재 료

12/27	현 금	5,500,000			

(3) 결 산

1) 수정전시산표

수정전시산표(잔액시산표)

(주)서울상사　　　　2026. 12. 31.　　　　(단위: 원)

차 변	계 정 과 목	대 변
10,740,000	현 금	
6,500,000	외 상 매 출 금	
60,000	소 모 품	
5,500,000	원 재 료	
	선 수 금	1,200,000
	자 본 금	10,000,000
	제 품 매 출	16,500,000
4,000,000	급 여	
900,000	임 차 료	
27,700,000	합 계	27,700,000

[결산정리사항]

① 12월 2일 (주)한양에 제품을 완성해 주기로 하고 계약금으로 선수금 1,200,000원을 현금으로 미리 수령하였으나, 실현된 수익은 400,000원이다(부채처리).

② 12월 12일 소모품 60,000원을 현금으로 구입하였으나 이 중 50,000원을 소비하였다(자산처리).

2) 수정분개와 원장전기

12월 31일 (차) 선수금	400,000	(대) 제품매출	400,000
12월 31일 (차) 소모품비	50,000	(대) 소모품	50,000

선 수 금

12/31	제품매출	400,000	12/ 2	현 금	1,200,000

제품매출

			12/29	현 금	10,000,000
			12/31	외상매출금	6,500,000
			12/31	선수금	400,000

소 모 품

12/12	현 금	60,000	12/31	소모품비	50,000

소모품비

12/31	소모품	50,000			

3) 수정후시산표 작성

수정후시산표

(주)서울상사 2026. 12. 31. (단위: 원)

차 변	계 정 과 목	대 변
10,740,000	현 금	
6,500,000	외 상 매 출 금	
10,000	소 모 품	
5,500,000	원 재 료	
	선 수 금	800,000
	자 본 금	10,000,000
	제 품 매 출	16,900,000
4,000,000	급 여	
900,000	임 차 료	
50,000	소 모 품 비	
27,700,000	합 계	27,700,000

4) 재무제표작성

재무상태표

(주)서울상사 2026. 12. 31. (단위: 원)

현 금	10,740,000	선 수 금	800,000
외상매출금	6,500,000	자 본 금	10,000,000
소 모 품	10,000	이익잉여금	11,950,000
원 재 료	5,500,000		
	22,750,000		22,750,000

손익계산서

(주)서울상사 2026. 12. 01.~2026. 12. 31 (단위: 원)

제품매출		16,900,000
급 여	4,000,000	
임 차 료	900,000	
소모품비	50,000	(4,950,000)
당기순이익		11,950,000

5) 수익, 비용 계정의 마감

12월 31일	(차) 제품매출	16,900,000	(대) 집합손익	16,900,000
12월 31일	(차) 집합손익	4,000,000	(대) 급 여	4,000,000
12월 31일	(차) 집합손익	900,000	(대) 임 차 료	900,000
12월 31일	(차) 집합손익	50,000	(대) 소모품비	50,000
12월 31일	(차) 집합손익	11,950,000	(대) 이익잉여금	11,950,000

제품매출

12/31 집합손익	16,900,000	12/29 현 금	10,000,000
		12/31 외상매출금	6,500,000
		12/31 선수금	400,000
	16,900,000		16,900,000

급 여

12/25 현 금	4,000,000	12/31 집합손익	4,000,000
	4,000,000		4,000,000

임 차 료

12/3 현 금	900,000	12/31 집합손익	900,000
	900,000		900,000

소모품비

12/31 소모품	50,000	12/31 집합손익	50,000
	50,000		50,000

집합손익

12/31 급 여	4,000,000	12/31 제품매출	16,900,000
12/31 임차료	900,000		
12/31 소모품비	50,000		
12/31 이익잉여금	11,950,000		
	16,900,000		16,900,000

이익잉여금

		12/31 집합손익	11,950,000

6) 자산, 부채, 자본계정의 마감

현 금

12/ 1 자본금	10,000,000	12/ 3 임차료	900,000
12/ 2 선수금	1,200,000	12/12 소모품	60,000
12/29 제품매출	10,000,000	12/25 급 여	4,000,000
		12/27 원재료	5,500,000
		12/31 차기이월	10,740,000
	21,200,000		21,200,000
1/ 1 전기이월	10,740,000		

소 모 품

12/12 현 금	60,000	12/31 소모품비	50,000
		12/31 차기이월	10,000
	60,000		60,000
1/ 1 전기이월	10,000		

선 수 금

12/27 제품매출	400,000	12/ 2 현 금	1,200,000
12/31 차기이월	800,000		
	1,200,000		1,200,000
		1/ 1 전기이월	800,000

외상매출금

12/31 제품매출	6,500,000	12/31 차기이월	6,500,000
	6,500,000		6,500,000
1/ 1 전기이월	6,500,000		

원 재 료

12/27 현 금	5,500,000	12/31 차기이월	5,500,000
	5,500,000		5,500,000
1/ 1 전기이월	5,500,000		

이익잉여금

12/31 차기이월	11,950,000	12/31 집합손익	11,950,000
	11,950,000		11,950,000
		1/ 1 전기이월	11,950,000

자 본 금

12/31 차기이월	10,000,000	12/ 1 현 금	10,000,000
	10,000,000		10,000,000
		1/ 1 전기이월	10,000,000

7) 이월시산표의 작성

이월시산표

(주)서울상사 2026. 12. 31 (단위: 원)

차 변	계 정 과 목	대 변
10,740,000	현 금	
6,500,000	외 상 매 출 금	
10,000	소 모 품	
5,500,000	원 재 료	
	선 수 금	800,000
	자 본 금	10,000,000
	이 익 잉 여 금	11,950,000
22,750,000	합 계	22,750,000

주/요/용/어

- 거래의 이중성(duality of transaction)
- 계정(account)
- 교환거래(exchange transaction)
- 대변(credit)
- 대변잔액(credit balance)
- 매입채무(account payables)
- 분개장(journal)
- 손익거래(income transaction)
- 수정전시산표(unadjusted trial balance)
- 시산표(trial balance)
- 원장(ledger)
- 전기(posting)
- 차변(debit)
- 차변잔액(debit balance)
- 채권자(creditor)
- 채무자(debtor)
- 총계정원장(general ledger)
- 혼합거래(mixed transaction)
- 회계거래(accounting transaction)
- 회계순환과정(accounting cycle)

Chapter 02 주관식 연습문제

01 회계순환과정을 설명하시오.

02 분개와 원장전기란 무엇인가?

03 시산표에 대하여 설명하시오.

04 결산에 대하여 설명하시오.

05 손익계산서 계정마감에 대하여 설명하시오.

06 재무상태표 계정마감에 대하여 설명하시오.

Chapter 02 객관식 연습문제

01 다음 중 회계상 거래가 아닌 것은?

① 현금을 차입하다.

② 물류창고에 있던 상품이 화재로 인하여 소실되다.

③ 주식을 발행하고 현금을 납입받다.

④ 건물임차계약을 맺고 다음 달 5일에 임차료를 지급하기로 하다.

해설 계약서만 작성한 상태는 회계상 거래로 기록할 수 없다.

02 회계순환과정 절차로 순서가 맞는 것은?

① 거래 식별, 원장전기, 분개, 수정후시산표작성, 재무제표작성

② 거래 식별, 분개, 원장전기, 수정분개, 재무제표작성

③ 분개, 수정전시산표작성, 재무제표작성, 수정후시산표작성, 정산표

④ 분개, 전기, 수정분개, 정산표작성, 재무제표작성

해설 회계순환: 거래 식별 → 분개 → 원장전기 → (수정전시산표작성) → 수정분개 → (수정후시산표작성) → (정산표) → 재무제표작성 → 장부마감 → (이월시산표작성) → (역분개) 순으로 이루어짐. ( ) 안의 절차는 임의적 절차이며 그 외는 필수적 절차이다.

03 수익이 발생하는 회계거래가 있어서 분개를 할 경우, 나타날 수 없는 계정과목과 영향은?

① 자본계정의 감소　② 부채계정의 증가

③ 자산계정의 증가　④ 비용계정의 발생

해설 수익의 증가는 자산의 증가나 부채의 감소를 초래한다.

04 토지의 매입과 동시에 발생할 수 없는 거래는?

① 자본이 동일한 금액만큼 증가한다.

② 부채가 동일한 금액만큼 감소한다.

③ 동 금액만큼 부채가 증가한다.

④ 다른 자산계정이 동일한 금액만큼 감소한다.

해설 자산=부채+자본이므로, 유형자산 증가는 부채증가 또는 자본증가 또는 자산 내의 또 다른 자산계정의 동일한 금액만큼의 감소와 동시에 이루어지게 된다.

05 시산표의 대변 차변 잔액의 불일치를 발생시키는 오류는?

① 동일거래 분개를 이중 전기한 경우

② 동일계정을 이중 전기한 경우

③ 어떤 거래기록을 완전히 누락한 경우

④ 오계산한 경우

해설 동일거래 분개를 이중 전기하면, 시산표 차·대변 총계가 그 거래금액만큼씩 똑같이 증가할 뿐 잔액불일치가 생기지는 않는다.

06 다음 중 수정분개가 누락될 때, 부채와 비용이 과소계상되는 경우는?

① 급료지불일이 경과하였어도 직원급료 지급을 못 한 경우

② 선급하였던 임차료가 기간의 경과로 소멸된 경우

③ 선수 임대료 중 실현된 부분을 인식하지 않은 경우

④ 누락되었으므로, 자산, 부채, 자본, 비용, 수익에는 아무런 영향 없다.

해설 ①은 급료/미지급급료라는 수정분개가 누락되므로 부채와 비용이 과소계상된다.
②는 지급임차료/선급임차료라는 수정분개가 누락되므로 자산이 과대계상되고 비용이 과소계상되게 된다.
③은 선수임대료/수입임대료라는 수정분개 누락으로 부채가 과대계상, 수입이 과소계상된다.

07 시산표에 관한 설명이다. 옳지 않은 것은?

① 시산표란 회계상거래가 원장상의 각 계정에 정확하게 기록되었는지를 검토하기 위해, 전 계정의 잔액 또는 총액을 모아놓은 표를 말한다.

② 시산표 대변은 부채, 자본, 수익이 기재되고 차변에는 자산, 비용이 기재되는데, 차변잔액과 대변잔액이 일치되면 일반적으로 정확히 작성되었다고 볼 수 있다.

③ 시산표를 작성해봄으로써 분개를 전기하는 과정에서의 오류뿐 아니라 한 회계기간 동안의 거래총액, 재무상태, 영업성과 등을 파악할 수 있다.

④ 재무제표를 정확히 작성하기 위해서는 반드시 시산표를 작성해야 한다.

해설 시산표작성은 회계순환과정 중 임의적 과정으로 재무제표의 작성을 용이하게는 하나, 반드시 작성해야만 하는 것은 아니다.

08 결산일 현재 보험료 미경과분이 ₩30,000이 있다. 포괄손익계산법을 사용한 경우 분개는?

① (차) 선급보험료 30,000 (대) 보 험 료 30,000
② (차) 보 험 료 30,000 (대) 보 험 금 30,000
③ (차) 보 험 료 30,000 (대) 선수보험료 30,000
④ (차) 보 험 료 30,000 (대) 미지급보험료 30,000

09 잔액을 다음 영업연도로 이월할 수 없는 계정은?

① 차입금계정 ② 상품계정
③ 잡비계정 ④ 외상매출금계정

해설 자산, 부채, 자본계정만 다음기로 이월할 수 있다. 그러나 수익과비용계정은 임시계정으로 이월할 수 없다. 잡비는 비용계정이다.

10 집합손익을 마감하는 분개를 할 때 그 상대계정과목은?

① 비용계정 ② 자산계정
③ 부채계정 ④ 모두정답

해설 집합손익계정의 상대계정과목은 수익과비용계정이다.

11 다음 계정을 마감하기 위한 분개는?

급	료
현 금 3,000,000	

① (차) 자 본 금 3,000,000 (대) 급 료 3,000,000
② (차) 집합손익 3,000,000 (대) 급 료 3,000,000
③ (차) 급 료 3,000,000 (대) 집합손익 3,000,000
④ (차) 급 료 3,000,000 (대) 현 금 3,000,000

12 다음 거래의 결합관계에 해당하는 거래는?

(차변) 자산의 증가	(대변) 자산의 감소 수익의 발생

① 상품 20,000원을 외상으로 매입하고 15,000원은 현금으로 지급하고 잔액은 외상이다.

② 외상매입금 50,000원을 현금으로 지급하다.

③ 임대료 30,000원을 현금으로 받다.

④ 단기대여금 50,000원과 그에 대한 이자 1,000원을 현금으로 회수하다.

해설

	차변	금액	대변	금액
①	(차) 매 입	20,000	(대) 현 금	15,000
			외상매입금	5,000
②	(차) 외상매입금	50,000	(대) 현 금	50,000
③	(차) 현 금	30,000	(대) 임 대 료	30,000
④	(차) 현 금	51,000	(대) 단기대여금	50,000
			이자수익	1,000

13 외상매입금 500,000원을 현금 200,000원과 약속어음 300,000원을 발행하여 지급한 경우의 영향으로 올바른 것은?

① 총자산과 총부채가 감소한다.

② 총자산과 총부채가 증가한다.

③ 총자산은 증가하고, 총부채는 감소한다.

④ 총자산이 감소하고, 총부채가 증가한다.

해설

차변	금액	대변	금액
(차) 외상매입금	500,000	(대) 현 금	200,000
		지급어음	300,000

14 12월 말 결산 법인인 ㈜한강은 2026년 4월 1일에 건물을 임대하고 1년분 임대료 120,000원을 현금으로 수령하면서 전액을 수익으로 처리하였다. 2026년 12월 31일에 행할 분개로 올바른 것은?

	차변	금액	대변	금액
①	(차) 임대료	90,000	(대) 선수수익	90,000
②	(차) 임대료	30,000	(대) 선수수익	30,000
③	(차) 선수수익	90,000	(대) 임대료	90,000
④	(차) 선수수익	30,000	(대) 임대료	30,000

해설

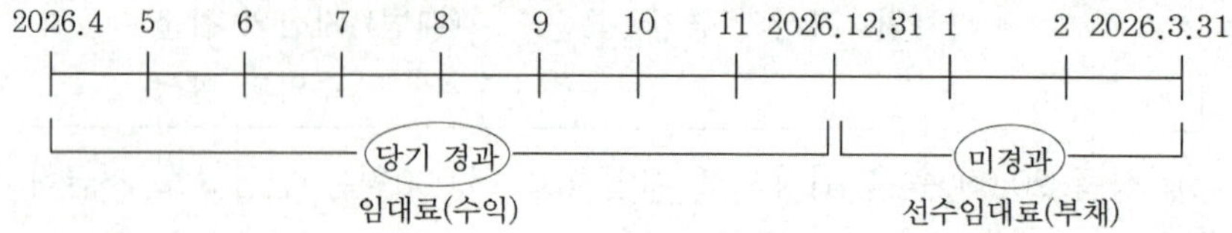

당기분 임대료수익: 120,000×9/12=90,000원

2025. 4. 1.	(차) 현금	120,000	(대) 임대료	120,000
2025.12.31.	(차) 임대료	30,000	(대) 선수수익(선수임대료)	30,000

기말 수정분개를 통하여 결과적으로 임대인 수익은 90,000원(=120,000−30,000)이 된다.

ACCOUNTING PRINCIPLE

CHAPTER

03

기본 재무제표

SECTION 01

재무상태표

재무제표(financial statement)란 기업이 일정기간(이를 '회계기간'이라고 부르며 보통 1년 단위로 정함)이 지난 후 당해 기간 동안의 경영성과와 동 기간 말의 재무상태 등에 관한 회계정보를 투자자, 채권자 등과 같은 이해관계자 집단에게 보고하기 위하여 작성하는 각종 보고서를 말한다.

＜한국채택국제회계기준(K-IFRS)＞에서는 재무제표로 다음과 같이 규정하고 있다.

① 재무상태표(statement of financial position)
② (포괄)손익계산서(statement of comprehensive income)
③ 자본변동표(statement of change in equity)
④ 현금흐름표(statement of cash flow)
⑤ 주석

참고

① 재무제표는 자산, 부채, 자본, 차익과 차손을 포함한 광의의 수익과 비용, 소유주(자본으로 분류되는 금융상품의 보유자)로서의 자격을 행사하는 소유주에 의한 출자와 소유주에 대한 배분, 현금흐름 등과 같은 기업 정보를 제공한다. 이러한 정보는 주석에서 제공되는 정보와 함께 재무제표 이용자가 기업의 미래현금흐름, 특히 그 시기와 확실성을 예측하는 데 도움을 준다.
② 전체 재무제표는 기말 재무상태표, 기간 포괄손익계산서, 기간 자본변동표, 기간 현

금흐름표, 주석(유의적인 회계정책의 요약 및 그 밖의 설명으로 구성), 회계정책을 소급하여 적용하거나, 재무제표의 항목을 소급하여 재작성 또는 재분류하는 경우 가장 이른 비교기간의 기초 재무상태표 등을 모두 포함하여야 한다. 기업회계기준서 제1001호에서 사용하는 재무제표의 명칭이 아닌 다른 명칭을 사용할 수 있다. 각각의 재무제표는 전체 재무제표에서 동등한 비중으로 표시한다.

③ 많은 기업은 재무제표 이외에도 그 기업의 경영성과와 재무상태의 주요특성 및 기업이 직면한 주요 불확실성을 설명하는 경영진의 재무검토보고서를 제공한다.

1 재무상태표의 의의

재무상태표(satement of financial position)란 결산(일정시점)에 있어서의 기업의 재무상태를 나타내는 표이다. 재무상태라는 것은 자산, 부채, 자본의 상태를 의미하고, 일정시점이라는 것은 일반적으로 회계기간 말을 의미한다. 따라서 재무상태표는 회계기간 말에 있어서 기업의 자산, 부채, 자본의 변동 상황을 나타내는 표라고 할 수 있다. 재무상태표의 기본등식은 다음과 같다.

자산 = 부채 + 자본

재무상태표

(자금의 운용)		(자금의 조달)	
자 산	1,500원	부 채	600원
		자 본	900원

• 재무상태표에 부채를 자본보다 먼저 표시하는 이유는 기업의 자산에 대한 기업소유주, 즉 주주의 소유권보다 채권자의 청구권이 우선하기 때문이다. 즉, 주주는 기업의 자산 중에서 채권자의 지분을 차감한 전여지분에 대한 권리를 가진다는 것이다.

재무상태표

자산	부채 · 자본	
유동자산 당좌자산 재고자산	부채	유동부채 비유동부채
비유동자산 투자자산 유형자산 무형자산 기타비유동자산	자본	자본금 자본잉여금 자본조정 기타포괄손익누계액 이익잉여금

2 재무상태표의 양식

재무상태표 보고 방식(양식)으로는 계정식과 보고식 두 가지가 있다. 계정식은 T자 형태의 재무상태표 왼편인 차변에는 자산을 기재하고 오른편인 대변에는 부채와 자본을 기재한다. 여기서 부채와 자본은 타인자본과 자기자본이라는 조달된 자본을 의미하고, 자산은 이 조달자본으로 운용되는 각종 형태의 구성 자산을 의미한다.

기본구조

재무상태표(계정식)

××주식회사　　　　2026년 12월 31일 현재　　　　(단위: 원)

자산: 기업이 보유하고 있는 경제적 자원 (가치있는 것)	부채: 기업이 부담하고 있는 경제적 자원 자본: 순자산 (자산 − 부채)
자산합계	부채 및 자본합계

보고식은 재무상태표 상단으로부터 자산, 부채 및 자본의 순서대로 연속으로 나열하여 표시하는 방법을 말한다. 재무상태표의 보고형식으로 기업회계기준에서는 보고식과 계정식 모두를 인정하고 있다.

재무상태표(보고식)

××주식회사	2026년 12월 31일 현재	(단위: 원)
자 산		×××
자산합계		×××
부 채		×××
자 본		×××
부채와 자본합계		×××

3 재무상태표의 구성요소

(1) 자산 (assets)

자산이란 기업이 소유하고 있는 경제적 자원으로서 과거의 거래나 사건의 결과로서 현재 기업실체에 의해 지배되고 미래 경제적 효익[1]을 창출할 것으로 기대되는 자원을 말한다. 즉, 용역잠재력이 있는 자원을 말한다. 현행 기업회계기준상 자산은 1년을 기준으로 유동자산과 비유동자산으로 구분된다.[2]

1) 경제적 효익이란 미래에 현금유입을 가져올 수 있는 잠재력을 의미한다.
2) 유동자산이란 현금, 매출채권, 단기매매금융자산, 재고자산 등과 같이 1년 이내에 현금화할 목적으로 보유하고 있는 자산이다. 그 반면 비유동자산은 기계, 건물, 토지 등과 같이 1년 이내에 현금화되지 않고 장기적으로 수익창출에 기여하거나 투자목적으로 보유하고 있는 자산을 말한다.

K-IFRS에서는 재무상태표의 유동성 항목과 비유동성 항목의 구분을 강제하지 않는다.

일반기업회계기준에서는 재무상태표의 자산과 부채를 유동성 항목과 비유동성 항목으로 구분하여 유동성이 큰 항목부터 배열하도록 규정하고 있으나, K-IFRS에서는 유동성 항목과 비유동성 항목의 구분을 강제하지 않으며 다음 세 가지 방법을 모두 인정하고 있다. 단, 유동성 순서에 따른 표시방법이 신뢰성 있고 더욱 목적적합한 경우를 제외하고는 원칙적으로 유동성·비유동성 구분법을 선택해야 한다. 기업이 재무상태표를 작성하는 방법으로 선택할 수 있는 것은 다음과 같다.

① 유동성 · 비유동성 구분법
② 유동성 순서에 따른 표시방법
③ ①과 ②의 혼합법

기업의 고유목적 달성을 위한 영업활동에 투입된 것인가의 여부에 따라 영업용 자산, 비영업용 자산으로, 물리적 실체가 있는가의 여부에 따라 유형자산과 무형자산으로 구분한다.

화폐성과 비화폐성 자산으로 구분하기도 한다.

① 화폐성 자산: 시간이 경과하거나 화폐가치가 변하더라도 항상 일정한 화폐액으로 표시되는 자산(예를 들면, 현금, 예금, 수취채권 등)
② 비화폐성 자산: 시간이 경과하거나 화폐가치가 변동함에 따라 자산의 화폐평가액이 변동하는 자산(예를 들면, 재고자산, 투자자산, 유형자산 등)

기업회계기준서에 의한 자산의 분류

- 자 산
  - 유동자산
    - 당좌자산: 현금 및 현금성자산, 매출채권 등
    - 재고자산: 상품, 제품, 반제품, 재공품 등
  - 비유동자산
    - 투자자산: 장기금융상품, 매도가능금융자산, 장기대여금 등
    - 유형자산: 토지, 건물, 기계장치, 차량운반구 등
    - 무형자산: 산업재산권, 광업권, 개발비 등
    - 기타 비유동자산: 장기성매출채권, 임차보증금 등[3)]

가. 유동자산 (current assets)

유동자산은 1년 이내에 현금으로 전환되거나 소비될 것으로 예상되는 자산을 말하며, 당좌자산과 재고자산으로 구분된다. 당좌자산(quick assets)은 즉시 현금화할 수 있는 자산으로는 현금 및 현금성자산, 당좌예금, 단기금융상품, 매출채권 등이 있으며, 재고자산(inventories)은 기업의 정상적인 영업활동 과정에서 판매를 목적으로 기업이 보유하고 있는 자산으로 원재료, 상품, 제품, 재공품, 반제품 등이 있다.

나. 비유동자산 (noncurrent assets)

비유동자산은 1년 이후에 현금으로 전환되거나 소비될 것으로 예상되는 자산으로 투자자산, 유형자산, 무형자산, 기타비유동자산이 있다.

---

3) 투자자산, 유형자산, 무형자산의 어디에도 속하지 않는 여타의 비유동자산을 가리킨다. 예를 들면 임차보증금이 기타비유동자산인데, 이는 타실체의 부동산을 장기간 임차해서 사용할 때 예치하는 보증금이다. 임차보증금은 임차기간이 만료될 때 돌려받는 것이기 때문에 자산에 속한다.

㉠ **투자자산**(investments)은 장기이자 및 장기간의 배당금수익이나 시세차익을 얻을 목적으로 또는 타회사를 지배하거나 영향력을 행사할 목적으로 취득한 자산으로 투자를 위한 자산으로 장기금융상품, 만기보유금융자산, 장기대여금, 투자부동산 등이 있다.

㉡ **유형자산**(tangible assets)은 업무(영업)용으로 사용하고 있으며 외형적으로 물리적 형태를 가진 비유동자산으로 토지, 건물, 구축물, 기계장치, 차량운반구 등이 있다.

㉢ **무형자산**(intangible assets)은 업무(영업)용으로 사용하고 있으나, 외형적으로 물리적 형태는 없으며, 법률상의 권리를 보호받는 비유동자산으로 산업재산권, 광업권, 어업권 등이 있다.

㉣ **기타비유동자산**(other noncurrent assets)은 투자자산, 유형자산, 무형자산의 어디에도 속하지 않는 여타의 비유동자산을 가리킨다. 예를 들면 임차보증금이 기타비유동자산인데, 이는 타실체의 부동산을 장기간 임차해서 사용할 때 예치하는 보증금이다. 임차보증금은 임차기간이 만료될 때 돌려받는 것이기 때문에 자산에 속한다.

(2) 부채 (liabilities)

부채란 과거의 거래나 사건의 결과로 미래에 특정실체에 자산이나 용역을 이전해야 하는 특정실체의 의무이다. 즉, 기업이 장래에 타인에게 갚아야 할 빚이다. 부채도 1년을 기준으로 유동부채와 비유동부채로 구분된다.

부 채
- 유동부채: 매입채무, 단기차입금, 미지급금 등
- 비유동부채: 사채, 장기차입금, 퇴직급여충당부채 등

가. 유동부채 (short-term liabilities)

유동부채는 1년 이내에 지급기일이 도래하는 채무로 매입채무, 단기차입금, 미지급금 등이 있다. 따라서 비유동부채라 하더라도 당기에 지급되어야 할 부분은 유동부채로 분류하여야 한다.

나. 비유동부채 (long term liabilities)

1년 이후에 지급기일이 도래하는 장기부채이다. 기업회계기준상 비유동부채로는 사채, 장기차입금 등이 있다.

(3) 자본 (capital)

자본(owner's equity)은 기업의 자산총액에서 부채총액을 차감한 잔액인 순자산을 자본이라 한다. 자본은 순자산, 잔여지분 또는 소유주지분이라고도 한다. 기업회계기준은 자본을 자본금 및 자본잉여금, 자본조정, 기타포괄손익누계액, 이익잉여금 등으로 구분한다.

자본 등식: 자산 − 부채 = 자본(순자산)

계정과목		내용
자본	① 자본금	발행주식수 × 액면가액 = 자본금
	② 자본잉여금	주식발행 및 소각 등 주주와의 자본거래에서 발생한 잉여금 －주식발행초과금, 기타자본잉여금, 감자차익 등
	③ 자본조정	주주와의 거래이지만 자본금이나 자본잉여금으로 분류할 수 없기 때문에 자본 전체에 대하여 가감할 성격의 항목 －주식할인발행차금, 배당건설이자, 자기주식 등(차감계정) －주식선택권, 미교부주식배당금 등(가산계정)
	④ 기타[4] 포괄손익누계액	손익거래이지만 포괄손익계산서에 포함되지 않아 자본전체에 대하여 가감할 성격의 항목으로 환산차손익이나 평가차손익항목 －매도가능금융자산평가차손익, 해외사업환산손익 등
	⑤ 이익잉여금	영업활동에서 창출된 이익 중 기업 내에 유보한 금액 －이익준비금, 임의적립금, 미처분이익잉여금 등

4) 재무상태표일 현재의 기타포괄손익의 잔액으로, 해외사업환산차손익이나 매도가능금융자산평가차손익 또는 파생상품의 평가차손익 등이 있다.

참고

K-IFRS에서는 자본을 자본금, 이익잉여금, 기타자본구성요소로 분류한다.

일반기업회계기준에서는 자본을 자본금, 자본잉여금, 자본조정, 기타포괄손익누계액, 이익잉여금(또는 결손금)의 다섯 가지 요소로 구분하고, 그 구체적인 표시 및 분류 항목의 구분에 대해서도 규정하고 있다. 반면 K-IFRS에서는 자본을 자본금, 이익잉여금, 기타자본구성요소의 세 가지로 분류하고 있고, 자본의 개별항목에 대해서는 구체적으로 예시하고 있지 않다.

가. 자본금 (capital stock)

주주의 불입자본 중에서 상법의 규정에 따라 정관에 자본금으로 확정되어 있는 금액으로서 법정자본액(1주당 액면가액 × 발행주식총수)을 말한다. 자본은 종류별(보통주, 우선주)로 구별하여 기재하고, 회사가 발행한 주식의 총수와 1주의 액면금액, 발행한 주식의 수를 주석으로 기재한다.

계정과목		내용
자본금	보통주 자본금	보통주 자본금은 투자자가 기업의 설립시나 증자시 보통 주식을 인수한 경우에 발생한다. 일반적으로 보통 주주는 주주총회에서 기업의 정책결정에 있어서의 의결권을 가지고 있다.
	우선주 자본금	우선주 자본금은 투자자가 기업의 설립시나 증자시 우선주를 인수한 경우에 발생한다. 우선주는 보통주에 우선하여 배당을 받을 권리를 가진다. 그러나 보통주와 같은 의결권은 가지지는 못한다.

나. 자본잉여금 (capital surplus)

자본잉여금은 자본거래에서 발생한 잉여금을 말한다. 자본거래는 출자, 증자, 감자 등을 말하며, 이러한 거래 중 이익이 발생하면 자본잉여금이 된다.

계정과목		내용
자본잉여금	주식발행초과금	주식발행가액(증자의 경우에 신주발행수수료 등 신주발행을 위하여 직접 발생한 기타의 비용을 차감한 후의 가액)이 액면가액을 초과하는 경우 그 초과하는 금액
	감자차익	자본감소의 경우에 그 자본금의 감소액이 주식의 소각, 주금의 반환에 요한 금액과 결손의 보전에 충당한 금액을 초과한 때에 그 초과금액(다만, 자본금의 감소액이 주식의 소각, 주금의 반환에 요한 금액에 미달하는 금액이 있는 경우에는 동 금액을 차감한 후의 금액)
	기타자본잉여금	자기주식처분이익으로서 자기주식처분손실을 차감한 금액과 그 밖의 기타자본잉여금으로 한다.

다. 자본조정 (capital adjustment)

자본조정이란 자본에 가산하거나 차감해야 하는 계정이거나, 자본 중 어느 계정에 계산해야 할지 불분명하여 자본에서 가산하거나 차감하는 형식으로 계상하는 항목이다.

계정과목		내용
자본조정	주식할인발행차금	주식발행가액이 액면가액에 미달하는 경우 그 미달하는 금액으로 한다.
	배당건설이자	개업 전 일정한 기간 내에 주주에게 배당한 건설이자로 한다.
	자기주식	회사가 이미 발행한 자기 회사 주식을 주주로부터 취득한 경우 그 취득가액으로 하고 그 취득경위, 향후 처리계획 등을 주석으로 기재한다.
	미교부주식배당금	이익잉여금처분계산서상 주식배당액으로 한다. 이것은 자본의 감소항목이다.

라. 기타포괄손익누계액 (comprehensive income)

자본의 분류항목에 포함된 것으로 당기손익에는 반영되지 않은 손익을 말한다. 즉, 재무상태표일 현재의 기타포괄손익누계액의 잔액으로 매도가능금융자산평가손익, 해외사업환산손익 등이 있다.

<table>
<tr><th colspan="2">계정과목</th><th>내용</th></tr>
<tr><td rowspan="2">기타포괄
손익누계액</td><td>매도가능금융자산
평가손익</td><td>매도가능금융자산을 시가법에 의하여 평가하는 경우 그 평가손익을 말한다.</td></tr>
<tr><td>해외사업환산손익</td><td>해외지점, 해외사업소 또는 해외소재 지분법적용대상회사의 외화표시 자산, 부채를 현행환율법에 의하여 환산하는 경우의 환산차액을 말한다.</td></tr>
</table>

마. 이익잉여금 (retained earnings)

이익잉여금은 주된 영업활동을 통한 손익거래에서 발생한 이익의 누적액으로서 이익준비금, 기타법정적립금, 임의적립금 등으로 구성된다.

<table>
<tr><th colspan="2">계정과목</th><th>내용</th></tr>
<tr><td rowspan="3">이
익
잉
여
금</td><td>이익준비금(법정적립금)</td><td>상법의 규정에 의하여 회사 내에 유보하여 적립된 금액</td></tr>
<tr><td>임의적립금</td><td>정관의 규정 또는 주주총회의 결의로 적립된 금액으로서 사업확장적립금, 감채적립금, 배당평균적립금, 결손보전적립금 및 세법상 적립하여 일정기간이 경과한 후 환입될 준비금 등</td></tr>
<tr><td>미처분이익잉여금</td><td>이익잉여금 중 처분이 제한된 법정적립금 및 임의적립금을 제외한 나머지 금액을 말한다.</td></tr>
</table>

“M/E/M/O”

SECTION 02
손익계산서

1 손익계산서의 의의

손익계산서(statement of comprehensive income)란 일정기간의 경영성과를 나타내는 회계보고서를 말한다.

여기서 일정기간이란 보통 1회계기간으로서 우리나라의 경우 1월 1일에서 시작하여 12월 31일에 종료되는 경우가 많다. 경영성과는 순이익 혹은 순손실과 같은 순손익으로 나타낸다.

수익 − 비용 = 당기순이익(손실) * 수익 > 비용: 당기순이익 * 수익 < 비용: 당기순손실

기업활동의 결과 수익이 비용보다 많아서 당기순이익이 발생하면 소유주지분의 일부인 이익잉여금이 증가하고 자본도 증가한다. 따라서 기업의 재무상태가 좋아지고 기업가치도 증가한다.

그러나 당기순손실이 발생하면 그 반대로 이익잉여금이 감소하여 재무상태가 악화되고 기업가치는 하락한다. 그러므로 기업들은 많은 이익을 냄으로써 기업가치를 증가시키기 위하여 끊임없이 노력한다.

2 손익계산서의 구성요소

손익계산서는 크게 수익, 비용, 손익으로 구성된다.

(1) 수익(revenues)

수익이란 기업이 일정기간 동안 고객에게 재화를 판매하거나 용역을 제공하고 그 대가로 획득한 순자산을 말한다.

수익이 발생하면서 대가로 현금을 수령하거나, 수령하지 못했더라도 미래에 현금을 수령할 권리가 발생하기 때문에 수익과 자산은 동시에 발생한다.

수익	내용
수	• 영업수익: 매출액[5]
익	• 영업외수익[6]: 영업활동 이외의 부수적인 활동에서 발생하는 수익으로 이자수익, 임대료 등이 있다.

(2) 비용(expense)

비용이란 기업이 일정기간 동안 수익을 얻기 위하여 소비된 재화 및 용역의 원가를 말한다. 비용이 발생하면서 현금을 지급하면 그만큼 순자산은 감소한다. 비용이 발생하였지만 이를 즉시 지급하지 않았더라면 미래에 지급할 의무가 발생하기 때문에 비용과 부채가 동시에 발생하며 그 결과 기업의 순자산

---

5) 영업수익은 기업의 주된 영업활동에서 발생한 매출액이다.

총매출액
− 매출에누리와 환입
− 매출할인
(순)매출액

6) 영업외수익은 기업의 주된 영업활동이 아닌 활동에서 발생한 수익이다.

은 감소한다. 비용항목으로는 매출원가, 급료, 이자비용, 임차료, 감가상각비, 대손상각비 등이 있다.

비용	매출원가※	매출된 제품, 상품 속에 들어있는 원가로서 제조업의 매출원가는 기초제품재고액과 당기제품제조원가의 합계액에서 기말제품재고액을 차감하는 형식으로 기재하고 판매업의 매출원가는 기초상품재고액과 당기상품매입액의 합계액에서 기말상품재고액을 차감하는 형식으로 기재한다.
	판매비와 관리비	상품과 용역의 판매활동 또는 회사의 관리와 유지에서 발생하는 비용으로 급여, 복리후생비, 임차료, 접대비, 감가상각비, 무형자산상각비, 광고선전비 등
	영업외비용	주된 영업활동 이외의 부수적인 활동에서 발생하는 비용으로 이자비용, 기타의대손상각비, 단기금융자산처분손실, 유형자산처분손실, 재해손실 등

※ 매출원가 계산은 상기업과 제조기업에 따라 조금 다르다.

[상업]

기초상품재고액
\+ 당기상품매입액*
− 기말상품재고액

매출원가

총매입액
− 매입에누리와 환출
− 매입할인

(순)매입액

[제조업]

기초제품재고액
\+ 당기제품제조원가*
− 기말제품재고액

매출원가

*당기제품제조원가는 부속명세서인 제조원가명세서에서 계산됨.

회계기준에 따르면 매출총이익에서 판매비와관리비를 차감하여 영업이익(또는 영업손실)을 표시하고, 여기에 영업외수익과 영업외비용을 가감하여 법인세비용차감전순손익을 표시하는 방식으로 손익계산서를 작성한다. 그러나 국제회계기준은 포괄손익계산서에서 영업이익의 표시를 요구하지 않으며, 다음과 같이 비용을 성격별 또는 기능별 분류방법 중 한 가지 방법을 선택하여 표시하도록 규정하고 있다.

비용의 분류 방법

성격별 분류			기능별 분류	
수익		××	수익	××
기타수익		××	매출원가	(××)
제품과 재공품의 변동	××		매출총이익	××
원재료와 소모품의 사용액	××		기타수익	××
종업원급여비용	××		물류원가	××
감가상각비와 기타상각비	××		관리비	(××)
기타 비용	××		기타 비용	(××)
총비용		(××)	법인세차감전순이익	(××)
법인세비용차감전순이익		××		××

이러한 비용의 분류 표시는 포괄손익계산서를 작성할 때 적용하는 기준이며, 실무에서 장부기록을 할 때에는 이보다 상세한 계정을 사용한다.

(3) 법인세비용

법인세차감전순이익에 대응하여 발생한 법인세비용을 말하며 중단영업이익에 배분되는 법인세비용을 포함하지 아니한다. 법인세비용은 법인세법 등의 법령에 의하여 당해 연도에 부담할 법인세와 이에 부가되는 세액의 합계에 이연법인세[7]의 변동액을 가감하여 산출한 금액이다.

7) 회계이익과 과세소득의 차이 중 일시적 차이에 대한 법인세효과를 이연법인세라 한다.

(4) 이익(income)

기업이 벌어들인 수익에서 발생한 비용을 차감하여 측정한다. 일반회계기준에서는 매출총손익, 영업손익, 법인세비용차감전순손익, 당기순손익, 주당손익으로 표시한다.

K-IFRS에서는 중단영업이익으로 중단사업으로부터 발생한 세후 영업손익과 기타손익으로서 중단영업에 속한 자산이나 처분자산집단의 처분으로 인하여 또는 순공정가치의 측정으로 인하여 인식된 세후 중단영업손익을 포함한다. 중단영업이익에 관련된 세부내역은 주석이나 포괄손익계산서의 별도항목으로 표시할 수 있다.

기타포괄손익은 당기발생분과 재분류조정을 나타낸다. 전기 이전에 인식한 금액은 이미 기초 기타포괄손익누계액에 포함되어 있으므로 당기 발생분을 반영한다. 재분류조정은 과거기간에 인식한 금액을 당기손익으로 재분류하는 것을 의미하며 이를 반영한다. 기타포괄손익은 관련 법인세효과를 차감한 순액으로 표시하는 방법이다. 법인세효과 반영 전 금액과 법인세효과를 각각 표시하는 방법 중의 하나를 선택할 수 있다.

주당이익은 발행 또는 발행가능한 보통주 1주당 당기순손익을 말한다. 기본주당순이익과 희석주당이익으로 구분하여 포괄손익계산서에 표시하거나 주석으로 공시한다.

3 손익계산서의 양식

손익계산서는 크게 수익, 비용, 손익으로 구성된다. 손익계산서의 구조를 표시하면 아래와 같다. 손익계산서의 양식은 계정식과 보고식이 있다.

계정식은 차변(왼쪽)에는 비용항목을, 대변(오른쪽)에는 수익항목을 기록하고 그 차이인 순이익을 차변에 표시하는 방법이다.

보고식은 수익항목과 비용항목을 일정한 규칙에 따라 순차적으로 배열하는 방법이다.

우리나라 기업회계기준상에서는 계정식의 보고는 인정하지 않고, 보고식으로의 보고만 인정하고 있다. 그리고 당해 연도분과 직전 연도분을 비교형식으로 표시하도록 하고 있다.

보고식 포괄손익계산서

손익계산서(보고식)

한국(주)	2026. 1. 1.~12. 31.	(단위: 원)
수 익		
매 출 액	5,600,000	
비 용		
매출원가	3,200,000	
급 여	560,000	
소모품비	40,000	
감가상각비	200,000	
이자비용	200,000	
법인세비용	400,000	
당기순이익	1,000,000	

등식: 수익 − 비용 = 순이익

계정식 포괄손익계산서

손익계산서(계정식)

한국(주)	2026. 1. 1.~12. 31.		(단위: 원)
매출원가	3,200,000	매출액	5,600,000
급 여	560,000		
소모품비	40,000		
감가상각비	200,000		
이자비용	200,000		
법인세비용	400,000		
당기순이익	1,000,000		
합 계	5,600,000	합 계	5,600,000

등식: 비용 + 순이익 = 수익

[한국채택국제회계기준(K-IFRS)]에 의한 외부보고목적용 기능별 포괄손익계산서의 기본구조는 당기손익에 포함된 비용을 매출원가, 그리고 물류원가와 관리비 등과 같이 기능별로 분류한다. 적어도 매출원가를 다른 비용과 분리하여 공시해야 한다.

회사의 기능별 포괄손익계산서의 구조는 다음과 같다.

기능별 포괄손익계산서의 기본구조

수익	×××
매출원가	(×××)
매출총이익	×××
기타수익	×××
물류원가	(×××)

관리비	(×××)
기타비용	(×××)
법인세비용차감전순이익	×××

이러한 수익, 비용의 분류를 '기능별 분류법'이라 한다. 비용을 매출원가, 물류원가, 관리비 등과 같이 기능별로 분류하여 나타내면 재무제표이용자에게 좀 더 목적적합한 정보를 제공할 수 있다는 점이 장점이지만 자의적인 배분으로 주관이 개입될 수 있다는 단점도 있다.

본서는 기능별 분류법에 따른 포괄손익계산서를 주로 이용하기로 한다.

그리고 포괄손익계산서는 단일 포괄손익계산서로 표시하거나 두 개의 보고서(별개의 손익계산서와 포괄손익계산서)로 표시하는 두 가지 방법 중 한 가지로 선택한다.

단일 포괄손익계산서는 기존의 당기순손익뿐만 아니라 기타포괄손익을 가감하여 그 합계인 포괄손익을 표시하는 양식이다. 두 개의 보고서로 표시하는 방법은 별개의 손익계산서에 당기순손익을 산출하고 포괄손익계산서에서는 당기순손익에서 출발하여 기타포괄손익을 가산하여 포괄손익을 산출하는 방식으로 나타낸다.

단일 포괄손익계산서의 기본구조

포괄손익계산서

00회사　제20기 2026년 01월 01일부터 2026년 12월 31일까지

수익	×××
매출원가	(×××)
매출총이익	×××
기타수익	×××

물류원가	(×××)
관리비	(×××)
기타비용	(×××)
법인세비용차감전순이익	×××
법인세비용	×××
계속영업이익	×××
중단영업이익	×××
당기순이익	×××
기타포괄손익	×××
총포괄이익	×××

두 개의 포괄손익계산서의 기본구조

손익계산서

00회사 제20기 2026년 01월 01일부터 2026년 12월 31일까지(단위: 원)

수익	×××
매출원가	(×××)
매출총이익	×××
기타수익	×××
물류원가	(×××)
관리비	(×××)
기타비용	(×××)
법인세비용차감전순이익	×××
법인세비용	×××
계속영업이익	×××
중단영업이익	×××
당기순이익	×××

포괄손익계산서

00회사 제20기 2026년 01월 01일부터 2026년 12월 31일까지

당기순이익	×××
기타포괄손익	×××
총포괄이익	×××

참고 이익구분 계산식

① 매출총이익=매출액-매출원가
② 법인세차감전순이익=매출총이익+기타수익-물류원가-관리비-금융원가-기타비용
③ 계속영업이익=법인세차감전순이익-법인세비용
④ 당기순이익=계속영업이익+중단영업이익
⑤ 총포괄이익=당기순이익±기타포괄손익

위의 포괄손익계산서에 영업이익(매출원가－물류원가－관리비)을 구분이익으로 추가 표시할 수도 있다. 영업이익은 기업의 단기이익을 예측하는 데 유용한 정보이므로 포괄손익계산서에 표시하거나 위의 양식처럼 표시하지 않은 경우에는 주석[8)]으로 공시하여야 한다.

K-IFRS에서는 포괄손익계산서의 양식으로 '단일 포괄손익계산서' 또는 '별개의 손익계산서와 포괄손익계산서'를 제시하고 있으며 이 중 하나의 양식을 선택하여 표시할 수 있다.

포괄손익계산서는 다음의 두 가지 양식 중 선택하여 표시할 수 있다.

---

8) 기업회계기준서 제1001호(2010년 개정)에서는 영업손익, 영업손익 산출에 포함된 주요 항목과 그 금액, 영업손익 산출에 포함된 항목이 과거 회계기준을 적용한 경우와 달라졌다면 그 주요 항목과 금액을 주석으로 공시하도록 하겠다.

① 단일 포괄손익계산서

② 별개의 손익계산서(당기순손익의 구성요소를 배열하는 보고서)와 포괄손익계산서(당기순손익에서 시작하여 기타포괄손익의 구성요소를 배열하는 보고서)

[비상장기업(K-GAAP)채택 손익계산서]

손익계산서(보고식)

서울(주)　　　제20기 2026년 01월 01일부터 12월 31일까지　　　(단위: 백만원)

과　　　목	금	액
Ⅰ. 매 출 액		7,580
Ⅱ. 매출원가		(5,420)
Ⅲ. 매출총이익		2,160
Ⅳ. 판매비와 관리비		(1,180)
1. 급　　여	540	
2. 임 차 료	160	
3. 광고선전비	250	
4. 감가상각비	180	
5. 대손상각비	50	
Ⅴ. 영업이익		980
Ⅵ. 영업외수익		230
1. 이자수익	60	
2. 배당금수익	20	
3. 임 대 료	120	
4. 유형자산처분이익	30	
Ⅶ. 영업외비용		(220)
1. 이자비용	170	
2. 유형자산처분손실	50	
Ⅷ. 법인세비용차감전순이익		990
Ⅸ. 법인세비용		(240)

Ⅹ. 당기순이익	750
Ⅺ. 주당순이익	75,000원
(* 발행주식수 10,000주)	

$$*주당순이익 = \frac{당기순이익}{발행주식수(유통주식수)} = \frac{750,000,000원}{10,000주} = 75,000원$$

주당순이익은 주식 1주가 당기순이익을 얼마나 벌어들였나를 측정하는 것이다. 즉, 이 회사의 경우 주식 1주가 당기순이익 75,000원을 벌여들였다는 의미이다.

[한국채택국제회계기준(K-IFRS)에 의한 포괄손익계산서]

포괄손익계산서

제20기 2026년 01월 01일부터 2026년 12월 31일까지
제19기 2025년 01월 01일부터 2025년 12월 31일까지

서울(주) (단위: 백만원)

과 목	제20기	제19기
Ⅰ. 매출액	58,450	60,380
Ⅱ. 매출원가	28,220	29,610
Ⅲ. 매출총이익	30,230	30,770
Ⅳ. 기타수익	828	586
Ⅴ. 물류원가	2,172	2,001
Ⅵ. 관리비	21,895	22,315
Ⅶ. 금융비용	704	517
Ⅷ. 기타비용	85	533
Ⅸ. 법인세 등	1,849	1,610
Ⅹ. 당기순이익	4,357	4,393
Ⅺ. 포괄이익외 기타항목		
- 외환차손	4	12
Ⅻ. 총포괄손익	4,353	4,380

현행의 기업회계기준에 따른 손익계산서에는 당기순손익의 도출과정만 표시하도록 규정하고 있으나, 국제회계기준에서는 기타포괄손익누계액의 변동내용도 보고하는 포괄손익계산서의 작성을 요구하고 있다.

국제회계기준(기업회계기준서 제1001호)에 따라 포괄손익계산서를 작성할 경우에는 현행 회계기준처럼 엄격하게 계정의 분류나 표시를 지키지 않아도 된다. 국제회계기준에서는 기업의 선택에 따라 수익과 비용을 통합하거나 구분하여 표시할 수 있다.

국제회계기준에서는 기타포괄손익누계액의 변동내용도 보고하는 포괄손익계산서의 작성을 요구하고 있다. 이와 같이 기타포괄손익누계액의 변동금액을 포함하여 작성한 포괄손익계산서의 양식은 다음과 같다.

포괄손익계산서

제20기 2026년 01월 01일부터 2026년 12월 31일까지

제19기 2025년 01월 01일부터 2025년 12월 31일까지

회사명: 서울(주) (단위: 원)

과 목	당 기	전 기
매출액	×××	×××
매출원가	×××	×××
매출총이익(또는 매출총손실)	×××	×××
기타수익	×××	×××
물류원가	×××	×××
관리비	×××	×××
금융비용	×××	×××
기타비용	×××	×××
법인세비용차감전계속사업손익	×××	×××
법인세비용	×××	×××
계속사업손익	×××	×××
중단사업손익	×××	×××
당기순손익	×××	×××
기타포괄손익누계액	×××	×××
총포괄손익	×××	×××

K-GAAP와 K-IFRS 차이 요약

구분	K-GAAP	K-IFRS 제1001호
재무제표 명칭	손익계산서	포괄손익계산서
재무제표 양식	구체적 양식 규정	재량적 결정
상계	관련 규정이 없음	한국채택국제회계기준에서 허용하는 경우를 제외하고는 자산과 부채, 수익과 비용의 상계 금지. 단, 동일 거래에서 발생하는 수익과 비용의 상계표시가 거래의 실질을 더욱 잘 반영한다면 상계 표시
재무상태표 항목	통합표시 가능 항목과 반드시 구분표시할 항목을 규정	최소한 표시되어야 할 항목 규정
자산 · 부채의 유동 · 비유동 구분과 유동성배열	유동 · 비유동 의무적으로 구분 유동성이 높은 항목부터 배열	선택
자본	자본금, 자본잉여금, 자본조정, 기타포괄손익누계액, 이익잉여금(결손금)으로 구분	구체적인 분류항목 없음
손익의 구분	매출액, 매출원가, 판매비와 관리비, 영업외수익, 영업외비용을 구분하여 표시. 단, 특별손익 표시불가	관련 규정이 없음. 단, 특별손익 표시불가
비용의 분류	기능별 분류만 규정	성격별 또는 기능별 분류 중 선택 가능
최종 중간기간에 대한 공시	중간재무제표를 정기적으로 작성하는 기업이 최종 중간기간의 재무제표를 작성하지 않는 경우 최종 중간기간의 매출액, 당기순손익 및 주요 경영성과 등을 공시	중간기간에 보고된 추정금액이 최종 중간기간에 중요하게 변동한 경우, 추정의 변동 내용과 금액을 연차재무제표에 공시

4 순손익 계산방법

당기순손익을 계산하는 방법에는 자본비교법과 손익법의 두 가지가 있다.

(1) 자본비교법

자본비교법이란 기말자본에서 기초자본을 차감하여 당기순손익을 계산하는 방법이다.

당기순이익(손실) = 기말자본 − 기초자본

만일 당기 중에 소유주의 투자, 소유주에 대한 배당 등이 있을 경우에는, 소유주의 투자액은 가산하고 소유주에 대한 배당은 차감하여 당기순손익을 계산한다. 즉,

"기초자본 + 소유주의 투자 − 소유주에 대한 배당 + 당기순이익 = 기말자본"이다.

당기순이익 = 기말자본 − 기초자본 + 소유주의 투자 − 소유주에 대한 배당

예제 1 **당기순이익**

올해의 기초자산은 5,000,000원, 기초부채는 3,200,000원, 기말자산은 8,000,000원, 기말부채는 4,500,000원이다.

(1) 당기 중에 소유주의 투자나 소유주에 대한 배당은 없었다. 올해의 당기순이익은 얼마인가?

(2) 당기 중에 소유주의 투자(주식발행)가 1,000,000원, 소유주에 대한 배당이 300,000원 있었다. 올해의 당기순이익은 얼마인가?

풀이

(1) 당기순이익 = 기말자본 − 기초자본
= (기말자산 − 기말부채) − (기초자산 − 기초부채)
= 3,500,000원 − 1,800,000원
= 1,700,000원

(2) 당기순이익 = 기말자본 − 기초자본 + 소유주의 투자 − 소유주에 대한 배당
= 3,500,000원 − 1,800,000원 + 1,000,000원 − 300,000원
= 2,400,000원

(2) 손익법

손익법은 일정기간 동안 발생한 수익에서 비용을 차감하여 당기순손익을 계산하는 방법이다.

당기순이익(손실) = 수익 − 비용

“M/E/M/O”

SECTION 03

자본변동표

1 자본변동표의 의의

자본변동표(statement of change in equity)는 한 회계기간 동안 발생한 소유주 지분의 변동을 표시하는 재무보고로서 자본을 구성하고 있는 자본금, 자본잉여금, 자본조정, 기타포괄손익누계액, 이익잉여금(또는 결손금)의 변동에 대한 포괄적인 정보를 제공한다.

자본변동표를 도입하게 된 것은 회계기준의 국제적 정합성 제고 및 자본 구성항목의 모든 변동내용에 대한 포괄적인 정보제공의 필요성이 나타났기 때문이다.

자본변동표는 기업실체에 대한 자본의 크기와 그 변동에 관한 정보를 제공하는 재무보고서이다. 자본변동표에는 소유주의 투자와 소유주에 대한 분배, 그리고 포괄이익에 대한 정보가 포함된다.

소유주의 투자는 현금, 재화 및 용역의 유입 또는 부채의 전환에 의해 이루어지며, 그에 따라 기업실체의 자본이 증가하게 된다. 소유주에 대한 분배는 현금배당 또는 자기주식 취득의 방법으로 이루어질 수 있으며, 그에 따라 기업실체의 자본이 감소하게 된다. 이러한 거래들에 대한 정보는 다른 재무제표 정보와 더불어 당해 기업실체의 재무적 탄력성, 수익성 및 위험 등을 평가하는 데 유용하다.

2 자본변동표의 구조

자본은 연차배당, 유상증자, 자기주식의 취득, 매도가능금융자산의 평가 및 순이익 등의 원인으로 변동하게 된다. 자본변동표는 이러한 변동내역을 전체적으로 파악할 수 있도록 작성한 서식이다.

자본변동표

서울주식회사 2026년 1월 1일~2026년 12월 31일 (단위: 백만원)

구분		자본금	자본 잉여금	자본 조정	기타포괄 손익	이익 잉여금	합계
변동내역	기초금액	2,000	1,500	(200)	0	900	4,200
	현금배당지급					(200)	(200)
	유상증자	1,000	1,300				2,300
	자기주식취득			(300)			(300)
	당기순이익					400	400
	기말금액	3,000	2,800	(500)	0	1,100	6,400

3 이익잉여금처분계산서와 결손금처리계산서

(1) 이익잉여금처분계산서

이익잉여금처분계산서는 이익잉여금의 처분사항을 명확히 보고하기 위하여 이월이익잉여금의 총변동사항을 나타내는 재무제표이다. 결산이 끝나고 재무제표가 작성되면 이를 주주총회에 제출하여 승인을 받는 동시에 처분전이익잉여금의 기말잔액에 대하여 이익준비금, 배당금, 임의적립금 등의 처분을 의결한다.

이익잉여금처분계산서

2026년 01월 01일부터 2026년 12월 31일

한국(주)	처분확정일 2027년 02월 25일*	(단위: 원)
	Ⅰ. 미처분이익잉여금	×××
	± 1. 전기이월이익잉여금(또는 전기이월결손금)	
	± 2. 회계변경의 누적효과	
	± 3. 전기오류수정손익	
	− 4. 중간배당액	
	± 5. 당기순손익	
(가산)	Ⅱ. 임의적립금 이입액	×××
	합 계	×××
(차감)	Ⅲ. 이익잉여금처분액	×××
	1. 이익준비금	
	2. 기타법정적립금	
	3. 배당금	
	4. 임의적립금	
	Ⅳ. 차기이월미처분이익잉여금	×××

*처분확정일은 주주총회일이다.

(2) 결손금처리계산서

결손금처리계산서는 결손금의 처리사항을 명확히 보고하기 위하여 이월결손금의 총변동사항을 표시한 보고서이다. 전기에 이월된 이익잉여금(또는 전기이월결손금)에 당기에 발생한 당기순손실(또는 당기순이익)을 가산하더라도 당기처리전결손금의 잔액이 산출되는 경우 이것을 처리전결손금이라 한다. 이 경우에 이의 처리내용을 분명히 하기 위하여 결손금처리계산서가 작성된다.

기업회계기준서에서는 결손금을 임의적립금, 기타법정적립금, 이익준비금, 자본준비금의 순서로 전보하도록 하고 있다. 결손금처리계산서는 다음과 같이 작성된다.

결손금처리계산서

2026년 01월 01일부터 2026년 12월 31일

한국(주)	처분확정일 2027년 02월 25일*	(단위: 원)
	Ⅰ. 미처리결손금	×××
	± 1. 전기이월이익잉여금(또는 전기이월결손금)	
	± 2. 회계변경의 누적효과	
	± 3. 전기오류수정손익	
	− 4. 중간배당액	
	± 5. 당기순손익	
	Ⅱ. 결손금 처리액	×××
	1. 임의적립금이입액	
	2. 기타법정적립금이입액	
	3. 이익준비금이입액	
	4. 자본잉여금이입액	
	Ⅲ. 차기이월미처리결손금	×××

*처분확정일은 주주총회일이다.

“M/E/M/O”

SECTION

04

현금흐름표

1 현금흐름표의 의의

현금흐름표(statement of cash flow)는 기업의 재무정보이용자에게 현금흐름의 금액, 시기 및 불확실성을 평가하는 유용한 정보를 제공한다. 다른 재무제표에 공시된 관련 정보와 함께 사용될 때, 현금흐름표가 제공하는 정보는 재무정보이용자가 기업에 관한 다음 사항을 평가하는 데 유용하다.

① 현금창출능력
② 부채상환능력, 배당지급능력 및 외부금융의 필요성
③ 당기순이익과 그와 관련된 현금의 유입과 유출 사이의 차이가 발생하는 요인
④ 현금과 비현금 투자활동과 재무활동이 재무상태에 미치는 영향

현금흐름표는 재무상태표와 포괄손익계산서가 제공할 수 없는 자금흐름에 관한 정보를 제공함으로써 다른 재무제표를 보완하는 기능을 수행한다.

참고 발생주의와 현금주의 비교

- 발생주의(accrual basis)란 수익과 비용을 현금의 수입 또는 지급시점과 관계없이 회계상 거래나 사건이 발생한 회계기간에 수익과 비용으로 인식하는 방법이다. 기업거래의 대부분이 신용거래를 통해 이루어지고 있는 상황에서 실제 현금수입이나 지출이 있기 전까지 수익이나 비용을 인식하지 않는다면 기간별로 구분하여 보고되는 재무제표에는 정확한 당해 기간의 경영성과가 표시되지 못할 것이다. 발생주의는 실현된 수익과 비용을 적절하게 대응시켜 주므로 현금주의에 비해 경영성과를 정확하게 계산할 수 있고, 미래 현금흐름을 보다 정확하게 예측할 수 있도록 한다. 발생주의에 대비되는 개념으로서 현금주의가 있다.
- 현금주의(cash basis)란 실제 현금을 받은 시점에서 수익을 인식하고, 실제 현금이 지급된 시점에서 비용을 인식하는 방법이다.

  현금주의는 적용이 간편하다는 장점은 있으나 수익과 비용을 적절히 대응시키지 못함으로써 개별 회계기간의 경영성과를 왜곡시킬 수 있는 문제점이 존재한다.

  예를 들어, 2025년 12월 20일 상품 10만원을 외상판매하면서 2026년 1월 10일에 대금을 회수하기로 하였다면 상품 판매대금 10만원은 2025년과 2026년 중 어떤 연도의 매출수익이 되어야 할까?

  현금주의에 따라 수익을 인식한다면 매출수익 10만원은 실제 대금을 회수일자가 속한 2026년의 수익으로 보고되어야 한다.

  그러나 현행 회계에서 적용되는 발생주의에 따라 수익을 인식한다면 매출수익 10만원은 수익실현시점으로서의 상품을 판매일자가 속한 2025년의 수익으로 보고되어야 한다.

  현행 회계에서는 정확한 경영성과의 측정을 위해 발생주의에 따라 수익과 비용을 인식하도록 하고 있다.

2 현금흐름표의 구조

현금흐름표(statement of cash flows)는 일정기간의 기업의 현금흐름을 나타내는 표로서 "기업회계기준"에서는 현금잔액의 변동내용을 ① 영업활동, ② 투자활동, ③ 재무활동의 세 가지 유형에서 발생되는 현금흐름에 관한 전반적인 정보를 상세하게 제공해 준다.

따라서 포괄손익계산서의 보조기능 수행과 동시에 기업의 자산, 부채, 자본의 변동을 가져오는 현금흐름거래에 관한 정보를 제공해줌으로써 재무상태표의 보조기능도 아울러 수행한다.

가. 영업활동으로 인한 현금흐름

제품의 생산과 상품 및 용역의 구매·판매활동에 해당하는 영업활동에 의한 현금의 유입과 유출을 말한다.

나. 투자활동으로 인한 현금흐름

비유동자산 취득 및 처분, 투자유가증권 취득 및 처분과 관련하여 증감되는 현금액

다. 재무활동으로 인한 현금흐름

은행차입 및 주식발행, 배당금지급 등과 같이 회사 자금조달활동으로 인해 증감되는 현금액

현금흐름표

Ⅰ. 영업활동으로 인한 현금흐름		11,403
Ⅱ. 투자활동으로 인한 현금흐름		(10,187)
현금유입액(예 건물의 매각)	19,417	
현금유출액(예 기계장치의 취득)	(29,604)	
Ⅲ. 재무활동으로 인한 현금흐름		(10)
현금유입액(예 주식발행)	33,539	
현금유출액(예 차입금상환)	(33,549)	
Ⅳ. 현금의 순증가		1,206
Ⅴ. 기초의 현금		5,396
Ⅵ. 기말의 현금		6,602

기업활동별 현금흐름

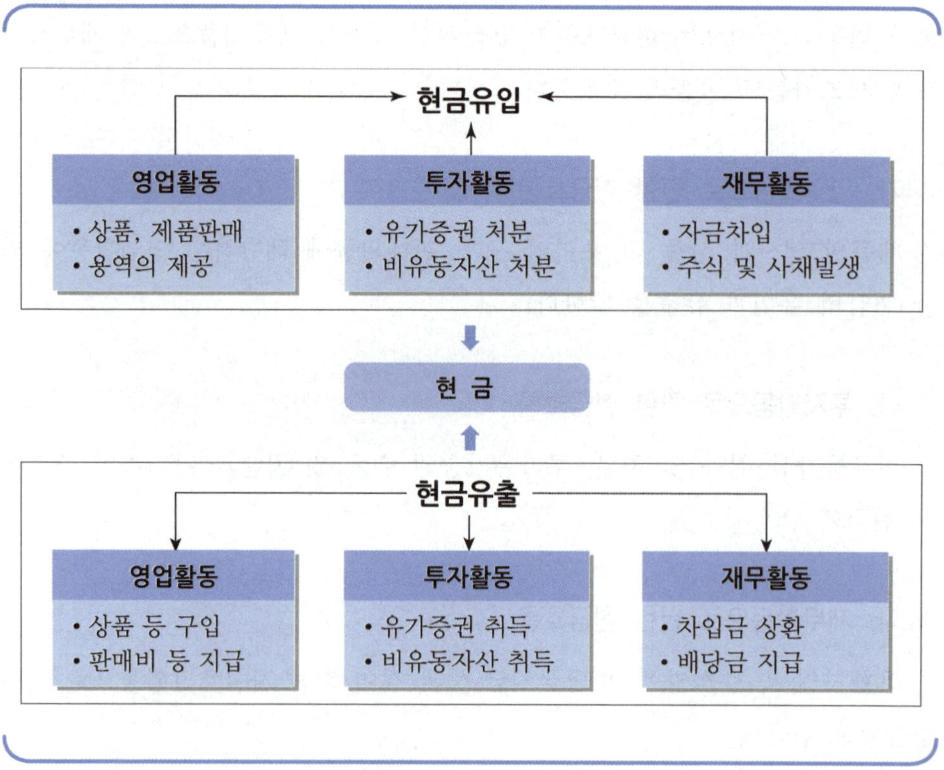

3 현금흐름표의 작성방법

현금흐름표를 작성하는 방법에는 직접법과 간접법이 있다.

가. 직접법

직접법은 영업활동으로 인한 현금흐름을 현금유입은 원천별로 현금유출은 용도별로 분류하여 표시한다. 따라서 이해하기가 쉽고 향후 영업활동으로 인한 현금흐름의 예측을 보다 용이하게 한다. 그러나 작성하는 데 시간과 노력이 많이 소요되는 단점이 있어 실무적으로는 간접법이 주로 사용되고 있다.

즉, 직접법은 매출액, 이자수익 등 영업활동 거래의 원천별로 유입된 현금의 흐름에 매출원가, 이자비용, 법인세비용 등 영업활동으로 인한 현금의 유출액을 차감하여 현금주의에 의한 영업이익을 구하는 방식이다.

이는 당기순이익에서 조정을 거쳐 현금의 흐름을 사후적으로 확인하는 간접법에 비하여 영업거래의 다양한 원천별 현금의 내역을 일목요연하게 제시해 줌으로써 진정한 의미에서의 현금흐름을 파악할 수 있는 방법이다.

현금흐름표(직접법)

Ⅰ. 영업활동으로 인한 현금흐름		×××
1. 매출 등 수익활동으로부터의 유입액	×××	
2. 매입 및 종업원에 대한 유출액	×××	
3. 이자수익 유입액	×××	
4. 배당금수익 유입액	×××	
5. 이자비용 유출액	×××	
6. 미지급법인세의 지급	×××	

나. 간접법

간접법이란 당기순이익에서 출발하여 현금의 유출이 없는 비용 등을 가산하고 현금의 유입이 없는 수익 등을 차감하고 영업활동으로 인한 자산, 부채의 변동을 가감하여 영업활동으로 인한 현금의 흐름을 계산하는 방식이다. 발생주의에 의한 당기순이익에서 어떠한 조정을 거쳐 현금의 흐름이 산출되는지에 주안점을 두므로 재무상태표와 포괄손익계산서간의 유용한 연관성을 제시해 준다.

현금흐름표(간접법)

Ⅰ. 영업활동으로 인한 현금흐름		×××
1. 당기순이익	×××	
2. 가감항목		
① 현금의 유출이 없는 비용 등의 가산	×××	
② 현금의 유입이 없는 수익 등의 차감	(×××)	
③ 영업활동과 관련된 자산·부채의 변동	×××	

간접법에 의한 현금흐름표 예시

현금흐름표(간접법)

2026. 01. 01 ~ 2026. 12. 31

도약(주) (단위: 원)

구 분	금	액
Ⅰ. 영업활동으로 인한 현금흐름		×××
1. 당기순이익	×××	
2. 현금의 유출이 없는 비용 등의 가산	×××	
3. 현금의 유입이 없는 수익 등의 차감	×××	
4. 영업활동으로 인한 자산, 부채의 변동	×××	
Ⅱ. 투자활동으로 인한 현금흐름		×××
1. 투자활동으로 인한 현금유입액	×××	
2. 투자활동으로 인한 현금유출액	(×××)	
Ⅲ. 재무활동으로 인한 현금흐름		×××
1. 재무활동으로 인한 현금유입액	×××	
2. 재무활동으로 인한 현금유출액	(×××)	
Ⅳ. 현금의 증감 (Ⅰ + Ⅱ + Ⅲ)		×××
Ⅴ. 기초의 현금		×××
Ⅵ. 기말의 현금		×××

현금흐름표를 직접법과 간접법을 통해 작성한 기본양식을 비교하면 다음과 같다.

직접법

현금흐름표

제×기 2026년 01월 01일부터 2026년 12월 31일까지

제×기 2025년 01월 01일부터 2025년 12월 31일까지

서울기업(주) (단위: 원)

구 분	제 × 기		제 × 기	
	금	액	금	액
Ⅰ. 영업활동으로 인한 현금흐름				
가. 매출 등 수익활동으로부터의 유입액				
나. 매입 및 종업원에 대한 유출액				
다. 이자수익유입액				
라. 배당금수익유입액				
마. 이자비용유출액				
Ⅱ. 투자활동으로 인한 현금흐름				
1. 투자활동으로 인한 현금유입액				
가. 당기손익인식지정금융자산의 처분				
나. 유가증권의 처분				
다. 토지의 처분				
2. 투자활동으로 인한 현금유출액				
가. 현금의 단기대여				
나. 당기손익인식지정금융자산의 취득				
다. 토지의 취득				
Ⅲ. 재무활동으로 인한 현금흐름				
1. 재무활동으로 인한 현금유입액				
가. 단기차입금의 차입				
나. 사채의 발행				
다. 보통주의 발행				
2. 재무활동으로 인한 현금유출액				
가. 단기차입금의 상환				
나. 사채의 상환				
다. 유상감자				
Ⅳ. 현금의 증가(감소) (Ⅰ + Ⅱ + Ⅲ)				
Ⅴ. 기초의 현금				
Ⅵ. 기말의 현금				

간접법

현금흐름표

제×기 2026년 01월 01일부터 2026년 12월 31일까지
제×기 2025년 01월 01일부터 2025년 12월 31일까지

서울기업(주) (단위: 원)

구 분	제 × 기		제 × 기	
	금	액	금	액
Ⅰ. 영업활동으로 인한 현금흐름				
1. 당기순이익(손실)				
2. 현금유출이 없는 비용 등의 가산				
가. 감가상각비				
나. 퇴직급여				
3. 현금 유입이 없는 수익 등의 차감				
가. 사채상환이익				
4. 영업활동으로 인한 자산, 부채의 변동				
가. 재고자산의 감소(증가)				
나. 매출채권의 감소(증가)				
다. 매입채무의 증가(증가)				
라. 미지급법인세의 증가(감소)				
Ⅱ. 투자활동으로 인한 현금흐름				
1. 투자활동으로 인한 현금유입액				
가. 당기손익인식지정금융자산의 처분				
나. 유가증권의 처분				
다. 토지의 처분				
2. 투자활동으로 인한 현금유출액				
가. 현금의 단기대여				
나. 당기손익인식지정금융자산의 취득				
다. 토지의 취득				
Ⅲ. 재무활동으로 인한 현금흐름				
1. 재무활동으로 인한 현금유입액				
가. 단기차입금의 차입				
나. 사채의 발행				
다. 보통주의 발행				
2. 재무활동으로 인한 현금유출액				
가. 단기차입금의 상환				
나. 사채의 상환				
다. 유상감자				
Ⅳ. 현금의 증감(감소) (Ⅰ + Ⅱ + Ⅲ)				
Ⅴ. 기초의 현금				
Ⅵ. 기말의 현금				

SECTION 05 주 석

주석(footnote)은 재무상태표, 포괄손익계산서, 현금흐름표 및 자본변동표 등의 해당과목 또는 금액에 기호를 붙이고 난외나 별지에 동일한 기호를 표시하여 그 내용을 간결 명료하게 기재하는 방법이다. 또한 동일한 내용의 주석이 둘 이상의 과목에 관련되는 경우에는 주된 과목에 대한 주석만 기재하고, 다른 과목의 주석은 기호만 표시함으로써 이에 갈음할 수 있다.

주석은 다음의 정보를 제공한다.

① 재무제표 작성 근거와 구체적인 회계정책에 대한 정보
② 한국채택국제회계기준에서 요구하는 정보이지만 재무제표 어느 곳에도 표시되지 않는 정보
③ 재무제표 어느 곳에도 표시되지 않지만 재무제표를 이해하는 데 목적적합한 정보

재무제표들은 다음과 같이 서로 밀접하게 연결되어 있으며, 작성순서도 다음과 같다.

① (포괄)손익계산서 → ② 재무상태표 → ③ 자본변동표 → ④ 현금흐름표

참고 주기

주기는 재무제표의 해당과목 다음에 그 회계사실의 내용을 간단한 자구 또는 숫자로 괄호에 표시하는 방법이다. 주기 내용도 개정된 회계기준에서는 주석으로 포함시키고 있다.

참고 중간재무제표

보통 1년에 한 번 작성하는 결산재무제표, 연차재무제표(年次財務諸表) 이외에 회계정보의 적시성(適時性, yimeliness)을 확보할 목적으로 반기 또는 분기별로 재무제표를 작성하는 경우가 있는데, 이를 중간재무제표라고 한다.

주요용어

- 자본변동표(statement of changes in equity)
- 잔여지분(residual interest)
- 재고자산(inventory)
- 재무보고(financial reporting)
- 재무상태표(statement of financial position)
- 재무제표(financial statements)
- 재무활동(financing activity)
- 주석(notes)
- 투자활동(investing activity)
- 포괄손익계산서(comprehensive income statement)
- 현금흐름표(statement of cash flow)

"M/E/M/O"

Chapter 03 주관식 연습문제

01 다음 항목 가운데 자산, 부채, 자본을 구분하여 기입하시오.

현금	(　　)	유가증권	(　　)	상품	(　　)
차입금	(　　)	외상매입금	(　　)	미수금	(　　)
지급어음	(　　)	미지급금	(　　)	비품	(　　)
받을어음	(　　)	대여금	(　　)	외상매출금	(　　)
자본금	(　　)	토지	(　　)	차량운반구	(　　)
제품	(　　)	선급비용	(　　)	선수수익	(　　)
미수수익	(　　)	미지급비용	(　　)	매입채무	(　　)

02 다음 자료를 이용하여 자산, 부채, 자본(순자산)을 각각 구하시오.

현금	50,000	외상매입금	100,000	상품	30,000
건물	500,000	비품	650,000	예수금	300,000
차량운반구	100,000	선수금	350,000	차입금	100,000
대여금	20,000	당좌예금	150,000	미수금	80,000
미지급비용	3,000				

(1) 자산 합계:

(2) 부채 합계:

(3) 자본 합계:

03 다음 자료는 10월 한 달 동안의 (주)서울의 영업자료이다. 이를 근거로 손익계산서를 작성하시오.

매출액	800,000원	임대료	60,000원	이자수익	140,000원
급여	100,000원	감가상각비	200,000원	광고선전비	300,000원
당기순이익	(　　)				

04 다음의 자료에 근거하여 당기순이익을 계산하면 얼마인가?

기초자본	120,000원	기말자본	200,000원
당기 중 자본금 유상증자	50,000원	주주에 대한 현금배당만 지급	5,000원
기타포괄이익 증가	10,000원		

해설 200,000원 − [120,000원 + 50,000원 − 5,000원 + 10,000원] = 25,000원

05 다음 (주)서울의 2026년 1월 1일부터 12월 31일까지의 자료이다. 포괄손익계산서를 작성하시오.

매출	1,250,000원	매출원가	670,000원	급여	350,000원
이자비용	110,000원	여비교통비	90,000원	임대료	130,000원
수도광열비	50,000원	보험료	60,000원	이자수익	120,000원

06 다음의 각 물음에 답하시오. 단, 소유주의 투자나 소유주의 배당은 없다.

(1) 기초자본은 400,000원이고, 기말자본은 600,000원이다. 당기순이익은 얼마인가?

(2) 기초자산은 2,000,000원, 기초부채는 1,000,000원, 기말자산은 4,000,000원, 기말부채는 3,400,000원이다. 당기순이익(손실)은 얼마인가?

(3) 기초자산은 1,250,000원, 기초부채는 800,000원, 기말자산은 2,000,000원, 기말부채는 1,125,000원이다. 올해의 당기순이익은 얼마인가?

(4) 가현(주)의 자산총액은 기초에는 500,000원이었는데, 기말에는 100,000원이 증가하였다. 기말부채액은 275,000원인데, 당기의 순이익은 75,000원이었다. 기초의 자본은 얼마인가?

해설 (1) 200,000원
(2) −400,000원
(3) 425,000원
(4) 기초자산 500,000원
기말자산 − 기말부채 = 기말자본
600,000원 − 275,000원 = 325,000원

Chapter 03 객관식 연습문제

01 자본등식으로 맞는 것은?

① 자산＋부채＝자본　　② 자본＝자산－부채

③ 자본＝자본금＋자본잉여금　　④ 자본금＋이익잉여금＝자본

해설 자본은 기업의 자산에서 부채를 차감한 금액을 말한다.

02 다음 중 재무상태표의 자산을 유동성배열법으로 나타낼 경우, 제일 먼저 기재되는 것은?

① 당좌자산　　② 투자자산

③ 유형자산　　④ 재고자산

해설 유동성배열법에서 유동자산은 당좌자산, 재고자산 순으로, 비유동자산은 투자자산, 유형자산, 무형자산의 순으로 기재된다.

03 다음 자료에서 재고자산을 구하시오.

제　　품	5,000,000원	재공품	2,500,000원
매출채권	1,000,000원	원재료	1,200,000원

① 8,700,000원　　② 7,500,000원

③ 6,200,000원　　④ 9,700,000원

해설 재고자산＝제품(5,000,000원)＋재공품(2,500,000원)＋원재료(1,200,000원)＝8,700,000원

04 다음 현금계정의 기입내용을 보고 날짜별로 발생한 거래의 추정으로 옳지 않은 것은?

현　금

차변	금액	대변	금액
1월 3일 자 본 금	1,000,000	1월 10일 상　품	200,000
1월 15일 외상매출금	200,000	1월 25일 단기차입금	500,000
		1월 26일 광고선전비	200,000

① 1월 3일 현금 1,000,000원을 출자하여 영업을 개시하였다.

② 1월 10일 상품을 200,000원 매입하고 대금을 현금으로 지급하였다.

③ 1월 15일 거래처에서 외상매출금 200,000원을 현금회수하였다.

④ 1월 25일 차입금 500,000원을 3개월 후에 갚기로 하고 차입하였다.

05 다음 빈칸에 들어갈 금액을 바르게 나열한 것은?

(단위: 원)

상 호 명	자 산	부 채	자 본
알파상사	7,000,000	(가)	300,000
베타상사	(나)	470,000	720,000

	(가)	(나)		(가)	(나)
①	5,000,000원	150,000원	②	6,700,000원	1,190,000원
③	1,190,000원	6,700,000원	④	150,000원	5,000,000원

06 다음 중 당좌자산인 것은?

① 토지 ② 매입채무

③ 당좌예금 ④ 미지급금

해설 토지는 비유동자산, 매입채무 및 미지급금은 유동부채에 해당된다.

07 다음 기업회계기준상의 재무제표가 아닌 것은?

① 재무상태표 ② 현금흐름표

③ 포괄손익계산서 ④ 합계잔액시산표

해설 재무제표: 재무상태표, 포괄손익계산서, 자본변동표, 현금흐름표, 주석

08 다음 중 손익계산서 등식은?

① 자산＝부채＋자본 ② 자본＝자산＋부채

③ 자산＋부채＝부채＋자본＋이익 ④ 수익－비용＝당기순손익

09 영업이익을 산출하는 방법은?

① 순매출액－매출원가 ② 기초상품＋매입액－기말상품

③ 매출총이익－판매비와 관리비 ④ 매출원가＋매입원가

해설 기초상품 + 순매입액 − 기말상품 = 매출원가, 순매출액 − 매출원가 = 매출총이익
매출총이익 − 판매비와 관리비 = 영업이익

10 손익계산서상 판매비와 관리비에 해당하는 항목은?

① 이자비용　② 단기매매금융자산평가손실
③ 대여금에 대한 대손상각비　④ 매출채권에 대한 대손상각비

해설 매출채권에 대한 대손상각비는 판매비와 관리비이고, 기타채권에 대한 대손상각비는 영업외비용이 되는 것이다.

11 손익계산서에 대한 설명으로 틀린 것은?

① 포괄손익계산서는 기업의 경영성과를 보여준다.
② 포괄손익계산서의 기본요소는 수익, 비용, 당기순손익이다.
③ 수익이 비용보다 많을 때는 순이익이 생긴다.
④ 기업의 일정시점의 재무상태를 제공한다.

해설 ④는 재무상태표에 대한 설명이다.

12 손익계산서를 작성할 때 일반적으로 따라야 할 기준이 아닌 것은?

① 발생주의　② 수익과 비용의 대응
③ 순액주의　④ 수익과 비용항목의 구분표시

해설 포괄손익계산서 작성원칙: 발생주의 기준, 실현주의 기준, 수익 · 비용대응의 기준, 총액주의 기준, 구분표시의 기준 등이 있다.

13 손익계산서의 구분이익 중 마지막으로 표시되는 이익은?

① 매출총이익　② 당기순이익
③ 법인세차감전순이익　④ 영업이익

해설 이익은 ① 매출총이익, ② 영업이익, ③ 법인세차감전순이익, ④ 당기순이익 순으로 기재된다.

14 다음의 자료와 회계등식을 이용하여 계산한 기말자본총계는?(단, 회계기간 중에는 손익거래와 배당지급 이외에 자본총계에 영향을 미치는 거래나 사건은 발생하지 않았다.)

기초자산	기초부채	기말부채	총수익	총비용
30,000,000원	18,000,000원	19,000,000원	20,000,000원	17,000,000원

① 6,000,000원 ② 9,000,000원

③ 12,000,000원 ④ 15,000,000원

15 다음 중 이익잉여금에 속하지 않는 것은?

① 이익준비금 ② 기타법정적립금

③ 주식발행초과금 ④ 임의적립금

해설 주식발행초과금은 자본잉여금에 속한다.

16 기업회계기준에 의한 결손금 처리순서로 올바른 것은?

ⓐ 임의적립금 이입액 ⓑ 이익준비금 이입액

ⓒ 자본잉여금 이입액 ⓓ 기타법정적립금 이입액

① ⓐ－ⓑ－ⓒ－ⓓ ② ⓑ－ⓓ－ⓒ－ⓐ

③ ⓐ－ⓒ－ⓓ－ⓑ ④ ⓐ－ⓓ－ⓑ－ⓒ

해설 결손금처리순서: 임의적립금, 기타법정적립금, 이익준비금, 자본잉여금 순이다.

17 재무상태표상의 기초현금과 기말현금간의 차이의 원인에 대한 정보를 제공하는 재무제표는?

① 재무상태표 ② 포괄손익계산서

③ 현금흐름표 ④ 이익잉여금처분계산서

해설 현금흐름표는 현금유입과 현금유출의 차이로 현금의 순증감을 나타낸다.

18 다음 중 자산으로 기록할 수 없는 것은?

① 상품을 구입하기 위해서 미리 지급한 계약금

② 외상으로 비품을 구입하고 아직 지급하지 못한 대금

③ 상품을 판매하고 아직 회수하지 못한 판매대금

④ 판매목적으로 보유하고 있는 상품

해설 외상으로 비품을 구입하고 지급하지 못한 대금은 자산이 아니라 부채이다.
① 선급금, ② 미지급금, ③ 외상매출금, ④ 재고자산

ACCOUNTING PRINCIPLE

CHAPTER

04

금융자산(I): 현금 및 금융상품

SECTION 01 현금 및 현금성자산

SECTION 02 당좌예금과 당좌차월

SECTION 03 단기금융상품

SECTION 01

현금 및 현금성자산

현금 및 현금성자산과 금융상품은 기업이 보유하는 자산 중에서 특별한 절차없이 현금으로의 전환이 용이한 대표적인 금융자산이다. 현금은 대금의 지불수단으로 즉시 사용할 수 있는 금융자산이고, 은행예금은 필요에 따라 현금으로 쉽게 전환하거나 일정한 투자수익을 얻을 목적으로 금융기관에 예치한 금융자산이며, 금융상품은 투자성향과 위험선호도 등의 조건을 은행예금보다 더욱 다양하게 변화시킨 금융자산이다. 금융자산은 기업의 유동성과 지급능력의 척도를 나타낸다.

금융자산과 비금융자산의 계정과목 사례

구분	자산	부채
금융자산	현금 및 현금성자산, 매출채권, 대여금, 미수금, 지분상품 및 채무상품 등	매입채무, 미지급금, 차입금, 사채 등
비금융자산	선급금, 선급비용, 재고자산, 유형자산, 무형자산 등	선수금, 선수수익, 미지급법인세, 충당부채 등

1 현금 및 현금성자산의 회계

현금(cash)은 기업이 보유하고 있는 자산 중 유동성이 높은 자산으로 다른 자산과의 교환의 매개체역할을 한다. 회계상 현금 및 현금성자산은 통화 및 타인발행수표 등 통화대용증권과 당좌예금, 보통예금 및 현금성자산을 말한다. 여기서 현금성자산이라 함은 ① 큰 거래비용 없이 현금으로 전환이 용이하고, ② 이자율변동에 따른 가치변동의 위험이 중요하지 않은 채무증권 및 당기손익인식지정금융자산으로서, ③ 취득당시 만기(또는 상환일)가 3개월 이내에 도래하는 것을 말한다. 현금성자산은 취득당시 3개월 이내에 만기가 도래하는 채권, 상환우선주, 수익증권,[1] 환매체, 양도성예금증서(CD: Certificate of Deposits) 등이다. 그러나 기간이 경과하여 3개월 내에 만기가 도래하더라도 취득시 일단 단기투자자산(단기매매금융자산 등)으로 분류하였던 자산은 현금성자산으로 재분류하지 않는다. 현금 및 현금성자산을 통합계정으로 보며, 현금 및 현금성자산으로 분류되기 위해서는 사용에 전혀 제한이 없어야 한다.

그러나 차용증서, 선일자수표, 수입인지, 엽서, 우표, 자기발행당좌수표, 부도수표, 부도어음 등은 현금 및 현금성자산으로 인정하기 어렵다. 선일자수표는 당사자간에 발행일까지는 은행에 제시하지 않기로 하는 도의적 약속을 전제로 한 것이다.

가. 현금

통화 및 통화대용증권을 포함한다. 통화대용증권에는 자기앞수표, 타인발

---

1) 상환우선주는 우선주이지만 사실상 채권과 같은 성격을 가지고 있기 때문에 현금성자산으로 취급한다.
수익증권은 발행기관에서 주식 또는 공, 사채로 포트폴리오를 구성하여 투자자에게 발매하고 포트폴리오의 운용에서 얻은 수익을 투자자에게 돌려주는 방법으로 운용된다. 수익증권은 시장성이 높으며, 주식과 공채, 사채의 투자비율을 여러 가지로 발매함으로써 투자자들은 자신들의 위험선호도에 따라 투자할 수 있는 투자대상이다.

행수표, 만기도래국공채이자표, 우편환증서, 배당금지급통지표 등이 있다.

나. 현금성자산

큰 거래비용이 없이 현금으로 전환이 용이하고, 이자율 변동에 따른 가치 변동의 위험이 적은 유가증권 및 당기손익인식지정금융자산으로서, 취득당시 만기가 3개월 이내인 채권, 상환우선주, 환매체 등의 유가증권 및 양도성예금증서, 정기예금, 정기적금 등의 당기손익인식지정금융자산을 뜻한다. 회계처리 방법은 현금의 회계처리 방법과 동일하다.

회계상 현금 = 통화 + 통화대용증권 + 요구불예금 + 현금성자산

다. 단기금융상품

단기금융상품은 기업이 여유자금의 활용목적으로 보유하는 금융자산으로 단기적 자금운용목적으로 소유하거나 만기가 3개월 이상 1년 이내에 도래하는 것을 말한다.

단기금융자산은 현금 및 현금성자산과 함께 기업의 단기 유동성을 파악하는 데 중요한 정보이기 때문에 개별표시한다. 1년을 초과하는 장기금융상품은 투자자산으로 분류한다.

참고 **송금수표, 우편환, 만기도래어음, 국공채이자표, 배당금지급통지표**

① **송금수표**는 은행에서 자기의 지점 또는 거래은행앞으로 발행하는 수표이다.

② **우편환**은 우체국을 통하여 송금할 때 우체국에서 발행하는 송금액에 상당하는 증서로서 소액환, 통상환, 전신환 등이 이에 해당한다. 송금수표나 우편환은 은행이나 우체국에 제시하는 즉시 통화로 전환되므로 현금의범위에 포함된다.

③ **만기도래어음**은 만기가 도래함에 따라 타인발행수표처럼 일람출급성을 가지므로 현금에 포함된다.

④ **공사채이자표**는 무기명채권에 대한 이자지급을 용이하게 하기 위하여 당해 채권에 첨부한 것이며 이자표의 일자가 도래하면 현금으로 분류한다.

⑤ **배당지급통지서**는 무기명주식에 대한 배당금지급을 위해 발행한 증서이며 배당지급이 결의되면 그 통지서는 현금으로 분류하여야 한다.

현금 및 현금성자산의 분류

구분		정의	예시
현금 및 현금성 자산	현금	통화	동전 또는 지폐
		통화대용증권	은행발행 자기앞수표, 타인발행수표, 만기도래 국공채 및 회사채 이자표[2], 우편환증서, 배당금지급통지표[3]
		요구불예금	당좌예금, 보통예금
	현금성 자산	큰 거래비용이 없이 현금으로 전환이 용이하고, 이자율 변동에 따른 가치 변동의 위험이 적은 유가증권 및 취득 당시 만기가 3개월 이내에 도래하는 채권	취득시 3개월 내에 만기가 도래하는 채무증권 및 단기투자자산. 예를 들면 취득 당시 상환일까지 기간이 3개월 이내인 상환우선주, 3개월 이내의 환매채 등

2) 공사채이자표는 무기명채권에 대한 이자지급을 용이하게 하기 위하여 당해 채권에 첨부한 것이며 이자표의 일자가 도래하면 현금으로 분류한다.

3) 배당금지급통지서는 무기명주식에 대한 배당금지급을 위해 발행한 증서이며 배당지급이 결의되면 그 통지서는 현금으로 분류하여야 한다.

참고

거래구분	차변	대변
① 상품을 매입하고 당좌수표를 발행한 경우	상 품 ×××	당좌예금 ×××
② 상품을 판매하고 타인발행수표를 받은 경우	현 금 ×××	상품매출 ×××
③ 상품을 구매하고 보유중인 타인발행수표를 지급한 경우	상 품 ×××	현 금 ×××

• 우리회사가 발행한 당좌수표를 지급하면 ➡ (대변) 당좌예금
• 우리회사가 발행한 당좌수표를 수취하면 ➡ (차변) 당좌예금
• 타인이 발행한 수표를 지급하면 ➡ (대변) 현금
• 타인이 발행한 수표를 수취하면 ➡ (차변) 현금

참고 **요구불예금과 저축성예금의 회계처리**

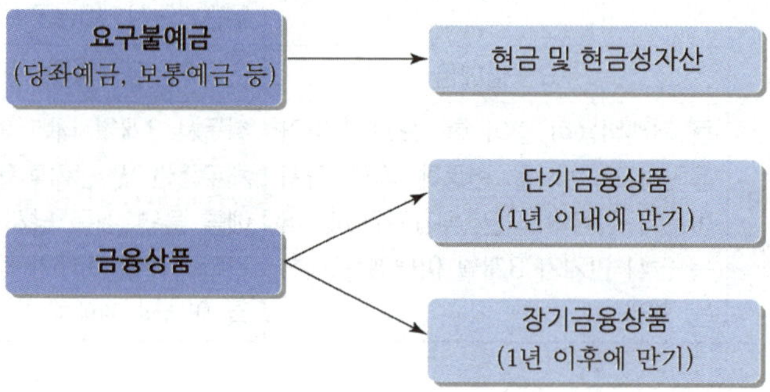

요구불예금은 이자수익을 얻기보다는 보유중인 현금의 보호와 통제를 위하여 은행에 보관하는 예금으로 제한없이 필요한 자금을 수시로 인출할 수 있으므로 그 성질은 일반지급수단인 현금과 거의 차이가 없다. 따라서 보통예금, 당좌예금, 자유예금 등의 요구불예금은 현금과 함께 현금과 함께 재무상태표상 현금 및 현금성자산이라는 과목에 통합하여 나타낸다.

저축성예금은 요구불예금과는 달리 이자수익 등을 얻을 목적으로 일정기

간 동안 예치하는 예금으로 사전에 설정한 예치기간 중에는 현금으로 전환하기 어려우며 중도에 계약을 해지하는 경우 당초에 예상한 이자를 받을 수 없다. 정기예금, 정기적금 등의 저축성예금은 당해 예금의 만기가 재무상태표일로부터 1년 이내에 도래하는 경우에는 단기금융상품(유동자산)으로 분류하고 1년 후에 도래하는 경우에는 장기금융상품(비유동자산)으로 분류하여야 한다.

금융상품의 분류

구분		정의	예시
금융상품(저축성예금)	단기	금융기관이 취급하는 정형화된 금융상품으로 단기적 자금운용목적으로 소유하거나 기한이 1년 내에 도래하는 것	1년 내에 만기가 도래하는 정기예금, 수익증권, 양도성예금증서 등
	장기	단기금융자산 이외의 금융상품	1년 이후에 만기가 도래하는 정기예금 등

기타항목의 분류

구분	예시
① 선일자수표	매출채권, 미수금
② 직원가불금	단기대여금
③ 우표 및 수입인지	소모품
④ 당좌개설보증금	장기금융상품
⑤ 당좌차월	단기차입금

선일자수표(先日字手票)는 실제 발행일보다 미래의 날짜를 발행일로 기입한 수표를 말하며 경제적 실질을 중시하여 타인발행어음과 동일하게 취급한다.

외관상으로는 수표임에 틀림없으나 수표에 기재된 발행일까지 수표의 권리자가 지급제시를 미루는 것이 상관행이므로 채권으로 분류하는 것이 타당하다.

차용증이나 가불금은 거래처나 종업원에 대한 채권을 증명하는 서류이므로 현금이 아닌 채권(대여금)으로 분류하여야 한다.

예제 1 **현금 및 현금성자산(1)**

㈜서울은 한강㈜에 상품 1,000,000원을 판매하고, 대금을 다음과 같이 받았다. 현금으로 계상할 금액은 얼마인가?

지폐	300,000원	자기앞수표	500,000원
한강㈜발행수표	150,000원	우편환증서	50,000원

풀이

$$\text{현금} = \underset{300,000\text{원}}{\underline{\text{지폐}}} + \underset{500,000\text{원}}{\underline{\text{자기앞수표}}} + \underset{150,000\text{원}}{\underline{\text{타인발행수표}}} + \underset{50,000\text{원}}{\underline{\text{우편환증서}}}$$

$$= 1,000,000\text{원}$$

예제 2 **현금 및 현금성자산(2)**

다음 자료를 보고 강남㈜의 기말 재무상태표상에서 현금 및 현금성자산, 단기금융상품, 장기금융상품으로 보고될 금액을 계산하시오.

통화	500,000	양도성예금증서(120일 만기)	2,000,000
단기차입금	400,000	소액현금	300,000
소모품	40,000	3개월 환매조건인 환매채	8,000,000
정기예금(1년 이내 만기도래)	6,000,000	정기적금(1년 이후 만기도래)	9,000,000
선일자수표	2,000,000	만기일도래공사채이자표	100,000

당좌개설보증금	200,000	배당금지급통지표	240,000
타인발행수표	600,000		

풀이

1) 현금 및 현금성자산: 통화 + 만기일도래공사채이자표 + 소액현금 + 배당금지급통지표 + 타인발행수표 + 3개월 환매조건의 환매채 = 9,740,000원
2) 단기금융상품: 양도성예금증서(120일 만기) + 1년 이내 만기도래 정기예금 = 8,000,000원
3) 장기금융상품: 당좌개설보증금 + 1년 이후 만기도래 정기적금 = 9,200,000원

2 현금출납장

현금은 유동성이 아주 높아 도난이나 부정이 발생할 가능성이 많으므로 적절한 관리와 내부통제가 요구된다. 현금의 관리와 내부통제를 위하여 사용하는 방법은 ① 현금의 수취, 지급 및 기장업무의 분담, ② 현금 수취 즉시 예입, ③ 수표에 의한 대금 결제, ④ 소액현금제도 이용, ⑤ 정기적인 현금과 예금의 잔액 검증 등을 들 수 있다.

현금출납업무 회계처리란 기업활동과 관련하여 발생하는 현금(현금 및 현금성자산)의 입금과 출금을 처리하는 것이 출납업무이다. 출납업무는 소중한 돈을 취급하는 것뿐만 아니라 회사의 거래처, 거래내용이나 규모, 영업의 움직임 등을 모두 파악하는 것과 관련된다. 주요 현금출납업무 흐름을 요약하면 다음과 같다.

(1) 현금출납장

현금과 관련된 거래는 현금출납장에 기록하고 매일의 현금거래의 수입총계와 지출총계를 현금계정에 기록하면 장부가 보다 단순해지고 필요한 정보를 쉽게 얻을 수 있도록 하는 보조장부이다.

현금출납장은 일자, 적요, 수입, 지출, 잔액의 5개 란으로 구성된다. 여기서 수입란은 현금계정의 차변, 지출란은 현금계정의 대변 금액과 동일하게 기입한다. 현금출납장의 잔액과 현금계정의 잔액은 반드시 일치하여야 한다.

예제 3 **현금출납장 작성 예시**

다음 거래를 현금출납장에 기입하시오.
3월 1일 전월이월액 현금 300,000원이다.
3월 2일 한국상사에 상품을 판매하고 대금 200,000원을 현금으로 받다.
3월 8일 안진산업에서 상품을 150,000원을 현금으로 매입하다.
3월 15일 신한은행에 현금 220,000원을 당좌예입하다.
3월 27일 신한은행에서 현금 100,000원을 인출하다.
3월 28일 교통비 6,000원을 지급하다.
3월 31일 월말 현금을 계산하고 차월이월하다.

풀이

현금출납장

일 자		적 요	수 입	지 출	잔 액
3	1	전월이월	300,000		300,000
	2	한국상사에 상품 매출	200,000		500,000
	8	안진산업으로부터 상품 매입		150,000	350,000
	15	신한은행에 당좌예금		220,000	130,000
	27	신한은행에서 예금 인출	100,000		230,000
	28	교통비 지급		6,000	224,000
				376,000	

	31	차월이월		224,000	
		합 계	600,000	600,000	
4	1	전월이월	224,000		224,000

(2) 현금과부족계정

회계전표의 작성과 일별 현금출납을 정리하면서 실제 현금잔고를 맞춰보는 것은 현금출납부서가 매기 일정한 기간에 반드시 수행해야 하는 중요한 업무의 하나이다. 실제 현금잔고와 현금출납장의 잔고가 일치하면 현금이 나가고 들어오는 것과 전표나 장부기입이 제대로 되었다고 할 수 있다.

장부상의 현금계정 차변잔액과 실제 현금시재액은 반드시 일치하여야 하지만, 기록, 계산의 잘못이나 분실, 도난 등의 원인으로 일치하지 않는 경우가 있다. 이러한 경우에는 원인이 판명될 때까지 현금과부족계정이라는 가계정을 설정하여 처리한다.

현금과부족계정(現金過不足計定, cash over and short account)은 현금의 장부잔액과 실제 금액이 일치하지 않을 때 그 원인이 아직 밝혀지지 않은 경우에 이를 조정하기 위하여 기록하는 임시계정이다. 이 계정은 현금잔액이 장부잔액보다 부족한 경우에는 차변에, 초과하는 경우에는 대변에 기록된다. 그리고 회계연도말까지 원인이 밝혀지지 않으면, 부족액은 잡손실로, 초과액은 잡이익이라는 영업외항목으로 대체하여야 한다.

참고 현금과부족 회계처리

• 장부잔액>실제잔액 : 현금 부족시

구분	거래내용	차변		대변	
①	실제 현금 부족시	현금과부족	×××	현 금	×××
②	현금과부족 원인을 아는 경우	판명된계정과목	×××	현금과부족	×××
③	결산일까지 원인을 모르는 경우	잡 손 실	×××	현금과부족	×××

• 장부잔액<실제잔액 : 현금 초과시

구분	거래내용	차변		대변	
①	실제 현금 초과시	현 금	×××	현금과부족	×××
②	현금과부족 원인을 아는 경우	현금과부족	×××	판명된계정과목	×××
③	결산일까지 원인을 모르는 경우	현금과부족	×××	잡 이 익	×××

예제 4 장부잔액>실제잔액 : 현금 부족시

다음 자료를 분개하시오.

11월 25일 현금출납장의 장부잔액은 330,000원인데 실제 현금잔액은 300,000원이다.

11월 30일 부족액 중 10,000원은 잡비 지급액의 기입누락으로 판명되다. (원인을 아는 경우)

12월 31일 잔액 20,000원에 대하여는 결산일까지 원인 불명이다. (원인을 모르는 경우)

풀이

[회계처리]

11/25	(차) 현금과부족	30,000	(대) 현 금	30,000
11/30	(차) 잡 비	10,000	(대) 현금과부족	10,000
12/31	(차) 잡 손 실	20,000	(대) 현금과부족	20,000

예제 5 장부잔액<실제잔액 : 현금 초과시

> 다음 내용을 분개하시오.
> 9월 10일: 현금 출납장의 잔액은 50,000원인데, 실제 현금시재액은 55,000원이었다.
> 9월 15일: 불일치의 원인을 조사한 결과 수수료 수익 3,500원이 누락된 것으로 판명되었다.
> 12월 31일: 나머지 1,500원은 결산시까지 밝혀지지 않았다.

풀이

[회계처리]

9/10	(차) 현　　금	5,000	(대) 현금과부족	5,000
9/15	(차) 현금과부족	3,500	(대) 수수료수익	3,500
12/31	(차) 현금과부족	1,500	(대) 잡 이 익	1,500

(3) 소액현금제도

소액현금(petty cash fund system)은 각 부서별 소액지출비용에 대한 전도금이다. 소액현금은 회계부서가 아닌 부서, 지점 및 영업소에서 필요한 것이고, 정확한 지출내역을 즉시 회계처리할 수 없는 경우에 나타나기도 한다. 본사의 회계부서에서는 각 부서, 지점 등에 대체된 소액현금 설정액만을 기록하였다가 일정시점마다 그 사용내역에 대한 보고를 받고 장부에 반영한다.

소액현금제도에는 정액자금전도제도와 부정액자금전도제도가 있다. 결산시 소액현금계정의 잔액은 현금계정에 포함시켜 보고한다.

가. 정액자금전도제도

일정액의 현금을 전도하고, 일정기간 후에 실제 사용액을 보고받으면 실제 사용액과 동일한 금액의 자금을 보충해 주어 소액현금자금은 언제나 일정액 수준을 유지시키는 방법이다.

회계처리는 일정기간 동안에 일상적으로 발생하는 소액현금지출을 위한 일정액의 자금을 준비해 두고 소액의 현금지출을 회계처리 없이 사용한 다음, 일정기간 경과 후 소액현금의 사용부분을 재충당(또는 재전도)하는 시점에서 그 기간 동안에 사용한 소액지출에 대한 회계처리를 하는 것을 말한다. 따라서 정액자금전도제도를 채택하는 경우 정산시에 부족분을 보충해주기 때문에 특정시점에서의 소액현금자금은 언제나 일정액 수준으로 유지된다.

정액자금 = 현금보유액 + 영수증금액

소액자금 전도시	(차) 소액현금	×××	(대) 당좌예금	×××
소액현금 지출시	이에 따른 회계처리는 할 필요 없고 영수증만 보관			
소액현금 재충당시	(차) 제비용 (차) 소액현금	××× ×××	(대) 소액현금 (대) 당좌예금	××× ×××

예제 6 **정액자금전도제도의 경우 회계처리**

다음 거래를 분개하시오.

(1) 10월 1일 수표 500,000원을 발행하여 전도금을 지급하다.

(2) 10월 31일 전도금 중 사용내역(교통비 50,000원, 통신비 100,000원)을 통보받다. 그리고 동액의 수표를 발행하여 소액현금자금을 보충해주다.

풀이

(1) 10/ 1	(차) 소액현금	500,000		(대) 당좌예금	500,000
(2) 10/31	(차) 교통비	50,000		(대) 소액현금	150,000
	통신비	100,000	일치		
10/31	(차) 소액현금	150,000		(대) 당좌예금	150,000

* 잔액이 350,000원이 있으므로 부족액 150,000원의 당좌수표를 발행하면 소액현금은 다시 500,000원이 된다.

나. 부정액자금전도제도

소액현금의 설정 금액이 일정하지 않고 보충할 때마다 변동하며, 현금잔액이 거의 없는 경우에 적당한 금액을 **수시로 보충해 주는 방법이다.**

소액현금기금의 설정액이 보충할 때마다 변동, 정기적으로 보충하기보다는 소액현금기금의 잔액 금액이 거의 다 소진되었을 경우 적당한 금액을 수시로 보충한다.

예제 7 **부정액자금전도제도의 경우 회계처리**

다음 거래를 분개하시오.

(1) 10월 1일 수표 500,000원을 발행하여 전도금을 지급하다.

(2) 10월 31일 전도금 중 사용내역(교통비 50,000원, 통신비 100,000원)을 통보받다.

(3) 10월 31일 수표 100,000원을 발행하여 보충하여 주다.

풀이

	일자	차변	금액	대변	금액
(1)	10/ 1	(차) 소액현금	500,000	(대) 당좌예금	500,000
(2)	10/31	(차) 교통비	50,000	(대) 소액현금	150,000
		통신비	100,000	불일치	
(3)	10/31	(차) 소액현금	100,000	(대) 당좌예금	100,000

* 소액현금을 보충받는 시점에서 소액현금잔액이 450,000원이 되어 위의 정액자금전도제도의 현금 500,000원과는 차이가 있음을 비교해 볼 수 있다.

SECTION 02

당좌예금과 당좌차월

1 당좌예금과 당좌차월

당좌거래의 흐름

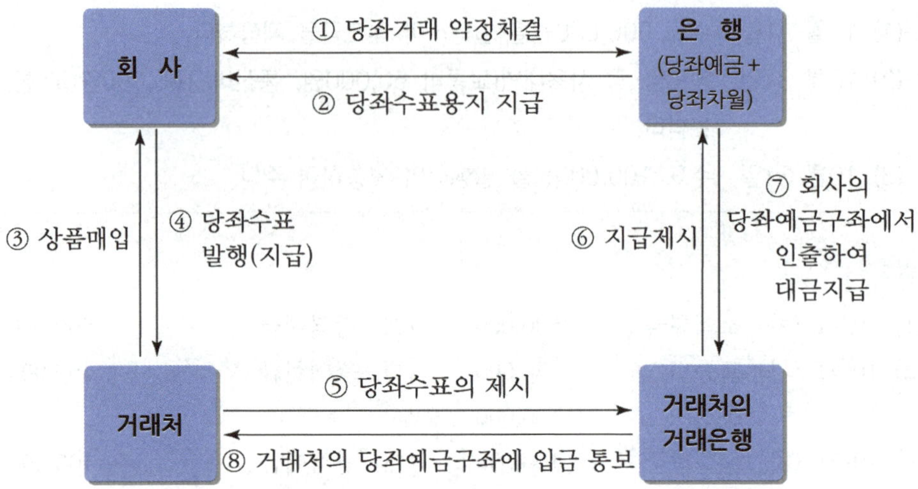

당좌예금이란 기업이 은행과 당좌계약을 맺고서 은행에 현금을 예입하고 필요에 따라 수표를 발행하여 현금을 인출할 수 있는 예금이다. 보통예금과 다른 점은 우선 돈이 필요할 때나 거래처에 돈을 지급해야 할 때에는 반드시

그 은행이 미리 교부한 수표를 이용한다는 것이다. 당좌예금의 또 하나의 특징으로 '당좌차월'이 있다. 이는 은행과 일정한 계약(당좌대월계약)을 맺고 한도액 내에서 필요에 따라 현금 잔고를 넘는 수표를 발행하거나 어음을 결제할 수 있는 것을 말한다. 그러므로 이것은 일시적인 빚과 같은 것이다.

참고 당좌예금

> 은행과의 당좌거래약정에 의하여 회사가 예금액의 범위 내에서 어음과 당좌수표를 발행하고 어음 · 수표의 대금을 은행이 지급할 수 있도록 하기 위하여 예치하는 예금

참고 당좌차월

> 일정한 한도 내에서는 예금잔액을 초과하여 수표나 어음을 발행할 수 있도록 계약을 맺는데 이때 예금잔액을 초과하여 지급된 금액

타인발행수표나 현금을 당좌예입하면 당좌예금이 증가하고 당좌수표를 발행하면 당좌예금이 감소한다. 당좌개설보증금은 당좌예금이 아닌 별도의 항목으로 분류하고 결산일 현재 재무상태에는 장기금융상품으로 나타내야 한다. 또한, 당좌차월한도계약에 대하여는 회계처리하지 아니하고 실제 당좌예금잔액을 초과하여 발행한 수표금액을 당좌차월로 회계처리한다. 즉 당좌예금과 당좌차월은 서로 별개이므로 이를 상계하지 아니한다. 위의 예제에서 10월 7일 거래 직후 재무상태표를 작성한다면 당좌예금 350,000원과 당좌차월 100,000원은 각각 자산(현금 및 현금성자산)과 부채(단기차입금)로 표시하여야 하며 상계할 수 없다.

예제 7 **당좌예금의 회계처리**

다음 거래를 분개하시오.

(1) 신한은행과 당좌거래를 개설하고 현금 200,000원을 당좌예금에 입금하다.

(2) 신한은행에 건물 3,000,000원을 근저당 설정하고 당좌차월계약 1,000,000원을 설정하다.

(3) 강남회사로부터 상품 1,000,000원을 구입하고 수표를 발행하여 지급하다.

(4) 한강회사에 상품 2,000,000원을 판매하고 현금으로 받아 당좌예입하다.

풀이

(1) (차)	당좌예금	200,000	(대)	현　금	200,000
(2) 분개 없음					
(3) (차)	매입(상품)	1,000,000	(대)	당좌예금	200,000
				단기차입금(당좌차월)	800,000
(4) (차)	단기차입금(당좌차월)	800,000	(대)	상품매출	2,000,000
	당좌예금	1,200,000			

2 당좌예금출납장

당좌예금의 예입과 인출을 상세히 기록하기 위한 보조기입장이다. 이 장부의 형식과 기입방법은 현금출납장과 같지만 당좌거래를 하고 있는 은행별로 작성한다는 점에서 차이가 있다.

[당좌예금출납장 작성 예시]

9월 1일 서울은행과 당좌거래계약 및 당좌차월계약을 맺고 현금 1,500,000원을 예입하다(단, 당좌차월 한도액은 1,400,000원이다).

9월 9일 한라(주)로부터 상품 1,300,000원을 매입하고 대금은 수표(#51)를 발행하여 지급하다.

9월 12일 한양(주)의 외상매입금 1,350,000원을 수표(#52)를 발행하여 지급하다.

9월 25일 현금 1,200,000원을 은행에 당좌예입하다.

당좌예금출납장

월	일	적 요	예 입	인 출	잔 액
9	1	은행에 예입	1,500,000		1,500,000
	9	상품대금 지급 (#51)		1,300,000	200,000
	12	외상매입금 지급 (#52)		1,350,000	(1,150,000)
	25	은행 현금 예입	1,200,000		50,000
		....			

위 예에서 9월 12일처럼 당좌차월 잔액이 있을 때는 잔액란에 붉은색으로 기입한다.

3 은행계정조정표

일정시점에서 회사측의 당좌예금잔액과 은행측의 당좌예금원장잔액이 서로 불일치하는 경우 이들 양자간의 차이를 조사하여 수정하여야 하는데, 이때 작성하는 표를 **은행계정조정표**라고 한다.

은행계정조정표(bank reconciliation statement)는 ① 회사측 잔액을 은행측 잔액에 일치시키는 방법, ② 은행측 잔액을 회사측 잔액에 일치시키는 방법, ③ 양측을 모두 조정하여 정확한 잔액을 구하는 방법이 있다. 이 중 ③의 방법이 논리적으로 가장 타당하며 실무에서도 가장 많이 사용되는 방법이다.

회사측과 은행측의 불일치 원인과 조정방법

구분	항목	내용		
		회사측 처리	은행측 처리	처리방법
은행측 원인	미기입예금 (회사측 은행 마감 후 입금)	입금 처리	미입금 처리	은행잔액에 가산함.
	미결제수표(거래처 미인출 수표)	출금 처리	미출금 처리	은행잔액에 차감함.
회사측 원인	미통지예금(거래처 미통지 입금)	미입금 처리	입금 처리	회사잔액에 가산함.
	이자수익	미입금	입금 처리	회사잔액에 가산함.
	부도수표	미입금	미입금(출금)	회사잔액에 차감함.
	이자비용	미출금	출금	회사잔액에 차감함.
	은행수수료	미출금	출금	회사잔액에 차감함.

(1) 은행계정조정표의 작성방법

다음 사항 등을 반영하여 은행측과 회사측 장부를 각각 조정함으로써 조정 후 양쪽 잔액은 일치하게 된다.

수정 전 회사측 당좌예금잔액 ×××	수정 전 은행측 예금잔액증명서상 잔액 ×××
+ 미통지예금 + 기발행 미인도수표 + 이자수익 − 은행수수료 − 이자비용 − 부도수표 + (−) 부정과 오류	− 미인출수표 (기발행 미지급수표) + 미기록예금 + (−) 부정과 오류
수정 후 회사측 당좌예금잔액 ×××	수정 후 은행측 예금잔액증명서상 잔액 ×××

(2) 은행계정조정표 작성 예시

한성은행과 당좌거래를 하고 있는 서울상사는 매월 말일 은행계정조정표를 작성하여 은행과 회사의 예금잔액의 차이를 조정하고 있다. 12월 31일 결산기에 은행에 당좌예금잔액을 조회한 결과 307,500원이었으며 서울상사의 장부잔액은 312,500원이었다. 조사결과 차이의 원인이 다음과 같이 밝혀졌다.

① 거래처로부터 송금해 온 외상매출금 10,000원은 당좌이체되었으나 회사에서는 아직 모르고 있다.

② 발행수표 중 12월 31일까지 은행에서 인출되지 않은 기발행 미인출수표는 47,500원이다.

③ 은행측에서 당좌거래수수료 8,000원을 부과하고 이를 당좌예금계좌에서 차감하였는데 회사측에서는 아직 미정리 상태이다.

④ 12월 31일 늦게 예입한 수표 30,000원이 은행에서는 1월 4일에 입금처리되었다.

⑤ 거래처로부터 받아 예입한 수표 3,800원이 당사의 장부에서는 8,300원으로 잘못 기장되다.

⑥ 거래처로부터 받아 예입한 수표 20,000원이 부도났다는 사실을 발견하다.

은행계정조정표

	회사측 잔액	은행측 잔액
12월 31일 수정 전 잔액	312,500원	307,500원
조정항목: 가산 (차감)		
(1) 외상매출금 입금	10,000	
(2) 기발행 미인출수표		(47,500)
(3) 당좌거래수수료	(8,000)	
(4) 은행미기입예금		30,000
(5) 회사측 기장오류	(4,500)	
(6) 부도수표	(20,000)	
12월 31일 정확한 잔액	290,000원	290,000원

• 회사측 수정 분개

(1) (차) 당좌예금	10,000	(대) 매출채권(외상매출금)	10,000
(3) (차) 수수료비용	8,000	(대) 당좌예금	8,000
(5) (차) 매출채권	4,500	(대) 당좌예금	4,500
(6) (차) 매출채권(부도수표)	20,000	(대) 당좌예금	20,000

“M/E/M/O”

SECTION 03

단기금융상품

금융상품이란 금융기관이 취급하는 정형화된 상품을 말한다. 경제적 환경이 급변하고 투자자의 욕구가 다양해지면서 새로운 금융상품이 계속적으로 개발되고 있다. 금융상품은 은행예금과 유사하게 현금을 예치하여 일정수익을 추구하지만 금융기관이 그 이익의 계산방식을 유형별로 다양하게 상품화한 것이다.

금융상품 중 단기매매 또는 단기보유목적이며 재무상태표일로부터 1년 이내 현금화될 것으로 기대되는 것은 단기금융상품(유동자산)으로 분류하고, 단기금융상품 이외의 금융상품은 장기금융상품(비유동자산)으로 분류하여야 한다.

단기금융상품은 금융기관이 취급하는 정기예금, 정기적금, 사용이 제한되어 있는 예금[4] 및 기타 정형화된 상품 등으로 만기가 재무상태표일로부터 1년 이내에 도래하는 것을 말한다.

정기예금은 사업연도 말 현재 만기가 1년 이내인 경우에는 단기금융상품으로 분류하지만 만기가 1년 이상인 경우에는 장기금융상품으로 분류한다. 또

4) 사용이 제한되어 있는 예금
(1) 보상잔고(compensating balance: 양건예금, 꺾기): 보상잔고는 은행이 기업이나 개인에게 대출시 대출금의 일정비율을 예금 또는 적금에 들도록 하는 것이다. 이 보상잔고는 일정기간 동안 인출할 수 없기 때문에 사용제한기간에 따라 단기금융상품 또는 장기금융상품으로 처리한다.
(2) 당좌개설보증금: 당좌개설보증금은 당좌거래가 지속되는 기간 동안에는 절대 인출할 수 없기 때문에 투자자산의 장기금융상품으로 처리하고 주석에는 사용이 제한된 사실을 기재하여야 한다.

한 정기적금은 일정기간을 정하여 일정 금액을 납부할 것을 약정하고 매월 일정일에 약정한 금액을 예입하는 것이다.

사용이 제한된 예금이라도 만기가 재무상태표일로부터 1년 이내인 경우에는 이를 단기금융상품으로 분류하고 그 사용제한의 내용을 주석으로 기재하여야 한다.

기타 정형화된 단기금융상품으로는 양도성예금증서, 신종기업어음, 어음관리구좌, 중개어음, 표지어음 등이 있다.

참고 예금상품의 분류

① 만기가 1년 이내인 것: 단기금융상품 (유동자산: 당좌자산)
② 만기가 1년 이후인 것: 장기금융상품 (비유동자산: 투자자산)
③ 취득일로부터 3개월 이내인 것: 현금성자산 (유동자산: 당좌자산)

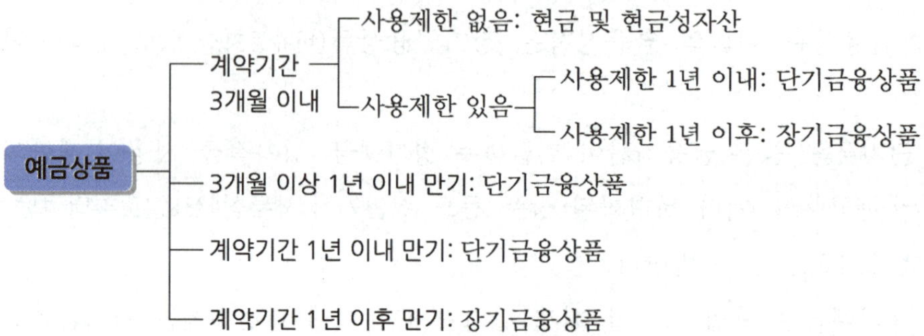

① 단기금융상품에 대한 취득시의 회계처리는 다음과 같다.

(차) 단기금융상품	×××	(대) 현　금	×××

② 만기시 단기금융상품에서 발생하는 이자는 이자수익계정 대변에 기입한다.

(차) 현　금	×××	(대) 단기금융상품	×××
		이 자 수 익	×××

단기금융상품

양도성예금증서(CD) (Certificate of Deposit)	시중은행에서 발행하는 무기명 할인식 선이자 형태의 양도가 가능한 증서
어음관리구좌(CMA) (Cash Mamagement Account)	종금사가 고객 자금을 운용하여 얻은 수익을 배당하는 단기저축상품으로 단기운용에 적합한 실적배당형 상품, 예금자보호 상품임
당기손익인식지정 금융자산펀드	투신사가 고객 자금을 운용하여 얻은 수익을 배당하는 신탁상품으로 단기자금운용에 유리, 예금자 비보호 상품임
환매조건부채권(RP) (Re-Prchase Agreement)	국 · 공채를 재매입 조건으로 판매하는 단기성고수익상품, 단기여유자금 운용에 유리, 예금자비보호상품임
기업어음(CP) (Commercial Paper)	신용등급이 높은 우량기업들이 자금조달을 위하여 발행하는 융통어음인데, 이를 종합금융사가 할인 매입하여 다시 고객들에게 판매하는 금융상품이다.
표지어음	종합금융사 또는 은행에서 취급하는 것으로 기업이 발행한 어음이나 외상채권, 무역어음 등을 할인 매입하여 매입한 어음의 액면 및 기간 범위 내에서 분할 통합하여 발행하는 어음으로서 자체발행어음의 일종이다.

예제 8 **현금의 구분**

(주)서울은 다음과 같은 자산을 보유하고 있다. 재무상태표에 공시될 현금 및 현금성자산의 금액을 계산하면 얼마인가?

지 폐	10,000원권 20장	자기앞수표	200,000원
우 편 환	100,000	우 표	50,000
당좌예금	300,000	선일자수표	160,000
만기가 2개월인 양도성예금증서			250,000
만기가 6개월인 정기적금			280,000
만기가 3개월인 양도성예금증서			210,000

풀이

보유자산	현 금	현금성자산	기 타
지 폐	200,000원		
자기앞수표	200,000		
우 편 환	100,000		
우 표			50,000원(소모품)
당 좌 예 금	300,000		
선일자수표			160,000(매출채권)
만기가 2개월인 양도성예금증서		250,000원	
만기가 6개월인 정기적금			280,000(단기금융자산)
만기가 3개월인 환매채		210,000	
합 계	800,000원	460,000원	

예제 9 **단기금융상품의 회계처리**

다음 거래를 분개하시오.

(1) 여유자금을 증식시키기 위해 디씨은행으로부터 현금 6,000,000원에 양도성예금증서(CD)를 구입하였다.

(2) 위의 양도성예금증서가 만기가 되어 이자 150,000원과 원금을 받아 즉시 디씨은행에 당좌예금하다.

(3) 신선투자증권에서 단기공사채수익증권을 10,000,000원을 현금으로 구입하다.

풀이

(1)	(차) 단기금융상품	6,000,000	(대) 현 금	6,000,000
(2)	(차) 당좌예금	6,150,000	(대) 단기금융상품	6,000,000
			이자수익	150,000
(3)	(차) 단기금융상품	10,000,000	(대) 현 금	10,000,000

주/요/용/어

- 단기금융상품(short-term financial instruments)
- 당좌예금(cheking deposits)
- 당좌예금출납장(checking account cashier ledger)
- 부정액자금전도제도
- 소액현금제도
- 양도성예금증서(certificate of deposit)
- 어음관리계좌(cash management account)
- 은행계정조정표(bank reconciliation statement)
- 정액자금전도제도
- 현금(cash)
- 현금과부족계정(cash over and short account)
- 현금성자산
- 현금출납장
- 환매조건부채권(repurchase agreements)

“M/E/M/O”

Chapter 04 주관식 연습문제

01 현금성자산이 무엇인지 그리고 그 특성이 무엇인지 간단히 설명하라. 현금성자산의 예를 3가지 이상 들어보라.

02 현금성자산과 단기금융자산의 차이점은 무엇인가?

03 단기금융상품에는 어떤 것들이 있는가?

04 당좌예금과 당좌차월에 대하여 설명하시오.

05 은행계정조정표에 대하여 설명하시오.

Chapter 04 객관식 연습문제

01 현금 및 현금성자산에 포함되는 항목은 어느 것인가?

① 감채기금 ② 당좌예금

③ 차용증서 ④ 당좌개설보증금

해설 당좌예금은 현금에 속한다.

02 다음 중 현금및현금성자산 계정에 포함되는 항목이 아닌 것은?

① 당좌차월 ② 배당금지급통지서

③ 양도성예금증서(만기 90일) ④ 소액현금

해설 ① 당월차월은 부채에 해당한다.

03 다음의 설명 중 올바른 것은?

① 만기가 1년 이내인 정기예금은 유동자산의 현금및현금성자산으로 보고한다.

② 수입인지나 직원가불금은 현금및현금성자산에 해당하지 않는다.

③ 지점전도금의 기말 잔액은 단기대여금으로 보고한다.

④ 재무상태표일 현재 만기가 3개월 이내인 국채 등은 현금성자산에 해당한다.

해설 ① 만기가 1년 이내인 정기예금은 유동자산의 단기금융상품으로 보고한다.
② 수입인지는 소모품이고 직원가불금은 수취채권이므로 이들은 현금및현금성자산에 해당하지 않는다.
③ 지점전도금의 기말 잔액은 현금및현금성자산에 포함시켜 보고한다.
④ 재무상태표일 현재가 아니라 취득당시 만기가 3개월 미만인 국채 등은 현금성자산에 포함한다.

04 다음은 ㈜서울의 2025년 12월 31일 현재의 자산에 대한 일부 자료이다. ㈜서울의 재무상태표에 현금및현금성자산으로 계상할 금액은 얼마인가?

통화	4,000	타인발행수표	20,000
우표	1,000	만기도래국채 이자표	5,000
선일자수표	3,000	당좌예금	25,000
초단기금융상품(MMF)	6,000	정기예금(만기 1년 이내)	30,000
차용증서	10,000		

① 94,000원 ② 87,000원

③ 60,000원 ④ 49,000원

해설 모든 수취채권에 대해서는 대손충당금 설정이 필요하다.

통화	₩4,000
타인발행수표	20,000
만기도래국채 이자표	5,000
당좌예금	25,000
초단기금융상품(MMF)	6,000
현금및현금성자산	60,000

→ 우표는 소모품, 선일자수표는 매출채권, 차용증서는 대여금, 그리고 만기가 1년 이내에 도래하는 정기예금은 단기투자금융자산이다.

05 다음 중 회계처리방법으로 적절한 것은?

① 각 은행의 당좌예금잔액과 당좌차월잔액은 상계처리한다.

② 창업비는 그 상각액을 누적하여 창업비에서 차감하는 형식으로 기재한다.

③ 분할상환하는 차입금은 최종 만기가 1년 후에 도래하는 경우 모두 비유동부채로 분류하여야 한다.

④ 회수하지 못할 것이 명백한 채권인 경우에는 세무상 인정되지 않는 경우에도 대손처리하여야 한다.

해설 모든 수취채권에 대해서는 대손충당금 설정이 필요하다.

06 다음 유가증권에 대한 설명으로 현행 기업회계기준과 거리가 먼 것은?

① 시장성과 보유기간에 따라 단기매매금융자산과 만기보유금융자산·매도가능금융자산 등으로 분류한다.

② 유가증권은 유동자산으로 분류하지만 투자유가증권은 유동자산으로 분류할 수 없다.

③ 시장성 없는 주식은 취득원가로 평가한다.

④ 유가증권과 투자유가증권의 평가차익 모두 당기손익으로 인식한다.

07 자산의 개념에 대한 설명 중 틀린 것은?

① 경제적 자원이며 교환가능하다.

② 법적 강제력의 행사가 가능하다.

③ 장래효익 및 용역잠재력에 대한 특정 권리가 존재한다.

④ 반드시 유형의 형태를 띠고 있어야 한다.

해설 자산에는 유동자산과 비유동자산으로 분류하며, 유동자산은 당좌자산과 재고자산으로, 비유동자산은 투자자산, 유형자산, 무형자산, 기타비유동자산으로 분류된다.

08 유동자산과 비유동자산의 분류하는 기준은 무엇인가?

① 자산의 형태유무에 따라서 구분

② 1년을 기준으로 현금화하는 데 걸리는 기간으로 구분

③ 현금화하는 데 걸리는 기간으로 3개월 이내

④ 시간이나 물가변동의 경우 금액의 확정 여부

09 현금 및 현금성자산에 대한 설명으로 잘못된 것은?

① 큰 거래비용 없이 현금으로 전환이 용이한 것이다.

② 이자율변동에 따른 가치변동 위험이 적은 것이다.

③ 취득당시 만기가 1년 이내 도래하는 것이다.

④ 당좌자산에 속한다.

해설 취득당시 만기(상환일)이 3개월 이내에 도달하는 것을 말한다.

10 현금화하는 데 걸리는 기간(보통 1년 기준)에 따라 유동자산과 비유동자산으로 구분한다. 다음 중 비유동자산이 아닌 것은?

① 재고자산 ② 투자자산

③ 유형자산 ④ 무형자산

해설 당좌자산과 재고자산은 유동자산이다.

11 매출채권에 대한 설명으로 틀린 것은?

① 기업의 일반 상거래에서 발생한 외상매출금과 받을어음을 말한다.

② 재화나 용역을 인도 또는 제공한 시점에서 발생한다.

③ 현금으로 대금결제를 하는 경우 할인하는 것을 매출에누리라고 한다.

④ 매출에누리와 환입은 총매출액에서 차감한다.

해설 현금으로 결제하는 경우 할인을 해주는 경우 이를 매출할인이라고 한다. 이는 총매출액에서 차감한다.

12 은행의 잔액증명서잔액과 기업의 당좌예금계정잔액이 불일치할 때 조정을 위해 작성하는 것은 무엇인가?

① 연결재무제표　　② 현금흐름표

③ 은행계정조정표　　④ 잔액시산표

13 유동성이 가장 높은 자산은?

① 유형자산　　② 투자자산

③ 재고자산　　④ 당좌자산

해설 유동성이란 현금으로 전환가능한 정도를 말한다.
유동성배열법에 따른 자산배열 순서는 다음과 같다.
당좌자산 > 재고자산 > 투자자산 > 유형자산 > 무형자산 > 기타비유동자산

14 기업어음(CP)이란?

① 금융기관이 일정기간 후 재매수를 조건으로 일반고객에게 매도한 채권

② 금융기관이 할인매입하여 일반고객에게 매도한 우량기업의 융통어음

③ 지방자치단체가 일정기간 경과 후 원금과 이자를 지급하기로 한 채권

④ 금전신탁을 받아 유가증권투자 등을 하여 이익금 등을 지급키로 한 것

해설 ①은 환매채, ③은 공채, ④는 금전신탁

15 다음 자료는 미래상사의 2026년 12월 26일 현재의 은행예금에 관한 정보이다. 회사가 정확한 은행예금 잔액을 구하기 위하여 2026년 12월 31일에 해야 할 분개가 아닌 것은?

1) 은행계산서 잔액(2022.12.31)	350,000원	
2) 회사측 원장잔액	335,000	
3) 기발행 미인출수표	10,000	
4) 은행 미기입예금	13,000	
5) 은행수수료(회사측 미기입액)	10,000	
6) 어음추심액으로 회사측 미기입액	21,000(이자수익 1,000 포함)	
7) 외상매입금의 지급을 위하여 발행한 수표의 금액은 33,000이 있는데 회사에서 31,000으로 잘못 기입하였음.		

① (차) 당좌예금 23,000 (대) 외상매출금 23,000

② (차) 외상매입금 2,000 (대) 당좌예금 2,000

③ (차) 당좌예금 21,000 (대) 받을어음 20,000
이자수익 1,000

④ (차) 수수료비용 10,000 (대) 당좌예금 10,000

해설 은행미기입예금은 은행측에서만 가산할 항목이다.

16 서울회사의 2026년 회계연도의 영업활동에 관한 정보는 다음과 같으며, 상품매매는 모두 현금 또는 외상거래로 이루어진다. 서울회사의 2026년 12월 31일 외상매출금 잔액은 얼마인가?

1월 1일 매출채권잔액	8,000원	당기 매출채권회수액	26,000원
현금매출액	5,000원	1월 1일 상품잔액	12,000원
12월 31일 상품잔액	11,000원	당기 상품매입액	20,000원
매출총이익	9,000원		

① 7,000원 ② 12,000원

③ 17,000원 ④ 13,000원

해설 당기매출액 = 판매한 상품원가(12,000 + 20,000 − 11,000) + 매출총이익(9,000)
= 30,000원
당기매출채권발생액 = 당기매출액(30,000) − 현금매출액(5,000) = 25,000원
기말매출채권잔액 = 기초(8,000) + 당기발생(25,000) − 회수(26,000) = 7,000원

17 결산시 현금시재액이 현금출납장잔액보다 8,000원 초과하는 것을 발견하였다. 보고기간말에 바르게 분개한 것은 어느 것인가?

① (차) 현금 8,000 (대) 현금과부족 8,000

② (차) 현금과부족 8,000 (대) 현금 8,000

③ (차) 현금 8,000 (대) 잡이익 8,000

④ (차) 잡손실 8,000 (대) 현금과부족 8,000

해설 회계기말에는 현금 8,000/잡이익 8,000

18 은행과 기업간의 약정에 의해 당좌예금잔액을 초과하여 수표를 발행하는 것을 무엇이라 하는가?

① 당좌차월 ② 지급어음

③ 약속어음 ④ 차입금

해설 당좌차월은 단기차입금계정을 사용한다.

19 다음 중 현금과부족 계정에 대한 설명으로 틀린 것은?

① 현금과부족 계정은 차변과 대변에 모두 발생할 수 있다.

② 현금과부족 계정은 임시계정이다.

③ 현금과부족 계정은 실제 잔액을 장부 잔액으로 수정할 때 설정하는 계정이다.

④ 현금과부족 계정은 보고기간말까지 원인이 밝혀지지 않으면 잡손실 또는 잡이익 계정으로 대체한다.

해설 현금과부족은 실제잔액과 장부잔액의 차이를 찾기 위한 임시계정이다.

20 다음 일련의 거래에서 12월 31일(보고기간말)에 할 분개로 맞는 것은?

10/31 현금의 실제 잔액은 20,000원이나, 현금출납장 잔액은 25,000원이다. 11/2 9월 3일 2,000원의 임차료 지급을 기장하지 않은 것으로 밝혀졌다. 12/31 현금 실제 잔액과 장부상의 차이 중 원인이 밝혀진 것을 제외한 나머지에 대해서는 보고기간말까지 원인이 밝혀지지 않았다.

① (차) 현금과부족 3,000 (대) 현금 3,000

② (차) 잡손실 3,000 (대) 현금과부족 3,000

③ (차) 현금과부족 2,000 (대) 현금 2,000

④ (차) 현금과부족 3,000 (대) 잡이익 3,000

해설 10/31 현금과부족 5,000/현금 5,000
11/2 임차료 2,000/현금과부족 2,000
12/31 잡손실 3,000/현금과부족 3,000

21 현금시재액이 장부상 시재액보다 50,000원 부족함이 발견되었다. 회계기간중 적절한 회계처리방법은?

① 바로 잡손실로 회계처리한다.

② 현금과부족계정에 대체한다.

③ 가지급금으로 처리한다.

④ 금액이 중요하지 않으면 기재하지 않고 있다가 기말에 잡손실로 처리한다.

해설 현금시재액과 장부상시재액이 불일치할 경우, 현금과부족계정에 대체해두고 연말까지 마감하지 않고 있다가 회계기간중 불일치했던 사유가 밝혀지면 적절하게 분개하고 연말까지 사유가 밝혀지지 않으면 잡손실 또는 잡수익으로 회계처리한다.
ex) (차) 현금과부족 50,000 (대) 현 금 50,000 [회계기간중 처리]
(차) 잡손실 50,000 (대) 현금과부족 50,000 [회계기간중 처리]

22 다음 중 일반기업회계기준에서 유동자산으로 분류하도록 규정하고 있지 않은 것은?

① 1년을 초과하여 사용제한이 있는 현금 및 현금성자산

② 단기매매목적으로 보유하는 자산

③ 기업의 정상적인 영업주기 내에 실현될 것으로 예상되거나 판매목적 또는 소비목적으로 보유하고 있는 자산

④ 재무상태표일로부터 1년 이내에 현금화 또는 실현될 것으로 예상되는 자산

해설 ① 1년을 초과하여 사용제한이 있는 것은 장기금융자산(비유동성자산)
② 단기매매증권(유동자산)
③ 재고자산(유동자산)
④ 현금및현금성자산

23 다음 항목들 중에서 유동자산의 합계금액은 얼마인가?

• 현금	150,000	• 단기매매증권	180,000
• 매입채무	420,000	• 장기금융상품	305,000
• 선급비용	230,000	• 매출채권	510,000
• 기계장치	340,000	• 개발비	100,000

① 840,000원 ② 1,070,000원
③ 1,145,000원 ④ 2,235,000원

해설 현금＋단기매매증권＋선급비용＋매출채권

24 다음 항목 중 재무상태표상 유동자산에 속하는 계정과목은?

① 만기보유증권 ② 사채
③ 단기매매증권 ④ 단기차입금

해설 ① 비유동성자산 ② 비유동부채 ④ 유동부채

25 다음 중 은행과의 약정에 의해 당좌예금잔액을 초과하여 당좌수표를 발행하였을 때 대변에 기입하여야 하는 계정과목으로 가장 적절한 것은?

① 선수금 ② 단기대여금
③ 단기차입금 ④ 지급어음

해설 단기차입금(당좌차월)

26 다음 자료에 의하여 결산 재무상태표에 표시되는 현금및현금성자산은 얼마인가?

㉠ 당좌예금	150,000	㉡ 보통예금	120,000
㉢ 자기앞수표	500,000	㉣ 양도성예금증서(30일 만기)	500,000

① 1,270,000원 ② 1,500,000원
③ 620,000원 ④ 270,000원

해설 당좌자산＋보통예금＋자기앞수표＋양도성 예금증서(30일만기)

27 다음 중 재무상태표의 현금및현금성자산에 포함되지 않는 것은?

① 통화 및 타인발행수표 등 통화대용증권

② 단기투자자산

③ 취득 당시 만기일(또는 상환일)이 3개월 이내인 금융상품

④ 당좌예금과 보통예금

해설 단기투자자산 ⇒ 단기금융상품

28 다음 중 현금및현금성자산에 속하지 않는 것은?

① 타인발행당좌수표

② 배당금지급통지표

③ 선일자수표

④ 취득당시 만기가 3개월 이내에 도래하는 채권

해설 선일자수표는 매출채권이다.

ACCOUNTING PRINCIPLE

CHAPTER

05

금융자산(II): 유가증권

SECTION 01

유가증권의 회계

1 유가증권의 의의와 분류

유가증권이란 기업의 여유자금을 활용하기 위하여 취득한 지분증권 및 채무증권을 말한다. 이러한 유가증권은 실물이 발행된 경우뿐만 아니라 명부에 등록만 되어 있는 경우에도 유가증권에 대한 통제권을 행사할 수 있다.

유가증권은 크게 기업의 순자산에 대한 소유지분을 나타내는 지분증권(equity securities)과 발행자에 대하여 금전을 청구할 수 있는 권리를 나타내는 채무증권(debt securities)으로 분류할 수 있다.

구분	내용
지분증권 (equity securities)	주식을 발행한 회사의 자산에 대한 소유주 지분을 청구할 수 있는 증권을 말한다. 즉, 자기자본을 조달하기 위하여 발행한 회사의 증권을 말한다. 여기에는 보통주, 우선주 및 신주인수권 등이 있다. 지분증권을 보유하면 정기적으로 배당을 받을 수 있으나 만기일에 투자금액을 상환 받는 것은 아니다. 따라서 자금이 필요할 때는 주식시장에서 증권을 처분하여 투자금액을 회수한다.
채무증권 (debt securities)	타인자본의 조달을 위하여 발행한 증권으로서 만기일에 금액을 상환해야 하는 증권이다. 여기에는 국채, 공채, 사채, 전환사채, 신주인수권부사채 등이 포함된다. 부채형 증권을 소유하고 있으면 정기적으로 이자를 받고 만기일에는 원금을 상환받는다.

유가증권의 분류

구분	내용	재무상태표 표시
① 단기매매 금융자산 (주식, 사채)	단기간 내의 매매차익을 목적으로 주식과 채권을 취득하였을 경우 단기매매금융자산계정으로 회계처리한다.	유동자산 (당좌자산)
② 만기보유 금융자산 (사채)	기업이 채권을 취득하였는데 당해 채권을 만기까지 보유할 적극적인 의도와 능력이 있다면 만기보유금융자산계정으로 회계처리한다. 주식은 만기개념이 없기 때문에 만기보유금융자산으로 분류될 수 없다.	비유동자산 (투자자산)
③ 매도가능 금융자산 (주식)	단기매매금융자산으로 분류되지 않은 주식 및 단기매매금융자산이나 만기보유금융자산으로 분류되지 않는 채권은 매도가능금융자산으로 회계처리한다.	비유동자산 (투자자산)
④ 관계기업 투자주식	타기업을 지배, 통제할 목적으로 타사발행 의결권 있는 주식의 20% 이상 취득시 당해 증권 주식만 해당된다.	비유동자산 (투자자산)

지분증권은 단기매매금융자산, 매도가능금융자산 및 관계기업투자 중 하나로 구분되며, 채무증권은 단기매매금융자산, 매도가능금융자산 및 만기보유금융자산 중 하나로 구분된다(기업회계기준서 제8호).

예제 1 유가증권의 분류

다음 유가증권에 대해 재무상태표에 보고될 계정과목을 분류하시오.

(1) 30% 지분율에 해당하는 타사 발생 보통주	5,000,000원
(2) 만기보유목적으로 취득한 타사 발행 회사채	600,000원
(3) 1년 이내에 처분예정으로 취득한 부도난 보통주	1,000,000원
(4) 장기투자목적으로 취득한 시장성 있는 보통주	3,000,000원
(5) 단기차익목적으로 취득한 시장성 있는 보통주	9,000,000원

풀이

(1) 관계기업투자 (투자자산)

(2) 만기보유금융자산 (투자자산)

(3) 매도가능금융자산 (투자자산)

(4) 매도가능금융자산 (투자자산)

(5) 단기매매금융자산 (유동자산)

“M/ E/ M/ O”

SECTION 02

단기매매금융자산의 회계

단기간 내의 매매차익을 목적으로 취득하여 매수와 매도가 적극적으로 빈번하게 이루어지는 지분증권은 단기매매금융자산으로 분류하고, 기타의 지분증권은 매도가능금융자산으로 분류한다.

모든 단기매매금융자산은 유동자산으로 분류되며, 매도가능금융자산과 만기보유금융자산은 원칙적으로 투자자산으로 분류하고, 1년 내 처분하거나 만기가 도래하는 경우에는 유동자산으로 분류한다.

1 단기매매금융자산의 회계처리 방법

(1) 취득시 회계처리

유가증권을 취득하면 유가증권계정 차변에 취득원가로 기록한다. 취득원가는 유가증권의 매입가액금액이다.

매입수수료, 등록세 등의 매입부대비용은 수수료비용(당기비용)으로 처리한다.

취득원가 = 순수 구입대금

(차)	단기매매금융자산	×××	(대) 현　　금	×××
	수수료비용(영업외비용)	×××		

여기서 순수구입대금이란 유가증권의 취득을 위해 제공한 대가의 시장가격을 말하는 것으로서 현금 구입의 경우에는 지급한 현금 그 자체를 말하며 현금 이외의 것으로 지급한 경우에는 제공한 대가의 당시 시장가격을 말한다.

단기매매금융자산의 회계처리문제는 다음의 세 가지로 나눌 수 있다.

① 취득시 회계처리
② 기말 보유시 회계처리
③ 처분시 회계처리

예제 2 **단기매매금융자산 취득시 회계처리(1)**

강남산업(주)는 2026년 3월 10일에 단기적 자금운용목적으로 신선은행(주)의 보통주식 5,000주를 주당 6,000원에, 한국자동차(주)의 보통주식 2,000주를 4,000원에 구입하였다. 구입대금은 전액 당좌수표를 발행하여 지급하였다.

풀 이

(차) 단기매매금융자산	38,000,000	(대) 당좌예금	38,000,000

예제 3 **단기매매금융자산 취득시 회계처리(2)**

(주)청계산은 2026년 1월 25일 다음의 주식을 단기매매차익을 목적으로 취득하고 매입수수료 등과 함께 7,100,000원을 현금으로 지급하였으며 이 중 갑회사와 을회사에 대해서는 적극적이고 빈번한 거래의사를 가지고 있다. 주식의 취득시 회계처리를 하시오.

- 갑회사(상장회사) 주식: 2,000,000원 수수료: 30,000원
- 을회사(상장회사) 주식: 3,000,000원 수수료: 40,000원
- 병회사(비상장회사) 주식: 2,000,000원 수수료: 30,000원

풀이

(차) 단기매매금융자산	5,000,000	(대) 현　금	7,100,000
매도가능금융자산	2,030,000		
수수료비용	70,000		

(2) 단기매매금융자산 처분시 회계처리

단기매매금융자산의 처분시 처분가액이 장부가액(또는 취득원가)보다 크면 그 차이를 단기매매금융자산처분이익으로 계상하고, 처분가액이 장부가액보다 작으면 단기매매금융자산처분손실로 계상한다.

<table>
<tr><th colspan="6">단기매매금융자산처분손익 = 처분가액 − 장부가액</th></tr>
<tr><td rowspan="2">지분증권</td><td>처분가>장부가</td><td>(차) 현　금</td><td>×××</td><td>(대) 단기매매금융자산
단기매매금융자산처분이익</td><td>×××
×××</td></tr>
<tr><td>처분가<장부가</td><td>(차) 현　금
단기매매금융자산처분손실</td><td>×××
×××</td><td>(대) 단기매매금융자산</td><td>×××</td></tr>
<tr><td rowspan="2">채무증권1)</td><td>처분가>장부가</td><td>(차) 현　금</td><td>×××</td><td>(대) 단기매매금융자산
이자수익
단기매매금융자산처분이익</td><td>×××
×××
×××</td></tr>
<tr><td>처분가<장부가</td><td>(차) 현금
단기매매금융자산처분손실</td><td>×××
×××</td><td>(대) 단기매매금융자산
이자수익</td><td>×××
×××</td></tr>
</table>

예제 4 **단기매매금융자산 처분시 회계처리(1)**

[예제 2]와 관련하여 강남산업(주)는 2022년 7월 21일에 위의 신선은행(주) 주식 중 2,000주를 주당 7,000원에 매각하고 판매대금은 수표를 받아 당좌예금하였다.

1) 채무증권에 대한 이자수익은 직전 이자지급일로부터 처분일까지의 액면이자이다.

풀이

(차) 당좌예금	14,000,000	(대) 단기매매금융자산	12,000,000
		단기매매금융자산처분이익	2,000,000

예제 5 단기매매금융자산 처분시 회계처리(2)

다음 거래를 보고 분개하시오.

① (주)성남의 주식 2,000주 액면가액 주당 5,000원을 주당 7,000원에 매입하고 수표발행하여 지급하였다.

② (주)성남의 주식 중 1,000주를 주당 8,000원에 처분하고 처분수수료 50,000원을 제외한 대금은 자기앞수표로 받아 즉시 당좌예금하였다.

풀이

①	(차) 단기매매금융자산	14,000,000	(대) 당좌예금	14,000,000

* 2,000주 × 7,000원 = 14,000,000원

②	(차) 당좌예금	7,950,000	(대) 단기매매금융자산	7,000,000
	지급수수료	50,000	단기매매금융자산처분이익	1,000,000

* 처분가액: 1,000주 × 8,000원 = 8,000,000원
장부가액: 1,000주 × 7,000원 = 7,000,000원

(3) 단기매매금융자산의 결산 평가

보유하고 있는 단기매매금융자산은 계속해서 가격이 변화하므로 취득일 이후의 가치는 취득원가와 달라진다. 유가증권의 평가는 회계기간중에는 이루어지지 않고 결산시점에서 행해진다. 「기업회계기준서」에서는 단기매매금융자산 및 매도가능금융자산에 대해 역사적원가주의의 예외로서 공정가액으로 평가하도록 규정하고 있다.

단기매매금융자산 평가손익 = 당기말 공정가액 - 장부가액(취득원가 또는 전기말 공정가액)				
① 장부가액>공정가액	(차) 단기매매금융자산평가손실	×××	(대) 단기매매금융자산	×××
② 장부가액<공정가액	(차) 단기매매금융자산	×××	(대) 단기매매금융자산평가이익	×××

공정가액[2]이란 유가증권의 시가를 의미하는데 구체적으로 재무상태표일 현재의 종가를 말한다. 따라서 유가증권의 공정가치가 취득원가보다 높으면 그 차이를 단기매매금융자산평가이익으로 계상하고 동시에 장부가액을 증가시킨다. 반대로 공정가액이 낮은 경우에는 단기매매금융자산평가손실로 계상하고 장부가액을 감소시킨다.

단기매매금융자산평가손익은 포괄손익계산서의 영업외손익으로 보고하며, 매도가능금융자산평가손익은 재무상태표의 기타포괄손익에 포함시켜 보고한다.

채무증권을 보유하는 경우에는 정기적으로 약정된 이자를 받게되므로 총이자 수령액을 미수이자와 먼저 상계하고 나머지를 이자수익계정으로 처리한다.

유가증권 보유시 회계처리

<table>
<tr><th colspan="2">구분</th><th colspan="5">회계처리</th></tr>
<tr><td rowspan="3">지분증권</td><td rowspan="2">현금배당</td><td>배당선언일</td><td>(차) 미수배당금</td><td>×××</td><td>(대) 배당금수익</td><td>×××</td></tr>
<tr><td>배당금수령</td><td>(차) 현 금</td><td>×××</td><td>(대) 미수배당금</td><td>×××</td></tr>
<tr><td colspan="2">주식배당, 무상증자[3]</td><td colspan="4">분개없음(주식수만 증가시킴)</td></tr>
<tr><td rowspan="2">채무증권</td><td rowspan="2">이자수령</td><td>이자수령일</td><td>(차) 현 금</td><td>×××</td><td>(대) 미수수익
이자수익</td><td>×××
×××</td></tr>
<tr><td>결산일</td><td>(차) 미수수익</td><td>×××</td><td>(대) 이자수익</td><td>×××</td></tr>
</table>

2) 공정가액은 합리적인 판단력과 거래의사가 있는 독립된 당사자간에 거래될 수 있는 교환가격으로 유가증권을 보유하는 기업이 계속 존속한다는 가정하에 성립하는 가격이다.

예제 6 단기매매금융자산 기말평가시

[예제 2]와 관련하여 재무상태표일인 2026년 12월 31일 현재 강남산업(주)가 보유하고 있는 주식의 종가는 신선은행 주식이 4,000원, 한국자동차 주식이 3,500원이었다.

보유주식	주식수	주당취득원가	주당시가
신선은행 주식	3,000주	6,000원	4,000원
한국자동차 주식	2,000주	4,000원	3,500원

* 단기매매금융자산평가손실: (6,000원 − 4,000원) × 3,000주 + (4,000원 − 3,500원) × 2,000주 = 7,000,000원

풀이

(차) 단기매매금융자산평가손실 7,000,000　　(대) 단기매매금융자산 7,000,000

예제 7 배당금수익

(주)아산의 1월 1일 주식보유 상황은 다음과 같다. 다음 물음에 대하여 회계처리하시오.

종　목	주식수	액면가액	취득원가
갑 회사	100주	5,000원	8,000원
을 회사	60주	5,000원	2,000원

① 2월 28일 갑회사로부터 주식배당 5%와 현금배당 6%를 받았다.

② 5월 25일을 회사로부터 무상증자 10%를 받았다.

3) 주식배당과 무상증자의 신주 취득가액 = 구주의 장부가격 × 신주의 주식수/구주의 주식수 + 신주의 주식수

풀이

① 현금배당: (차) 현 금 30,000 (대) 배당금수익 30,000

*100주 × 5,000원 × 6% = 30,000원

주식배당은 분개없음(주식수만 증가)

② 분개없음(주식수만 증가됨)

참고 유가증권 회계처리 총 정리

<table>
<tr><td rowspan="2">취득</td><td>• 구입금액(액면금액 ×, 구입금액 ○)으로 회계처리
• 취득시 매입수수료 수수료비용(영업외비용) 처리</td></tr>
<tr><td>(차) 단기매매금융자산 ××× (대) 현금 ×××
수수료비용(영업외비용) ×××</td></tr>
<tr><td rowspan="2">평가</td><td>• 결산시 장부금액과 공정가치를 비교하여 공정가치로 평가
• 차액은 단기매매금융자산평가손익(단기투자자산평가손익)으로 처리</td></tr>
<tr><td>• 장부금액 〈 공정가치: 단기매매증권평가이익(단기투자자산평가이익)
(차) 단기매매금융자산 ××× (대) 단기매매금융자산평가이익 ×××
• 장부금액 〉 공정가치: 단기매매증권평가손실(단기투자자산평가손실)
(차) 단기매매금융자산평가손실 ××× (대) 단기매매금융자산 ×××</td></tr>
<tr><td rowspan="2">처분</td><td>• 장부금액과 처분금액의 차액은 단기매매금융자산처분손익(단기투자자산처분손익)으로 처리
• 처분시 수수료 등의 비용은 단기매매증권처분손익에 가(+)감(−) 처리</td></tr>
<tr><td>• 장부금액 〈 처분금액: 단기매매금융자산처분이익(단기투자자산처분이익)
(차) 현금(처분금액) ××× (대) 단기매매금융자산 ×××
단기매매금융자산처분이익 ×××
• 장부금액 〉 처분금액: 단기매매금융자산처분손실(단기투자자산처분손실)
(차) 현금(처분금액) ××× (대) 단기매매금융자산 ×××
단기매매금융자산처분손실 ×××</td></tr>
</table>

주/요/용/어

- 공정가액(fair value)
- 관계기업투자(investments in associates)
- 만기보유금융자산(held-to-maturity financial asset)
- 매도가능금융자산(available-for-sale financial asset)
- 채무증권(debt securities)

"M/E/M/O"

Chapter 05 주관식 연습문제

01 지분증권과 채무증권에 대하여 설명하시오.

02 유가증권의 분류에 대하여 설명하시오.

03 단기매매금융자산의 취득시 회계처리에 대하여 설명하시오.

04 단기매매금융자산의 처분시 회계처리에 대하여 설명하시오.

05 단기매매금융자산의 보유시 회계처리에 대하여 설명하시오.

06 공정가액에 대하여 설명하시오.

Chapter 05 객관식 연습문제

01 중대한 영향력을 행사할 수 있는 매도가능금융자산에 대하여는 지분법을 적용하는데, 그 범위에 해당하지 않는 것은?

① 피투자회사의 의사결정기관에의 참여

② 경영진의 의사교류

③ 필수적인 기술정보의 교환

④ 투자회사가 피투자회사에 형식적인 의사결정에만 참여함

해설 중대한 영향력이 있는 경우로 보는 것은 다음과 같다.
㉠ 피투자회사의 이사회, 의사결정기관에의 참여
㉡ 피투자화사의 이익잉여금 분배나 내부유보에 관한 의사결정과정에의 참여
㉢ 피투자회사의 영업정책에 대한 의사결정과정에의 참여
㉣ 투자회사와 피투자회사 간의 중요한 내부거래
㉤ 경영진의 인사교류
㉥ 필수적인 기술정보의 교환

02 단기매매금융자산의 취득원가는 얼마인가?

- 단기보유목적으로 시장성 있는 주식을 주당 4,000원에 50주를 구입하였다.
- 수수료로 증권회사에 5,000원을 지급하였다.

① 215,000원　　② 200,000원

③ 250,000원　　④ 205,000원

해설 취득원가 = 순수구입대금
= 200,000원

03 취득한 유가증권 중 시장성이 있고 매수와 매도가 적극적이고 빈번하게 이루어지는 것은?

① 단기매매금융자산　　② 만기보유금융자산

③ 매도가능금융자산　　④ 장기매도증권

해설 단기매매금융자산은 주로 단기간 내의 매매차익을 목적으로 취득한 유가증권으로서 시장성이 있고 매수와 매도가 적극적이고 빈번하게 이루어지는 것으로 지분증권과 채무증권으로 구성된다.

04 단기매매금융자산의 회계처리에 대한 설명으로 틀린 것은?

① 유가증권의 취득원가는 당해 유가증권 취득시점의 유가증권 공정가액과 취득부대비용의 합계금액을 초과할 수 있다.

② 단기매매금융자산처분손익은 영업외손익으로 처리한다.

③ 기업회계기준은 공정가액법을 택하고 있다.

④ 공정가액이 취득원가보다 높은 경우에는 단기매매금융자산평가이익이 발생한다.

해설 단기매매금융자산의 회계처리

- 단기매매금융자산처분손익은 영업외손익으로 처리한다.
- 기업회계기준은 공정가액법을 택하고 있다.
- 공정가액이 취득원가보다 높은 경우에는 단기매매금융자산평가이익이 발생한다.
- 유가증권의 취득원가는 당해 유가증권 취득시점의 유가증권 공정가액과 취득부대비용의 합계금액을 초과할 수 없다.

05 합리적인 판단력과 거래의사가 있는 독립된 당사자간에 거래될 수 있는 교환가격은?

① 원가액 ② 순이자가액

③ 운용가액 ④ 공정가액

06 미래산업(주)는 2026년 5월 10일에 단기적 자금운용목적으로 신뢰은행(주)의 보통주식 5,000주를 주당 6,000원에 튼튼자동차(주)의 보통주식 2,000주를 주당 4,000원에 구입하였다. 구입대금은 전액 당좌수표를 발행하여 지급하였다. 회계처리로 맞는 것은?

①	(차) 당좌예금	38,000,000	(대) 단기매매금융자산	38,000,000
②	(차) 단기매매금융자산	38,000,000	(대) 당좌예금	38,000,000
③	(차) 매도가능금융자산	38,000,000	(대) 당좌예금	38,000,000
④	(차) 당좌예금	38,000,000	(대) 매도가능금융자산	38,000,000

07 (   ) 안에 들어갈 말은?

> (   )는 채무증권으로 사채, 국채, 공채가 있는데 이는 이식을 얻기 위해 장기간 보유할 목적으로 취득한 것이다.

① 단기매매금융자산 ② 만기보유금융자산

③ 매도가능금융자산 ④ 장기매도증권

해설 만기보유금융자산은 만기가 확정된 채무증권으로서 상환금액이 확정되었거나 확정이 가능한 채무증권을 만기까지 보유할 적극적인 의도와 능력이 있는 경우이다.

08 만기보유금융자산의 회계처리에 대한 설명으로 틀린 것은?

① 기말의 만기보유금융자산은 상각 후 취득원가로 평가하여 재무상태표에 표시한다.

② 취득시의 취득원가는 단기매매금융자산을 준용하여 유가증권취득을 위하여 제공한 대가의 시장가격에 취득부대비용을 포함한 가액으로 측정한다.

③ 만기보유금융자산을 상각 후 취득원가로 측정할 경우에는 취득원가와 만기 액면가액의 차이를 상환기간에 걸쳐 유효이자율법에 의하여 상각하여 취득원가와 이자수익에 가감한다.

④ 만기보유금융자산으로부터 회수할 수 있을 것으로 추정되는 금액이 상각 후 취득원가보다 작은 경우라도 감액손실을 인식하지 않는다.

해설 만기보유금융자산의 회계처리

- 기말의 만기보유금융자산은 상각 후 취득원가로 평가하여 재무상태표에 표시한다.
- 취득시의 취득원가는 단기매매금융자산을 준용하여 유가증권 취득을 위하여 제공한 대가의 시장가격에 취득부대비용을 포함한 가액으로 측정한다.
- 만기보유금융자산을 상각 후 취득원가로 측정할 경우에는 취득원가와 만기액면가액의 차이를 상환기간에 걸쳐 유효이자율법에 의하여 상각하여 취득원가와 이자수익에 가감한다.
- 만기보유금융자산으로부터 회수할 수 있을 것으로 추정되는 금액이 상각 후 취득원가보다 작은 경우에는 감액손실을 인식할 것을 고려하여야 한다.

09 단기매매금융자산평가손실은 무엇으로 처리하는가?

① 자본조정 ② 판매비와 관리비
③ 영업외비용(=기타비용) ④ 비유동자산

10 타회사에 중대한 영향력을 행사하고 있을 때의 투자주식평가방법은?

① 원가법 ② 공정가액법
③ 지분법 ④ 연결재무제표

11 타회사에 중대한 영향력을 행사하는 데 필요한 보통주식 보유비율은?

① 5% 이상 소유 ② 10% 이상 소유
③ 15% 이상 소유 ④ 20% 이상 소유

12 기말 현재 단기매매증권 보유현황은 다음과 같다. 다음 중 일반기업회계기준에 따른 기말 평가를 하는 경우 올바른 분개로 가장 타당한 것은?

> • A사 주식의 취득원가는 200,000원이고 기말공정가액은 300,000원이다.
> • B사 주식의 취득원가는 150,000원이고 기말공정가액은 120,000원이다.

① (차) 단기매매증권 100,000원 (대) 단기매매증권평가이익 100,000원
② (차) 단기매매증권 70,000원 (대) 단기매매증권평가이익 70,000원
③ (차) 단기매매증권 420,000원 (대) 단기매매증권평가이익 420,000원
④ (차) 단기매매증권 350,000원 (대) 단기매매증권평가이익 350,000원

해설 A주식 100,000원 이익 B주식 30,000원 손실 그러므로 70,000원 이익
(차) 단기매매증권 70,000원 (대) 단기매매증권평가이익 70,000원

13 유가증권 중 단기매매증권에 대한 설명이다. 다음 보기 중 가장 틀린 것은?

① 시장성이 있어야 하고, 단기시세차익을 목적으로 하여야 한다.
② 기말의 평가방법은 공정가액법이다.
③ 기말평가차이는 영업외수익 또는 영업외비용으로 처리한다.
④ 단기매매증권은 유형자산으로 분류된다.

해설 단기매매증권은 당좌자산이며 유동자산에 속한다.

14 유가증권의 재분류가 필요한 경우 처리방법에 대한 설명 중 올바른 것은?

① 단기매매증권이 시장성을 상실한 경우 만기보유증권으로 분류하여야 한다.

② 매도가능증권은 단기간 매매차익 실현의 신뢰성이 높을 경우 단기매매증권으로 분류할 수 있다.

③ 만기보유증권은 매도가능증권으로 재분류가 가능하지만, 매도가능증권은 만기보유증권으로 재분류할 수 없다.

④ 유가증권과목의 분류를 변경할 때에는 재분류일 현재의 공정가치로 평가한 후 변경한다.

해설 유가증권 분류는 취득시 목적에 따라 분류한다.

15 (주)서울은 2026년 6월 1일 현금 30,000,000원으로 단기투자 목적으로 삼성전자(주) 주식을 매입하였다. 주가가 상승하여 2026년 10월 10일 50,000,000원에 처분하였다. 이와 관련하여 2026년 재무제표에 나타나지 않는 계정과목은?

① 단기매매증권 ② 단기매매증권처분이익

③ 현금 ④ 단기차입금

해설
- 2026.6.1 (취득시)

단기매매증권	30,000,000 /	현금	30,000,000

- 2026.10.10 (처분시)

현금	50,000,000 /	단기매매증권	30,000,000
		단기매매증권처분이익	20,000,000

16 다음 중 일반기업회계기준에 의한 유가증권의 분류로서 적합하지 않은 것은?

① 단기매매증권 ② 만기보유증권

③ 매도가능증권 ④ 장기보유증권

해설 유가증권분류는 단기매매증권, 만기보유증권, 매도가능증권이 있다.

17 기업회계기준상 단기시세차익 목적으로 시장성있는 주식을 취득하는 경우 가장 적합한 계정과목은 무엇인가?

① 만기보유증권 ② 매도가능증권

③ 단기매매증권 ④ 지분법적용투자주식

해설 단기매매증권이다.

ACCOUNTING PRINCIPLE

CHAPTER

06

금융자산(Ⅲ): 수취채권과 지급채무

SECTION 01

수취채권 및 지급채무

수취채권(receivables)이란 기업이 영업활동을 수행하는 과정에서 재화나 용역을 외상으로 판매하고 그 대가로 미래에 현금을 수취할 권리를 획득하는 경우, 또는 다른 기업에 자금을 대여하고 그 대가로 차용증서나 어음을 수취하는 경우 등에서 발생하는 채권을 말한다.

수취채권	① 매출채권	일반적 상거래(원재료, 상품, 제품)에서 발생한 채권: 외상매출금과 받을어음
	② 비매출채권	기타 영업활동 상거래 이외의 활동에서 발생한 채권: 단기대여금, 미수금, 미수수익 등

매출채권은 회사의 주요 영업활동으로부터 발생한 미회수채권을 말하는데, 주로 원재료, 상품, 제품의 외상매출거래에서 발생한다. 실무에서는 거래처로부터 외상대금을 나중에 받기로 구두약속을 받은 경우에는 외상매출금으로, 어음을 받은 경우에는 받을어음으로 구분하기도 하지만 재무상태표에서는 이를 매출채권으로 통합하여 표기한다. 반면에 비매출채권인 미수금은 주요 영업활동 이외의 거래에서 발생한 미회수채권을 말하는데, 주로 유형자산 등의 외상매각거래에서 발생한다. 예를 들어 가구제조업을 영위하는 기업이 생산한 책상을 외상매출하였다면 매출채권을 인식하고, 사무용 비품으로 사용하던 책상을 외상매각하였다면 미수금을 인식한다.

회계에서 인식(recognition)이라 함은 특정 거래가 발생하였을 때 계정 및 금액을 확정하여 재무제표에 계상하는 과정을 의미한다고 설명한 바 있다. 매출채권을 최초로 인식하는 시점은 매출 등의 수익이 발생하는 시점이며, 회계에서는 상품 등 재화가 인도되는 시점을 일반적인 매출의 인식시점으로 본다. 이와 같은 수익인식의 기준을 인도기준이라고 한다. 외상으로 상품을 인도하는 시점에서의 회계처리는 다음과 같다.

(차) 매출채권	×××	(대) 매　　출	×××

지급채무(payables)의 경우에도 일반적 상거래에서 발생한 채무인 매입채무와 기타 영업활동에서 발생한 채무인 비매입채무로 구분되며, 이러한 채무계정들은 재무상태표의 유동부채로 분류된다.

지급채무	① 매입채무	일반적 상거래(원재료, 상품, 제품)에서 발생한 채무: 외상매입금과 지급어음
	② 비매입채무	상거래 이외에서 발생한 채무: 단기차입금, 미지급금 등

원재료, 상품, 제품 등을 외상으로 매입할 때 발생하는 부채가 외상매입금(accounts payable)이며, 외상매입대금에 대해서 어음을 발행하였을 때 발생하는 부채가 지급어음(notes payable)이다. 기업의 내부에서는 외상매입금이나 지급어음 계정을 사용할 수 있으나, 재무상태표에는 이를 통합하여 매입채무 계정을 사용한다.

매입채무는 기업의 영업활동 과정에서 재화나 용역을 외상으로 매입하고 대금을 나중에 지급하기로 할 때 발생하는 부채인 반면, 비매입채무인 미지급금은 그 이외의 활동에서 발생한 외상채무라는 점에서 차이가 있다. 예를 들어 사무용비품을 외상으로 취득한 경우에는 미지급금계정으로 회계처리한다.

① 상품, 제품의 외상거래

매출채권 = 외상매출금 + 받을어음

매입채무 = 외상매입금 + 지급어음

②

상품제품 이외의 외상거래	미수금	미지급금
기타 금전거래	대여금	차입금

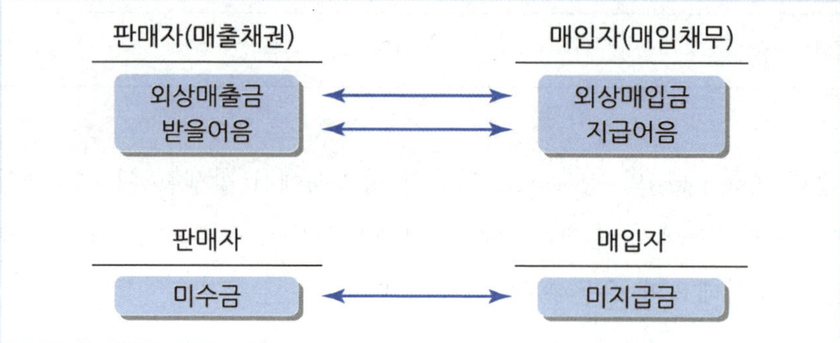

1 매출채권과 매입채무의 의의

매출채권(trade receivables)은 일반적 상거래 대상인 상품 등을 외상으로 판매하고 판매대금을 나중에 받기로 함에 따라 나타나는 판매자의 권리로서 외상매출금과 받을어음으로 구성된다. 상품을 외상으로 판매시 외상대금의 회수를 구두로 약속한 경우에는 외상매출금이라는 계정으로 기록하고 거래처로부터 어음을 받은 경우에는 받을어음이라는 계정으로 기록한다.

① 매출액 = 총매출액 − 매출에누리 − 매출환입 − 매출할인
(순매출액)
② 매출원가 = 기초재고액 + 당기매입액 − 기말재고액

회계기간중 외상매출금과 받을어음의 계정으로 별도로 기록할 수 있으나 재무상태표에 보고시에는 재무상태표 작성기준일 현재의 외상매출금 잔액과 받을어음 잔액을 합하여 매출채권이라는 계정으로 통합하여 보고하여야 한다.

매입채무(trade payables)는 상품을 매입하면서 그 매입대금을 나중에 지급하기로 함에 따라 나타나는 구매자의 의무로서 외상매입금과 지급어음으로 구성된다.

상품 등을 외상매입하고 그 매입대금의 지급을 구두로 약속한 경우에는 외상매입금이라는 계정으로 기록하며 매입대금의 지급을 어음의 발행으로써 약속한 경우에는 지급어음이라는 계정으로 기록한다. 매입채무 역시 회계기간중에는 외상매입금과 지급어음이라는 계정으로 구분하여 기록할 수 있으나 재무상태표에 보고시에는 결산일 현재 외상매입금 잔액과 지급어음의 잔액을 합하여 매입채무라는 계정으로 통합하여 보고하여야 한다.

매입원가 = 매입가액 + 매입부대비용* − 매입할인, 매입에누리*, 매입환출 등** ***매입부대비용: 운송운임 · 매입수수료 · 보험료 · 하역비 · 수입관세 등**

참고 ***매입에누리**

불량품, 수량부족 등의 이유로 구입원가로부터 차감되는 금액

참고 ****매입환출**

매입한 상품을 매출처에 반품하는 것

매출채권 계정

차변		대변	
기초잔액	×××	매출채권회수액	×××
매출채권발생액	×××	매출할인	×××
		매출에누리 및 환입	×××
		대손액	×××
		차기이월 (미회수액)	×××
	×××		×××
전기이월	×××		

매입채무 계정

차변		대변	
지급액	×××	기초잔액	×××
매입할인	×××	매입액	×××
매입에누리 및 환출	×××		
차기이월(미지급액)	×××		
	×××		×××
		전기이월	×××

예제 1 매입, 매출의 회계처리

예산상사의 다음 거래를 분개하시오.

3월 5일 갑 회사에 상품 39,000원을 외상으로 매출하다.

3월 9일 병 회사에 상품 70,000원을 외상으로 매입하다.

3월 13일 정 회사로부터 상품 75,000원을 외상으로 매입하다.

3월 14일 정 회사로부터 매입한 상품 중 불량품이 있어 10,000원을 반품하다.

3월 19일 을 회사에 상품 50,000원을 외상으로 매출하다.

3월 23일 병 회사로부터의 외상매입금 중 50,000원을 수표발행하여 지급하다.

3월 31일 갑 회사의 외상매출금 중 20,000을 수표로 받다.

풀이

일자	차변	금액	대변	금액
3월 5일	(차) 외상매출금	39,000	(대) 상품매출	39,000
3월 9일	(차) 상품(매입)	70,000	(대) 외상매입금	70,000

3월 13일	(차) 매　입	75,000	(대) 외상매입금	75,000
3월 14일	(차) 외상매입금	10,000	(대) 매　입	10,000
3월 19일	(차) 외상매출금	50,000	(대) 매　출	50,000
3월 23일	(차) 외상매입금	50,000	(대) 당좌예금	50.000
3월 31일	(차) 현　금	20,000	(대) 외상매출금	20,000

예제 2 수취채권의 회계처리

다음의 수취채권 중 계정과목을 구분하여 분개하시오.

① 사용중이던 기계장치 외상 판매	2,000,000원
② 제품의 외상 판매	3,500,000원
③ 차용증서를 받고 홍길동에게 현금 대여	1,000,000원 (단기)
④ 제품판매시 어음으로 받음	5,000,000원
⑤ 김갑돌에게 융통어음을 받고 현금 대여	7,000,000원 (단기)

풀 이

①	(차) 미수금	2,000,000	(대) 기계장치	2,000,000
②	(차) 외상매출금(매출채권)	3,500,000	(대) 매　출	3,500,000
③	(차) 단기대여금	1,000,000	(대) 현　금	1,000,000
④	(차) 받을어음(매출채권)	5,000,000	(대) 매　출	5,000,000
⑤	(차) 단기대여금	7,000,000	(대) 현　금	7,000,000

“M/E/M/O”

SECTION 02

받을어음과 지급어음

1 어음의 개념 및 종류

어음이란 채무자가 자기의 채무를 갚기 위하여 일정한 금액을 특정한 장소에서 특정한 날짜에 무조건 지급하겠다는 내용을 일정한 서식에 따라 기재한 문언적·요식적 유가증권을 말한다. 어음거래는 자금을 융통하기 위해서도 발생하지만 통상 주된 영업활동인 상거래와 관련하여 발생하는 것이 보통이다.

어음에는 목적과 용도에 따라 여러 종류가 있다. 가장 일반적인 것은 상업어음으로서 약속어음과 환어음이 있다.

약속어음이란 발행인(채무자)이 수취인(채권자)에게 약정한 기일과 장소에서 일정 금액을 지급할 것을 약속한 증권이다.

환어음이란 발행인(어음의 작성자)이 지명인(지급인)에게 약정한 기일과 장소에서 일정 금액을 수취인에게 지급하도록 위탁한 증권이다.

한편 상업어음에 대비되는 융통어음은 기업 간이나 은행과의 금전대차에 관련되어 사용되는 것으로 자금 융통을 위하여 발행하는 어음이다.

어음의 종류는 다음과 같이 분류할 수 있다.

어음의 종류	• 상업어음: 일반적인 상거래와 관련하여 발행되는 어음으로 진성어음이라고 한다. • 금융어음: 자금 융통을 위해 금융목적으로 발행되는 어음이다. 융통어음이라고 한다.
상업어음의 종류	• 약속어음: 발행인이 어음금액의 지급인이며 채무자이다. 어음금액의 수취인이 채권자이다. • 환어음: 발행인이 어음의 작성자이며, 지명인이 어음금액의 지급인 채무자이다. 그리고 수취인이 어음금액의 채권자이다.
권면에 이자 표시여부에 따라	• 이자부어음: 발행인이 만기일에 액면가액 이외에 일정한 금액의 이자부를 별도로 지급하겠다는 것을 약속한 어음 • 무이자부어음: 발행인이 만기일에 액면가액만을 지급하겠다는 것을 약정한 어음, 보통 액면가액에 어음기간 동안의 이자가 포함되어 있다.

예제 3 받을어음과 지급어음의 회계처리

다음 거래를 분개하시오.

(1) A회사에 상품을 700,000원에 매출하고 대금은 A회사가 발행한 약속어음으로 받다.

(2) 위 약속어음이 만기가 되어 어음대금을 현금으로 회수하다.

(3) 갑상점에서 상품 1,000,000원을 매입하고 약속어음을 발행하여 지급하다.

(4) 위 어음이 만기가 되어 어음대금을 현금으로 지급하다.

풀이

(1)	(차) 받을어음	700,000	(대) 매 출	700,000
(2)	(차) 현 금	700,000	(대) 받을어음	700,000
(3)	(차) 매 입	1,000,000	(대) 지급어음	1,000,000
(4)	(차) 지급어음	1,000,000	(대) 현 금	1,000,000

2 받을어음과 지급어음 회계처리

일반적 상거래에서 발생한 어음상의 채권을 받을어음이라고 하고, 어음상의 채무를 지급어음이라고 한다. 회계처리는 어음상의 채권이 발생하면 받을어음계정 차변에 기입하고, 채권이 소멸하면 대변에 기입한다. 어음상의 채무가 발생하면 지급어음계정 대변에 기입하고, 채무가 소멸하면 차변에 기입한다. 약속어음을 중심으로 회계처리를 T계정에 도시하고 분개를 예시해 보자.

받을어음 계정(자산)	
(채권의 발생)	(채권의 소멸)
① 약속어음 수취	① 어음대금 회수 ② 어음의 배서양도 ③ 어음의 할인

지급어음 계정(부채)	
(채무의 소멸)	(채무의 발생)
① 어음대금 지급	① 약속어음 발행

- 받을어음: 발생시 차변에, 소멸시 대변에 기록한다.
- 지급어음: 발생시 대변에, 소멸시 차변에 기록한다.

예제 4 받을어음의 회계처리

다음 거래를 분개하시오.

(1) 상품 150,000원을 매출하고 대금은 약속어음으로 받다.

(2) 만기일이 되어 위 어음을 현금으로 회수하다.

(3) 상품 80,000원을 매입하고 대금은 소유하고 있던 다른 거래처가 발행한 약속어음을 양도하다.

풀이

(1) (차) 받을어음 150,000 (대) 매 출 150,000

(2) (차) 현　　금　　150,000　　(대) 받을어음　　150,000
(3) (차) 매　　입　　80,000　　(대) 받을어음　　80,000

예제 5 **지급어음의 회계처리**

다음 거래를 분개하시오.
(1) 약속어음을 발행하고 상품 100,000원을 매입하다.
(2) 만기일이 되어 위 어음대금을 현금으로 지급하다.

풀이

(1) (차) 매　　입　　100,000　　(대) 지급어음　　100,000
(2) (차) 지급어음　　100,000　　(대) 현　　금　　100,000

3 받을어음 기입장과 지급어음 기입장

받을어음 기입장은 받을어음을 발생순서에 따라 기입하되 거래내용·금액·어음종류·어음번호·지급인·발행인·발행일·만기일·지급장소 등 명세를 기입하는 보조장부이고, 지급어음 기입장은 지급어음을 발생순서에 따라 기입하되 거래내용·금액·어음종류·어음번호·수취인·발행인·발행일·만기일·지급장소 등 명세를 기입하는 보조장부이다.

받을어음 기입장

일자		적요	금액	어음종류	어음번호	지급인	발행인 또는 배서인	발행일		만기일		지급장소	전말		
													월일		적요
6	3	상품매출	120,000	약어	32	서울상회	서울상회	6	3	6	29	신한은행	6	29	입금
	15	상품매출	100,000	환어	55	경기상회	대전상회	6	15	7	31	하나은행			

지급어음 기입장

일자		적요	금액	어음 종류	어음 번호	수취인	발행인 또는 배서인	발행일		만기일		지급장소	전말		
													월일		적요
6	3	상품매입	220,000	약어	43	오산상회	당 점	6	7	6	30	한신은행	6	30	입금
	15	상품매입	200,000	환어	18	경북상회	성남상회	6	20	7	31	나라은행			

예제 6 **어음할인에 대한 회계처리**

(주)갑을은 2026년 4월 1일 상품판매대금으로 90일 만기 약속어음(액면가액 200,000원)을 받았다. (주)갑을은 약속어음을 30일간 보유한 후 거래은행에서 연 10%의 이자율로 할인하고 196,000원을 현금으로 수취하였다. 약속어음의 할인이 매각거래에 해당한다면 다음을 회계처리하시오.

풀 이

어음할인이 매각거래에 해당한다면 받을어음과 현금수취액과의 차액은 매출채권처분손실로 처리하고 당기손익에 반영한다.

(차) 현 금	196,000	(대) 받을어음	200,000
매출채권처분손실	4,000		

4 어음거래 회계처리시 주의점

어음거래를 받을어음과 지급어음으로 분개하기 위한 전제조건은 어음 발행 또는 어음 수취가 반드시 상품거래에서 발생한 경우에만 국한된다는 점이다. 그러므로 상품 이외의 물건을 어음을 발행하고 구입한 경우에는 지급어음계정으로 분개하지 않고 미지급금계정으로 분개하며, 상품 이외의 물건을 어음을 받고 처분한 경우에는 받을어음계정으로 분개하지 않고 미수금계정으로 분개를 한다. 또한 어음을 받고 현금을 대여해 주거나 차입하는 경우에도 받을어음

계정이나 지급어음계정으로 분개하지 않고 대여금계정이나 차입금계정으로 분개를 한다.

다시 말하면, 상품거래와 관련되지 않은 어음은 받을어음계정이나 지급어음계정으로 분개하지 못한다는 것이다.

5 어음의 배서, 할인, 부도, 개서

특수한 어음거래는 특수한 상황에서 일어나는 거래로 어음의 배서, 할인, 부도, 개서에 대한 것이다.

(1) 어음의 배서

어음소지인이 만기일 전에 어음상의 채권을 타인에게 양도하는 것을 어음의 배서(endorsement)라 한다. 이때 어음의 양도인을 배서인, 양수인을 피배서라고 한다. 배서는 어음소지인인 배서인이 어음의 뒷면에 양도의 의사를 표시하고 기명날인을 하여 피배서인에게 어음을 교부하는 것이다. 배서에는 추심위임배서와 배서양도가 있다.

가. 추심위임배서

소유하고 있는 타회사 지급어음의 대금추심을 거래은행에 의뢰하는 경우에 어음의 뒷면에 배서하고 어음을 은행에 넘겨주는 것을 추심위임배서라고 한다. 추심(collection)이란 은행이 소지인의 의뢰를 받아 수표 또는 어음을 지급인에게 제시하여 지급하게 하는 것을 말한다. 어음소지인은 추심으로 거래은행에 대금추심을 의뢰하였을 뿐 어음상의 권리는 소멸한 것이 아니므로 어음계정에는 아무런 기입을 하지 않는다. (어음상의 채권 미소멸)

(차) 지급수수료 ××× (대) 현금 ×××

그러나 은행으로부터 추심이 완료되었다는 통지를 받으면 어음채권을 소멸시키고 당좌예금계정에 입금처리한다.

(차) 당좌예금	×××	(대) 받을어음	×××

나. 어음의 배서양도

어음을 타인에게 양도하면 어음상의 채권이 소멸된다. 부도시 상환의무를 가지며 우발채무이다.

배서양도의 회계처리: 3가지 방법

• 제 1 법: 우발채무를 표시하지 않는 방법

–배서양도시:	(차) 외상매입금	×××	(대) 받을어음	×××
–결제완료시:	분개없음			

• 제 2 법: 평가계정을 사용하는 방법 (우발채무를 표시하는 방법)

–배서양도시:	(차) 외상매입금	×××	(대) 배서어음	×××
–결제완료시:	(차) 배서어음	×××	(대) 받을어음	×××

• 제 3 법: 대조계정을 사용하는 방법

–배서양도시:	(차) 외상매입금	×××	(대) 받을어음	×××
	어음배서 의무대충	×××	어음배서의무	×××
–결제완료시:	(차) 어음배서의무	×××	(대) 어음배서의무대충	×××

참고

기업회계기준은 대조계정을 재무상태표상의 자산 또는 부채항목으로 표시하는 것을 금지하고 있기 때문에 제 3 법은 인정되지 않는다.

예제 7 **어음의 배서양도시 회계처리**

다음 거래를 어음의 배서양도에 의한 세 가지 회계처리방법으로 분개하라.

(1) 서울상사에 대한 외상매입금 500,000원을 지급하기 위하여 이미 경기상사로부터 받은 약속어음을 배서양도하다.

(2) 위의 약속어음이 기일에 무사히 결제되다.

풀 이

제 1 법: 우발채무를 표시하지 않는 방법

①	(차) 외상매입금	500,000	(대) 받을어음		500,000
②	분개 없음				

제 2 법: 평가계정을 사용하는 방법

①	(차) 외상매입금	500,000	(대) 배서어음	500,000
②	(차) 배서어음	500,000	(대) 받을어음	500,000

제 3 법: 대조계정을 사용하는 방법

①	(차) 외상매입금	500,000	(대) 받을어음	500,000
	어음배서의무대충	500,000	어음배서의무	500,000
②	(차) 어음배서의무	500,000	(대) 어음배서의무대충	500,000

(2) 어음의 할인

어음은 만기일 이전에 은행 등의 금융기관에 배서양도하고 소정의 이자, 수수료를 할인료로 차감하여 잔액을 받음으로써 현금화할 수 있다. 이것을 어음의 할인(discounting)이라고 하고, 차감되는 이자와 수수료를 할인료(discounts)라고 하며, 어음금액에서 할인료를 차감한 잔액을 실수금이라고 한다. 할인을 받은 받을어음을 할인어음이라고 부른다. 할인료는 기업회계기준상 이자비용으로 표시하는데 영업외비용에 속한다.

할인료는 다음의 공식을 사용하여 계산한다.

$$\text{할인료} = \text{어음금액} \times \text{할인률} \times \frac{\text{할인일수}}{365\text{일}}$$

회계처리는 다음과 같다.

교부받은 약속어음을 만기일 전에 할인료와 수수료를 차감하고 할인한 경우

(차)	매출채권처분손실	×××	(대) 받을어음	×××
	당좌예금	×××		

(3) 어음의 부도

어음의 부도란 어음소지인이 만기일에 지급인에게 대금지급을 청구하였으나 지급인으로부터 지급거절당하는 것을 말한다. 지급이 거절된 어음을 부도어음이라고 한다. 즉, 어음만기일(어음지급일)에 제시된 어음에 대한 결제를 하지 못하는 것이다.

받을어음이 부도처리되면 아무런 회계처리를 할 필요가 없다. 부도어음은 당호의 채권에 비하여 회수가능성이 낮다고 볼 수 있지만 어음소지인은 어음채무자에게 당해 금액을 청구할 수 있으므로 여전히 매출채권 등으로 나타낸다. 부도어음이 채무자로부터 현금회수되면 매출채권의 회수로 회계처리하고 회수불능으로 판명되면 대손처리하면 된다.

또한 배서양도 또는 할인된 어음에 대하여 차입거래로 간주하는 경우에도 마찬가지이다. 차입거래인 경우 받을어음이 부도처리되면 관련 부채(매입채무, 차입금)는 만기일에 상환하고 받을어음은 별도로 회수절차를 밟으면 된다. 다만, 매각거래의 경우 채권의 권리, 의무가 배서시점에 실질적으로 이전되었으므로 부도에 대하여 아무런 회계처리를 할 필요가 없다는 점에 유의하여야 한다.

회계처리는 다음과 같다.

교부받은 약속어음을 지급기일에 지사한 결과 자금부족으로 입금되지 않은 경우

(차) 부도어음과 수표	×××	(대) 받을어음	×××

(4) 어음의 개서

어음채무자가 자금부족 등의 사유로 인하여 만기일에 어음금액을 지급할 수 없을 경우에 어음채권자인 어음소지인에게 지급연기를 요청할 수가 있다. 어음소지인이 이를 승낙하면 어음채무자는 어음채권자가 소유한 어음을 바꾸어 주는데, 이와 같이 만기가 된 구어음과 새로 발행한 신어음을 교환하는 것을 어음의 개서(renewal of notes)라고 한다.

회계처리는 다음과 같다.

(차) 지급어음(구어음)	×××	(대) 지급어음(신어음)	×××
이자비용	×××		

참고 어음과 당좌수표의 차이점

구 분	어 음	당좌수표
지급일	지급기일이 명시	지급기일이 없으며 언제라도 지급청구할 수 있다.
지급 의무	지급기일에 지급하지 않으면 당좌거래 정지	지급기일에 지급하지 못하면 당좌거래 정지와 부정수표단속법에 의거 고발
배서	어음 뒷면에 배서가 연속되어야 함	배서가 연속되어 있지 않아도 됨
지급 제시	지급기일 이후 제2영업일 이내에 지급 제시	발행일 이후 10일 이내에 제시
용도	자금의 융통기능이 강함	현금대용의 기능이 강함
자금융통	어음할인을 통하여 자금융통이 가능	당좌수표를 선일자로 발행하여 자금을 융통하는 것은 정상적인 방법이 아님

SECTION 03

채권의 대손과 평가

거래처의 파산, 행방불명, 폐업 등에 의하여 매출채권(외상매출금과 받을어음), 대여금 등의 채권 자산이 회수불가능하게 된 것을 대손이라 한다. 일반적으로 대손은 외상매출금에서 많이 발생한다. 받을어음의 경우에는 어음법 규정에 의한 상환청구권(소구권)이 있으며, 기타채권의 경우에는 발생빈도수가 그렇게 많지 않기 때문에 실질적으로 대손은 외상매출금과 관련되어 발생하는 것이 보통이다.

1 매출채권의 평가 - 대손충당금의 설정

회사들의 일반적인 매출 형태를 보면 현금판매보다는 고객의 신용을 바탕으로 한 외상거래가 훨씬 많다. 이러한 신용판매방식으로 발생하는 매출채권에 대하여는 회수불능위험이 항상 존재한다. 물론 외상거래로 인해 발생하는 매출채권뿐만 아니라 그 밖의 채권에 대하여도 회수불능위험은 존재하고 있다.

이렇게 회사의 정상적인 영업활동에서 통상적으로 발생하게 되는 회수불가능한 채권은 이미 그 자산가치를 상실하여 회사의 재무상태 및 경영성과를 왜곡하여 표시할 우려가 있다.

따라서 기업회계에서는 장래의 대손가능한 금액을 추산하여 당기비용으로 인식함과 아울러 당해 채권의 평가계정으로 대손충당금을 설정하도록 하고 있다. 이를 통해서 재무상태표상의 매출채권은 순실현가능가액으로 평가되고 있다.

대손충당금은 결산시 회수가 불확실한 채권에 대하여 합리적이고 객관적인 기준에 따라 산출한 대손 추산액에 대하여 대손충당금을 설정한다. 대손충당금을 설정하는 경우에는 대손 추산액에서 대손충당금 잔액을 차감한 금액으로 한다. 만약 대손충당금 잔액이 대손 추산액보다 많은 경우에는 대손충당금의 초과액을 환입시킨다.

(1) 대손의 예상시 회계처리

받을어음과 외상매출금 등의 채권 중에는 과거의 경험에 따라 대손을 예상할 수 있는데 기말결산시에 채권잔액에 대하여 일정률의 대손액을 추정, 당기의 비용으로 계상하여 대손상각비 계정 차변에 계상함과 동시에 평가계정의 대손충당금계정 대변에 기입하고 간접 공제한다.

	거래상황	회계처리			
(1)	대손충당금 잔액이 없을 경우	(차) 대손상각비	×××	(대) 대손충당금	×××
(2)	대손예상액 > 대손충당금 잔액	(차) 대손상각비	×××	(대) 대손충당금	×××
(3)	대손예상액 = 대손충당금 잔액	분개없음			
(4)	대손예상액 < 대손충당금 잔액	(차) 대손충당금	×××	(대) 대손충당금환입	×××

* 대손충당금설정액 = [채권잔액 × 대손추정률] - 대손충당금잔액 = 대손예상액 - 대손충당금잔액
* 대손충당금환입액 = 대손충당금잔액 - [채권잔액 × 대손추정률] = 대손충당금잔액 - 대손예상액

① 대손설정시 대손충당금 잔액이 없는 경우로 매출채권 100,000원에 대해 2% 대손을 설정하다.
(차) 대손상각비 2,000 (대) 대손충당금 2,000

② 매출채권과 대손충당금 표시방법

요약 재무상태표

유동자산		
매출채권	100,000	
대손충당금	(2,000)	98,000

재무상태표에서 기말 현재 매출채권의 잔액은 100,000원이고, 이 중 대손추산액은 2,000원이며, 결과적으로 회수가능한 매출채권 금액은 98,000원이라는 사실을 알 수 있다.

예제 8 대손충당금 설정시 회계처리

(주)서울의 기말 현재 매출채권 잔액은 1,000,000원이며, 채권잔액의 3%인 30,000원이 대손될 것으로 예상된다. 결산정리 전 대손충당금계정 잔액이 20,000원인 경우 대손충당금 설정과 관련된 분개를 하시오.

풀이

(차) 대손상각비 10,000 (대) 대손충당금 10,000

* 기존 대손충당금 잔액 20,000원이 있으므로 결산정리 후 설정되어 있어야 할 대손충당금 잔액을 대손추정액인 30,000원과 일치시키기 위해서는 결산정리분개를 통해 10,000원을 대손충당금으로 추가설정해 주어야 한다.

예제 9 대손설정 (대손충당금 환입)

(주)서울의 기말 현재 매출채권 잔액은 1,000,000원이며, 채권잔액의 3%인 30,000원이 대손될 것으로 예상된다. 결산정리 전 대손충당금계정 잔액이 50,000원인 경우 대손충당금 설정과 관련된 분개를 하시오.

풀이

(차) 대손충당금	20,000	(대) 대손충당금환입	20,000

* 기존 대손충당금 잔액이 50,000원이므로 대손충당금 잔액을 대손추정액인 30,000원과 일치시키려면 20,000원의 대손충당금을 차감하여 환입해 주는 분개를 하여야 한다.

(2) 대손이 발생한 경우

회계기간 중에 특정 채권이 회수 불가능하게 되었다고 판단되면 대손충당금과 먼저 상계하고 대손충당금 잔액이 부족한 경우에는 대손상각비로 처리한다.

	거래상황	회계처리			
(1)	대손충당금 잔액이 없을 경우	(차) 대손상각비	×××	(대) 외상매출금	×××
(2)	대손액 < 대손충당금 잔액	(차) 대손충당금	×××	(대) 외상매출금	×××
(3)	대손액 > 대손충당금 잔액	(차) 대손충당금 대손상각비	××× ×××	(대) 외상매출금	×××

예제 10 **대손발생시 회계처리**

다음 거래를 분개하시오.

(1) 거래처의 파산으로 인하여 외상매출금 중 50,000원을 대손으로 처리하다. 단, 대손충당금계정 잔액은 60,000원이 있다.

(2) 대손충당금의 계정잔액은 10,000원이고, 거래처 파산으로 대손된 외상매출금은 15,000원이다.

풀이

(1)	(차) 대손충당금	50,000	(대) 외상매출금	50,000
(2)	(차) 대손충당금	10,000	(대) 외상매출금	15,000
	대손상각비	5,000		

(3) 대손 확정 후 회수된 경우

대손으로 처리했던 외상매출금이 당기에 회수되면 이전의 대손충당금 감소분개가 결과적으로 오류였다는 것을 의미한다. 따라서 이제 대손충당금을 회복시키는 처리가 필요하며, 또한 회수액을 현금계정 차변에 기록하는 처리가 필요하다.

(차) 현 금	×××	(대) 대손충당금	×××

[예제 9]의 (2)에서 대손처리된 채권을 추후에 회수한 경우에는 동 회수액을 대손충당금에 대기한다. 이러한 회계처리는 순액으로 처리한다.

(차) 현 금	15,000	(대) 대손충당금	15,000

대손충당금계정은 관련 채권자산의 차감적 평가계정이다. 따라서 모든 수취채권에 대한 대손충당금을 재무상태표에 표시할 때는 다음과 같이 표시한다.

요약식 재무상태표

외상매출금	×××	
대손충당금	(×××)	×××
미 수 금	×××	
대손충당금	(×××)	×××

2 대손의 회계처리 방법

(1) 직접상각법

특정채권이 대손되기 전까지는 회계처리를 하지 않고 실제로 회수가 불가능하게 되었을 때, 그 금액을 당기비용으로 인식하고 동시에 수취채권에서 직접 차감하는 방법이다.

(차) 대손상각비	×××	(대) 외상매출금	×××

참고 직접상각법의 장점

- 대손액이 추정치가 아니고 실제액이어서 회계자료의 객관성이 높아진다.
- 실무상 적용하기 쉽고 편리하다.

참고 직접상각법의 단점

- 수익 · 비용대응의 원칙에 위배된다. 예를 들면, 2021년에 발생한 대손은 2020년의 매출에 대한 것이어서 2020년 수익에 대응시켜야 하는데 2021년 수익에 대응된다.
- 재무상태표상의 수취채권의 순실현가능가액이 표시되지 못한다(과대표시).

예제 11 대손발생시 회계처리

산소회사의 2026년 외상매출금 총액이 1,000,000원이다. 2027년 이 금액 중에서 850,000원이 현금으로 회수되었다. 회수되지 않은 150,000원은 2027년 중에 파산하여 회수 불가능한 것으로 판명되었다. 가능한 모든 분개를 하되 대손처리는 직접상각법에 의한다.

풀이

(1) 2026년에 외상매출을 한 때

(차) 매출채권	1,000,000	(대) 매 출	1,000,000

(2) 2027년 중 대금을 회수한 때

(차) 현 금	850,000	(대) 매출채권	850,000

(3) 2027년 결산시

(차) 대손상각비	150,000	(대) 매출채권	150,000

(2) 충당금설정법

매출액 또는 수취채권의 잔액에서 회수불능채권의 금액을 추정하여 충당금을 설정하는 방법으로 외상매출금잔액 비례법이 이용된다. 대손충당금계정은 수취채권에 대한 차감계정(평가계정)으로 사용된다.

(차) 대손상각비	×××	(대) 대손충당금	×××

참고

'기업회계기준'에 의하면 일반적인 상거래에서 발생한 **매출채권**(외상매출금, 받을어음)에 대한 **대손상각비 → 판매비와 관리비**(물류원가, 관리비)로 기재하고, 일반적인 상거래 이외의 비매출채권(미수금, 대여금)에 대한 대손상각비 → **영업외비용**(기타비용)으로 기재한다.

가. 충당금설정법의 장점

- 수익·비용 대응의 원칙에 부합한다.
- 재무상태표상의 수취채권이 순실현가능가액으로 표시한다.

나. 충당금설정법의 단점

- 대손액이 추정치이어서 추정에 의한 회계처리가 이루어진다.
- 실무적으로 번잡한 회계처리가 된다.

참고

기업회계기준에서는 「충당금설정법」을 채택하고 있다.

예제 12 대손설정, 대손발생과 회수에 관한 회계처리

다음의 거래를 충당금설정법에 의해 분개하라.

(1) 2026년 12월 31일 기말의 외상매출금 잔액 300,000,000원에 대해 1%의 대손충당금을 설정한다. 단, 대손충당금 잔액이 2,000,000원이었다. 〈대손설정〉

(2) 2027년 중 위의 외상매출금 중 기업주의 행방불명으로 1,500,000원이 회수불능으로 판명되었다. 〈대손발생〉

(3) 2027년 12월 31일에 기말의 외상매출금 잔액 360,000,000원에 대해 1%의 대손충당금을 설정하였다. 〈대손설정〉

(4) 2028년 중에 2027년에 대손처리하였던 외상매출금 1,500,000원을 다행히 수표로 회수하였다.

풀이

(1)	(차) 대손상각비	1,000,000	(대) 대손충당금	1,000,000
(2)	(차) 대손충당금	1,500,000	(대) 매출채권(외상매출금)	1,500,000
(3)	(차) 대손상각비	2,100,000*	(대) 대손충당금	2,100,000*

*3,600,000원 - 1,500,000원 = 2,100,000원

(4)	(차) 매출채권	1,500,000	(대) 대손충당금	1,500,000
	현　　금	1,500,000	매출채권	1,500,000
∴	(차) 현　　금	1,500,000	(대) 대손충당금	1,500,000

3 대손의 추정방법

(1) 매출액 비율법

과거의 경험이나 통계를 바탕으로 매출금총액에 대한 대손율을 추정하여 이 비율을 당기 외상매출금에 곱하여 산정한다.

$$\text{당기 순매출액} \times \underset{\text{(대손추정률)}}{\frac{\text{과거 실제대손액}}{\text{과거 순매출액}}} = \text{대손추정액}$$

(2) 매출채권 기말잔액법

기말의 매출채권 잔액에 대손추정률을 곱하여 대손충당금계정의 기말 목표잔액을 구하고 이 목표잔액에서 기말 현재의 대손충당금 잔액을 차감한 금액만큼 추가로 대손충당금계정에 계산하는 방법이다.

$$\text{당기 매출채권 기말잔액} \times \underset{\text{(대손추정률)}}{\frac{\text{과거 실제대손액}}{\text{과거 매출채권 기말잔액}}} = \text{대손추정액}$$

예제 13 **대손추정방법**

(주)일신의 당기말 수정전시산표에 다음과 같은 계정들이 표시되어 있다. 매출액비율법과 매출채권 기말잔액비율법에 의하여 회계처리하시오.

(1) 매출채권	800,000원
대손충당금	(10,000)원
(2) 매출액	2,000,000원
매출에누리와환입	(400,000)원

* 과거 경험에 의할 경우 대손은 2%로 추정된다.

풀이

(1) 매출액 비율법

(차) 대손상각비	32,000	(대) 대손충당금	32,000

* 매출액 비율법: (2,000,000 - 400,000) × 2% = 32,000원

(2) 매출채권 기말잔액비율법

(차) 대손상각비	6,000	(대) 대손충당금	6,000

* 매출채권 비율법: (800,000 × 2%) - 10,000 = 6,000원

(3) 경과기간분석법

외상매출채권 회수기간의 장단에 따라 회수가능성을 평가하여 충당금을 추산해내는 방법으로 연령분석법이라고도 한다. 이 방법의 기본적인 사고는 상환기일의 경과가 커질수록 채권의 대손가능성이 높아진다는 가정하에 만기일 이후 상환기간의 경과에 따라 대손예상률을 달리 책정한다. 경과기간 분석법은 개념적으로 상당히 타당성이 있지만 거래처의 수가 많고 신용매출이 빈번하게 이루어지는 경우에는 그 유용성이 떨어진다.

기말대손충당금 잔액 = 기말 경과기간별 매출채권 잔액×경과기간별 대손예상률

예제 14 **경과기간분석법에 따른 대손설정**

보성상사의 2026년 12월 31일 현재 외상매출금 잔액은 2,000,000원이고, 수정전 잔액시산표의 대손충당금은 26,000원이다. 이 회사가 작성한 경과일수와 경과일수별 대손예상률은 다음과 같다.

경과일수	외상매출금 잔액	대손예상률
50일 이하	1,100,000원	1%
51일~80일	500,000	5
81일~100일	200,000	10
101일~130일	100,000	20
130일 이상	100,000	30
합 계	2,000,000원	

풀이

경과일수	외상매출금 잔액	대손예상률	대손추정액
50일 이하	1,100,000원	1%	11,000원
51일~80일	500,000	5	25,000
81일~100일	200,000	10	20,000
101일~130일	100,000	20	20,000
130일 이상	100,000	30	30,000
합 계	2,000,000원		106,000원

(차) 대손상각비 80,000* (대) 대손충당금 80,000

* 106,000원 − 26,000원 = 80,000원

대손상각비의 회계처리 요약

구분	회계처리
대손의 예상 (회계연도 말)	• 대손추산액>설정 전 충당금잔액인 경우 : 차액만큼 대손상각비 인식 (차) 대손상각비 ××× (대) 대손충당금 ×××
	• 대손추산액<설정 전 충당금잔액인 경우 : 차액만큼 대손충당금 환입 (차) 대손충당금 ××× (대) 대손충당금환입 ×××
대손의 확정	• 대손확정액<대손충당금잔액인 경우: (차) 대손충당금 ××× (대) 매출채권 ×××
	• 대손확정액>대손충당금잔액인 경우: (차) 대손충당금 ××× (대) 매출채권 ××× 대손상각비 ×××
대손확정 후 회수	∴ (차) 현 금 ××× (대) 대손충당금 ×××

“M/E/M/O”

SECTION 04

기타의 채권과 채무 (비매출채권)

1 대여금과 차입금

타인에게 현금을 대여한 경우에는 자산계정인 대여금계정 차변에 기록한다. 그 반면 타인으로 현금을 차입한 경우에는 부채계정인 차입금계정 대변에 기록한다. 대여금은 대여기간이 재무상태표를 작성하는 날로부터 1년 이내인 것은 단기대여금(유동자산)으로 1년을 초과하는 것은 장기대여금(투자자산)으로 분류한다.

차입금은 차입기간이 재무상태표 작성일로부터 1년 이내인 것은 단기차입금(유동부채), 1년을 초과하는 것은 장기차입금(비유동부채)으로 분류한다.

예제 15 단기대여금과 단기차입금

(1) 거래처에 현금 500,000원을 대여하다(1년 이내 회수조건).
(2) 은행에서 현금 1,000,000원을 차입하다(1년 이내 상환조건).

풀이

(1)	(차) 단기대여금	500,000	(대) 현　　금	500,000
(2)	(차) 현　　금	1,000,000	(대) 단기차입금	1,000,000

2 미수금과 미지급금

건물, 토지, 비품, 유가증권 등 원재료, 상품, 제품 이외의 자산의 매매거래에서 발생한 채권은 미수금으로 부채는 미지급금으로 기록한다. 미수금과 미지급금은 상거래 이외의 거래에서 발생한 채권, 채무란 점에서 상거래에서 발행한 매출채권 및 매입채무와 구별된다.

- 미 수 금: 외상으로 상품 이외의 자산을 판매한 경우 발생하는 채권액〈자산〉
- 미지급금: 외상으로 상품 이외의 자산을 구입한 경우 발생하는 채무액〈부채〉

즉, 상품을 외상으로 거래한 경우에는 외상매출금, 외상매입금계정에 기록하고, 상품 이외의 자산을 외상으로 거래한 경우에는 미수금, 미지급금계정에 기록한다.

예제 16 미수금과 미지급금

다음 거래를 분개하시오.

(1) 건물 50,000,000원을 매각하고 대금은 1개월 후에 받기로 했다.

(2) 차량운반구를 100,000원에 구입하고 대금은 1개월 후에 지급하기로 하다.

풀 이

(1)	(차) 미 수 금	50,000,000	(대) 건　　물	50,000,000
(2)	(차) 차량운반구	100,000	(대) 미지급금	100,000

3 선급금과 선수금

선급금과 선수금은 일반적 상거래(원재료, 상품, 제품)에서 발생한 채권과 채무이다. 선급금은 상품을 매입하기로 하고 매매계약을 확실히 하기 위하여 대금의 일부를 계약금으로 미리 지급할 때 기록하는 자산계정이다. 선급금은 나중에 상품을 매입하는 시점에서 상품매입계정과 상계한다. 선수금은 상품을 매출하기로 하고 대금의 일부를 계약금으로 미리 받을 때 기록하는 부채계정이다. 선수금은 나중에 상품을 매출하는 시점에서 상품매출계정과 상계 처리한다.

- 선급금: 상품인수 시점 이전에 상품대금의 일부 또는 전부를 미리 지급한 대금〈자산〉
- 선수금: 상품인도 시점 이전에 상품대금의 일부 또는 전부를 미리 받은 대금〈부채〉

구분	내용			
계약금 지급시	• 계약금을 지급하면 선급금계정 차변으로 회계처리			
	(차) 선급금	×××	(대) 현금	×××
상품 매입시	• 과거 계약금과 관련된 상품 등을 인수하면 선급금 계정 대변으로 회계처리			
	(차) 상품	×××	(대) 선급금	×××
계약금 받을 때	(차) 현금	×××	(대) 선수금	×××
상품 매출시	(차) 선수금	×××	(대) 상품매출	×××
	현금	×××		

예제 17 **선급금과 선수금의 회계처리**

다음 거래를 분개하시오.

(1) 거래처에 상품을 6,000,000원 주문하고, 계약금으로 1,000,000원을 현금으로 지급하다.

(2) 위 상품이 도착하여 운임 100,000원을 포함한 대금을 현금으로 지급하다.

(3) 거래처에 상품 3,000,000원을 매출하기로 하고 계약금으로 현금 300,000원을 받다.

(4) 상품을 인도하고 선수금을 차감한 잔액은 거래처 발행의 수표로 받다.

풀이

① (차) 선 급 금	1,000,000	(대) 현　　금	1,000,000
② (차) 상품(매입)	6,100,000	(대) 선 급 금	1,000,000
		현　　금	5,100,000
③ (차) 현　　금	300,000	(대) 선 수 금	300,000
④ (차) 선 수 금	300,000	(대) 상품매출	3,000,000
현　　금	2,700,000		

4 가지급금과 가수금

가지급금과 가수금은 현금의 지출과 수입이 발생하였으나, 이를 처리할 계정과목이나 금액이 미확정된 경우에 일시적으로 사용하는 계정이다. 즉, 현금의 지출이 있을 때에는 자산계정인 가지급금계정에 기록하며, 현금의 수입이 발생하였을 때는 부채계정인 가수금계정에 기록한다. 이 계정들은 임시계정이므로 나중에 계정과목이나 금액이 확정되면 적절한 과목으로 대체해야 한다. 따라서 결산시 재무상태표를 작성할 때에는 이러한 계정과목이 기록되어서는 안 되며 적절한 과목과 금액으로 대체하여 기록되어야 한다.

- 가지급금: 현금은 지출하였으나 이를 처리할 계정과목이나 금액이 불분명한 경우에 사용하는 계정 〈임시계정〉
- 가 수 금: 현금을 받았으나 이를 처리할 계정과목이나 금액이 불분명한 경우에 사용하는 계정 〈임시계정〉

지급시	• 출장시 여비개산액 등을 지급하면 가지급금계정 차변으로 회계처리	
	(차) 가지급금 ×××	(대) 현금 ×××
정산시	• 출장을 다녀와서 증빙을 받고 여비개산액을 정산하면 가지급금 계정 대변으로 회계처리	
	(차) 여비교통비 ×××	(대) 가지급금 ×××
회수시	(차) 현금 ×××	(대) 가수금 ×××
정산시	(차) 가수금 ×××	(대) 외상매출금 ×××

예제 18 **가수금과 가지급금의 회계처리**

다음 거래를 분개하시오.

(1) 출장 가는 홍 과장에게 출장비 300,000원을 현금으로 지급하다.

(2) 출장 중인 홍 과장으로부터 3,000,000원이 송금되어 왔으나 그 내용을 통지받지 못했다.

(3) 직원이 출장에서 돌아와 여비 350,000원을 사용하였음을 보고하여 초과 지출분을 현금으로 지급하다.

(4) 송금되어 온 3,000,000원은 외상매출금 회수대금으로 밝혀졌다.

풀이

(1)	(차) 가지급금	300,000	(대) 현　금	300,000
(2)	(차) 현　금	3,000,000	(대) 가 수 금	3,000,000
(3)	(차) 여비교통비	350,000	(대) 가지급금	300,000
			현　금	50,000
(4)	(차) 가 수 금	3,000,000	(대) 외상매출금	3,000,000

5 선대금과 예수금

회사가 직원의 요구에 따라 급여 중의 일부를 미리 지급하는 경우는 자산계정인 선대금으로 임시 기록하였다가 급여일에 정산한다. 가불금이 그 대표적인 예이다. 선대금은 임시계정이므로 정산되어야 하나 결산일까지 정산되지 않은 선대금은 단기대여금으로 표시한다.

예수금은 일반적 상거래 이외에서 타인의 금전을 일시적으로 보관하였다가 장차 이것을 되돌려 줄 것을 전제로 하는 단기성 부채이다. 이것은 직접 영업활동과는 관련이 없는 일시적인 보관금이며, 그 이행을 위해서는 금전의 지출을 필요로 한다.

즉, 기업이 세무서 등 관련기관에 납부해야 할 금액을 일시적으로 보관하고 있을 때는 부채계정인 예수금에 기록한다. 예수금의 대표적인 예로는 소득세예수금, 갑근세예수금 등으로 구분하여 기록한다. 예수금은 관련기관에 납부하는 시점에서 제거된다.

- 선대금: 기업이 앞으로 지급할 금액 중 일부를 미리 종업원 등에게 지급하는 경우 나타내는 자산계정
- 예수금: 기업이 외부기관을 대신하여 종업원 급여에서 공제하여 보관하고 있는 경우 나타내는 부채계정

4대보험료의 본인부담금과 회사부담금의 회계처리

구분	회사부담금		본인부담금	
산재보험료	100%	복리후생비	-	-
고용보험료	50%	복리후생비	50%	예수금
건강보험료	50%	복리후생비	50%	예수금
국민연금보험료	50%	세금과공과	50%	예수금
소득세/지방소득세	-	-	100%	예수금

예제 19 **선대금과 예수금의 회계처리**

다음 거래를 분개하시오.

(1) 직원에게 급여 중 500,000원을 미리 현금으로 지급하다.

(2) 급여일에 총급여액 4,000,000원 중에서 다음의 금액을 원천징수하고 가불금을 정산한 잔액을 현금으로 지급하다.

국민연금 50,000원 근로소득세 30,000원 건강보험료 30,000원

(3) 원천징수한 금액을 관련기관에 현금으로 송부하다.

풀이

①	(차) 선 대 금	500,000	(대)	현 금	500,000
②	(차) 급 여	4,000,000	(대)	선 대 금	500,000
				예 수 금	110,000
				현 금	3,390,000
③	(차) 예 수 금	110,000	(대)	현 금	110,000

6 미결산계정

미결산계정은 현금의 지출이나 자산의 감소가 실제 발생하였지만 처리할 계정과목이나 금액이 확정되지 않았기 때문에 확정될 때까지 임시적으로 처리하는 계정이다. 주로 화재·도난 등으로 인하여 보험에 가입된 자산의 가치 감소가 발생한 경우 보험금 지급액이 확정될 때까지 감소된 자산의 장부가치를 일단 미결산계정으로 처리한다. 현재 계류중인 소송사건에 대하여 계속 소송비가 투입되는 경우 소송결과가 확정될 때까지 투입된 소송비가 미결산계정으로 처리된다. 이 경우 보험금 지급액이 확정되거나 소송의 결과가 확정되면 미결산계정을 해당 계정에 대체하여야 한다.

참고 미결산의 회계처리

① 보험금 청구시:	(차) 미 결 산	×××	(대) 기계장치	×××
② 보험금 확정시:	(차) 미 수 금	×××	(대) 미 결 산	×××
	재해손실	×××		

예제 20 미결산 회계처리

다음 거래를 회계처리하시오.

(1) 보험에 가입된 건물(취득원가 300,000원, 감가상각누계액 100,000원)이 화재로 소실되어 보험회사에 보험금을 청구하다.

(2) 보험회사로부터 상기 건물에 대한 보험금이 250,000원으로 결정되었다는 통보를 받다.

(3) 위 건물에 대하여 보험회사로부터 250,000원의 보험금을 현금으로 받다.

(4) "(2)"번과 달리 보험회사로부터 상기 건물에 대한 보험금이 170,000원으로 결정되었다는 통보를 받다.

풀이

(1)	(차) 감가상각누계액	100,000	(대) 건 물	300,000
	미 결 산	200,000		

* 미결산은 [취득원가 – 감가상각누계액]이다.

(2)	(차) 미 수 금	250,000	(대) 미 결 산	200,000
			보험차익	50,000
(3)	(차) 현 금	250,000	(대) 미 수 금	250,000
(4)	(차) 미 수 금	170,000	(대) 미 결 산	200,000
	재해손실	30,000		

참고 비매출채권 계정과목

회계사건	채권자 계정	채무자 계정
상품의 인수, 인도 전 상품대금을 주고받은 경우	선급금	선수금
실제로 현금의 수입이나 지급은 있었으나, 처리할 계정과목과 금액이 확정될 때까지 임시계정	가지급금	가수금
당기의 수익 또는 비용을 인식	미수수익	미지급비용
당기의 수익 또는 비용을 이연	선급비용	선수수익

SECTION 05

외화채권 · 채무의 외화환산

외화환산이란 외국화폐단위로 측정된 거래 또는 채권, 채무를 자국화폐로 수정하여 표시하는 절차를 말한다. 우리나라 기업이 외국 기업과의 외화거래 내역과 당해 거래에서 발생한 채권, 채무를 모두 원화금액으로 보고하여야 하므로 외화환산의 문제는 발생한다.

외화채권 · 채무에 대한 재무상태표 표시 금액 **=외화금액×재무상태표일 현재의 환율**

외화거래가 발생하는 경우에는 당해 외화금액에 발생시점의 환율을 적용하여 기록한다. 이때 발생시점의 환율을 '역사적환율'이라고 한다. 거래가 발생하는 경우의 인식시점은 일반적인 수취채권이나 지급채무의 인식시점과 일치하며, 인식시점이 결정되면 외화금액에 당해 시점의 환율을 적용하여 회계처리하면 된다.

그러나 외화채권, 채무의 보유기간중 회계처리는 재무상태표상 외화채권, 채무 결산기말 현재의 환율로 환산하는 문제이다. 거래가 발생한 시점의 환율인 역사적환율과 구분하여 측정시점마다 변동되는 환율을 '현행환율'이라고 한다.

결산기말 현재의 현행환율이 변동하면 채권, 채무의 외화금액은 변동이 없더라도 원화금액이 변동하게 되는데 이때 발생하는 차액을 외화환산이익 또는 외화환산손실으로 표시한다. 외화환산손익은 외화채권, 채무의 아직 완결되지 아니한 거래에서 발생한 미실현보유손익이므로 포괄손익계산서상 영업외손익으로 처리한다.

완결거래시에는 외환채권, 채무가 현금으로 수수되는 거래를 말하며 완결시점의 현행환율에 의하여 수수되는 금액과 외화채권, 채무의 장부금액의 차액은 외환차익이나 외환차손으로 표시된다. 외환차손익은 외화채권, 채무의 완결된 거래에서 발생한 실현된 처분손익 또는 상환손익의 성격이라는 점에서 외화환산손익과는 구별된다.

① **외화환산손익＝채권, 채무 외화금액×(결산일환율－장부환율)**

② **외환차손익＝채권, 채무 외화금액×(완결시점환율－장부환율)**

예제 21 **외화채권 · 채무 회계처리**

다음 거래를 회계처리하시오.
(주)서울은 2026년 12월 15일 미국에 있는 거래처에 외상으로 상품을 $1,0000에 판매하면서 당일 환율을 적용하여 매출채권을 계상하였다. 일자별 환율이 다음과 같을 경우 결산수정분개를 하시오.

- 2026년 12월 15일: 1,200원/$
- 2026년 12월 31일: 1,100원/$

풀이

1. 판매시점의 회계처리

2026년 12월 15일	(차) 매출채권	1,200,000	(대) 매　출	1,200,000

2. 결산수정분개

(1) 환산손익의 계산: 매출채권이라는 자산을 보유하고 있던 중에 환율이 떨어졌으므로 환산손실이 발생하였다.

외화환산손실액 = \$1,000 × (1,200원/\$ − 1,100원/\$) = 100,000원

(2) 결산수정분개

2026년 12월 31일 (차) 외화환산손실 100,000 (대) 매출채권 100,000

참고 수취채권, 지급채무에 관한 계정과목 정리

<table>
<tr><th>계정과목</th><th colspan="2">해설</th></tr>
<tr><td>① 수취채권</td><td colspan="2">재화나 용역을 외상으로 판매하고 장래 그 대금을 청구할 수 있는 권리
(매출채권, 미수금, 대여금 등)</td></tr>
<tr><td>② 지급채무</td><td colspan="2">재화나 용역을 외상으로 매입하고 장래 그 대금을 지급해야 하는 의무
(매입채무, 미지급금, 차입금 등)</td></tr>
<tr><td rowspan="3">③ 매출채권의 인식</td><td>현금할인</td><td>매출채권의 조기 회수를 위하여 일정기간 이내에 대금이 회수되는 경우 정해진 금액을 할인</td></tr>
<tr><td>에누리</td><td>상품의 파손이나 결함 등으로 가격을 감액</td></tr>
<tr><td>환입과 환출</td><td>상품의 반환</td></tr>
<tr><td>④ 대손</td><td colspan="2">수취채권을 받을 수 없게 되었을 때 손실</td></tr>
<tr><td>⑤ 대손상각비</td><td colspan="2">회수가 불가능한 채권의 대손액과 회수가 불확실한 채권에 대한 대손추산액을 비용으로 인식한 것</td></tr>
<tr><td>⑥ 대손충당금</td><td colspan="2">회수불능채권의 추정액</td></tr>
<tr><td rowspan="2">⑦ 대손회계처리</td><td>충당금 설정법</td><td>매 결산기말에 기말 매출채권에 대하여 일정한 대손예상률을 곱한 금액을 대손비용으로 계상하고 동 금액을 대손충당금으로 설정하는 방법</td></tr>
<tr><td>직접상각법</td><td>대손이 실제 발생할 때 이를 당기의 비용으로 인식하고 관련 수취채권을 장부에서 직접 차감하는 방법</td></tr>
<tr><td>⑧ 미수금</td><td colspan="2">일반적 상거래 이외에서 발생한 미회수된 채권</td></tr>
<tr><td>⑨ 미수수익</td><td colspan="2">결산시점에서 수익이 발생하였는데 대금이 미회수된 채권
예 미수임대료, 미수이자수익 등</td></tr>
</table>

계정과목	해설
⑩ 대여금	금전대차계약에 의하여 상대방에게 대여한 금전상의 채권
⑪ 차입금	금전대차계약에 의하여 상대방에게 차입한 금전상의 채무
⑫ 미지급금	일반적 상거래 이외의 거래나 계약 등에 의하여 이미 지불할 것이 확정된 채무 중 아직 지급이 완료되지 않은 금액
⑬ 미지급비용	결산시점에서 비용이 발생하였는데 아직 미지급한 채무 예 미지급급여, 미지급이자비용 등
⑭ 선급금	일반적 상거래에서 상품, 원재료 등의 매입을 위하여 보증금 또는 착수금 등의 명목으로 선급한 금액
⑮ 선급비용	당해 결산기 이후의 비용을 미리 지급한 것 예 선급보험료, 선급임차료 등
⑯ 선수금	일반적인 상거래에서 상품 등을 매출하기도 하고 대금의 일부를 계약금 또는 보증금, 착수금 등의 명목으로 미리 받은 금액(부채)
⑰ 선수수익	일반적 상거래 이외에서 수익이 발생하기 전에 대금을 미리 받은 금액(부채) 예 선수이자수익, 선수임대료 등
⑱ 선대금	앞으로 지급할 금액 중 일부 또는 전부를 종업원에게 미리 지급한 것
⑲ 예수금	일반적 상거래 이외에서 타인의 금전을 일시적으로 보관하였다가 장차 이것을 되돌려 줄 것을 전제로 하는 부채 예 소득세 예수금, 갑근세 예수금 등
⑳ 가수금	현금 등 금전을 수취하였음에도 불구하고 그것을 계정과목이나 금액이 확정되지 않아 확정될 때까지 일시적으로 처리하는 임시계정
㉑ 가지급금	현금 등 금전이 지출되었음에도 불구하고 처리할 계정과목이나 금액이 확정되지 않았기 때문에 확정될 때까지 임시적으로 처리하는 계정
㉒ 미결산계정	현금의 지출이나 자산의 감소가 실제 발생하였지만 처리할 계정과목이나 금액이 확정되지 않았기 때문에 확정될 때까지 임시적으로 처리하는 계정

주/요/용/어

- 대손상각(bad debts expense)
- 매입채무(trade payable)
- 매출액비례법(percentage of receivables basis)
- 매출채권(trade receivable)
- 미결산계정(suspense account)
- 받을어음(note receivable)
- 부도어음(dishonored note)
- 수취인(payee)
- 수취채권(receivables)
- 순실현가능가치(net realizable value)
- 약속어음(promissory note)
- 경과기간분석법(aging of the accounts receivable method)
- 지급어음(note payable)
- 지급채무(payables)
- 직접상각법(direct write-off method)
- 충당금설정법(allowance method)
- 환어음(bill of exchange)
- 외환차익, 외환차손
- 외화환산이익, 외화환산손익

“M/E/M/O”

Chapter 06 주관식 연습문제

01 매출채권과 매입채무에 대하여 설명하시오.

02 가지급금, 가수금에 대하여 설명하시오.

03 미수금, 미지급금, 선급금, 선수금, 예수금에 대하여 설명하시오.

04 대손의 설정과 발생의 회계처리에 대하여 설명하시오.

05 외화환산손익, 외환차손익에 대하여 설명하시오.

Chapter 06 객관식 연습문제

01 대손과 관련된 설명이다. 잘못된 것은?

① 미수금에 대한 대손상각비는 판매비와 관리비로 처리한다.

② 외상매출금에 대한 대손상각비는 판매비와 관리비로 처리한다.

③ 대손발생시 이미 설정된 대손충당금 잔액이 있으면, 우선 그것으로 충당하고 부족하면, 대손상각비로 처리한다.

④ 기업회계기준에서 인정하는 대손충당금 추정방법은 재무상태표접근법이다.

해설 외상매출금 또는 받을어음이 대손되었을 때는 판매비와 관리비로, 그 외 매출채권(미수금 등)의 경우는 영업외비용으로 처리한다.

02 매출채권에 대한 설명으로 틀린 것은?

① 기업의 일반상거래에서 발생한 외상매출금과 받을어음을 말한다.

② 재화나 용역을 인도 또는 제공한 시점에서 발생한다.

③ 현금으로 대금결제를 하는 경우 할인하는 것을 매출에누리라고 한다.

④ 매출에누리와 환입은 총매출액에서 차감한다.

해설 현금으로 결제하는 경우 할인을 해주는 경우 이를 매출할인이라고 한다. 이는 총매출액에서 차감한다.

03 다음 지급어음의 총계정원장에 대한 일부분이다. 거래의 내용이 맞은 것은?

지급어음		
당좌예금	500,000원	

① 거래처에 발행해 주었던 어음이 만기가 되어, 그 대금을 당좌수표로 받다.

② 거래처에 발행해 주었던 어음이 만기가 되어, 그 대금을 당좌수표로 지급하다.

③ 소지하고 있던 어음이 만기가 되어, 그 대금을 당좌수표로 받다.

④ 소지하고 있던 어음이 만기가 되어, 그 대금을 현금으로 지급하다.

해설 (차) 지급어음 500,000 (대) 당좌예금 500,000

04 다음 중 매출채권으로 분류되는 것은?

① 받을어음　　　　② 단기대여금
③ 미수금　　　　④ 미수수익

해설 매출채권에 해당하는 것은 외상매출금과 받을어음이다.

05 업무용 자동차를 외상으로 구입했을 경우의 대변계정 잔액은?

① 외상매입금　　　　② 미지급금
③ 단기차입금　　　　④ 미지급비용

해설 (차) 차량운반구　×××　(대) 미지급금　×××

06 회사빌딩 신축을 위한 부지 1,000,000원을 외상으로 구입하였을 경우의 분개로 맞는 것은?

①	(차) 토　　지	1,000,000	(대) 외상매입금	1,000,000
②	(차) 외상매입금	1,000,000	(대) 토　　지	1,000,000
③	(차) 토　　지	1,000,000	(대) 미지급금	1,000,000
④	(차) 미지급금	1,000,000	(대) 토　　지	1,000,000

07 타인에게 지급하여 현금을 기업이 일시적으로 맡아 보유하고 있는 경우 무엇으로 분류하는가?

① 선수금　　　　② 예수금
③ 미결산계정　　　　④ 가수금

08 기말 매출채권 잔액 5,000,000원에 대해 1%의 대손충당금을 설정하다. 단, 대손충당금 잔액은 30,000원이다. 이 거래를 올바르게 분개한 것은?

①	(차) 대손상각비	20,000	(대) 매출채권	20,000
②	(차) 대손상각비	20,000	(대) 대손충당금	20,000
③	(차) 대손상각비	30,000	(대) 매출채권	30,000
④	(차) 대손상각비	30,000	(대) 대손충당금	30,000

09 [문제 08]에서 대손충당금 잔액이 80,000원이었을 경우의 분개로 맞는 것은?

① (차) 대손충당금	30,000	(대) 대손충당금환입	30,000
② (차) 대손상각비	30,000	(대) 대손충당금환입	30,000
③ (차) 대손상각비	80,000	(대) 매출채권	80,000
④ (차) 대손상각비	80,000	(대) 대손충당금	80,000

10 매출채권에 대한 경상적인 대손상각비는 무엇으로 처리하는가?

① 매출원가 ② 영업외비용

③ 판매비와 관리비 ④ 특별손실

해설 비경상적인 대손상각비는 영업외비용으로 처리

11 비매출채권에 대한 대손상각비는 무엇으로 처리하는가?

① 매출원가 ② 영업외비용

③ 판매비와 관리비 ④ 특별손실

해설 경상적인 대손상각비는 판매비와 관리비로 처리

12 거래처로부터 매출채권 100,000원을 자기앞수표(타인발행수표)로 받았다. 옳은 분개는?

① (차) 현금	100,000원	(대) 매출채권	100,000원
② (차) 당좌예금	100,000원	(대) 매출채권	100,000원
③ (차) 받을어음	100,000원	(대) 매출채권	100,000원
④ (차) 매출채권	100,000원	(대) 당좌예금	100,000원

해설 자기앞수표는 현금이다.

13 다음 중 대손충당금 설정대상자산으로 적절하지 않은 것은?

① 외상매출금 ② 받을어음

③ 선수금 ④ 단기대여금

해설 선수금은 부채이다.

14 다음 중에서 대손충당금 설정대상자산으로 적합한 것은?

① 미지급금　　② 미수금
③ 선수금　　④ 예수금

해설 미수금만 자산(수취채권)에 해당한다.

15 매출채권에 대한 설명이다. 다음 중 가장 틀린 것은?

① 기업의 일반적인 상거래에서 발생하는 외상대금을 처리하는 계정이다.
② 제품을 매출한 후 제품의 파손, 부패 등의 사유로 값을 깎아 주는 것을 매출할인이라 한다.
③ 제품의 하자로 인하여 반품된 매출환입은 제품의 총매출액에서 차감한다.
④ 매출채권을 매각할 경우 "매출채권처분손실" 계정이 발생할 수 있다.

해설 매출에누리이다.

16 2026년도 말 외상매출금은 50,000,000원이고, 대손충당금 잔액은 200,000원이 있다. 기말외상매출금 잔액의 1%를 대손충당금으로 설정한다. 추가 계상될 대손상각비는 얼마인가?

① 100,000원　　② 200,000원
③ 300,000원　　④ 500,000원

해설 500,000원 − 200,000원 = 300,000원이 추가설정액이다.
(차) 대손상각비 300,000　　(대) 대손충당금 300,000

“M/E/M/O”

ACCOUNTING PRINCIPLE

CHAPTER 07

상품매매거래와 재고자산

SECTION 01

상품매매회사의 회계처리

1 상품계정의 회계처리방법

상품계정은 다른 계정들과는 달리 이중적 성격을 갖고 있다. 매출의 경우 상품자산을 감소시키는 동시에 수익을 증가시키고, 매입의 경우 상품자산을 증가시키는 동시에 비용을 발생시킨다.

상품계정의 회계처리방법에는 다음과 같은 방법이 있다.

(1) 분기법

분기법은 상품매출시 상품의 매입원가와 상품의 매출손익을 분리하여 기입하는 방법으로 손익분기법이라고 한다. 상품계정을 순수계정으로 처리하는 방법으로 실무에서는 거의 사용되지 않는다.

참고 분기법 회계처리

① 상품 매입시

차변	금액	대변	금액
(차) 상　　품	×××	(대) 현　　금(또는 매입채무)	×××

② 상품 매출시 (매출액>원가)

차변	금액	대변	금액
(차) 현　　금(또는 매출채권))	×××	(대) 상　　품	×××
		상품매출이익	×××

③ 순수상품계정의 기입

<table>
<tr><th colspan="2">상　　품</th><th>상품매출이익</th></tr>
<tr><td rowspan="2">기초재고액(원가)</td><td>매출액(원가)</td><td rowspan="4">매출이익</td></tr>
<tr><td rowspan="2">기말재고액(원가)</td></tr>
<tr><td>매입액(원가)</td></tr>
</table>

(2) 총기법

총기법은 상품매출시 상품의 매입원가와 상품의 매출손익을 분리하지 않고 총액을 기입하는 방법으로 손익총기법이라고도 한다.

상품계정을 혼합계정으로 처리하는 방법으로 실무에서 거의 사용하지 않는다.

참고 **총기법 회계처리**

① 상품 매입시

(차) 상　　품　　×××　(대) 현　　금(또는 매입채무)　×××

② 상품 매출시 (매출액>원가)

(차) 현　　금(또는 매출채권)　×××　(대) 상　　품　　×××

③ 혼합상품계정의 기입

<table>
<tr><th colspan="2">상　　품</th></tr>
<tr><td>기초재고액(원가)</td><td>매출액(판매가격)</td></tr>
<tr><td>매입액(원가)</td><td rowspan="2">기말재고액(원가)</td></tr>
<tr><td>상품매출이익</td></tr>
</table>

(3) 분할기장법

분할기장법은 상품을 몇 개의 계정으로 분할하여 기입하는 방법이다. 혼합계정으로서 상품계정을 사용하면 순매입액, 순매출액, 매출원가 등의 중요한 금액을 쉽게 알 수 없으며, 매입장과 매출장과의 대조가 불편하다. 따라서 상품계정을 분할 처리한다.

- 2분법: 상품, 매출
- 3분법: 상품, 매입, 매출
- 5분법: 상품, 매입, 매출, 매입에누리와 환출, 매출에누리와 환입
- 7분법: 상품, 매입, 매출, 매입에누리, 매입환출, 매출에누리, 매출환입
- 9분법: 상품, 매입, 매입에누리, 매입환출, 매출에누리, 매출환입, 매입할인, 매출할인

* 위의 여러 분할방법 중 3분법이 일반적으로 실무에서 가장 많이 사용되고 있다. 따라서 앞으로 상품매매 회계처리는 3분법으로 하기로 한다.

2 상품 관련 주요 개념

① 매출액 = 총매출액 − 매출에누리와 환입 − 매출할인

- 매출에누리: 판매된 상품에 파손이나 결함이 있어 값을 할인해 주는 것
- 매출환입: 판매된 상품이 파손이나 결함 등으로 반환되는 것
- 매출할인: 상품구매자가 판매대금을 조기에 지급하는 경우 값을 깎아 주는 것

② 매출원가 = 기초상품재고액 + 당기상품매입액* − 기말상품재고액

*당기상품매입액 = 당기총매입액 − 매입에누리와환출 − 매입할인

- 매입에누리: 매입한 상품이 파손이나 결함이 있어 판매자가 값을 깎아 주는 것
- 매입환출: 매입한 상품을 파손이나 결함이 있어 반환하는 것

- 매입할인: 상품구입 대금을 조기에 지급함에 따라 판매자가 값을 할인해 주는 것
- 매입부대비용: 상품매입 관련 비용(운반비) 등을 당기 상품매입액에 가산

3 3분법에 의한 상품계정 분할기장법

3분법이란 상품 관련 계정을 이월상품, 매입, 매출 3계정으로 분할하여 처리하는 방법이다. 즉 회계기간중 상품을 매입했을 경우에는 매입계정에 기록하고, 상품을 판매했을 때는 매출계정에 기입하며, 기말의 상품재고는 이월상품계정에 기록하는 방법이다.

만약 상품계정 하나로 상품매입과 상품매출, 상품재고 등을 총괄하여 처리한다면 일정기간의 상품매출이익만을 알 수 있으며 상품을 판매할 때마다 판매된 상품의 원가를 일일이 확인해야 하는 불편한 점이 있다. 따라서 상품의 매출액과 매출원가를 알 수 있도록 기록하고 상품의 매매손익을 기말결산시에 일괄하여 처리할 수 있는 3분법에 의한 상품계정처리가 필요하다.

(1) 기중의 상품매매에 대한 회계처리

① 상품을 매입한 경우

(차) 매 입	×××	(대) 매입채무	×××

② 상품을 매출한 경우

(차) 매출채권	×××	(대) 매 출	×××

③ 매입에누리와 환출이 발생한 경우

(차) 매입채무	×××	(대) 매 입	×××

④ 매출에누리와 환입이 발생한 경우

(차) 매 출	×××	(대) 매출채권	×××

(2) 결산 정리 방법

기초상품재고(전기이월상품)를 기말상품재고(차기이월상품)로 수정한다. 왜냐하면 기중에 매매는 매입계정이나 매출계정에 기록되므로 상품계정이 기초상품재고로 남아 있어 수정이 필요하기 때문이다.

① 전기이월상품액의 매입계정 대체 (기초상품재고액)

(차) 매　　입　×××　　(대) 이월상품　×××

② 차기이월상품액의 매입계정 대체 (기말상품재고액)

(차) 이월상품　×××　　(대) 매　　입　×××

③ 매입계정 잔액을 집합손익계정에 대체

(차) 집합손익　×××　　(대) 매　　입　×××

④ 매출계정 잔액을 집합손익계정에 대체

(차) 매　　출　×××　　(대) 집합손익　×××

이월상품

차변	금액	대변	금액
전기이월(기말)	×××	매　　입(기초)	×××
매　　입(기말)	×××	차기이월	×××
	×××		×××

매　입

차변	금액	대변	금액
매입액	×××	매입에누리와 환출	×××
이월상품 (기초)	×××	이월상품(기말)	×××
		집합손익	×××
	×××		×××

매　출

차변	금액	대변	금액
매출에누리와 환입	×××	매출액	×××
집합손익	×××		
	×××		×××

집합손익

매 입	×××	매 출	×××
이익잉여금(순이익)	×××		
	×××		×××

(3) 3분법에 의한 상품계정 회계처리 예시

1) 상품매매 관련 거래

1월 1일	기초상품재고액은 A상품 100개, 개당 2,000원이다.
2월 5일	(주)보물에서 A상품 200개를 개당 2,150원에 매입하고 대금 중 200,000원은 현금으로 지급하였으며 잔액은 외상으로 하다.
3월 7일	(주)보물에서 매입한 A상품 중 불량품이 있어 100개를 반품하다.
4월 18일	(주)보물에 대한 외상매입금 15,000원을 조기에 결제하였는데, (주)보물에 외상매입금 중 1,500원을 할인해 주다.
5월 10일	(주)초록에 A상품 150개를 개당 2,500에 매출하고 대금은 현금으로 받다.
6월 9일	(주)현물에서 A상품 200개를 개당 2,180원에 매입하고 인수운임 4,000원을 포함하여 440,000원을 현금으로 지급하다.
8월 24일	(주)서초에 A상품 130개를 개당 3,000원에 외상으로 매출하다. 상품판매운임 5,000원은 현금으로 지급하다.
8월 27일	(주)남산이 외상매출금 390,000원을 조기에 결제함에 따라 외상매출금 중 10,000원을 할인해 주다.
9월 2일	(주)남산에 매출한 상품에 대하여 5,000원을 에누리하여 주다.
12월 31일	기말 실지재고조사를 통하여 파악한 기말상품재고액은 264,000원이다.

2) 기중거래분개(3분법)

날짜	차변	금액	대변	금액
2월 5일	(차) 매 입	430,000	(대) 현 금	200,000
			매입채무	230,000
3월 7일	(차) 매입채무	215,000	(대) 매입(매입환출)	215,000
4월18일	(차) 매입채무	15,000	(대) 현 금	13,500
			매입(매입할인)	1,500
5월10일	(차) 현 금	375,000	(대) 매 출	375,000
6월 9일	(차) 매 입	440,000	(대) 현 금	440,000
8월24일	(차) 매출채권	390,000	(대) 매 출	390,000
	운 반 비	5,000	현 금	5,000
8월27일	(차) 현 금	380,000	(대) 매출채권	390,000
	매출(매출할인)	10,000		
9월 2일	(차) 매출(매출에누리)	5,000	(대) 현 금	5,000

3) 기말수정분개와 원장전기

이월상품

날짜	적요	금액	날짜	적요	금액
1/ 1	기초재고액	200,000	12/31	매 입(기초)	200,000
12/31	매 입(기말)	264,000	12/31	차기이월	264,000
		464,000			464,000
1/ 1	전기이월	264,000			

매 입

날짜	적요	금액	날짜	적요	금액
2/ 5	제 좌	430,000	3/ 7	매입채무	215,000
6/ 9	현 금	440,000	4/18	매입채무	1,500
12/31	이월상품(기초)	200,000	12/31	이월상품(기말)	264,000
			12/31	집합손익(매출원가)	589,500
		1,070,000			1,070,000

매 출

날짜	적요	금액	날짜	적요	금액
8/27	매출채권	10,000	5/10	현 금	375,000
9/ 2	현 금	5,000	8/24	매출채권	390,000
12/31	집합손익	750,000			
		765,000			765,000

매입채무

3/17	매　입	215,000	2/ 5	매　입	230,000
4/18	제　좌	15,000			
		230,000			230,000

현　금

5/10	매　출	375,000	2/ 5	매　입	200,000
8/27	매출채권	380,000	4/18	매입채무	13,500
			6/ 9	매　입	440,000
			8/24	운 반 비	5,000
			9/ 2	매　출	5,000
			12/31	차기이월	91,500
		755,000			755,000
1/ 1	전기이월	91,500			

운 반 비

8/24	현　금	5,000	12/31	집합손익	5,000
		5,000			5,000

매출채권

8/24	매　출	390,000	8/27	제　좌	390,000
		390,000			390,000
1/ 1	전기이월	390,000			

집합손익

12/31	운 반 비	5,000	12/31	매　출	750,000
12/31	매　입(매출원가)	589,500			
12/31	이익잉여금	155,500			
		750,000			750,000

이익잉여금

12/31	차기이월	155,500	12/31	집합손익	155,500
		155,000			155,000
			1/ 1	전기이월	155,000

(결산 수정 분개)

기초재고	① (차) 매　입	200,000	(대) 이월상품	200,000
기말재고	② (차) 이월상품	264,000	(대) 매　입	264,000

기말결산 분 개	③ (차) 집합손익	5,000	(대) 운 반 비	5,000
	④ (차) 집합손익	589,500	(대) 매 입	589,500
	⑤ (차) 매 출	750,000	(대) 집합손익	750,000
	⑥ (차) 집합손익	155,500	(대) 이익잉여금	155,500

참고 결산정리 해설

회계연도 말에 회계기간중 판매된 상품의 매출원가를 구하여 매출과 비교함으로써 기간손익계산을 한다. 이를 위하여 회계연도 말에 일괄하여 매출원가를 계상하는 수정분개를 한다. 그 방법에는 위 수정분개처럼 '매입'계정을 통해 계상하는 방법과 별도의 '매출원가'계정을 설정하여 계상하는 방법이 있다. '매입'계정을 통해 매출원가를 계상하는 방법을 위 예시에서 T계정을 통해 서술하면 다음과 같다.

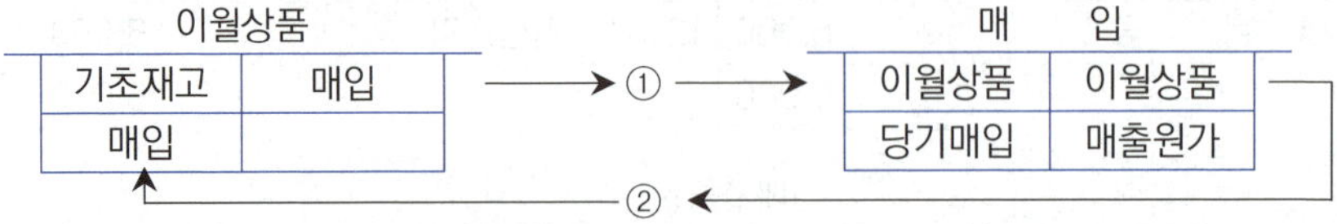

• 기말수정분개

① 회계연도 초에 이월상품계정 차변에 기입되어 있는 전기이월상품인 기초재고를 매입계정 차변으로 대체시킨다.

② 매입계정 차변의 판매가능상품 [기초재고액 + 당기매입액] 중 실사에 의해 파악된 미판매된 기말재고액을 이월상품계정 차변으로 대체시킨다.

위 기말수정분개 '①, ②'가 매입계정에 반영되면 T계정 형태의 매입계정에서 확인할 수 있듯이 매출원가는 기초상품재고액에 당기상품매입액을 가산한 금액에서 기말상품재고액을 차감하여 구해지게 되는 결과로 나타난다.

한편 별도의 '매출원가'계정을 설정하여 회계기말에 매출원가를 계상하는 방법으로 기말수정분개를 제시하면 다음과 같다.

(차)	매출원가	×××	(대) 이월상품(기초)	×××
	매출원가	×××	매 입	×××
	상품(기말)	×××	매출원가	×××

이 분개는 기초상품재고액과 당기상품순매입액을 매출원가계정으로 대체시키고 기말상품재고액을 매출원가계정에서 차감시키는 형식으로 처리되며, 매출원가산정식 [기초상품재고액 + 당기상품매입액 − 기말상품재고액]의 원리를 그대로 반영하고 있다.

4 매입장과 매출장

상품매매에 대한 주요한 보조부에는 보조기입장인 매입장, 매출장과 보조원장인 상품재고장, 매입처원장, 매출처원장이 있다. 그 밖에 증빙기입장도 있다.

매입장은 매입상품에 대한 명세를 기입하기 위한 보조기입장으로서 매입계정에 기입된 상품의 매입, 매입에누리와 환출, 매입할인 등의 거래를 매입날짜, 매입처명, 대금지급방법, 품명, 수량, 단가, 금액 등의 내용으로 상세하게 기입하는 보조장부이다. 매입장에서 매입에누리와 환출, 매입할인은 붉은색으로 기입하고, 장부를 마감할 때는 이를 총매입액에서 차감하여 순매입액을 계산한다.

매 입 장

일자		적요		금액	
7	1	(강남상사) A상품 100개 @4,500원	(외상)		450,000
	5	(강운상사) B상품 50개 @3,000원	(어음)		150,000
	16	(성남상사) B상품 40개 @2,800원	(현금)		112,000
	18	**(금천상사)** **B상품 5개 @2,800원**	**(환출)**		**(14,000)**
	27	(충남상사) A상품 50개 @4,700원 B상품 50개 @2,900원	(현금)	235,000 145,000	380,000
	31		총매입액 **환출액** 순매입액		1,092,000 **(14,000)** 1,078,000

매출장은 매출상품에 대한 명세를 기입하기 위한 보조기입장으로서 매출계정에 기입된 상품의 매출, 매출에누리와 환입, 매출할인 등의 거래를 매출날짜, 매출처명, 대금수취방법, 품명, 수량, 단가, 금액 등의 내용으로 상세하게

기입하는 보조장부이다. 매출장에서 매출에누리와 환입, 매출할인은 붉은색으로 기입하고, 장부를 마감할 때는 이를 총매출액에서 차감하여 순매출액을 계산한다.

매 출 장

일	자	적 요		금 액	
7	4	(경기상사) A상품 80개 @4,800원	(외상)		384,000
	10	(인천상사) B상품 50개 @3,300원 A상품 10개 @4,900원	(어음)	165,000 49,000	214,000
	15	**(충북상사)** **B상품 7개 @200원**	**(에누리)**		**(1,400)**
	30	(청담상사) B상품 40개 @3,200원	(현금)		128,000
	31		총매출액 **에누리액** 순매출액		726,000 **(1,400)** 724,600

“M/E/M/O”

SECTION 02

재고자산의 회계

1 재고자산의 개념

재고자산(inventories)이란 기업의 정상적인 영업활동에서 판매를 목적으로 보유하는 실물자산(상품, 제품) 또는 판매를 목적으로 제품을 생산하는 과정에서 사용 또는 소비될 자산(원재료, 재공품, 반제품, 저장품) 등이 있다.

재고자산은 그 기업의 주된 영업활동이 무엇이냐에 따라 달라질 수가 있는데, 예를 들면 토지나 건물은 제조업을 영위하는 회사의 입장에서는 유형자산에 속하고, 투자목적으로 보유하고 있는 경우에는 투자자산이 되며, 부동산을 매매하는 것을 주된 영업활동으로 하고 있는 기업의 입장에서는 재고자산에 속하게 된다. 재고자산은 기업의 영업활동 중에서 순이익에 직접적으로 영향을 끼치고 있으므로 재고자산의 정확한 가액결정은 매우 중요한 일이다.

참고

> 상품매매기업은 상품이 주요 재고자산이며, 제조기업은 원재료, 재공품, 반재품, 제품이 주요재고자산이다. 부동산매매업을 주업으로 하는 기업이 보유하고 있는 부동산은 판매를 목적으로 하므로 재고자산이다.

재고자산과 매출원가의 관계

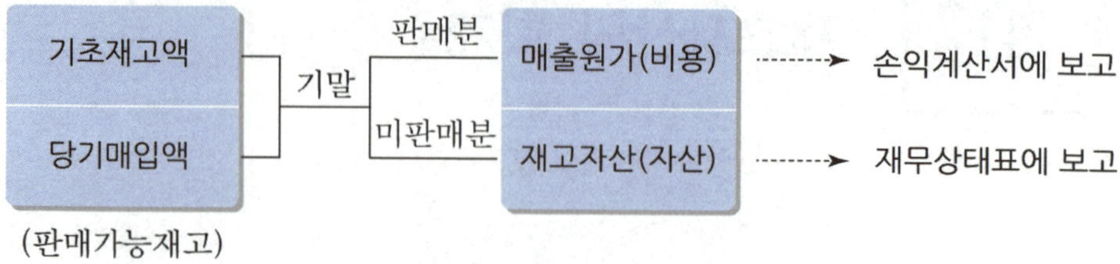

판매가능 재고자산의 원가		원가배분의 과정
기초재고액 + 당기매입액	=	매출원가 + 기말재고액

참고 재고자산

정상적인 영업활동과정에서 판매를 목적으로 보유하거나 판매할 제품의 생산을 위하여 사용되거나 소비될 자산

참고 매출원가란?

매출액에 직접적으로 대응되는 비용으로서 판매된 자산의 취득원가이다.
예) 재고자산의 원가가 판매되면 매출원가가 된다.

참고

기업이 판매를 목적으로 보유하고 있는 미판매분은 재무상태표상의 재고자산으로 분류되며, 당기에 판매된 상품은 손익계산서상의 매출원가계산요소에 포함된다.

재고자산과 관련된 중요한 회계절차의 하나가 매출원가 계산이다.

	기초 상품재고액
+	당기 상품매입액*
−	기말 상품재고액
	매 출 원 가

* 당기(순)매입액 = 총매입액(구입가액 + 부대비용) − 매입에누리와 환출 − 매입할인

기말재고자산 평가액은 다음과 같이 계산한다. 먼저 기말에 남아 있는 재고자산의 수량을 파악해, 여기에 기말재고자산의 구입가격을 곱해 기말재고자산 평가액을 계산한다.

기말 재고자산 평가액 = 재고수량×단가

이렇게 결정된 기말재고자산 평가액은 재무상태표에 보고되고, 포괄손익계산서의 매출원가를 추정하는 기초자료로 사용된다.

재고자산과 당기순이익과의 관계

- 재고자산의 증가 → 매출원가 감소 → 당기순이익 증가
- 재고자산의 감소 → 매출원가 증가 → 당기순이익 감소

재고자산 회계처리에서 이 재고자산의 가액결정을 위해서는 ① 취득시의 취득원가를 결정(원가결정), ② 회계기간중에 판매된 상품 등의 매출원가결정(원가배분), ③ 가격하락 등에 따른 재고자산의 평가가 필요하다.

2 재고자산의 범위

재고재산은 회사소유의 창고에 보관 중인 재고자산으로 기본적으로 기말재고자산에 포함되는 재고자산으로 다음과 같다.

① 상품: 판매를 목적으로 구입한 상품, 미착상품, 적송품 등으로 한다.
② 제품: 판매를 목적으로 제조한 생산품, 부산물 등으로 한다.
③ 반제품: 자가 제조한 중간제품과 부분품 등으로 한다.
④ 재공품: 제품 또는 반제품의 제조를 위하여 제조과정에 있는 것으로 한다.
⑤ 원재료: 원료, 재료, 매입부분품, 미착원재료 등으로 한다.
⑥ 저장품: 소모품, 소모공구기구비품, 수선용부분품, 기타 저장품으로 한다.
⑦ 기타의 재고자산 범위
⑧ 미착상품: 현재 운송중인 매입상품으로 상품을 주문해서 운송중이지만 아직 기업창고에 도달하지 못한 재고자산
- 선적지 인도: 선적시 구매자 재고자산
- 도착지 인도기준: 도착할 때까지는 판매자 재고자산

⑨ 특별 주문품: 생산시부터 구매자의 재고자산이다.
⑩ 시용품: 구매자가 구매 의사를 밝혀 왔을 때 구매자의 재고자산이다.
⑪ 적송품: 위탁자의 재고자산이다.
⑫ 위탁품: 수탁자에게 상품을 위탁해서 판매할 때 타인의 판매점에 보관되어 있는 상품

SECTION
03 재고자산가액의 결정

재고자산은 역사적 원가주의에 의하여 취득원가로 평가된다. 이때 취득원가는 재고자산을 판매가능한 상태로 판매가능한 장소에 옮기는 데까지 소요된 모든 지출액을 의미한다. 따라서 취득원가에는 매입가격뿐만 아니라 매입상품과 관련된 매입운임, 하역비, 취급, 보관을 위한 지출비용 및 보험료, 세금 등 매입부대비용도 포함하여야 한다.

취득원가 = 매입가액 + [(매입운반비 + 하역료 + 보험료) 등 취득관련부대비용]
  − [매입에누리, 환출, 할인-리베이트 수령액]

기말재고자산의 평가

기말 재고자산 =	수량 ×	단가
	① 실지재고조사법(실사법) ② 계속기록법	① 개별법 ② 선입선출법 ③ 총평균법 ④ 이동평균법 ⑤ 매출가격환원법

참고 재고자산의 평가 = 수량 × 단가

수량 파악방법	×	단가 산정방법
• 계속기록법: 입고와 출고 모두 기록 • 실지재고조사법: 입고만 기록하고 재고는 실지조사 • 혼합법: 계속기록법과 실지재고조사법을 병행하는 방법	×	• 개별법: 각각 가격표 붙여 개별산정 • 선입선출법: 먼저 입고된 상품 먼저 출고 • 가중평균법 ┌ 이동평균법: 구입시마다 평균단가산정 └ 총평균법: 구입한 총액의 평균단가산정

따라서 기말재고자산의 금액을 결정하기 위해서는 우선 기말재고자산의 수량을 파악한 후 금액결정을 위한 단가를 산정하여야 한다.

1 재고자산 수량 결정

재고자산의 금액은 재고자산의 수량에 재고자산의 원가를 곱하여 결정된다. 재고자산의 수량 결정방법은 일반적으로 계속기록법과 실지재고조사법에 의한다. 실무상으로는 계속기록법에 의하여 수량을 기록하고 회계연도 말에 실지재고조사법에 의해 수량을 조사하여 차이 수량에 대하여 재고자산감모손실 등으로 회계 처리하는 것이 일반적이다.

(1) 실지재고조사법(periodic inventory method)

보통 실사법이라고도 하며 회계기말에 보유중인 재고량을 실제로 조사하여 그 수량에 단위당 원가를 곱하여 기말재고액을 구한다. 이 방법은 재고자산의 종류, 규격, 수량이 많을 경우 입고, 출고시마다 이를 기록하는 번잡함을 피할 수 있는 장점은 있으나, 도난, 분실, 증발, 감손 등에 의한 감소량이 당기의 출고량에 포함되어 재고부족의 원인을 판명할 수 없으므로 관리통제를 할 수 없는 단점이 있다.

따라서 다음에 설명하는 계속기록법과 병행하여 사용하는 것이 바람직하다.

기초재고량 + 당기매입량 − 기말재고량 = 매출량 **(기초재고액 + 당기매입액 − 기말재고액 = 매출원가)** 예) 기초재고량 + 당기매입량 - 실지재고량 = 당기판매량 100개 + 1,000개 - 250개 = 850 매입단가가 1,000원이라면 재고자산 250개×1,000원 = 250,000원 매출원가 850개×1,000원 = 850,000원 *재고감모손실 50개×1,000원 = 50,000원(50개 분실 있음) (실지재고조사법에서 재고 250개, 계속기록법에서는 300개 없어진 수량 50개 재고감모손실로 처리)

장점	① 실무상 편리하다. 즉, 장부상 상품수량을 계속 기록하여야 하는 번거로움이 없다. ② 저가품인 다품종을 취급하는 기업에 적절한 방법이다.
단점	① 도난, 파손, 유실, 오기로 인한 재고감모손실을 파악할 수 없다. 즉, 재고실사에 포함되지 않는 재고자산은 모두 판매된 것으로 가정하므로 재고감모손실이 매출원가에 포함된다.[1)] ② 기말의 재고조사로 기업의 정상영업에 지장을 줄 수도 있다.

(2) 계속기록법(perpetual inventory method)

재고자산 입·출고시마다 수량과 금액을 계속적으로 기록하는 방법이다. 이 방법에 의하면 연중 언제든지 재고자산 및 매출원가계정의 잔액을 알 수 있기 때문에 재고자산의 계속적인 통제관리가 가능한 장점이 있으나, 도난, 분실, 증발, 감손 등에 의한 감소량이 기말의 재고량에 포함되어 이익이 과대 계상될 소지가 있기 때문에 이를 보완하기 위해서는 실지재고조사법을 병용해야 할 것이다.

1) 재고실사에 포함되지 않은 재고자산은 모두 판매된 것으로 가정하므로 감모량이 판매수량에 포함된다.

기초재고량 + 당기매입량 − 매출량 = 기말재고량
(기초재고액 + 당기매입액 − 매출원가 = 재고자산)

예) 기초재고량 + 당기매입량 - 당기판매량 = 기말재고량
100개 + 1,000개 - 800개 = 300
매입단가가 1,000원이라면
재고자산 300개×1,000원 = 300,000원
매출원가 800개×1,000원 = 800,000원
*계속기록한 결과 재고감모손실 없음

장점	① 장부의 계속적인 기록으로 정확한 재고기록이 유지된다. ② 고가품의 상품을 취급하는 기업에 적절한 방법이다.
단점	① 장부상 계속기록을 하더라도 기말에 재고실사를 하지 않는다면 재고감모손실을 파악하기 곤란하다. ② 실무상 번잡하다.

참고 **수량결정방법**

① 계속기록법	• 상품의 입고, 출고를 모두 기록하여 정부에 의하여 수량을 파악한다.
② 실지재고 조사법	• 상품의 입고만 기록하고 출고는 기록하지 않는다. • 입고란에 기록된 수량에서 직접 조사한 상품의 실제 수량을 차감하여 판매된 수량을 파악한다.

현재 많은 기업은 계속기록법이나 실지재고조사법 중 어느 한 방법만을 사용하지 않고 동시에 사용하는 그 이유는 앞서 살펴본 바와 같이 각 방법의 단점 때문이다.

계속기록법의 경우 실지재고조사를 하지 않으면 감모량을 파악할 수 없고 따라서 재고감모손실만큼 기말재고수량이 과대평가된다. 반대로 **실지재고조사법**에 의할 경우에는 재고조사에 포함되지 않은 재고자산은 모두 판매된 것으

로 가정하므로 재고감모손실분이 판매된 수량에 포함되게 된다.

재고자산감모손실 = [장부상수량 − 기말창고보유수량] × 원가(단가)

지금까지 설명한 계속기록법과 실지재고조사법을 비교·요약하면 다음과 같다.

계속기록법과 실지재고조사법의 비교

구분	계속기록법	실지재고조사법
회계처리	매출할 때마다 원가를 일일이 파악하고 기록해야 하므로 번잡하며, 때로는 불가능하다.	매출액만 기록하므로 간편하다.
재고금액과 매출이익	기중에 아무 때나 파악할 수 있다.	결산시점에 가야 알 수 있다.
재고감모손실	파악할 수 있다.	파악할 수 없다(감모손실만큼 매출원가가 과대계상된다).

2 재고자산의 원가배분방법(단가)

재고자산의 기말평가는 그 재고자산의 취득원가에 의하여 결정된다. 따라서 동일한 품목의 재고자산의 취득원가는 물가가 변하지 않는다면 구입시점에 관계없이 동일하겠지만, 현실적으로는 물가가 항상 변동하기 때문에 구입시점에 따라서 취득원가가 달라질 수 있다.

이와 같이 각각 상이한 가격으로 구입한 재고자산 중 일부는 판매되었고 일부는 기말재고로 남아있는 경우 과연 얼마에 구입한 재고자산이 기말재고로 남아있는가를 결정하여야 한다. 이러한 문제를 해결하기 위해서는 인위적으로 원가흐름에 대한 가정을 하여야 한다.

「기업회계기준서」에서는 원칙적으로 개별법을 사용하여 취득단가를 결정하고, 개별법으로 원가를 결정할 수 없는 재고자산의 원가는 선입선출법, 평균법, 후입선출법 및 매출가격환원법을 사용하여 결정하도록 규정하고 있다.

다만, 매출가격환원법은 당해 회사의 업종이나 재고자산의 특성에 비추어 다른 방법을 적용하는 것보다 합리적이라고 인정되는 경우에 한하여 적용할 수 있다.

(1) 개별법(Specific Identificatin Method)

가장 이상적인 방법으로 구입시 상품마다의 가격표를 붙여 두었다가 출고될 때에 가격에 표시된 매입가격을 개별수익에 대응하도록 하는 방법이다. 특수한 경우(보석류)를 제외하고는 적용하기 어렵다.

(2) 선입선출법(FIFO: First - In First - Out Method)

먼저 매입된 것이 먼저 팔린다는 가정하에 따라서 최근에 매입한 것이 기말재고자산으로 남고 먼저 매입한 것이 매출원가를 구성하므로 물가상승시 당기순이익이 과대 계상되고 기말재고자산도 과대계상된다. 그리고 매출원가는 과소계상된다.

(3) 총평균법(Weighted - Average Cost Method)

총평균법은 일정기간(회계기간) 단위로 품목별 총평균원가를 산출하는 방법으로 기초재고금액과 일정기간 동안 취득한 재고금액의 합계액을 그 자산의 총수량으로 나눈 평균단가에 따라 산출한 취득가액을 그 자산의 평가액으로 하는 방법을 말한다.

총평균법은 회계기간 단위로 적용되는 것이 원칙이나 실무상으로는 월별 또는 분기별 손익계산을 위해서 월단위 또는 분기단위로 적용되기도 한다. 총평균법은 실지재고조사법하에서만 사용할 수 있는 평균법이다.

$$총평균단가^{*} = \frac{총구입액\ (기초재고액 + 당기매입액)}{총수량\ (기초재고수량 + 당기매입량)}$$

*매출원가 = 판매량 × 총평균단가

(4) 이동평균법(Moving-Average Cost Method)

이동평균법은 자산을 취득할 때마다 장부 재고금액을 장부 재고수량으로 나누어 평균단가를 산출하고 그 평균단가에 의하여 산출한 취득가액을 그 자산의 평가액으로 하는 방법을 말한다. 이동평균법은 계속기록법하에서만 사용할 수 있는 평균법이다.

$$이동평균단가^{*} = \frac{전일\ 구입액 + 당일\ 매입액}{전일\ 재고수량 + 당일\ 매입량}$$

*매출원가 = 판매량 × 이동평균단가

참고 **재고자산 단가결정**

개별법	• 개별 상품 각각에 가격표를 붙여서 개별적 단가를 결정 - 장점: 실제 물량의 흐름과 동일하여 가장 정확 - 단점: 품목이 많을 경우 적용하기 어려움
선입선출법	• 먼저 입고된 상품을 먼저 출고한다는 가정하에 출고단가를 결정 - 장점: 실제 물량의 흐름과 일치 재고자신금액이 현재의 공정가치를 나타냄 - 단점: 현재 수익과 과거 원가가 대응하여 수익비용대응의 원칙에 부적합 물가상승 시 이익이 과대가 되어 법인세 부담이 큼
이동평균법	• 매입할 때마다 이동평균단가를 구하여 이동평균단가로 출고 단가를 결정 - 장점: 변동하는 화폐가치를 단가에 반영함 - 단점: 매입이 자주 발생하는 경우 매번 새로운 단가를 계산해야 함
총평균법	• 기말에 총입고금액을 총입고수량으로 나누어 총평균단가로 출고단가 결정 - 장점: 가장 간편하고 이익조작의 가능성이 낮음 - 단점: 기초재고가 기말재고의 단가에 영향을 줌

(5) 매출가격환원법(Retail Method)

매출가격환원법은 소매재고법이라고도 불리는 것으로 재고자산에 관한 자료를 소매가격으로 기록, 보존하였다가 원가와 소매가 사이의 일정한 관계를 이용한 수정과정을 통하여 원가로 환산하는 방법이다. 이 방법은 백화점, 소매상, 도매상과 같이 많은 종류의 상품을 취급하는 기업에서 매입원가에 의하여 계속기록을 하거나 기말재고의 원가를 일일이 확인하는 번거로움을 덜기 위하여 사용된다.

기업회계기준서에서는 원칙적으로 많은 종류의 상품을 취급하여 실제원가에 기초한 원가결정방법의 사용이 곤란한 유통업종에서만 매출가격환원법에 의한 재고자산평가를 허용함으로써 매출가격환원법의 남용을 방지하고 있다.

다만, 유통업 이외의 업종에 속한 기업이 매출가격환원법을 사용하는 경우에는 매출가격환원법의 사용이 실제원가에 기초한 다른 원가결정방법을 적용하는 것보다 합리적이라는 정당한 이유와 매출가격환원법의 원가율의 추정이 합리적이라는 근거를 주석으로 기재하여야 한다.

기말 재고자산의 추정원가 = 원가율* × 소매가로 표시된 기말재고자산

$$*\text{원가율}(\%) = \frac{\text{기초재고(원가)} + \text{당기매입(원가)}}{\text{기초재고(매가)} + \text{당기매입(매가)}} = \frac{\text{총원가}}{\text{총매가}}$$

예제 1 **매출가격환원법에 의한 기말재고자산 평가**

갑회사의 회계자료가 다음과 같은 경우 매출가격환원법에 의한 기말재고자산을 구하라.

	원가	매가
기초재고	15,000원	30,000원
당기매입	60,000원	110,000원
계	75,000원	140,000원
당기매출 및 정상감손		100,000원
기말재고		40,000원

풀이

① 원가율: $\frac{75,000\text{원}}{140,000\text{원}} \times 100 = 53.57\%$

② 기말재고자산의 추정원가: 40,000원 × 53.57% = 21,428원

참고 **물가상승시 기말재고자산, 매출원가, 순이익의 크기 비교**

- 기말재고자산: 선입선출법 > 이동평균법 > 총평균법
- 매출원가: 선입선출법 < 이동평균법 < 총평균법
- 순이익: 선입선출법 > 이동평균법 > 총평균법

3 저가법 평가에 따른 회계처리

재고자산가액은 일반적으로 [수량 × 단가]로 산정할 수 있다. 이 경우 개념적으로 볼 때 진부화, 부패, 파손 등의 사유로 인해 재고자산의 단가가 하락한 것을 '재고자산평가손실'이라고 하며, 분실, 도난 등의 사유로 인해 재고자산의 수량이 감소한 것을 '재고자산감모손실'이라고 한다. 재고자산평가손실액과 감모손실액은 다음과 같이 계산할 수 있다.

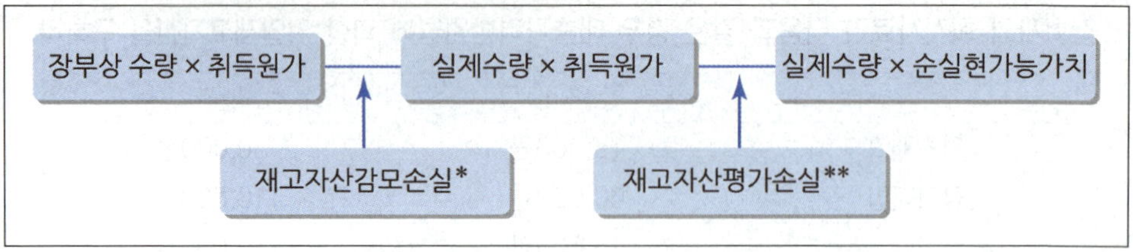

참고 순실현가능가치

정상적인 영업과정에서 재고자산의 판매를 통해 실현할 것으로 기대되는 순매각금액을 말한다. 즉, 순실현가능가치 = 추정판매가액 − 추정판매비용

재고자산의 평가시점	비용의 처리	재고자산의 표시
① 재고자산 순실현가능가치가 취득원가보다 낮아진 시점	재고자산평가손실 (매출원가에 가산)	재고자산평가손실충당금 (재고자산에서 차감표시)
② 재고자산의 시가회복시점 (본래의 장부금액까지)	재고자산평가손실환입 (매출원가에 차감)	재고자산평가손실충당금 차감

*재고감모손실 = (장부상 수량 − 실제수량) × 장부상 취득단가
= 장부상 수량에 대한 취득원가 − 실제수량에 대한 취득원가

한편, 일반기업회계기준에서는 재고자산평가손실은 재고자산의 차감계정으로 표시하고 매출원가에 가산한다. 반면, 재고자산감모손실은 정상적으로 발생하는 경우에는 매출원가에 가산되지만 비정상적으로 발생하는 감모손실은 영업외비용으로 분류하도록 규정하고 있다.

(1) 재고자산감모손실의 회계처리

실제재고를 조사한 결과 보관중의 파손·분실·도난 등의 원인으로 인하여 장부상의 재고액과 실지재고액이 일치하지 않는 경우 동 차액을 재고자산감모손실이라 한다. 이 경우에는 재고자산감모손실계정을 설정하여 그 차변에 기입하고 동시에 장부잔액을 그만큼 감소시킨다. 「기업회계기준서」에서는 정상적으로 발생한 감모손실은 매출원가에 가산하고, 비정상적으로 발생한 감모손실은 영업외비용으로 분류하도록 규정하고 있다.

(차) 재고자산감모손실 (매출원가)	×××	(대) 재고자산	×××
(차) 재고자산감모손실 (영업외비용)	×××	(대) 재고자산	×××

(2) 재고자산평가손실의 회계처리

1) 순실현가치가 하락한 경우

「기업회계기준서」에서는 재고자산의 실지재고액의 순실현가치가 취득원가보다 하락한 경우에는 그 차액을 재고자산평가손실이라 하며, 평가손실이 발생한 경우에는 평가손실액을 재고자산의 차감계정으로 표시하고 매출원가에 가산하도록 규정하고 있다. 이 경우 시가는 회계기간 말에 추정해야 한다.

** 재고자산평가손실
= 실제수량 × (장부상 취득단가 − 단위당 순실현가능가치)
= 실제수량에 대한 취득원가 − 실제 수량에 대한 순실현가능가치

(하락)			
(차) 재고자산평가손실 (매출원가)	×××	(대) 재고자산평가충당금 (재고자산 차감계정)	×××
(회복)			
(차) 재고자산평가충당금	×××	(대) 재고자산평가충당금환입 (매출원가)	×××

재무상태표에 표시하면 다음과 같다.

요약 재무상태표

재고자산	1,000,000	
재고자산평가충당금	200,000	800,000

2) 순실현가능가치의 회복인 경우

재고자산의 감액을 초래했던 상황이 해소되거나 경제상황의 변동으로 순실현가치가 상승한 명백한 증거가 있는 경우에는 최초의 장부가액을 초과하지 않는 범위 내에서 평가손실을 환입한다.

(차) 재고자산평가충당금	×××	(대) 재고자산평가충당금환입	×××

예제 2 **재고자산감모손실과 재고자산평가손실의 회계처리**

(주)서울의 기말 현재 A상품의 장부재고수량은 100개, 실지재고수량은 90개이며, 이 중 6개는 정상적인 감모손실이다. 이 상품의 매입원가는 200원이고, 기말 현재 시가는 180원이다. 결산수정분개를 하시오.

풀이

- (차) 재고자산감모손실 2,000 (대) 상 품 2,000
  (100개－90개)×200원＝2,000원
- (차) 매출원가 1,200 (대) 재고자산감모손실 1,200
  비정상적으로 발생한 4개의 감모손실은 영업외비용으로 처리하므로 결산시 장부를 마감할 때 손익계정 차변으로 바로 대체된다.
- (차) 재고자산평가손실 1,800 (대) 재고자산평가손실충당금 1,800
  (200원－180원)×90원＝1,800원
  재고자산평가손실충당금은 대손충당금과 마찬가지로 차감적 평가계정이다.
- (차) 매출원가 1,800 (대) 재고자산평가손실 1,800
  재고자산평가손실은 전액 매출원가로 처리되므로 다음과 같이 한꺼번에 분개할 수도 있다.
- (차) 매출원가 1,800 (대) 재고자산평가손실충당금 1,800

4 상품재고장 작성

상품의 입고, 출고, 잔액을 기입하는 장부이며, 상품재고에 관련된 보조원장으로 상품의 종류별로 작성한다. 동일한 상품을 여러 번에 걸쳐 서로 다른 가격으로 취득하는 경우는 선입선출법, 이동평균법, 총평균법 등을 적용하여 기록한다.

상품재고장 작성방법은 입고, 출고, 잔액란은 모두 원가로 기록하며 환출액은 입고란에 적색 기입하거나 출고란에 보통 글씨로 기입한다.

매입에누리나 매입할인액은 입고란에 적색 기입하거나 출고란에 보통 글씨로 기입하고 단가를 수정한다. 매입운임은 매입액에 가산하여 단가를 수정한다.

환입액은 출고란에 적색 기입하거나 입고란에 보통 글씨로 기입한다. 매출에누리 및 매출할인액과 매출운임은 상품재고장에 기입하지 않는다. 상품재고장 마감 시 입고란, 출고란의 적색 글씨는 차감해야 한다.

예제 3 **상품재고장 작성 예시**

A상품의 거래 자료가 아래와 같을 때 선입선출법, 이동평균법, 총평균법에 의하여 상품재고장을 작성하시오.

5/ 1	기초재고	50개	@₩10
		100개	@₩12
5/10	매 입	250개	@₩13
5/14	매 출	300개	
5/20	매 입	250개	@₩14
5/25	매 출	200개	

풀이

상품재고장 (선입선출법)

품명: A상품 (단위: 원)

일자		적 요	입고			출고			잔액		
			수량	단 가	금 액	수량	단 가	금 액	수량	단 가	금 액
5	1	전기이월	50	10	500				50	10	500
			100	12	1,200				100	12	1,200
	10	매 입	250	13	3,250				50	10	500
									100	12	1,200
									250	13	3,250
	14	매 출				50	10	500	100	13	1,300
						100	12	1,200			
						150	13	1,950			
	20	매 입	250	14	3,500				100	13	1,300
									250	14	3,500
	25	매 출				100	13	1,300	150	14	2,100
						100	14	1,400			
	31	**차기이월**				**150**	**14**	**2,100**			
			650		8,450	650		8,450			
6	1	전기이월	150	14	2,100				150	14	2,100

매출원가: 6,350원 재고자산: 2,100원

상품재고장 (이동평균법)

품명: A상품 (단위: 원)

일자		적 요	입고			출고			잔액		
			수량	단가	금 액	수량	단 가	금 액	수량	단 가	금 액
5	1	전기이월	50	10	500				50	10	500
			100	12	1,200				100	12	1,200
	10	매 입	250	13	3,250				400	12.38	4,950
	14	매 출				300	12.38	3,714	100	12.38	1,238
	20	매 입	250	14	3,500				350	13.53	4,738
	25	매 출				200	13.53	2,706	150	13.53	2,030
	31	**차기이월**				**150**	**13.53**	**2,030**			
			650		8,450	650		8,450			
6	1	전기이월	150	13.54	2,030				150	13.53	2,030

*이동평균법은 평균단가에서 약간의 오차가 발생할 수 있다.

매출원가: 6,420원 재고자산: 2,030원

상품재고장 (총평균법)

품명: A상품 (단위: 원)

일자		적 요	입고 수량	입고 단가	입고 금액	출고 수량	출고 단가	출고 금액	잔액 수량	잔액 단가	잔액 금액
5	1	전기이월	50	10	500				50	10	500
			100	12	1,200				100	12	1,200
	10	매 입	250	13	3,250				400		
	14	매 출				300	13*	3,900	100		
	20	매 입	250	14	3,500				350		
	25	매 출				200	13*	2,600	150	13	1,950
	31	차기이월				150	13**	1,950			
			650		8,450	650		8,450			
6	1	전기이월	150	13	1,950				150	13	1,950

매출원가: 6,500원 재고자산: 1,950원

*총평균단가계산: $\frac{(500+1,200+3,250+3,500)}{(50+100+250+250)} = \frac{8,450\text{원}}{650\text{개}} = @13\text{원}$

지금까지 살펴본 매출원가와 기말재고액을 비교하면 일반적으로 세 가지 방법 중 물가상승시에는 선입선출법, 이동평균법, 총평균법으로 기말재고액이 크며, 매출원가는 적다. 따라서 선입선출법이 가장 많은 순이익을 보고하는 방법이고, 총평균법이 가장 적은 순이익을 보고하는 방법이다.

주요용어

- 계속기록법(perpetual inventory system)
- 매입에누리(purchase allowance)
- 매입할인(purchase discount)
- 매입환출(purchase return)
- 매출수익(sale revenue)
- 매출에누리(sales allowance)
- 매출원가(cost of goods sold)
- 매출할인(sales discount)
- 매출환입(sales return)
- 상품매매기업(merchandising company)
- 실지재고조사법(periodic inventory system)

" M/E/M/O "

Chapter 07 주관식 연습문제

01 재고자산과 매출원가의 관계에 대하여 설명하시오.

02 실지재고조사법과 계속기록법에 대하여 설명하시오.

03 재고자산감모손실과 재고자산평가손실에 대하여 설명하시오.

04 선입선출법, 총평균법, 이동평균법에 대하여 설명하시오.

05 매출가격환원법(소매가격법)에 대하여 설명하시오.

06 순매출액, 매출에누리, 매출할인, 순매입, 매입에누리, 매입할인에 대하여 설명하시오.

Chapter 07 객관식 연습문제

01 재고자산의 취득원가에 포함될 수 없는 것은?

① 제조기간이 장기인 재고자산의 차입금에 대한 이자비용

② 매입부대비용

③ 매입환출, 에누리, 매입할인

④ 매입과 관련된 매입수수료, 운임, 하역비, 관세

해설 재고자산의 취득원가에는 재고자산 구입과 관련된 모든 지출액에 매입환출 및 에누리, 매입할인을 차감한 것이다.

02 선입선출법에 대한 설명으로 잘못된 것은?

① 매입순법으로 객관성이 있다.

② 물가상승시 이익이 과소계상된다.

③ 재고자산가액은 시가에 가깝다.

④ 먼저 구입된 상품이 먼저 매출되는 것을 말한다.

해설 물가상승시에는 먼저 구입된 가격이 낮은 상품들이 매출되어 매출원가가 되므로, 매출원가가 적게 계상되어 이익이 과대계상된다.

03 (주)미래는 실지재고조사법으로 회계처리하는 회사이다. 동사가 2026년 말에 외상구입한 상품에 대한 매입기록을 하지 않았으며, 이 상품이 기말재고실사시 누락되었다고 할 때 2026년 말의 자산, 부채, 자본과 당기순이익에 미치는 영향으로 올바른 것은?

	자산	부채	자본	당기순이익
①	영향없음	과소계상	과대계상	과대계상
②	영향없음	과대계상	과소계상	과소계상
③	과소계상	과소계상	영향없음	영향없음
④	과소계상	영향없음	과소계상	과소계상

해설 매입채무 누락(부채 과소계상), 재고자산 누락은 자산 과소계상, 순이익과 자본 영향 없음.

04 재고자산결정방법 중 평균법에 대한 설명으로 잘못된 것은?

① 총평균법은 총구입가격을 총구입수량으로 나누어 평균단가로 삼는다.

② 이동평균법은 매입할 때마다 기존재고액과 매입액으로의 신규매입액과 매입량을 더하여 평균단가를 산출한다.

③ 총평균법은 계속기록법하에서도 적용가능하다.

④ 이동평균법은 계속기록법하에서도 적용가능하다.

해설 총평균법은 상품매입이 모두 완료된 회계 기말에만 적용가능하다는 단점이 있다.

05 기업회계기준은 재고자산감모손실과 재고자산평가손실에 대한 회계처리를 규정을 올바르게 설명하고 있은 것은?

① 원가성이 있는 경우는 매출원가와 재고자산에 배분한다.

② 원가성이 없는 경우는 재고자산에 배분한다.

③ 재고자산증가이익이 발생하면 재고자산에 배분한다.

④ 별도의 회계처리를 할 필요가 없다.

해설 원가성없는 경우는 재고자산평가손실(영업외비용)에 포함시킨다.

06 (주)한양의 상품거래를 참고하여 계속기록법하에서의 선입선출법에 의한 2026년 12월 31일의 기말상품재고액은 얼마인가?

일자	적요	수량	단가
10. 1	기초재고	100	1,000
10. 3	매 입	200	1,100
10. 5	매 출	150	-
10.10	매 입	100	1,200
10.20	매 출	200	-
10.31	매 입	150	1,250

① 210,000원　　② 228,200원

③ 247,500원　　④ 237,500원

해설 선입선출법은 먼저 매입한 것이 먼저 매출되는 것으로 회계처리한다.

② 10/5 매출 150개	② 10/20 매출 200개
10/1 100개×1,000=100,000원	① 10/3 150개×1,100=165,000원
10/3 50개×1,100=55,000원	② 10/10 50개×1,200=60,000원

② 기말재고

① 10/10 50개×1,200=60,000원

10/31 150개×1,250=187,500원

∴ 합계 247,500원

07 판매를 목적으로 매입하거나 제조하여 보관 중인 상품, 제품, 원재료 등은 어느 항목으로 분류되는가?

① 유형자산 ② 재고자산

③ 투자자산 ④ 무형자산

해설 판매목적으로 대기상태에 있는 것은 재고자산이다.

08 다음 중 재고자산에 포함될 수 없는 것은?

① 제품생산을 위하여 보관 중인 원재료

② 판매를 위하여 제조 중인 선박

③ 판매를 위하여 거래처에서 외상으로 매입한 상품

④ 당사가 영업활동에 사용하기 위하여 매입한 물건

해설 ④ 당사가 영업활동에 사용하기 위하여 매입한 물건은 유형자산이다.

09 매입한 상품 중 일부가 품질에 차이가 있어 반품한 경우 관련된 항목은 어느 것인가?

① 매출환입 ② 매입에누리

③ 매입환출 ④ 매입할인

해설 매입시 하자가 있어 반품한 것은 매입환출이다.

10 다음의 자료를 통하여 매출원가를 계산하면 얼마인가?

기초상품재고액	55,000원	기말상품재고액	46,000원
상 품 매 입 액	420,000원	매 출 에 누 리	15,000원
상 품 매 출 액	820,000원	매 입 환 출 액	35,000원

① 394,000원 ② 414,000원

③ 719,000원 ④ 824,000원

해설 기출상품재고액 + 당기상품매입액 − 기말상품재고액 = 매출원가

55,000원 (+ 총매입액 420,000원 − 매입에누리와환출 35,000원 − 매입할인 0원) − 46,000원 = 394,000원

당기상품매입액 385,000원

11 다음 자료를 이용하여 당기의 (순)매출액을 구하면 얼마인가?

매출할인	200,000원	총매출액	5,000,000원
판매와 관리비	300,000원	매출에누리	500,000원

① 4,000,000원 ② 4,300,000원 ③ 4,700,000원 ④ 5,000,000원

해설

총매출액	5,000,000
−매출에누리와 환입	(500,000)
−매출할인	(200,000)
(순) 매출액	4,300,000원

12 다음 자료를 이용하여 당기말 재고자산 금액은 얼마인가?

> 기초재고액 200,000원 당기매입액 450,000원
> 당기판매액(매출원가) 300,000원에 해당하는 재고자산은 250,000원에 현금 판매한다.

① 130,000원 ② 300,000원 ③ 200,000원 ④ 350,000원

해설

기초재고액	200,000원
−당기매입액	450,000원
−당기판매분	(300,000원) → 매출원가
기말재고액	350,000원

ACCOUNTING PRINCIPLE

CHAPTER

08

금융자산(Ⅳ): 지분증권과 채무증권

SECTION 01

투자자산의 회계

투자자산(long-term investment)이란 장기적인 투자수익을 얻거나 다른 기업을 지배 통제할 목적으로 취득하여 보유하는 자산을 말한다.

「기업회계기준서」에서는 투자자산의 종류를 다음과 같이 제시하고 있다.

계정과목	내용
① 투자유가증권	유동자산에 속하지 아니하는 유가증권으로 한다. 투자유가증권은 매도가능금융자산, 만기보유금융자산, 관계기업투자주식 등의 세부 계정과목이 있다.
② 장기대여금	유동자산에 속하지 아니하는 장기의 대여금으로 한다.
③ 장기금융상품	유동자산에 속하지 아니하는 금융상품으로 하며, 사용이 제한된 예금에 대해서는 그 내용을 주석으로 기재한다.
④ 투자부동산	투자목적 또는 비영업용으로 소유하는 토지, 건물 및 기타의 부동산으로 하고 그 내용을 주석으로 기재한다.

투자자산은 기업의 주된 영업활동과 직접적으로 관련되지 않는다는 점에서 유형자산과 구별되며, 장기적으로 보유한다는 점에서 유동자산과 구별된다.

예제 1 **투자자산 회계**

다음을 분개하라.

1. ㈜서울은 2026년 7월 1일 여유자금의 투자목적으로 2년 만기 10,000,000원의 정기예금을 가입하였다.
2. ㈜서울은 장기투자목적으로 ㈜한강의 주식 1,000주를 5,000,000원에 구입하였다.
3. ㈜서울은 유휴자금의 투자목적으로 토지를 100,000,000원에 구입하였다.

풀이

1.	(차) 장기금융상품	10,000,000	(대) 현금		10,000,000
2.	(차) 매도가능증권	5,000,000	(대) 현금		50,000,000
3.	(차) 투자부동산	100,000,000	(대) 현금		100,000,000

SECTION 02

매도가능금융자산(지분증권)

1 매도가능금융자산의 취득

매도가능금융자산을 취득하면 취득원가를 매도가능금융자산계정의 차변에 기록한다. 매도가능금융자산의 취득원가는 순수매입대금에 거래수수료 등 부대비용을 가산한 금액으로 하여 취득시 다음과 같이 회계처리한다.

(차) 매도가능금융자산*	×××	(대) 현 금	×××

*매도가능금융자산=순수매입대금+부대비용

예제 2 **매도가능금융자산의 취득시**

(주)서울은 2026년 3월 10일에 장기투자목적으로 취득한 (주)현대자동차 주식을 60,000,000원(취득원가 포함)에 취득하였다면 (주)현대자동차에 중대한 영향력을 행사할 정도의 지분율을 보유하지 못하면서 단기매매차익을 목적으로 하지 않기 때문에 매도가능금융자산으로 분류하고 다음과 같이 처리한다.

(차) 매도가능금융자산	60,000,000	(대) 현 금	60,000,000

2 기말평가 - 매도가능금융자산에 대한 결산정리

기말 현재 매도가능금융자산을 보유하고 있는 경우 매도가능금융자산의 금액은 재무상태표에 어떠한 금액으로 보고하여야 하는가?이다.

「기업회계기준서」에서는 "매도가능금융자산은 공정가액으로 평가하도록 한다. 다만, 매도가능금융자산 중 시장성 없는 지분증권의 공정가액을 신뢰성 있게 측정할 수 없는 경우에는 취득원가로 평가한다"라고 규정하고 있다.

따라서 매도가능금융자산의 경우에는 시장성이 있는 경우에만 결산일 현재의 공정가액으로 장부상 금액을 수정하여 주는 결산정리분개가 필요하며 공정가액을 신뢰성 있게 측정할 수 없는 지분증권의 경우에는 취득원가로 보고하도록 하고 있으므로 장부가액의 수정이 필요치 않게 된다.

여기서 시장성이란 증권거래소나 협회중개시장 등에서 거래됨을 의미하며, 따라서 시장성 있는 지분증권의 공정가액은 재무상태표일 현재 종가로 한다. 다만, 재무상태표일 현재의 종가가 없는 경우에는 직전 거래일의 종가를 공정가액으로 한다.

구분	평가 (재무상태표 가액)	평가손익의 처리
매도가능 금융자산	공정가액* 취득원가**	매도가능금융자산평가이익 또는 매도가능금융자산평가손실(재무상태표상 기타포괄손익으로 보고)

* 공정가액을 신뢰성있게 측정할 수 없는 시장성 없는 지분증권의 경우
** 취득원가와 공정가액의 차이

매도가능금융자산을 공정가액으로 평가하는 경우 기말 공정가액이 장부가액보다 상승한 경우에는 공정가액과 장부가액의 차액을 매도가능금융자산계정 차변과 매도가능금융자산평가이익계정 대변에 기록하며, 반대로 기말 공정가액이 장부가액보다 하락한 경우에는 공정가액과 장부가액의 차액을 매도가능금융자산계정 대변과 매도가능금융자산평가손실계정의 차변에 기록한다.

구분	회계처리
공정가액 >장부가액	(차) 매도가능금융자산 ××× (대) 매도가능금융자산평가이익 ××× (기타포괄손익누계액)
공정가액 <장부가액	(차) 매도가능금융자산평가손실 ××× (대) 매도가능금융자산 ××× (기타포괄손익누계액)

매도가능금융자산의 공정가액과 취득원가(또는 평가 직전 장부가액)간의 차이로 발생하는 매도가능금융자산평가손익은 당기의 손익으로 반영하지 않고 재무상태표 항목인 기타포괄손익으로 계산한다. 이와 같이 기타포괄손익에 누적되는 매도가능금융자산평가손익은 해당 유가증권을 처분하거나 감액손실을 인식하는 시점에서 일괄하여 당기손익에 반영한다.

여기서 주의할 사항은 매도가능금융자산평가손익은 차기 이후에 발생하는 반대편의 매도가능금융자산평가손익과 상계하고 재무상태표에는 어느 한쪽의 잔액만을 표시하여야 한다는 것이다. 매도가능금융자산은 장기간 보유하는 유가증권이므로 보유기간중 가격변동으로 인한 미실현손익이 자본총계에 미치게 될 영향만을 기타포괄손익항목으로 반영해 주게 되는 것이다. 이러한 처리로서 결국 처분되기 전까지 재무상태표상 기타포괄손익에서는 매도가능금융자산의 최초 취득원가와 평가시점 공정가액의 차액만을 반영해 나가게 되는 것이다.

예제 3 **매도가능금융자산의 평가**

[예제 1]과 관련하여 (주)서울은 2026년 3월 10일에 장기투자목적으로 취득한 (주)현대자동차 주식에 대해 2026년 12월 31일(재무상태표) 현재 공정가치가 65,000,000원이라면 회계처리는 어떻게 하는가?

(차) 매도가능금융자산 5,000,000 (대) 매도가능금융자산평가이익 5,000,000

예제 4 **매도가능금융자산의 평가이익과 손실**

[예제 1, 2]와 관련하여 2029년 말에 보유하고 있는 매도가능금융자산의 공정가치가 58,000,000원으로 하락한다면 다음과 같이 회계처리된다. 2026년 말에 인식한 매도가능금융자산평가이익으로 매도가능금융자산 장부가액이 65,000,000원인데, 2029년 말에 공정가치가 58,000,000원이므로 매도가능금융자산을 7,000,000원 감소(대변)시키고, 하락한 매도가능금융자산 중에서 5,000,000원은 2022년에 인식하였던 매도가능금융자산평가이익으로 인한 부분이므로 먼저 매도가능금융자산평가이익을 줄여주고, 부족한 2,000,000원을 추가적으로 매도가능금융자산평가손실로 기록하여 기타포괄손익으로 계산한다.

(차) 매도가능금융자산평가이익	5,000,000	(대) 매도가능금융자산	7,000,000
매도가능금융자산평가손실	2,000,000		

3 매도가능금융자산의 처분

매도가능금융자산 처분시에는 매도가능금융자산은 물론 관련된 계정이 모두 제거되어야 한다. 매도가능금융자산의 장부상 금액은 물론 매도가능금융자산 보유기간중 공정가액으로 평가함에 따라 기타포괄손익에 계산하였던 매도가능금융자산평가이익 또는 매도가능금융자산평가손실계정의 잔액도 함께 제거되어야 할 것이다.

매도가능금융자산 처분의 경우에는 처분시점의 장부가액과 처분가액의 차액을 매도가능금융자산처분이익(또는 매도가능금융자산처분손실)으로 인식하여 포괄손익계산서상 영업외수익(영업외비용)으로 보고한다. 공정가액에 의해 평가를 하여 왔던 매도가능금융자산의 경우에는 해당 증권과 관련하여 기타포괄손익에 계상되어 있는 매도가능금융자산평가이익 또는 매도가능금융자산평가손실을 제거하고 이 금액을 매도가능금융자산처분손익에 가감하여야 한다.

결국 매도가능금융자산처분손익으로 인식되는 금액은 최초 취득원가와 처분가액의 차이에 해당하는 금액이 된다.

매도가능금융자산처분손익 = 매도가능금융자산의 처분가액 − 매도가능금융자산의 장부가액 ± 매도가능금융자산평가손익

(차) 현 금	×××	(대) 매도가능금융자산	×××
매도가능금융자산처분손실	×××	매도가능금융자산평가손실	×××

예제 5 **매도가능금융자산의 처분**

앞의 [예제 3]에서 2028년 3월에 (주)서울이 (주)현대자동차 주식 56,000,000원(거래수수료 차감 후)에 현금으로 처분하였다면 다음과 같이 회계처리 한다.

(차) 현 금	56,000,000	(대) 매도가능금융자산	58,000,000
매도가능금융자산처분손실	4,000,000	매도가능금융자산평가손실	2,000,000

2028년 3월에 (주)현대자동차 주식의 장부가액은 58,000,000원이다. 이 주식을 56,000,000원에 처분하였으므로 2,000,000원의 손실이 발생할 것으로 생각할 수 있다. 하지만 2027년 말에 인식한 매도가능평가손실에 대해 처분시점까지 인식을 유보하고 있으므로 2028년 3월에 처분할 때 평가손실을 인식할 필요가 있다. 즉, 처분시점에 2026년에 인식한 매도가능금융자산평가손실이 확정되므로 매도가능금융자산처분손실은 4,000,000원인 셈이다. 이를 다시 살펴보면, 매도가능금융자산에 대해서는 항상 취득원가를 기준으로 처분손익이 계산됨을 알 수 있다.

SECTION 03

만기보유금융자산(투자채권)

1 만기보유금융자산 취득과 유효이자율 계산

만기보유금융자산은 기업이 장기간에 걸쳐 이자수익을 획득하기 위하여 투자한 채무증권이다.

(1) 취득시 회계처리

만기보유금융자산은 취득시점에 정상적인 구입가액에 취득부대비용까지 포함하여 취득원가를 기록한다. 만기보유금융자산은 매도가능금융자산과 통합하여 장기투자증권으로 재무상태표에 표시될 수 있다.

예제 6 만기보유금융자산의 취득

2026년 1월 1일에 액면금액 10,000원, 액면이자율 5%, 만기 3년이고 매년 말에 이자가 지급되는 만기보유금융자산을 만기까지 보유하여 이자수익을 획득할 목적으로 9,733원에 취득하였다면 취득시점에 회계처리는 다음과 같다.

(차) 만기보유금융자산	9.733	(대) 현 금	9.733

(2) 유효이자율 계산

앞에서 9,733원에 취득한 만기보유금융자산에 대해 기업이 기대하고 있는 투자수익률은 얼마일까? 만기보유금융자산의 현금흐름은 3년에 걸쳐 현금이자 500원과 3년 후 만기일에 액면금액 10,000원이다. 이러한 현금흐름을 기대투자수익률(r)로 현재가치 계산을 하면 현재시점의 만기보유금융자산의 시장가격이 되므로 다음과 같이 계산식을 세울 수 있다.

$$
\begin{aligned}
9{,}733 &= \frac{500}{(1+r)} + \frac{500}{(1+r)^2} + \frac{500}{(1+r)^3} + \frac{10{,}000}{(1+r)^3} \\
&= 500 \times \frac{1-(1+r)^{-3}}{r} + 10{,}000 \times (1+r)^{-3}
\end{aligned}
$$

위의 계산식에서 기대투자수익률을 유효이자율이라고 하며, 위의 방정식을 풀면 r = 6%로 산출된다. 유효이자율 6%는 만기보유금융자산 매수기업의 기대투자수익률이므로 만기보유금융자산에 대한 이자수익을 계산하는 데 사용된다.

2 이자수익 인식과 기말평가

만기보유금융자산을 보유하는 경우에는 재무상태표일에 이자수익과 장부가액 조정에 관련된 회계처리를 수행한다. 이는 시간의 경과에 의해 현금이자를 수령할 권리를 획득한 것으로 간주하고 이로 인하여 사채에 대한 금액이 조정될 필요가 있기 때문이다.

예를 들어 2026년 1월 1일에 액면금액 10,000원, 액면이자율 5%, 만기 3년이고, 매년 말에 이자가 지급되는 만기보유금융자산을 만기까지 보유하여 이자수익을 획득할 목적으로 9,733원에 취득(거래수수료 포함)한 경우에 연도별 이자수익과 현금이자수령액 및 기말만기증권의 장부가액을 정리하면 다음과 같다.

❙ 만기보유금융자산의 이자수익 인식과 기말평가

연도	연간 이자수익(A)	연간 현금이자(B)	만기보유금융자산 장부가액 증가액(C)	만기보유금융자산 장부가액(D)
	기초D × 6%	10,000원×5%	A－B	기초 D+C
취득시				9,733원
2026년 말	584원	500원	84원	9,817
2027년 말	589	500	89	9,906
2028년 말	594	500	94	10,000
합 계	1,767원	1,500원	267원	

위의 표를 살펴보면 다음과 같다.

(1) 2026년 말

9,733원에 취득한 만기보유금융자산에 대한 기대투자수익률이 6%이므로 사채를 매수한 기업은 2026년 말에 이자수익으로 584(=9,733 원× 6%)원을 인식한다. 실제 지급받는 현금이자는 500원(=10,000원 × 5%)이므로 이자수익과 현금이자의 차액 84원은 사채발행기업에 재투자된 것으로 볼 수 있으므로 만기보유금융자산의 장부가액이 9,817(=9,733원+84원)원으로 증가하게 된다. 이에 대한 회계처리는 다음과 같다.

(차) 현　　금	500	(대) 이자수익	584
만기보유금융자산	84		

(2) 2027년 말

2027년 초 현재 장부가액 9,817원인 만기보유금융자산에 대한 기대투자수익률이 6%이므로 만기보유금융자산을 매수한 기업은 2027년 말에 이자수익으로 589(=9,817원 × 6%)원을 인식한다. 실제 지급받는 현금이자는 500(=10,000원 × 5%)원이므로 이자수익과 현금이자의 차액 89원은 사채발행기업에 재투자된 것으로 볼 수 있으므로 만기보유금융자산의 장부가액이 9,906(=9,817원+89원)원으로 증가하게 된다. 이에 대한 회계처리는 다음과 같다.

(차) 현　　금	500	(대) 이자수익	589
만기보유금융자산	89		

(3) 2028년 말

2028년 초(2021년 말) 현재 장부가액 9,906원인 만기보유금융자산에 대한 기대투자수익률이 6%이므로 만기보유금융자산을 매수한 기업은 2027년 말에 이자수익으로 594 (=9,906원 × 6%)원을 인식한다. 실제 지급받는 현금이자는 500 (=10,000 원× 5%)원이므로 이자수익과 현금이자의 차액 94원은 사채발행기업에 재투자된 것으로 볼 수 있으므로 만기보유금융자산의 장부가액이 10,000 (=9,906원+94원)원으로 증가하게 된다. 이는 만기일에 회수되는 액면금액과 동일한 금액이다. 따라서 이자수익과 액면금액 회수와 관련된 회계처리는 다음과 같다.

(차) 현　　금	500	(대) 이자수익	594
만기보유금융자산	94		
(차) 현　　금	10,000	(대) 만기보유금융자산	10,000

예제 7 **이자율 계산 예시**

(주)서울은 2026년 1월 초에 만기보유목적으로 (주)금광의 8% 500,000원의 사채를 456,200원에 구입하였다. 이 사채의 유효이자율은 10%이다. 사채의 만기는 2029년 1월 1일에 지급한다.
(주)서울은 유효이자율법으로 상각한다. 2026년 12월 31일 만기보유금융자산으로 기록될 금액은 얼마인지 계산하시오.

풀 이

① 유효이자율: 456,200원 × 0.1 = 45,620원
② 명목이자율: 500,000원 × 0.08 = 40,000원
③ 차금상각: 45,620원 − 40,000원 = 5,620원
④ 만기보유금융자산 장부가액: 456,000원 + 5,620원 = 461,800원

“ M/E/M/O ”

SECTION 04

관계기업투자주식

관계기업투자주식은 투자회사가 타회사에 중대한 영향력을 행사하거나 타회사를 지배, 통제할 목적으로 취득하여 보유하는 지분증권을 말한다.

중대한 영향력이란 투자회사가 피투자회사의 영업 및 재무 등의 의사결정에 실질적으로 영향을 미칠 수 있는 능력을 말한다. 일반적으로 중대한 영향력 행사 여부를 결정함에 있어 투자회사가 직, 간접적으로 피투자회사 의결권 있는 주식의 20% 이상을 취득한 경우에는 투자회사가 피투자회사에 중대한 영향력을 행사할 수 있는 것으로 본다.

이러한 투자주식은 공정가액법이나 원가법과는 다르게 지분법에 의하여 기말평가를 하여야 한다.

1 관계기업투자주식의 취득

투자주식의 취득원가는 앞에서 살펴 본 기타의 유가증권과 같이 매입가액에 매입과 관련하여 지출한 수수료 등의 취득부대비용을 가산한 금액으로 한다.

(차) 관계기업투자주식	×××	(대) 현 금	×××

2 지분법에 의한 기말평가

피투자회사를 지배, 통제할 목적으로 주식을 취득함으로써 투자회사가 피투자회사에 중대한 영향력을 행사할 수 있게 된 경우에는 단일실체의 개념이 적용되어 피투자회사 순자산가액의 변동을 투자회사가 즉시 인식하는 회계처리를 하여야 하는데 이를 지분법이라 한다.

지분법평가의 요점은 투자회사의 투자지분평가액이 피투자회사의 순자산가액 중 투자지분율에 해당하는 금액과 항상 같도록 유지하는 데 있다.

투자회사 투자지분평가액 = 피투자회사 순자산 × 투자지분율

지분법은 피투자회사의 순자산가액 변동을 투자주식의 장부가액에 직접 반영하는 방법으로서 피투자회사가 당기순이익을 보고하는 경우 이는 피투자회사의 순자산 증가를 의미하므로 순이익 중 투자회사 지분율만큼 투자주식의 장부가액에 가산하고 동액만큼을 지분법평가이익으로 하여 포괄손익계산서에 영업외수익으로 보고한다.

반대로 피투자회사가 당기순손실을 보고하는 경우 이는 피투자회사의 순자산 감소를 의미하므로 순손실 중 투자회사의 지분율만큼 투자주식의 장부가액에서 직접 차감하고 동액만큼을 지분법평가손실로 하여 영업외비용으로 보고한다.

또한 피투자회사로부터 배당금을 수취하게 되는 경우 피투자회사의 배당금 지급은 피투자회사의 이익잉여금을 감소시켜 순자산의 감소를 초래하므로 수령한 배당금만큼 투자주식의 장부가액을 감소시켜야 한다.

3 관계기업투자주식의 처분

관계기업투자주식의 처분은 다른 유가증권의 회계처리와 마찬가지로 처분시점의 장부가액과 처분가액을 비교하여 그 차액을 관계기업투자주식처분이익 또는 관계기업투자주식처분손실로 하여 영업외손익으로 보고한다.

예제 8 **관계기업투자주식의 회계처리**

아래 (주)서울의 관계기업투자주식과 관련하여 필요한 분개를 하라.

(1) (주)서울은 2026년 5월 3일 갑회사 발행주식의 25%인 50주를 주당 10,000원에 취득하고 거래수수료 30,000원과 함께 현금 지급하였다.

(2) 2027년 말 갑회사는 당기순이익 120,000원을 보고하였다.

(3) 2028년 초 갑회사 주주들에게 배당금으로 총 40,000원을 지급하였다.

(4) 2028년 말 갑회사는 당기순손실 80,000원을 보고하였다.

(5) 2029년 초 (주)서울은 갑회사 주식 모두를 600,000원에 현금 처분하였다.

풀이

(1) 관계기업투자주식 취득시(2026년 5월 3일)

(차) 관계기업투자주식	530,000	(대) 현 금	530,000

(2) 2027년 말 당기순이익 보고시

(차) 관계기업투자주식	30,000*	(대) 지분법평가이익	30,000

* 120,000원 × 0.25 = 30,000

(3) 2028년 초 당기순이익 보고시

(차) 현 금	10,000	(대) 관계기업투자주식	10,000

* 피투자회사가 총 40,000원의 배당금을 지급하였으므로 25% 지분율에 해당하는 10,000원의 배당금을 수령하게 된다.

(4) 2028년 말 당기순손실 보고시

(차) 지분법평가손실	20,000	(대) 관계기업투자주식	20,000

* 80,000 × 0.25 = 20,000

(5) 2024년 초 처분시

(차) 현 금	600,000	(대) 관계기업투자주식	530,000
		관계기업투자주식처분이익	70,000

“M/E/M/O”

SECTION 05

기타의 금융자산

1 장기금융상품

장기금융상품은 유동자산에 속하지 아니하는 금융상품으로 장기성예금 및 특정 현금과 예금이 포함된다.

특정 현금과 예금은 사용이 제한된 예금으로 만기가 1년 이내에 도래하는 예금은 당기손익인식지정금융자산으로 대체하여야 하고 1년 이상 담보 등으로 사용이 제한되어 있는 경우에는 장기금융상품으로 분류하고 그 내용을 주석으로 기재하여야 한다.

2 장기대여금

타인에게 현금을 대여한 경우에 상환기간이 재무상태표일로부터 1년 이상인 대여금을 말한다.

예제 9 **장기대여금의 회계처리**

다음 거래를 분개하시오.
(1) (주)서울에 현금 10,000,000원 대여해 주고, 만기 15개월의 어음을 받다.
(2) 대여금의 만기일이 도래하여 대여기간의 이자 60,000원과 함께 현금으로 회수하다.

풀이

(1)	(차) 장기대여금	10,000,000	(대)	현　금	10,000,000
(2)	(차) 현　금	10,060,000	(대)	장기대여금	10,000,000
				이자수익	60,000

3 투자부동산

투자부동산은 영업활동과 직접적인 관련이 없으면서 장기적으로 투자이익을 얻을 목적으로 소유하는 부동산을 말한다. 투자부동산은 정상적인 영업활동을 위해 사용하는 부동산이 아니므로 유형자산으로 분류할 수 없으며 따라서 감가상각도 하지 않는다. 한국채택국제회계기준에서는 투자자산을 비금융자산으로 분류한다.

만약 건물을 영업활동에 사용할 목적으로 취득하였다면 유형자산의 건물계정을 사용하여 기록하여야 하고 장기투자이익을 얻을 목적으로 취득하였다면 투자부동산의 계정으로 분류하여야 하며, 부동산 매매회사가 판매를 목적으로 취득하였다면 재고자산으로서의 상품계정으로 분류하여야 한다.

투자부동산의 보유기간중 투자부동산에 대해 납부한 재산세 등은 이를 비용처리하지 않고 투자부동산의 차변에 기록하여 가산하여야 한다.

예제 10 **투자부동산의 회계처리**

다음 토지의 취득거래를 분개하시오.
(주)서울은 장기투자이익을 얻을 목적으로 800,000원의 토지를 취득하고 중개인 수수료 및 부동산 등기비용 50,000원과 함께 수표 발행하여 지급하였다.

(차) 투자부동산	850,000	(대) 당좌예금	850,000

주/요/용/어

- 모기업(parent company)
- 시장성유가증권(marketable securities)
- 연결재무제표(consolidated financial statements)
- 원가법(cost method)
- 자기업(subsidiary company)
- 지분법(equity method)

“M/E/M/O”

Chapter 08 주관식 연습문제

01 공정가액이란 무엇을 말하는가?

02 관계기업투자주식의 평가시 적용하는 지분법에 대해 설명하시오.

03 만기보유금융자산을 액면금액보다 낮은 가액으로 취득한 경우에 만기보유금융자산의 재무상태표 표시는 사채할인발행의 경우와 비교할 때 어떤 차이가 있는지 설명하시오.

04 다음의 유가증권거래에 대하여 적절한 계정과목을 선택하여 분개하라.

(1) 단기매매차익목적으로 시장성이 있는 A회사 주식 10주(주당액면 5,000원)를 주당 20,000원에 매입하면서 주식 매입대금은 수표를 발행하여 지급하고 매입수수료 5,000원 현금으로 지급하다.

(차) (대)

(2) 장기투자이익을 얻을 목적으로 B회사 주식 10주(주당액면 5,000원)를 주당 9,000원에 매입하고 매입수수료 10,000원을 포함하여 현금으로 지급하다.

(차) (대)

(3) 채권투자를 위해 액면가액 50,000원(표시이자율 10%)인 B회사 사채를 만기보유목적으로 매입하고 매입수수료 20,000원과 함께 현금으로 지급하다.

(차) (대)

(4) 타 회사를 지배, 통제할 목적으로 C회사 의결권 있는 주식의 30%의 130주를 주당 20,000원에 매입하고 매입수수료 30,000원과 함께 수표 발행하여 지급하다.

(차) (대)

Chapter 08 객관식 연습문제

01 중대한 영향력을 행사할 수 있는 매도가능금융자산에 대하여는 지분법을 적용하는데, 그 범위에 해당하지 않는 것은?

① 피투자회사의 의사결정기관에의 참여

② 경영진의 의사교류

③ 필수적인 기술정보의 교환

④ 투자회사가 피투자회사에 형식적인 의사결정에만 참여함

해설 중대한 영향력이 있는 경우로 보는 것은 다음과 같다.

- 피투자회사의 이사회, 의사결정기관에의 참여
- 피투자화사의 이익잉여금 분배나 내부유보에 관한 의사결정과정에의 참여
- 피투자회사의 영업정책에 대한 의사결정과정에의 참여
- 투자회사와 피투자회사간의 중요한 내부거래
- 경영진의 인사교류
- 필수적인 기술정보의 교환

02 합리적인 판단력과 거래의사가 있는 독립된 당사자간에 거래될 수 있는 교환가격은?

① 원가액 ② 순이자가액

③ 운용가액 ④ 공정가액

03 만기보유금융자산의 회계처리에 대한 설명으로 틀린 것은?

① 기말의 만기보유금융자산은 상각 후 취득원가로 평가하여 재무상태표에 표시한다.

② 취득시의 취득원가는 단기매매금융자산을 준용하여 유가증권 취득을 위하여 제공한 대가의 시장가격에 취득부대비용을 포함한 가액으로 측정한다.

③ 만기보유금융자산을 상각 후 취득원가로 측정할 경우에는 취득원가와 만기액면가액의 차이를 상환기간에 걸쳐 유효이자율법에 의하여 상각하여 취득원가와 이자수익에 가감한다.

④ 만기보유금융자산으로부터 회수할 수 있을 것으로 추정되는 금액이 상각 후 취득원가보다 작은 경우라도 감액손실을 인식하지 않는다.

해설 만기보유금융자산의 회계처리

- 기말의 만기보유금융자산은 상각 후 취득원가로 평가하여 재무상태표에 표시한다.
- 취득시의 취득원가는 단기매매금융자산을 준용하여 유가증권 취득을 위하여 제공한 대가의 시장가격에 취득부대비용을 포함한 가액으로 측정한다.
- 만기보유금융자산을 상각 후 취득원가로 측정할 경우에는 취득원가와 만기액면가액의 차이를 상환기간에 걸쳐 유효이자율법에 의하여 상각하여 취득원가와 이자수익에 가감한다.
- 만기보유금융자산으로부터 회수할 수 있을 것으로 추정되는 금액이 상각 후 취득원가보다 작은 경우에는 감액손실을 인식할 것을 고려하여야 한다.

04 타회사에 중대한 영향력을 행사하고 있을 때의 투자주식평가방법은?

① 원가법 ② 공정가액법

③ 지분법 ④ 연결재무제표

05 타회사에 중대한 영향력을 행사하는 데 필요한 보통주식 소유비율은?

① 5% 이상 소유 ② 10% 이상 소유

③ 15% 이상 소유 ④ 20% 이상 소유

CHAPTER

09

유형자산과 무형자산, 기타비유동자산

SECTION 01

유형자산의 회계

1 유형자산의 개념

기업회계기준서 제5호에서는 유형자산에 대하여 "유형자산은 재화의 생산, 용역의 제공, 타인에 대한 임대 또는 자체적으로 사용할 목적으로 보유하는 물리적 형태가 있는 자산으로서 1년을 초과하여 사용할 것으로 예상되는 자산이다"라고 규정하고 있다.

유형자산은 영업용자산으로서 물리적 실체가 있는 1년 이상의 장기보유자산이다. 유형자산은 사용하거나 시간이 경과함에 따라 점점 가치가 감소하게 된다. 즉 유형자산이란 재화의 생산, 용역의 제공, 타인에 대한 임대 또는 자체적 사용을 목적으로 보유하는 물리적 실체가 있는 자산으로 1년을 초과하여 사용할 것이 예상되는 자산을 말하며 회사의 영업활동에 장기간 사용할 목적으로 취득한 구체적인 형태를 가지고 있는 자산이다. 유형의 자산으로서 토지, 건물, 구축물, 기계장치, 건설중인자산 등이 있다.

회계상 유형자산으로 분류하기 위해서는 다음의 조건을 충족해야 한다.

첫째, 물리적 실체를 가져야 한다.
둘째, 영업활동에 사용할 목적으로 취득하는 자산이다. 따라서 영업활동과 무관하게 보유하고 있는 자산은 유형자산으로 분류되지 않는다.

셋째, 유형자산은 단기간 사용하는 것이 아니고 장기간 사용할 것을 전제로 취득한 자산이다.

유형자산의 인식요건
= 유형자산 정의에 충족 + 미래의 경제적 효익 + 취득원가 측정가능성

대부분의 유형자산이 감가상각의 대상이 되는 자산이지만 토지와 건설중인 자산은 감가상각 대상자산에서 제외되는데 이는 토지의 경우 용역잠재력이 영구적으로 지속되는 것으로 보기 때문이며 건설중인자산의 경우에는 아직 영업활동에 사용되지 않은 자산이기 때문이다.

유형자산의 회계처리는 취득시 취득원가의 결정문제, 감가상각비 회계처리, 처분시 회계처리 등이 있다.

2 유형자산의 종류

유형자산은 기업이 장기간 영업활동에 사용할 목적으로 보유하고 있는 자산 중 형체가 있는 유형의 자산을 말한다. 대표적인 유형자산을 보면 다음과 같다.

① **토지**: 영업활동에 사용하고 있는 대지, 임야, 잡종지 등
예를 들면, 영업용 건물이 들어서 있는 대지. 즉, 기업이 토지를 보유하고 있더라도 영업활동으로 사용할 목적이 아닌 투자목적으로 보유하고 있는 토지는 투자자산으로 분류되고, 매매목적으로 보유하고 있는 토지는 재고자산으로 분류된다.
② **건물**: 영업활동으로 사용하고 있는 건물과 건물의 부속설비 등
③ **구축물**: 선거, 교량, 안벽, 부교, 궤도, 저수지, 갱도, 굴뚝, 정원설비 및 기타의 토목

설비 또는 공작물 등
④ **기계장치**: 기계장치와 운송설비 및 기타의 부속설비 등
⑤ **건설중인자산**: 유형자산의 건설을 위한 재료비, 노무비 및 경비로 하되, 건설을 위하여 지출한 도급금액
⑥ **차량운반구**: 철도차량, 자동차 및 기타의 육상운반구 등
⑦ **선박**: 선박과 기타 수상운반구 등
⑧ **비품**: 책상, 컴퓨터, 복사기 등

3 유형자산의 회계처리

(1) 유형자산의 취득원가의 결정

유형자산을 취득하게 되면 취득원가에 구입수수료, 등기료, 취득세, 사용전 수선비, 운반비, 설치비, 시운전비, 개량비, 정지비 등을 가산하여 해당 유형자산계정의 차변에 기입한다.

유형자산의 취득원가의 결정은 취득의 유형에 따라 약간씩 다르다.

유형자산 취득원가 = 구입(제조)원가 + 부대비용

예) 토지, 건물 구입 : 취득세, 등록세, 등기수수료 등 부대비용
기계장치 등 구입 : 운송비, 하역비, 설치비, 시운전비 등 비용

① **구입한 경우**: 구입가격에 부대비용을 가산한 금액이 취득원가가 된다. 부대비용은 구입수수료, 운임 등 구입과 관련하여 부수적으로 지출되는 비용을 말한다.
② **제작 또는 건설의 경우**: 제작이나 건설에 소요된 직접재료비, 직접노무비, 제조간접비로 구성된 제작원가 또는 건설원가에 시운전비 등과 같은 부대비용을 가산한 금액

을 취득원가로 한다.

③ 교환, 현물출자, 증여, 무상취득시: 공정가액을 취득원가로 한다.

- 이종자산교환: 공정가액을 취득원가로 한다.
- 동종자산교환: 장부가액을 취득원가로 한다. 단, 건물 · 토지는 동종자산이라 하더라도 공정가액을 취득원가로 한다.

(2) 유형자산의 취득원가 결정

유형자산의 취득원가를 결정하면 다음과 같이 회계처리한다.

(차) 유형자산	×××	(대) 현금 또는 미지급금	×××

예제 1 **유형자산의 취득가액 결정(1)**

㈜서울은 기계장치는 구입하였다.
기계의 순수한 구입대금은 1,000,000원이며, 공장까지의 운임 100,000원, 공장 내 설치비 30,000원, 시운전비 70,000원이 발생하였다.
이 경우 기계장치의 취득원가는 얼마인가? 그리고 분개하시오.

풀이

순수한 기계구입대금	:	1,000,000원
운임	:	100,000원
설치비	:	30,000원
시운전비	:	70,000원
기계장치의 취득원가		1,200,000원

(차) 기계장치	1,200,000	(대) 현　　금	1,200,000

예제 2 유형자산의 취득가액 결정(2)

㈜소망은 건물을 신축하기 위하여 구건물이 있는 토지를 다음과 같이 현금으로 취득하였다. 이 토지의 취득원가와 회계처리를 구하시오.

(1) 토지의 취득가액	95,000원	(2) 중개인 수수료	1,000원
(3) 취득세	5,000원	(4) 구건물 철거비용	6,000원
(5) 철거물 매각가치	1,000원	(6) 토지의 측량비용	2,000원
(7) 건물 설계비	3,000원		

풀이

토지의 취득원가 = 취득가액 + 중개수수료 + 취득세 + 구건물 철거비용
+ 토지측량비용 − 철거물매각가치

95,000원 + 1,000원 + 5,000원 + 6,000원 + 2,000원 − 1,000원 = 108,000원

(차) 토 지	108,000	(대) 현 금	108,000

예제 3 유형자산 취득과 처분시 회계처리

다음 거래를 분개하시오.

(1) 토지를 구입하고 대금 10,000,000원(1,000평, 평당 10,000원)을 수표를 발행하여 지급하다. 부동산 중개 수수료 40,000원, 등기 이전료 50,000원, 취득세 400,000원, 정지비용 700,000원을 현금으로 지급하다.

(2) 위의 토지 100평을 평당 17,000원에 매각하다.

풀이

(1)	(차) 토 지	11,190,000	(대) 당좌예금	10,000,000
			현 금	1,190,000
(2)	(차) 현 금*	1,700,000	(대) 토 지**	1,119,000
			유형자산처분이익	581,000

*100평×17,000원=1,700,000원 **11,190,000/1,000평=11,190원, 11,1190원×100평=1,119,000원

예제 4 건설중인자산의 회계처리(1)

다음 거래를 분개하시오.

(1) 건물을 신축하기로 하고 도급금 3,000,000원 중 착수금 1,000,000원을 수표를 발행하여 선급하다. 설계사에게 설계비용 50,000원을 현금으로 지급하다.

(2) 도급금 중 중도금 1,000,000원을 수표를 발행하여 지급하다.

(3) 건물이 완공되어 인도받고 도급금 잔액을 수표로 지급하다.

풀이

(1)	(차) 건설중인자산	1,050,000	(대)	당좌예금	1,000,000
				현　　금	50,000
(2)	(차) 건설중인자산	1,000,000	(대)	당좌예금	1,000,000
(3)	(차) 건　　물	3,050,000	(대)	당좌예금	1,000,000
				건설중인자산	2,050,000

예제 5 건설중인자산의 회계처리(2)

다음 거래를 분개하시오.

(1) 건물을 회사 자체가 신축하기로 하다. 건설본부에 건축비 1,000,000원을 수표로 선급하다.

(2) 건설본부로부터 건축비로 다음의 비용이 발생하였음을 보고받다.

재료비	800,000원
노무비	400,000원
경비(전력비, 사무비 등)	100,000원

(3) 건물이 완성됨에 따라 건설본부에 건축비의 부족분을 수표를 발행하여 지급하다.

풀이

(1)	(차) 건설중인자산	1,000,000	(대)	당좌예금	1,000,000

(2)	(차) 건설중인자산	300,000	(대)	공사미지급금	300,000
(3)	(차) 건　　물	1,300,000	(대)	건설중인자산	1,300,000
	공사미지급금	300,000		당좌예금	300,000

(3) 유형자산 보유시 지출

유형자산을 취득한 후에 추가적인 지출이 생겼을 때에는 그 자산의 취득원가에 가산할 것인지 아니면 수선비 등의 비용계정으로 처리할 것인지를 결정해야 한다. 이론적으로 지출의 효익이 미래까지 미치는 지출은 자본적 지출로 하여 자산으로 계상하고, 지출의 효익이 당기에 끝나는 지출은 수익적 지출로 하여 비용으로 계상한다.

가. 자본적 지출

당해 유형자산의 내용연수를 증가시키거나 가치를 현실적으로 증가시키는 지출로 자산으로 처리한다.

예를 들면,
- 증설, 개량, 엘리베이터 설치, 냉 · 난방장치의 설치 등
- 자산을 증가, 추가하는 지출(증설)
- 자산의 생산비율, 생산능력을 높이는 지출(개량, 대체)
- 재배치, 용도변경으로 자산의 이용가치를 증가시키는 지출
- 내용연수를 연장시키는 지출
- 일정 금액 이상의 지출

나. 수익적 지출

유형자산의 원상을 회복하거나 능률을 유지하기 위한 지출로 비용으로 회계처리한다.

예를 들면,
- 수선, 소액의 지출 건물의 도장, 소모된 부속품이나 벨트의 교체
- 경상적으로 발생하는 비용의 지출(수선유지비)

- 비용 지출의 효과가 회계기간 내에 소멸하는 지출
- 현재의 재산의 상태나 기능을 유지하기 위한 지출
- 본래의 정상적 기능을 발휘시키는 데 필요한 지출
- 일정 금액 미만의 지출

지출의 효과가 단기간에 종료하는 지출로서 유형자산의 원상을 회복시키거나 능률유지를 위한 지출	지출의 효과가 장기간에 걸쳐 발생하는 지출로서 유형자산의 내용연수가 늘어나거나 가치가 증대되는 지출
↓	↓
비용으로 처리 예) 부속품의 교체 등	자산으로 처리 예) 냉 · 난방장치의 설치 등

참고 수익적 지출과 자본적 지출을 구분해야 하는 이유

어떤 특정한 지출을 수익적 지출로 처리하느냐, 아니면 자본적 지출로 처리하느냐에 따라 기업의 재무상태와 경영성과가 크게 달라진다.

즉, 수익적 지출로 처리하여야 할 것을 자본적 지출로 처리하면 그 사업연도의 이익이 과대계상(비용의 과소계상)될 뿐만 아니라 유형자산이 과대계상된 부분이 발생하게 되며, 반대로 자본적 지출로 처리하여야 할 것을 수익적 지출로 처리하면 이익의 과소계상(비용의 과대계상)과 유형자산이 과소평가되는 결과를 초래한다.

오류의 유형	자산	비용	당기순이익
수익적 지출을 자본적 지출로 잘못 처리한 경우	과대계상	과소계상	과대계상
자본적 지출을 수익적 지출로 잘못 처리한 경우	과소계상	과대계상	과소계상

예제 6

자본적 지출과 수익적 지출 예(1)

다음 거래를 분개하시오.

(1) 사용하고 있는 건물에 엘리베이터와 난방시설을 하고 공사비 1,000,000원을 현금 지급하다.

(2) 건물의 외벽에 대한 도장공사비와 파손된 유리를 대체하기 위해 400,000원을 현금으로 지급하다.

풀이

(1) 자본적 지출(자산)

(차) 건 물	1,000,000	(대) 현 금	1,000,000

(2) 수익적 지출(비용)

(차) 수선비	400,000	(대) 현 금	400,000

예제 7

자본적 지출과 수익적 지출 예(2)

㈜한라는 창립기념일을 맞이하여 본사건물에 대한 대대적인 개조와 수리를 실시하고 수표를 발행하여 총액 30,000,000원의 공사비를 지급하였다. 이 중 20,000,000원은 음성인식 자동문의 설치를 위한 것이고, 나머지 10,000,000원은 내벽의 도장을 산뜻하게 바꾸기 위한 것이다. 이 거래를 인식하기 위한 분개를 하시오.

풀이

(차) 건 물	20,000,000	(대) 당좌예금	30,000,000
수 선 비	10,000,000		

4 유형자산의 감가상각 인식

감가상각이란 수익, 비용의 합리적인 대응을 위하여 체계적이고 합리적인 절차에 따라 유형자산의 원가를 비용으로 배분시키는 과정을 말한다.

즉, 유형자산은 시간의 경과 및 사용으로 가치가 감소하므로 자산의 원가를 내용연수에 걸쳐 체계적이고 합리적인 방법으로 배분하는 과정을 말한다.

이때 토지와 건설중인자산은 감가상각을 하지 않는다. 그 이외의 유형자산은 결산시 반드시 감가상각하여야 한다.

(1) 감가상각의 3요소

가. 취득원가

유형자산의 구입가액 또는 제작가액에 이를 사용하게 되기까지의 부대비용을 가산한 금액이다.

나. 내용연수

내용연수의 추정시는 물리적 감가를 고려하여야 함은 물론이고, 기능적 감가가 나타날 것도 예상하여 결정한다.

다. 잔존가액

내용연수를 경과하고, 폐기되는 때의 추정처분가액에서 처분과 관련된 비용을 차감한 가액이다.

감가상각 대상금액의 기준이 되는 금액으로서 자산의 사용기간중 비용화할 전체금액을 의미한다. 감가상각 대상금액은 다음과 같이 취득원가와 잔존가액에 의해 결정된다.

감가상각 대상금액 = 취득원가 − 잔존가액

예) 기계장치 취득원가 10,000,000원이며 기계사용기간은 3년 이상, 잔금가치 1,000,000원 감가상각대상금액은 10,000,000 - 1,000,000 = 9,000,000원임

보고기간 말에 당기에 해당하는 감가상각비금액을 감가상각비계정 차변에 기입하고 감가상각누계액계정 대변에 기입한다.

(차변) 감가상각비	×××	(대변) 감가상각누계액 (유형자산의 차감계정)	×××

예) 감가계상금액 9,000,000원, 내용연수 3년, 정액법이라면 1년에 감가상각비는 3,000,000원임.

(차) 감가상각비	3,000,000원	(대) 감가상각누계액	3,000,000원

재무상태표에 표시될 때 건물의 감가상각누계액은 건물의 차감계정으로 표시된다. 예를 들어 기계의 취득원가는 10,000,000원이며 감가상각누계액이 3,000,000원이라면, 아래의 예시와 같이 재무상태표에 표시되며 따라서 기계의 장부금액은 '취득원가−감가상각누계액'인 7,000,000원이다.

재무상태표

기계장치	10,000,000원	7,000원(장부가액)
감가상각누계액	(3,000,000원)	

(2) 감가상각비의 계산방법

가. 정액법(fixed amount method)

유형자산의 취득원가를 매기간 균등하게 상각하는 방법이다. 이 방법은 계산절차가 간단하여 비교적 물리적 감가가 나타나는 건물이나 구축물 등에 적

합하다.

$$감가상각비 = \frac{(취득원가 - 잔존가액)}{내용연수}$$

예제 8 정액법에 의한 감가상각

취득원가 2,000,000원, 잔존가액 200,000원, 내용연수 5년의 기계장치의 감가상각액을 정액법으로 구하라(단, 결산은 1년 1회 하는 것으로 한다).

풀 이

$$감가상각비 = \frac{2,000,000 - 200,000}{5년} = 360,000원$$

I 정액법에 의한 감가상각표

연 도	기초장부가액	감가상각비	감가상각누계액	기말장부가액
1	2,000,000원	360,000원	360,000원	1,640,000원
2	1,640,000	360,000	720,000	1,280,000
3	1,280,000	360,000	1,080,000	920,000
4	920,000	360,000	1,440,000	560,000
5	560,000	360,000	1,800,000	200,000

<1차년도 분개>

(차) 감가상각비 360,000 (대) 감가상각누계액 360,000

나. 정률법(fixed pecentage method)

기초의 장부가액에서 상각률(=정률)을 곱하여 감가상각비를 구하는 방법으로, 자산의 취득 초기에 많이 상각하는 방법이다. 기능적 감가가 있는 유형자산일 때 사용한다.

정률법은 매기 초의 미상각잔액(취득원가에서 감가상각누계액을 차감한 장부가액)에 매기 일정 상각률(정률)을 곱하여 감가상각비를 계산한다. 상각 초기에는 많이 상각되고 나중에는 적게 상각되는 방법이다.

감가상각비 = 미상각 잔액 × 정률(상각률)

*미상각잔액 = 취득원가 − 감가상각누계액

*정률 $= 1 - \sqrt[n]{\frac{\text{잔존가액}}{\text{취득원가}}}$

*n: 내용연수

예제 9 **정률법에 의한 감가상각**

[예제 8]을 기초로 하여 상각률(정률)을 계산하고 연도별 감가상각액을 계산하라.

$$\text{상각률(정률)} = 1 - \sqrt[5]{\frac{200,000}{2,000,000}} = 36.9\%$$

단, 결산을 연 1회로 하는 경우에는 내용연수를 5년으로 계산한다.

풀 이

위에서 구한 상각률 36.9%를 기초장부가액에 곱하여 감가상각액을 구하여 만든 정률법에 의한 감가상각표를 작성하면 다음과 같다.

정률법에 의한 감가상각표

연도	기초장부가액(A)	감가상각률(B)	감가상각비 (A)×(B)=(C)	기말장부가액 (A)-(C)
1	2,000,000원	0.369	738,000원	1,262,000원
2	1,262,000원	0.369	465,700원	796,300원
3	796,300원	0.369	293,800원	502,500원
4	502,500원	0.369	185,400원	317,100원
5	317,100	0.369	117,100원	200,000원

<1차년도 분개>

(차) 감가상각비 738,000 (대) 감가상각누계액 738,000

다. 생산량비례법(production method)

생산량에 비례하여 상각하는 방법, 유전, 광산 등 감모성 자산에 적합하다.

$$감가상각비 = (취득원가 - 잔존가액) \times \frac{실제생산량}{추정총생산량}$$

예제 10 **생산량비례법에 의한 감가상각**

어느 광산물을 300,000원에 구입하였다. 이곳에 매장된 광물은 250,000톤으로 추정된다. 당해연도에 채굴한 광물이 20,000톤이라고 하면 당해연도의 감가상각액은 얼마인가? 그리고 분개하시오.

풀이

$$300{,}000\text{원} \times \frac{20{,}000\text{톤}}{250{,}000\text{톤}} = 24{,}000\text{원}$$

<1차년도 분개>

(차) 감가상각비	24,000	(대) 감가상각누계액	24,000

라. 연수합계법(sum of years' digits method)

연수합계법은 정률법의 대용으로 사용할 수 있는 것으로서 정률법과 마찬가지로 감가상각비가 가감한다. 연수합계법에 의한 감가상각액은 다음의 산식에 의하여 구한다.

$$\text{매기 감가상각비} = (\text{취득가액} - \text{잔존가액}) \times \frac{\text{잔여내용연수}}{\text{내용연수의 급수합계}^*}$$

$$^*\text{내용연수의 급수합계} = \frac{\text{내용연수} \times (1 + \text{내용연수})}{2}$$

연수합계법이 갖는 특징은 정률법과 다름이 없으나 정률법에 비하여 가감의 정도가 낮다.

미국에서는 이 방법이 일반적으로 많이 활용되고 있다.

예제 11 연수합계법에 의한 감가상각

앞의 예제를 기초로 하여 연수합계법에 따라 감가상각액을 구하고 감가상각표를 작성하시오.

풀이

내용연수의 급수합계 $= \frac{5 \times (1+5)}{2} = 15^*$

* $(5+4+3+2+1) = 15$

제1차년도 말 상각액 ⇒ $(2{,}000{,}000-200{,}000) \times 5/15^* = 600{,}000$원
제2차년도 말 상각액 ⇒ $(2{,}000{,}000-200{,}000) \times 4/15^* = 480{,}000$원
제3차년도 말 상각액 ⇒ $(2{,}000{,}000-200{,}000) \times 3/15^* = 360{,}000$원
제4차년도 말 상각액 ⇒ $(2{,}000{,}000-200{,}000) \times 2/15^* = 240{,}000$원
제5차년도 말 상각액 ⇒ $(2{,}000{,}000-200{,}000) \times 1/15^* = 120{,}000$원

연수합계법에 의한 감가상각표

연도	기초장부가액(A)	감가상각액(B)	계산방법	기말장부가액 (A) - (B)
1	2,000,000원	600,000원	1,800,000원× 5/15	1,400,000원
2	1,400,000원	480,000원	1,800,000원× 4/15	920,000원
3	920,000원	360,000원	1,800,000원 × 3/15	560,000원
4	560,000원	240,000원	1,800,000원 × 2/15	360,000원
5	360,000원	120,000원	1,800,000원 × 1/15	200,000원

<1차년도 분개>

(차) 감가상각비 600,000 (대) 감가상각누계액 600,000

(3) 감가상각비의 회계처리방법

가. 직접차감법

각 회계연도의 감가상각액을 당해 유형자산계정의 대변에 기입하여 직접 유형자산의 가액을 감액시키는 방법으로 무형자산의 상각에 사용된다.

(차) 감가상각비	×××	(대) 비 품	×××

나. 누계액 결정법(간접법)

감가상각액을 유형자산계정에서 직접 차감하지 않고 감가상각누계액 계정을 별도로 설정하여 그 대변에 각 회계연도의 상각액을 기입하는 방법이다.

(차) 감가상각비	×××	(대) 감가상각누계액	×××

1) 감가상각 회계처리 예시

2026년 초에 기계장치를 2,000,000원에 취득하였다. 내용연수는 3년이고 잔존가치는 200,000원으로 추정된다.

가. 정액법에 의한 감가상각

- 매년 상각액: $\dfrac{(2{,}000{,}000-200{,}000)}{3\text{년}}=600{,}000\text{원}$
- 2026, 2027, 2028년 분개

(차) 감가상각비	600,000	(대) 감가상각누계액	600,000

나. 정률법에 의한 감가상각

- 상각률1 $=1-\sqrt[3]{\dfrac{200{,}000}{2{,}000{,}000}}=0.536$
- 2026년 감가상각비: $2{,}000{,}000\times0.536=1{,}072{,}000$원
- 2026년 분개

(차) 감가상각비	1,072,000	(대) 감가상각누계액	1,072,000

- 2026년 말 감가상각누계액: 1,072,000원

- 2026년 말 장부가액: 2,000,000 − 1,072,000 = 928,000
- 2027년 초 장부가액: 928,000
- 2027년 감가상각비: 928,000 × 0.536 = 497,408
- 2027년 분개

  (차) 감가상각비 497,408 (대) 감가상각누계액 497,408
- 2027년 말 감가상각누계액: 1,072,000 + 497,408 = 1,569,408원
- 2027년 말 장부가액: 2,000,000 − 1,569,408 = 430,592원
- 2028년 초 장부가액: 430,592원
- 2028년 감가상각비: 430,592 × 0.536 = 230,797원으로 계산해야 하나 상각 마지막연도의 감가상각비는 내용연수 전체의 감가상각비 합계가 상각대상가액(1,800,000)이 되도록 끼워 맞춰서 조정해야 하므로 230,592(= 1,800,000 − 1,072,000 − 497,408)가 된다.
- 2028년 분개

  (차) 감가상각비 230,592 (대) 감가상각누계액 230,592
- 2028년 말 감가상각누계액: 1,569,408 + 230,592 = 1,800,000원
- 2028년 말 장부가액: 2,000,000 − 1,800,000 = 200,000원

분개에서 감가상각비는 포괄손익계산서상에 판매비와 관리비 또는 제조원가명세서의 제조경비로 보고된다. 예를 들어 제조기업의 경우에 기계장치나 공장건물의 감가상각비는 제품제조원가를 구성하므로 제조경비로 분류되고, 판매활동이나 관리활동을 위한 영업소 건물이나 비품에 대한 감가상각비는 판매비와 관리비로 분류된다.

5 유형자산의 재평가

기업회계기준서에 의하면 유형자산의 진부화 또는 시장가치의 급격한 하

락 등으로 인하여 유형자산의 미래 경제적 효익이 장부가액에 현저히 미달할 가능성이 있는 경우에는 감액손실[1])의 인식 여부를 검토한다.

이때 유형자산의 감액가능성이 있다고 판단되면 회수가능가액(당해 유형자산의 사용 및 처분으로부터 기대되는 미래 현금흐름 총액의 추정액)이 장부가액에 미달하는 금액을 감액손실로 인식하도록 하고 있다.

회수가능가액은 다음과 같이 결정한다.

회수가능가액 : 순매각가치와 사용가치 중 큰 금액

여기서 순매각가치란 합리적 판단과 거래의사가 있는 제3자와의 독립된 거래에서 형성되는 예상처분가액에서 예상처분비용을 차감한 금액을 말하며, 사용가치란 해당 자산으로부터 예상되는 미래 현금흐름의 현재가치를 말한다.

감액손실을 인식하는 회계처리는 다음과 같다.

(차) 유형자산감액손실	×××	(대) 유형자산감액손실누계액	×××

감액손실은 포괄손익계산서상 영업외비용으로 계상하며 감액손실누계액은 재무상태표에 당해 유형자산의 취득원가에서 차감하는 형식으로 보고한다.

「기업회계기준」에서는 유형자산감액손실을 인식한 후 감액된 유형자산의 회수가능가액이 차기에 회복하여 장부가액을 초과하는 경우 그 자산이 감액되기 전의 장부가액의 상각 후 잔액을 한도로 하여 그 초과액을 감액손실환입으로 처리하도록 규정하고 있다.

---

1) 감액손실이란 유형자산의 진부화 또는 시장가치의 급격한 하락 등으로 인하여 당해 유형자산으로부터 기대되는 미래의 현금흐름 총액의 추정액이 장부가액에 미달하는 경우에는 장부가액을 회수가능가액으로 조정하기 위한 차액을 의미한다.

감액손실환입에 대한 회계처리는 다음과 같으며 감액손실환입은 포괄손익계산서상 영업외수익으로 보고한다.

(차) 감액손실누계액	×××	(대) 유형자산감액손실환입	×××

6 유형자산의 처분

유형자산을 처분하면 처분시점에서 처분자산의 장부가액(취득원가 − 감가상각누계액)을 제거하고, 처분가액과 장부가액의 차이를 유형자산처분손실 또는 유형자산처분이익으로 처리한다.

처분금액		장부금액		결과
처분금액 100,000원	<	장부금액 170,000원	→	유형자산처분손실 (70,000원 손실)
처분금액 100,000원	>	장부금액 70,000원	→	유형자산처분이익 (30,000원 이익)

이 경우 유형자산처분이익 혹은 유형자산처분손실은 영업외수익 혹은 영업외비용으로 포괄손익계산서에 각각 보고한다.

① 처분가액 > 장부가액(취득원가 − 감가상각누계액): 유형자산처분이익

(차) 감가상각누계액	×××	(대) 건물(취득원가)	×××
현 금	×××	유형자산처분이익	×××

***유형자산처분손익 = 처분가액 − 장부가액(취득가액 − 감가상각누계액)**

* 유형자산을 내용연수중에 사용을 중지하고 폐기하는 것을 제각(abandonment)이라고 한다.

② 처분가액 < 장부가액(취득원가 − 감가상각누계액): 유형자산처분손실

(차) 현 금 등	×××	(대) 건물(취득원가)	×××
감가상각누계액	×××		
유형자산처분손실	×××		

예제 12 **유형자산의 처분 예(1)**

1) 장부금액 < 처분금액

취득금액 1,000,000원(감가상각누계액 800,000원)인 비품을 현금 300,000원에 매각하였다.

(차)	감가상각누계액	800,000원	(대)	비품	1,000,000원
	현금	300,000원		유형자산처분이익	100,000원

2) 장부금액 > 처분금액

취득금액 1,000,000원(감가상각누계액 800,000원)인 비품을 현금 500,000원에 매각하였다.

(차)	감가상각누계액	800,000원	(대)	비품	1,000,000원
	현금	50,000원			
	유형자산처분손실	150,000원			

예제 13 **유형자산의 처분 예(2)**

2026년 초에 기계장치를 2,000,000원에 취득하였다. 내용연수는 3년이고 잔존가치는 200,000원으로 추정된다. 정액법에 의한 감가상각을 해오다가 2026년 7월 1일에 동 기계장치를 1,000,000원에 처분하고 대금을 현금으로 받았다.

풀이

(1) 매년 감가상각액: $\frac{(2,000,000-200,000)}{3년} = 600,000원$

(2) 2026년 1월 1일~7월 1일 기간의 감가상각비 인식

(차) 감가상각비	300,000	(대) 감가상각누계액	300,000

$* \frac{(2,000,000-200,000)}{3년} \times \frac{6}{12} = 300,000원$

(3) 처분시 분개(취득시점부터 처분일까지 기간의 감가상각누계액과 기계장치 취득원가 제거)

한편 유형자산의 관리대장에는 자산의 종류, 취득원가, 상각률, 상각방법, 감가상각액, 장부가액 등을 상세하게 기입한다.

(차) 감가상각누계액	900,000	(대) 기계장치	2,000,000
현　　금	1,000,000		
유형자산처분손실	100,000		

예제 14 **유형자산의 처분 예(3)**

다음 회계처리를 제시하라.
2026년 초에 취득한 기계장치를 2027년 4월 1일에 현금 4,000,000원을 받고 처분하였다. 이 기계장치의 취득원가는 5,000,000원이었으며, 내용연수는 5년, 잔존가치는 없고 정액법에 의해 상각하여 왔다.

풀이

(1) 2026년 사용기간에 대한 감가상각

$\frac{5,000,000원}{5년} = 1,000,000원$

(차) 감가상각비	1,000,000	(대) 감가상각누계액	1,000,000

(2) 2027년 사용기간에 대한 감가상각

(차) 감가상각비	250,000	(대) 감가상각누계액	250,000

* 1년 감가상각비 1,000,000원 × $\frac{3개월}{12개월}$ = 250,000원

(3) 처분시점 회계처리

(차) 현　금	4,000,000	(대) 기계장치	5,000,000
감가상각누계액	1,250,000	유형자산처분이익	250,000

예제 15 유형자산의 처분 예(4)

다음 거래를 분개하라.

기계장치(취득원가 4,000,000원, 감가상각누계액 2,500,000원)를 2,300,000원에 매각하고, 대금은 수표로 받다.

풀 이

(차) 감가상각누계액	2,500,000	(대) 기계장치	4,000,000
현　금	2,300,000	유형자산처분이익	800,000

예제 16 유형자산의 제각

다음 거래를 분개하라.

건물(취득원가 5,000,000원, 감가상각누계액 4,000,000원)을 헐고, 새 건물을 신축하기로 한다. 구건물을 허는 데 300,000원이 소요될 것으로 추정되어 이 금액을 토건회사에 현금으로 지급하다. 건물을 헐면서 골재 등을 매각한 대금 200,000원을 수표로 받다.

풀 이

(차) 감가상각누계액	4,000,000	(대) 건　물	5,000,000
현　금	200,000	현　금	300,000
유형자산제각손실	1,100,000		

SECTION 02 무형자산의 회계

1 무형자산의 의의

무형자산이란 일반적으로 물리적 실체가 없는 자산이라고 정의하고 있으나, 물리적 실체가 없다는 사실만으로 무형자산이 될 수는 없다. 왜냐하면 매출채권이나 선급금항목 등과 같이 물리적 실체가 없는 자산이지만 무형자산에는 속하지 않는 항목들이 있기 때문이다.

한편, 무형자산을 당해 자산으로부터 기대되는 미래 효익의 가치 및 시기를 입증하기 어려운 자산이라고 정의하기도 하나, 이러한 정의는 저작권 및 상표권 등의 무형자산에는 적용되지만 모든 무형자산을 설명하지는 못한다. 기업회계기준서는 무형자산을 재화의 생산이나 용역의 제공, 타인에 대한 임대 또는 관리에 사용할 목적으로 기업이 보유하고 있으며, 물리적 형체가 없지만 식별가능하고, 기업이 통제하고 있으며, 미래 경제적 효익이 있는 비화폐성 자산으로 정의하고 있다.

2 무형자산의 종류

가. 산업재산권

일정기간 독점적, 배타적으로 이용할 수 있는 권리로서 특허권, 실용신안권, 의장권 및 상표권 등으로 한다.

- 특허권: 특정한 발명을 등록하여 일정기간 독점적, 배타적으로 사용할 수 있는 권리를 말한다.
- 실용신안권: 특정 물건의 모양이나 구조 등 실용적인 고안을 등록하여 일정기간 독점적, 배타적으로 사용할 수 있는 권리를 말한다.
- 디자인권: 특정 디자인이나 로고 등 고안을 등록하여 일정기간 독점적, 배타적으로 사용할 수 있는 권리를 말한다.
- 상표권: 특정 상표를 등록하여 일정기간 독점적, 배타적으로 사용할 수 있는 권리를 말한다.

나. 개발비

신제품 또는 신기술의 개발과 관련하여 발생한 비용(내부에서 개발한 소프트웨어 관련 비용으로 자산인식기준을 충족시키는 것 포함)으로서 개별적으로 식별가능하고 미래의 경제적 효익을 기대할 수 있는 것으로 한다.

* 일상적인 연구개발비, 경상연구개발비, 연구비: 비용처리한다.

내부창출 무형자산의 인식단계

기초 연구 → 여러 대체안들의 응용가능성 탐색 → 상업화 결정 → 개발과정에서 시제품 생산 → 상업적 시험생산 → 양산

[연구단계]	[개발단계]	[생산단계]
연구비(비용)	개발비(무형자산) 혹은 경상개발비(비용)	[무형자산처리]

연구단계와 개발단계의 지출에 대한 회계방법

항목	정의	회계처리방법
연구비	연구단계에서 발생한 비용	판매비와 관리비
개발비	개발단계에서 발생한 비용으로 인식조건의 충족	무형자산
경상개발비	개발단계에서 발생한 비용으로 인식조건의 미충족	판매비와 관리비

다. 광업권

일정한 광구에서 등록한 광물과 동 광산 중에 부존하는 다른 광물을 채굴하여 취득할 수 있는 권리로 한다.

라. 어업권

일정한 수면에서 독점적, 배타적으로 어업을 경영할 수 있는 권리로 한다.

마. 영업권

영업권이란 특정기업이 동종의 타 기업에 비하여 평균 이상의 초과수익을 얻을 수 있는 능력을 말한다. 즉, 정상수익을 초과하여 더 많은 미래 수익을 얻을 수 있을 것으로 기대되는 경우 이와 같은 초과수익력을 화폐가치로 환산 평가한 것을 영업권이라고 한다.

영업권은 성질상 기업실체와 분리하여 존재할 수 없기 때문에 일반적으로 다른 회사의 합병, 영업양수하거나 전세권 취득 등의 경우에 유상으로 취득하는 매입영업권만 영업권으로 계상할 수 있고, 자기가 창설한 자가창설영업권은 재무상태표에 자산으로 계산할 수 없다.

그러나 매수기업결합에서 발생하는 영업권은 광의의 무형자산에 속하지만 식별가능하지 않고 기업회계기준서의 무형자산의 정의를 충족하지 못하기 때문에 기업회계기준서에서 말하는 무형자산의 범위에서 제외한다.

그리고 기업인수 및 합병에 관한 회계처리준칙에 의하면 기업의 합병이나 영업양수를 하는 때에 매수원가가 피합병회사로부터 승계하는 순자산의 공정가치를 초과하는 경우에 동 초과액을 영업권으로 계상하도록 하고 있다. 여기에서 순자산 공정가치란 자산의 공정가치에서 부채의 공정가치를 차감한 가액을 말한다.

㉠ 기업이 다른 기업을 취득 · 합병하는 데 있어서 원가에 취득한 순자산의 공정시장가치를 초과한 초과액

㉡ 기업이 동종의 다른 기업보다 초과이익력을 갖고 있을 경우 이를 자본화한 것

㉢ 영업권의 측정방법

- 총괄평가법: 매입가격이 취득한 순자산의 공정가액을 초과할 때 이 초과액을 영업권으로 하는 방법, 보통 합병, 영업양수의 경우에 적용
- 초과이익할인법: 초과이익을 할인하여 영업권을 계산하는 방법, 경제적 분석, 투자분석에 사용

영업권 = 합병 등의 대가로 지급한 금액 − 취득한 순자산의 공정가치

∴ 영업권 = (인수가격) − (피매수회사의 순자산가액)

예제 17 **영업권의 회계처리(1)**

㈜서울은 2026년 7월 1일 ㈜한강을 합병하면서 현금 50,000,000원을 지급하였다. ㈜한강의 2026년 7월 1일 현재 자산의 공정가치는 80,000,000원이며 부채의 공정가치는 40,000,000원이다. 이때 영업권에 관련된 분개를 하시오.

풀이

(차) 자산	80,000,000	(대) 부채	40,000,000
영업권	10,000,000	현금	50,000,000

영업권 = 50,000,000 − [(80,000,000 − 40,000,000)] = 10,000,000원

예제 18 **영업권의 회계처리(2)**

㈜서울은 ㈜한강을 합병하였다. ㈜한강의 재무상태표는 다음과 같으며 장부가액과 공정가액은 일치하였다. ㈜서울이 합병대가로 현금 4,500,000원을 지급하고 ㈜한강을 합병하였다. 영업권으로 계상될 금액을 산정하고 합병시 분개를 하시오.

재무상태표

(주)한강　　합병일 현재　　(단위: 원)

자산	금액	부채·자본	금액
현금	1,000,000	매입채무	4,000,000
매출채권	3,000,000	단기차입금	6,000,000
토지	5,000,000	자본금	2,000,000
건물	4,000,000	이익잉여금	1,000,000
자산총계	13,000,000	부채와자본총계	13,000,000

풀이

① 영업권 = 합병대가(4,500,000) − 순자산가액*(3,000,000) = 1,500,000원

* 순자산가액 = 공정가액자산 - 공정가액 부채

② 합병 분개

(차) 현　　금	1,000,000	(대) 매입채무	4,000,000
매출채권	3,000,000	단기차입금	6,000,000
토　　지	5,000,000	현　　금	4,500,000
건　　물	4,000,000		
영 업 권	1,500,000		

3 무형자산의 취득과 상각

가. 무형자산의 취득

무형자산의 취득원가는 유형자산과 마찬가지로 구입원가와 자산을 사용할 수 있도록 준비하는 데 직접 관련되는 지출로 구성된다. 매입할인 등이 있는 경우 이를 차감하여 취득원가를 산출한다. 그러나 기업 내부적으로 창출한 무형의 가치에 대해서는 대부분 무형자산으로 인식하지 못하도록 규정되어 있다. 이는 내부적으로 창출한 가치를 평가하기가 어렵기 때문이다. 단, 연구개발 중에서 미래의 이익창출에 기여하는 정도가 분명한 경우에는 제한적으로 무형자산(개발비)으로 인식할 수 있다.

나. 무형자산의 상각

무형자산의 상각이란 유형자산의 감가상각과 마찬가지로 무형자산의 원가와 효익을 체계적으로 대응시키는 과정이다. 무형자산을 상각할 경우에는 일반적으로 정액법이 사용된다. 기업회계기준에서는 무형자산의 상각방법으로 합리적인 방법을 선택하여 적용하도록 하고 있으며 합리적인 상각방법을 적용

할 수 없는 경우에는 정액법을 사용하여 당해 무형자산이 사용가능한 시점부터 합리적인 기간 동안 상각하도록 하고 있다. 국제회계기준에서는 내용연수가 비한정적인 무형자산은 상각을 하지 않는다.

회계기간 말에 당기에 해당하는 상각비금액을 무형자산상각비계정 차변에 기입하고 해당자산계정 대변에 기입한다.

(차변) 무형자산상각비	×××	(대변) 무형자산(개발비, 영업권 등)	×××

* 유형자산은 '감가상각'이라고 하며, 무형자산은 '상각'이라는 용어를 사용한다.
** 유형자산에 대해서는 '감가상각누계액'이라는 차감계정을 사용하지만, 무형자산에 대해서는 무형자산에서 직접 차감한다.

예제 19 무형자산 상각(1)

제조업을 영위하고 있는 ㈜한라의 신제품 개발활동과 관련하여 2026년 중 3,000,000원 지출이 발생하였고 이는 모두 개발비자산 인식요건을 만족하는 것이다. 신제품개발로부터 수익은 2026년 초부터 발생하였다.

㈜한라의 개발비와 관련된 2026년의 회계처리를 하시오. 단, 개발비의 내용연수는 5년이며 개발비의 사용가능한 시점은 신제품으로부터 수익이 발생한 때로 한다.

풀이

무형자산의 상각은 사용가능한 시점부터 내용연수 동안 이루어지므로 개발비의 경우 관련 수익이 발생한 2026년부터 상각이 시작된다.

① 2026년도 회계처리(사용가능시점)

(차) 개발비	3,000,000	(대) 현 금	3,000,000

② 2026년 회계처리(기말)

(차) 무형자산상각비	600,000	(대) 개발비	600,000

* 개발비 상각액 $= \frac{3,000,000원}{5년} = 600,000원$

예제 20 무형자산 상각(2)

다음 거래를 분개하시오.
㈜SW사는 컴퓨터소프트웨어를 개발하는 회사이다. 당해연도 중에 S/W를 개발하기 위한 개발활동과 관련하여 10,000,000원을 지출하였다. 또한 경상적인 개발비용으로 2,000,000원의 비용이 지출되었다. 이 회사는 개발비를 5년 동안 상각하기로 결정하였다.

풀 이

1. 개발비 지출시

(차) 개발비	10,000,000	(대) 현 금	12,000,000
경상개발비	2,000,000*		

* 경상개발비는 당기비용으로 처리한다.

2. 무형상각시

(차) 무형자산상각비	2,000,000*	(대) 개발비	2,000,000

* $\frac{10,000,000원}{5년} = 2,000,000원$

예제 21 영업권 상각(3)

씽씽자동차회사는 팔팔부품제조회사를 매입하여 합병하고자 한다. 합병제안 당시의 팔팔부품제조회사의 재무상태표는 다음과 같다.

재 무 상 태 표

팔팔부품제조회사 합병일 현재 (단위: 원)

제 자 산	25,000,000	제 부 채	23,000,000
		자 본	2,000,000

씽씽자동차회사가 2,400,000원을 현금으로 지급하고 팔팔부품제조회사를 합병하였다면, 합병시에 씽씽자동차회사는 다음과 같은 분개를 하여야 한다.

(차) 제자산	25,000,000	(대) 제부채	23,000,000
영업권	400,000	현 금	2,400,000

만일 위의 영업권을 5년의 기간에 상각하기로 한다면, 합병연도 말에는 영업권의 상각을 다음과 같이 기록한다.

(차) 영업권상각비* 80,000 (대) 영업권 80,000

$* \frac{400,000원}{5년} = 80,000원$

❝ M/ E/ M/ O ❞

SECTION 03

기타비유동자산의 회계

기타비유동자산(other noncurrent assets)은 투자자산, 유형자산, 무형자산에 속하지 않는 비유동자산으로 임차보증금, 이연법인세자산, 장기매출채권, 장기미수금, 장기선급비용, 장기선급금 등이 있다.

임차보증금, 장기선급비용, 장기선급금, 장기미수금 등은 투자수익이 없고 다른 자산으로 분류하기 어려워 기타로 통합하여 표시한다. 다만 이들 항목이 중요한 경우에는 별도 표시한다.

(1) 장기성매출채권과 장기미수금

장기성매출채권은 유동자산에 속하지 아니하는 일반적 상거래에서 발생한 장기의 외상매출금 및 받을어음으로서 그 회수기일이 재무상태표 작성일로부터 1년 이후에 도래하는 것을 말한다.

장기미수금이란 일반적 상거래 외의 거래(예: 유형자산의 외상매각)에서 발생한 채권으로 만기가 재무상태표일로부터 1년 이후에 도래하는 것을 말한다.

예제 22

장기성매출채권에 대해 현재가치를 산출한 후 분개하라.
(주)서울은 2021년 1월 1일에 ㈜남산에 상품 3,000,000원을 판매하고 대금으로 액면 3,000,000원, 이자율 12%, 만기가 2년인 어음을 수령하였다(기간 2기, 이자율 12%인 경우 단일금액 현가계수: 0.79719).

풀이

1. 장기성매출채권의 현재가치

   3,000,000원 × 0.79719 = 2,391,570원

2. 현재가치할인차금

   3,000,000원 − 2,391,570원 = 608,430원

3. 분 개

(차) 장기성매출채권	3,000,000	(대) 매 출	2,391,570
		현재가치할인차금	608,430

(2) 임차보증금

임차보증금에는 타인의 물건임차시 임차대가 및 사용관련 손해행위에 대한 담보로 제공하는 금액이다.

임차보증금(guarantee deposits)은 타인의 부동산 또는 동산을 월세 등의 조건으로 사용하기 위하여 지급하는 보증금을 말한다. 또한, 영업보증금(key money)은 영업목적을 위하여 제공한 거래보증금, 입찰보증금 및 하자보증금 등을 말한다. 임차보증금은 계약기간이 만료되면 다시 상환받는다.

참고

임대보증금은 비유동부채에 해당한다.

예제 23 기타비유동자산

영업점포를 임차하면서 임차보증금 500,000원을 현금으로 지급하다.

풀이

(차) 임차보증금	500,000	(대) 현　금	500,000

(3) 이연법인세자산

일시적 차이로 인하여 법인세법 등의 법령에 의하여 납부하여야 할 금액이 법인세비용을 초과하는 경우 그 초과하는 금액과 이월결손금 등에서 발생한 법인세 효과로 한다.

주/요/용/어

- 감가상각(depreciation)
- 내용연수(useful life)
- 대응원칙(matching principle)
- 마감분개(closing entries)
- 마감후시산표(post-closing trial balance)
- 미수수익(accrued revenues)
- 미지급비용(accrued expenses)
- 발생주의회계(accrual-basis accounting)
- 선급비용(prepaid expense, prepayments)
- 선수수익(unearned revenues)
- 수익인식원칙(revenue recognition principle)
- 수정분개(adjusting entries)
- 수정후시산표(adjusted trial balance)
- 영구계정(permanent accounts)
- 임시계정(temporary accounts)
- 자산차감계정(contra asset account)
- 장부가액(book value)
- 정산표(work sheet)
- 집합손익(income summary)
- 회계연도(fiscal year)

Chapter 09 주관식 연습문제

01 유형자산과 무형자산에 대하여 설명하시오.

02 영업권과 개발비에 대하여 설명하시오.

03 유형자산의 취득원가결정에 대하여 설명하시오.

04 자본적 지출과 수익적 지출에 대하여 설명하시오.

05 감가상각에 대하여 설명하시오.

06 다음 거래를 분개하시오.

① 한국상사는 사옥으로 사용할 목적으로 건물을 6,000,000원에 매입하고 대금을 수표를 발행하여 지급하다. 또 건물 취득에 따른 제비용을 현금으로 지출하였다. 그 내역은 등기료 100,000원, 중개인 수수료 300,000원이다.

② 위 영업용 건물이 5년이 경과함으로 수리 및 개조하고 총공사비 2,000,000원을 수표를 발행하여 지급하다. 이를 자본적 지출로 처리하는 경우와 수익적 지출로 처리하는 경우로 나누어 각각 분개하시오.

07 다음 거래를 분개하시오.

취득원가 5,000,000원의 차량을 1,000,000원에 처분하고 대금은 수표로 받다.
감가상각누계액 3,000,000원이 있었다.

08 취득원가 ₩200,000인 유형자산의 상각액을 정액법과 연수합계법으로 구하시오. 단, 내용연수 5년, 잔존가치는 ₩0이며, 결산은 연 1회다.

Chapter 09 객관식 연습문제

01 유형자산에 대한 설명으로 올바른 것은?

① 사용을 목적으로 보유하고 있는 자산

② 감가상각을 반드시 해야 한다.

③ 정상적인 영업활동에서 판매목적으로 보유하는 자산이다.

④ 유동자산 중 재고자산의 일종이다.

해설 토지같은 비상각자산은 감가상각을 하지 않는다.
③은 재고자산에 대한 설명이다. 유형자산은 영업활동에 사용중인 자산으로 장기적 보유자산이므로 비유동자산에 속한다.

02 교환, 현물출자, 증여 기타 무상으로 취득한 자산의 취득원가는 어느 것인가?

① 공정가액

② 무상으로 취득하므로 취득원가는 없는 것으로 한다.

③ 현물출자를 받는 경우 자산의 장부가액으로 한다.

④ 증여받는 경우 자산의 장부가액으로 한다.

03 감가상각에 대한 설명으로 잘못된 것은?

① 자산의 원가를 내용연수에 걸쳐 체계적이고 합리적인 방법으로 배분하는 과정이다.

② 기술진보와 경제적 낙후성 등으로 진부화, 구식화 등은 기능적 감가의 원인이다.

③ 발생된 수익에 비용을 대응시키기 위한 것으로 비용배분의 원칙과 관련이 있다.

④ 자산가치의 감소에 따른 평가과정이다.

해설 감가상각은 가득한 수익에 관련비용을 대응시키기 위한 합리적인 원가배분 과정이다. 사용에 따른 손상, 마멸, 오손과 시간경과로 인한 감모, 부패와 취급부주의 등으로 인한 파손 등은 물리적 감가의 원인이다.

04 자본적 지출에 대한 설명 중 잘못된 것은?

① 개량과 관련된 지출

② 기계장치 성능을 유지시키기 위해 부품을 교체

③ 내용연수연장을 위한 수선

④ 불량률감소를 위해 신형부품으로 교체

해설
- 자본적 지출이란 취득 후 유형자산의 미래 효익을 증가시키는 지출을 말하며, 지출효과가 장기간 지속되고 자산의 경제적 효익을 증가시키고 금액이 상대적으로 중요하다는 등의 요건이 있으며 자산으로 회계처리한다.
- 수익적 지출이란 유형자산의 원상회복 및 성능유지를 위한 지출로 발생기간의 비용으로 인식한다.

05 감가상각 기본요소에 대한 설명으로 잘못된 것은?

① 감가상각 대상금액은 취득원가에서 잔존가액을 차감한 금액이다.

② 추정잔존가액은 자산의 내용연수 만료시 처분으로 획득되는 금액이다.

③ 내용연수는 경제적 효익이 발생하는 기간이다.

④ 생산량비례법, 정액법, 정률법은 시간을 기준으로 한 감가상각법이다.

해설 생산량비례법은 주로 감모자산상각시 활용하는 것으로 생산량기준에 따른 감가상각법이다.

06 자본적 지출로 처리해야만 하는 것은?

① 내용연수를 연장시키는 지출

② 능률유지를 위한 지출

③ 원상을 회복시키는 지출

④ 지출의 효과가 당해 회계기간 내에 소멸하는 지출

해설 ②, ③, ④는 수익적 지출로 처리한다.

07 수익적 지출이 아닌 것은?

① 현상유지 비용 ② 수도꼭지 교체비
③ 외벽의 도장비 ④ 내용연수 연장 위한 지출

해설 ④는 자본적 지출이다.

08 정액법과 정률법을 비교하여 감가상각 회계처리로 맞는 것은?

① 당기순이익이 크고 유형자산금액도 크게 표시된다.
② 당기순이익이 크고 유형자산금액은 적게 표시된다.
③ 당기순이익이 적고 유형자산금액은 크게 표시된다.
④ 당기순이익이 적고 유형자산금액도 적게 표시된다.

해설 정률법에 비해 정액법은 상각초기에 감가상각액이 적다. 따라서 유형자산의 잔액도 정률법을 기준으로 했을 때보다 더 많게 된다. 결국, 정률법에 비해 비용이 적게 계상되어 당기순이익도 크고, 유형자산금액도 크게 표시된다.

※ 다음 자료를 이용하여 물음에 답하라.

- 취득원가: 25,000,000원
- 잔존가치: 2,500,000원
- 내용연수는 30년

09 정액법에 의한 1차년도 감가상각액을 계산하면 얼마인가?

① 834,000원 ② 917,000원
③ 1,250,000원 ④ 750,000원

해설 정액법은 상각총액을 내용연수 동안 균등하게 배분하는 방법으로 매년 상각액이 동일하다.

$$\text{감가상각비} = \frac{(\text{취득원가} - \text{잔존가치})}{\text{내용연수}}$$

$$\frac{(25{,}000{,}000 - 2{,}500{,}000)}{30\text{년}} = 750{,}000\text{원이 된다.}$$

10 기계의 취득원가가 3,000,000원이며, 잔존가치는 300,000원, 내용연수는 5년, 정률은 20%이다. 3차년도 정률법에 의한 감가상각비는?

① 384,000원 ② 740,000원

③ 600,000원 ④ 540,000원

해설 정률법에 의한 매기 상각액 = (취득원가 − 감가상각누계액) × 상각률(정률)
정률법에 의한 감가상각시에는 잔존가치가 전혀 고려되지 않는다.
제 1 차년도 감가상각비: 3,000,000 × 0.2 = 600,000원
제 2 차년도 감가상각비: (3,000,000 − 600,000) × 0.2 = 480,000원
제 3 차년도 감가상각비: (3,000,000 − 1,080,000) × 0.2 = 384,000원

11 석탄 3,000톤이 매장된 탄광을 20,000,000원에 매입하였다. 매입 후 500톤을 채굴하였다. 매출원가에 포함될 감가상각비는 얼마인가? 채굴 후 광산가치는 1,000,000원이 될 것 같다.

① 4,167,000원 ② 4,000,000원

③ 3,166,667원 ④ 2,980,000원

해설 광산은 감모성 자산으로 생산량비례법에 의해 감가상각한다.

$$감가상각비 = (취득원가 - 잔존가치) \times \frac{실제생산량}{예정총생산량}$$

$$(20,000,000 - 1,000,000) \times \frac{500}{3,000} = 3,166,667원$$

12 무형자산의 상각에 대한 설명으로 잘못된 것은?

① 상각기간은 관계법령이나 계약에 의해 정해진 경우를 제외하고 10년을 넘지 못한다.

② 상각방법은 정액법과 생산량비례법만 인정된다.

③ 기업회계기준상 영업권의 경우 상각기간은 20년 이내이다.

④ 무형자산 감가상각액은 당해 자산에서 직접 차감한다.

해설
- 20년을 넘기지 못한다.
- 무형자산은 정액법과 생산량비례법만을 상각방법으로 채택하고 있되, 생산량비례법은 무형자산의 총생산량을 합리적으로 추정가능한 경우에만 적용가능하다.
- 기업회계기준상 영업권상각은 최대 20년이며 법인세법상은 5년이다.

13 무형자산 중 개발비에 포함되는 것은?

① 매월 지급되는 경상적인 연구개발비용

② 기초연구를 위해 지급되는 개발비용

③ 응용연구를 위해 지급되는 개발비용

④ 소프트웨어 개발비

해설 ①은 경상개발비계정에, ②와 ③은 연구개발비계정에 속하며, 모두 판매비 및 관리비항목이다.

14 무형자산의 특성이 아닌 것은?

① 기업목적 달성을 위한 영업활동에 이용하기 위해 보유하고 있는 영업용 자산이다.

② 1년 미만의 단기에 걸쳐서 보유하게 되는 단기자산이다.

③ 물리적 형체가 없는 자산으로 법률상의 권리 또는 경제적 권리이다.

④ 법정 유효기간 내에 상각되는 자산이다.

해설 무형자산은 1년 이상의 장기에 걸쳐서 보유하게 되는 장기자산이다.

15 유형자산 취득원가 결정시 틀린 것은?

① 토지취득관련등록세

② 기계장치취득시 설치비

③ 기계일괄구입시 시가기준으로 안분계산

④ 무형자산으로 증여받은 취득원가로 계상하지 않는다.

해설 증여받은 경우 공정가치로 계상한다.

16 유형자산을 취득한 후에 추가의 지출이 발생하는 경우 처리하는 성격이 다른 하나는?

① 유형자산의 증설비

② 유형자산의 현상유지를 위한 수선비

③ 유형자산의 용도변경비

④ 유형자산의 내용연수를 증가시킨 수선비

해설 현상(능률)유지를 위한 수선비는 수익적 지출로 처리함.

17 당기 중에 공장건설용 토지를 구입하면서 다음과 같은 지출이 이루어진 경우 토지의 취득가액은 얼마인가?

• 토지 취득대금	30,000,000원
• 토지상의 구건물 철거비용	3,700,000원
• 구건물 철거시 철골자재 등 매각대금	2,100,000원
• 토지 취득세, 등록세	1,400,000원
• 토지 재산세	450,000원

① 30,000,000원 ② 33,000,000원
③ 33,450,000원 ④ 35,100,000원

해설 구건물이 있는 토지를 취득하여 철거하고 신건물을 짓는 경우 구건물이 있는 토지의 취득원가에 철거비용을 가산하고, 철골매각대는 차감한다. 토지의 취득세, 등록세도 취득부대비용이므로 가산한다. 재산세는 보유중에 부담하는 것이므로 취득부대비용이 아니므로 취득원가에 가산하지 않고 세금과공과로 처리한다.

취득가액＝30,000,000원＋3,700,000원－2,100,000원＋1,400,000원
＝33,000,000원

18 감가상각 대상자산이 아닌 것은?

① 건설중인자산 ② 건물
③ 기계장치 ④ 장기할부로 구입한 업무용 트럭

해설 건설중인자산, 토지, 창고에 보관 중인 유형자산 등은 감가상각 대상자산이 아니다.

19 2026년 1월 1일에 취득한 기계의 취득원가는 100,000원이고 잔존가치는 5,000원이며 내용연수는 5년이다. 이 기계를 정률법으로 감가상각하는 경우 2027년 감가상각비는? (단, 감가상각률은 0.45로 가정한다)

① 45,000원 ② 42,845원
③ 25,770원 ④ 24,750원

해설 (취득원가 100,000－0)×0.45＝2026년 상각비 45,000
(취득원가 100,000－45,000)×0.45＝2027년 상각비 24,750

20 취득원가 1,000,000원이고 잔존가치 100,000원이며 내용연수 5년인 기계를 정액법으로 감가상각하고 있다. 2년까지 감가상각한 후 감가상각누계액은?

① 200,000원　　② 300,000원

③ 360,000원　　④ 400,000원

21 2026년 1월 다음과 같이 회사업무용 차량을 구입하였다. 전체 금액을 모두 현금으로 지급하였다고 했을 때 가장 적절한 분개는? (단, 부가가치세는 고려하지 않음)

*차량가액 10,000,000원	*취득세 200,000원
*등록세 300,000원	*보험료 500,000원

①	(차) 차량운반구	10,500,000	(대) 현금	11,000,000
	보 험 료	500,000		
②	(차) 차량운반구	11,000,000	(대) 현금	11,000,000
③	(차) 차량운반구	10,000,000	(대) 현금	11,000,000
	세금과공과	500,000		
	보 험 료	500,000		
④	(차) 차량운반구	12,000,000	(대) 현금	11,000,000
	세금과공과	300,000		
	보 험 료	500,000		

22 다음 계정과목 중 기업회계기준에 의할 경우 무형자산에 해당하는 항목은?

㉠ 연구비	㉡ 개발비
㉢ 경상개발비	㉣ 특허권

① ㉠, ㉡　　② ㉠, ㉢

③ ㉡, ㉢　　④ ㉡, ㉣

23 다음은 무형자산의 상각에 대한 설명이다. 잘못된 것은?

① 무형자산의 내용연수는 관계법령이나 계약에 정해진 경우를 제외하고 20년을 초과할 수 없다.

② 무형자산의 상각은 자산이 사용가능한 때부터 시작한다.

③ 무형자산은 합리적 상각방법을 정할 수 없는 경우에는 정률법으로 상각한다.

④ 무형자산은 잔존가액은 없는 것을 원칙으로 한다.

해설 합리적인 방법을 정할 수 없는 경우에는 정액법으로 상각한다.

24 다음의 무형자산에 대한 설명 중 올바른 것은?

① 무형자산은 진부화되거나 시장가치가 급격히 하락해도 감액손실을 인식할 수 없다.

② 연구비와 개발비는 전액 비용 처리한다.

③ 자가 창설(내부창출)된 영업권(goodwill)은 무형자산으로 계상할 수 없다.

④ 무형자산은 5년 이내의 기간 내에 정액법으로 상각해야 한다.

25 (주)서울의 제7기 말 결산 전 개발비잔액 48,000원을 정액법으로 상각하면 얼마인가? 개발비는 제5기부터 상각하였으며 5년간 상각한다(결산 연1회).

① 12,000원　　② 16,000원

③ 19,600원　　④ 24,000원

해설 개발비잔액 48,000÷남은기간 3년=16,000원

26 다음 중 기타 비유동자산에 속하는 계정과목은?

① 임차보증금　　② 영업권

③ 건물　　④ 연구비

CHAPTER

10

금융부채와 비유동부채 및 장기충당부채

SECTION 01

금융부채와 유동부채

1 금융부채의 의의

금융부채(financial liability)는 당기손익인식금융부채와 기타 금융부채로 분류한다. 금융부채는 다음의 요건을 충족하는 경우 당기손익인식금융부채로 분류하며, 단기매매금융부채와 최초 인식시점에 당기손익인식금융부채로 지정된 부채를 각각 분리하여 표시한다.

① 단기매매항목으로 분류된다.[1)]

② 최초 인식시점에 당기손익인식항목으로 지정한다.

---

1) 금융부채는 다음 중 하나에 해당하면 단기매매항목으로 분류된다.

① 주로 단기간 내에 재매입할 목적으로 부담한다.

② 최근의 실제 운용형태가 단기적 이익획득 목적이라는 증거가 있으며, 그리고 공동으로 관리하는 특정 금융상품 포트폴리오의 일부이다.

③ 파생상품이다(금융보증계약인 파생상품이나 위험회피수단으로 지정되고 위험회피에 효과적인 상품은 제외).

| 금융부채의 분류

구분	요건
당기손익인식금융부채	① 단기매매항목으로 분류된 경우 ② 최초 인식시점에 당기손익인식항목으로 지정한 경우
기타금융부채	당기손익인식금융부채가 아닌 경우

2 금융부채의 인식과 측정

(1) 최초 인식

금융부채는 금융상품의 계약당사자가 되는 때에만 재무상태표에 인식하며, 최초 인식시, 공정가치로 측정한다. 금융부채의 발행과 직접 관련되는 거래원가는 당기손익인식금융부채가 아닌 경우 최초 인식하는 공정가치에서 차감하여 측정한다. 따라서 당기손익인식금융부채의 경우에는 거래원가를 발생 즉시 당기손익으로 인식한다.

(2) 후속 측정

당기손익인식금융부채는 최초 인식 후 공정가치로 측정하고, 공정가치의 변동에 따른 손익은 당기손익으로 인식한다.[2] 당기손익인식금융부채를 제외

---

2) 다음의 금융부채도 공정가치로 측정한다.
① 금융자산의 양도가 제거조건을 충족하지 못하거나 지속적 관여접근법이 적용되는 경우에 발생하는 금융부채
② 금융보증계약
③ 시장이자율보다 낮은 이자율로 대출하기로 한 약정

한 기타금융부채는 유효이자율법을 사용하여 상각후원가로 측정한다.

▍금융부채의 인식과 측정

구분	최초 인식	후속 측정
당기손익인식금융부채	공정가치 (거래원가 제외)	공정가치 (변동분은 당기손익처리)
기타금융부채	공정가치 (거래원가 포함)	상각후원가 (유효이자율법)

(3) 제거

금융부채는 계약상 의무가 이행, 취소 또는 만료된 경우와 같이 의무가 소멸한 경우 재무상태표에서 제거한다.

소멸하거나 제3자에게 양도한 금융부채의 장부금액과 지급한 대가의 차액은 당기손익으로 인식한다. 한편, 금융부채의 일부를 재매입하는 경우 금융부채의 장부금액은 계속 인식되는 부분과 제거되는 부분에 대해 재매입일 현재 각 부분의 상대적 공정가치를 기준으로 배분한다.

이 경우 다음 '①과 ②'의 차액은 당기손익으로 인식한다.

① 제거되는 부분에 배분된 금융부채의 장부금액

② 제거되는 부분에 대하여 지급한 대가

3 유동부채

유동부채는 결산일 현재로부터 1년 이내 상환해야 하는 부채이다.

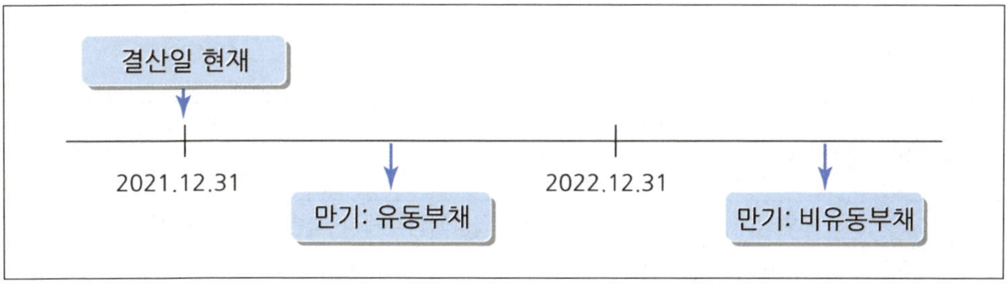

(1) 유동부채의 종류

유동부채의 항목을 요약하면 다음과 같다.

항목	내용
매입채무	일상적인 상거래에서 발생한 외상매입금과 지급어음
단기차입금	금융기관으로부터의 당좌차월액과 1년 이내에 상환될 차입금
미지급금	일반적인 상거래 이외에서 발생한 채무
미지급비용	발생된 비용으로서 지급되지 아니한 것
선수금	일반적인 상거래에서 발생한 선수액
선수수익	받은 수익 중 차기 이후에 속하는 금액
예수금	회사가 일시적으로 받아 놓은 금액
유동성장기부채	비유동부채 중 1년 이내에 상환될 금액

(2) 유동부채의 회계처리

가. 매입채무

① 외상매입금

상품, 원재료를 매입하고 대금을 나중에 지급하기로 하면 외상매입금으로 기입한다.

매입	• 상품이나 제품을 외상으로 매출하면 외상매입금계정 대변으로 회계처리			
	(차) 상품(또는 원재료)	×××	(대) 외상매입금	×××
외상대금지급	• 외상매입금을 상환하게 되면 외상매입금계정 차변으로 회계처리			
	(차) 외상매입금	×××	(대) 현금	×××

② 지급어음

상품이나 원재료를 매입하고 대금을 약속어음으로 발행하여 지급하였을 경우 지급어음으로 기입한다.

발행	• 상품이나 원재료를 매입하고 약속어음을 발행하면 대변에 지급어음			
	(차) 상품(또는 원재료)	×××	(대) 지급어음	×××
외상대금지급	• 어음대금을 지급하게 되면 차변에 지급어음			
	(차) 지급어음	×××	(대) 현금	×××

[매출]	• 상품매출 외상거래 ➡ 외상매출금	• 상품외 매각 외상거래 ➡ 미수금
	• 상품매출 어음수령 ➡ 받을어음	• 상품외 매각 외상수령 ➡ 미수금
[매입]	• 상품매입 외상거래 ➡ 외상매입금	• 상품외 구입 외상거래 ➡ 미지급금
	• 상품매입 어음지급 ➡ 지급어음	• 상품외 구입 어음지급 ➡ 미지급금

나. 미지급금과 미지급비용

① 미지급금

주요 상거래인 상품매입 이외의 외상거래(비품, 기계장치 등의 구입과 복리후생비 등의 지급)에서 대금을 1년 이내의 기간에 지급하기로 하면 미지급금으로 기입한다.

주의. 상품을 외상으로 매입 → 외상매입금

② 미지급비용

당기에 속하는 비용이지만 결산일까지 지급하지 못한 부분을 당기의 비용으로 계상한다. 차변에는 비용에 해당하는 계정과목으로 대변에는 '미지급비용(부채)'으로 기입한다.

결산	• 당기의 비용에 해당하는 금액을 비용으로 계상
	(차) 비용계정(보험료, 임차료 등) ××× (대) 미지급비용 ×××

다. 선수금과 선수수익

① 선수금

상품을 판매함에 있어서 이를 판매하기 이전에 계약금 성격으로 그 대금의 일부 또는 전부를 미리 수취한 금액은 해당 상품이나 제품을 판매할 때까지는 선수금으로 처리한다. 즉, 그 거래에 따르는 수익(상품매출)이 계상될 때까지 그 거래의 대가의 일부를 미리 받은 금액이 선수금이다. 선급금(자산)은 선수금(부채)의 상대적인 계정이라고 볼 수 있다.

계약금수령	• 상품이나 제품의 수익인식 시점 이전에 계약금으로 일부 받은 경우			
	(차) 현금	×××	(대) 선수금	×××
매출	• 상품이나 제품을 매출한 경우 차변에 선수금			
	(차) 선수금 외상매출금	××× ×××	(대) 상품매출(or 제품매출)	×××

* 선급금(자산)은 선수금(부채)의 상대적인 계정이다.

② 선수수익

당기에 이미 받은 수익 중에서 차기에 속하는 부분을 차기로 이연시킨다. 차변에는 당기의 수익에서 차감하는 수익계정과목으로 대변에는 '선수수익(부채)'으로 분개한다.

구분	내용			
수익입금	• 당기와 차기에 해당하는 수익을 받은 경우			
	(차) 현금	×××	(대) 수익계정(임대료, 이자수익 등)	×××
결산	• 차기에 해당하는 수익금액을 차기로 이연			
	(차) 수익계정(임대료, 이자수익 등)	×××	(대) 선수수익	×××

라. 예수금

일시적으로 잠시 보관하고 있는 성격으로 급여 지급 시 공제액인 소득세와 지방소득세, 사회보험의 근로자부담금 등의 금액을 말한다.

원천징수의무이행을 위해 지급할 금액에서 일정액을 떼는 것 ⇨ 예수금

받을 금액에서 일정액을 원천징수 당하여 떼이는 것 ⇨ 선납세금(자산)

구분	내용			
급여지급	• 근로소득세, 지방소득세, 본인부담금 사회보험을 원천징수하는 경우			
	(차) 급여	×××	(대) 예수금	×××
			보통예금	×××
납부	• 원천징수한 근로소득세 등을 납부하는 경우			
	(차) 예수금(본인부담금)	×××	(대) 현금	×××
	복리후생비 등(회사부담금)	×××		

마. 단기차입금

자금을 차입하고 그 상환기간이 1년 이내에 도래하는 차입금을 말한다.

구분	차변		대변	
차입	(차) 보통예금	×××	(대) 단기차입금	×××
상환	(차) 단기차입금	×××	(대) 보통예금	×××
	이자비용	×××		

바. 가수금

금전의 입금이 있었으나 그 계정과목이나 금액이 확정되지 않았을 경우 사용하는 일시적인 계정과목이며, 그 내용이 확정되면 본래의 계정으로 대체한다. 가지급금(자산)은 가수금(부채)의 상대적인 계정이라고 볼 수 있다.

입금	(차) 보통예금	×××	(대) 가수금	×××
원인판명	(차) 가수금	×××	(대) 외상매출금 등	×××

사. 유동성 장기부채

비유동부채 중 1년 내에 만기일에 도래하는 부분을 유동부채로 재분류한 것을 말한다.

차입	(차) 보통예금	×××	(대) 장기차입금	×××
결산	(차) 장기차입금	×××	(대) 유동성장기부채	×××
상환	(차) 유동성장기부채	×××	(대) 보통예금	×××

“M/E/M/O”

SECTION 02

비유동부채

1 비유동부채의 종류

비유동부채(non-current liabilities, long-term liabilities)는 만기가 1년 또는 한 영업주기 이후에 도래하는 부채를 말한다. 비유동부채에는 사채, 신주인수권부사채, 전환사채, 장기차입금, 퇴직급여충당부채, 제품보증충당부채, 이연법인세부채 등이 포함된다. 그러나 비유동부채라도 상환기간이 1년 이내에 도래되는 부채는 유동부채로 한다.

부채는 차입금에 대한 사용료로 이자를 지급한다. 이는 현재의 화폐가치는 미래의 화폐가치보다 더 크기 때문이다. 그러므로 사채의 발행에 있어서는 이자율의 크기에 따라 사채의 발행가격이 달라진다.

재무상태표에는 단기부채는 만기가치인 만기지급액으로 장기부채와 재무상태표 현재시점에서 적절한 유효이자율로 할인한 현재가치금액으로 표시하게 된다.

우리나라 기업회계기준에는 비유동부채를 다음과 같이 분류하고 있다.

비유동부채	사채	1년 후에 상환되는 사채
	신주인수권부사채	주식을 취득할 수 있는 권리를 부여하여 발행하는 사채
	전환사채	주식으로 전환할 수 있는 권리를 부여하여 발행한 사채
	장기차입금	1년 후에 상환되는 차입금
	장기금융부채	당기손익인식금융부채와 기타금융부채(1년 이후)
	임대보증금	임차인에게 받은 것으로 계약기간이 만료되면 지급해야 하는 것

(1) 임대보증금

임대차계약에 의하여 월세를 지급받는 조건으로 타인에게 부동산 사용을 계약하고 임대인이 임차인에게 지급받는 보증금을 말한다. 임대보증금은 계약기간이 만료되면 다시 상환한다.

① 임대보증금 수취시

(차) 보통예금	×××	(대) 임대보증금	×××

② 약정일에 임대료 입금시

(차) 보통예금	×××	(대) 임대료	×××

③ 임대차 계약기간 만료시

(차) 임대보증금	×××	(대) 보통예금	×××

2 화폐의 시간가치

'화폐의 시간가치(time value of money)'란 동일한 금액의 화폐라고 하더라도 시간에 따라 가치가 달라진다는 것을 말한다.

예를 들어, 오늘 10,000원의 현금을 연이자율 10%의 예금을 넣어 둘 수 있다면 1년 후에는 원금 10,000원과 이자 1,000원을 수령할 수 있으므로 현재의 10,000원과 1년 후의 11,000원이 가치가 같으며 현재의 10,000원이 1년 후의 10,000원보다 가치가 크다.

이처럼 화폐는 시간에 따라 가치가 달라지며 동일한 금액이라면 현재시점의 가치가 미래시점의 가치보다 크다.

화폐의 시간가치는 할인율과 기간이라는 요소에 영향을 받는다. 이 중에서 할인율은 이자(interest)에 해당하는 것으로 시간과 관련되는 비용에 해당한다.

즉, 대금을 빌려주는 입장에서 이자는 시간가치를 포기하는 것에 대한 수익에 해당하고, 대금을 차입하는 입장에서 이자는 시간가치를 사용하는 것에 대한 비용에 해당한다. 시간가치의 보상에 해당하는 이자를 계산하는 방법에는 단리와 복리가 있다.

(1) 미래가치와 현재가치

1) 미래가치

'일시금의 미래가치(FV: Future Value)'란 현재 일시금으로 지급한 금액에 복리를 적용한 이자를 합한, 미래에 받을 원리금 합계액을 말한다.

예를 들어, 100,000원의 현금을 5%의 정기예금에 가입하면 1년 후의 미래가치는 원금인 100,000원에 이자 5,000(100,000원 × 5%)원을 합한 금액이 된다. 그러면 이자율 5%인 정기예금 2년 후의 미래가치는 어떻게 될까? 2년 후의 미래가치는 다음과 같이 계산된다.

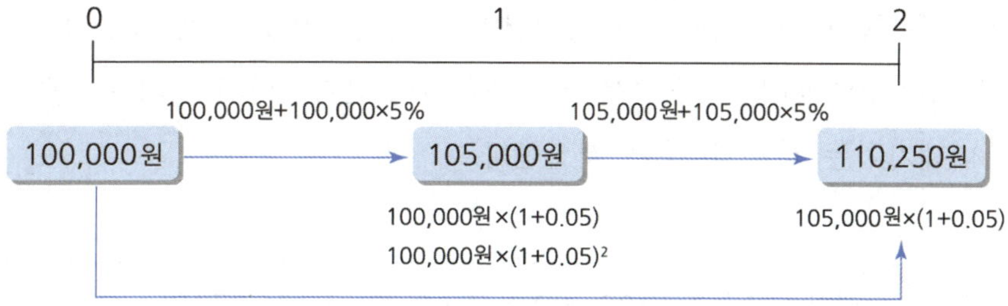

이와 같이 2년 후의 미래가치는 원금 100,000원에 (1+0.05)를 두 번 곱해서 계산한다. 즉, 100,000원 × $(1+0.05)^2$을 계산한 110,250원이 된다.

$$FV_n = PV \times (1+r)^n$$

미래가치를 계산하는 공식에 기초해서 원금(PV) 1원에 대하여 다양한 기간과 이자율을 적용해서 일일이 미래가치를 계산해서 표로 만들어 놓은 것을 '1원의 복리이자표'라고 하며 다음의 표를 복리이자표의 일부를 발췌해서 표시한 것이다.

1원의 복리이자표(미래가치)

이자율(r) / 기간(n)	5%	6%	7%	8%	9%	10%
1	1.05000	1.06000	1.07000	1.08000	1.09000	1.10000
2	1.10250	1.12360	1.14490	1.16640	1.18810	1.21000
3	1.15762	1.19102	1.22504	1.25971	1.29503	1.33100
4	1.21551	1.26248	1.31080	1.36049	1.41158	1.46410
5	1.27628	1.33823	1.40255	1.46933	1.53862	1.61051

이와 같은 복리표를 이용하면 특정금액의 미래가치를 쉽게 계산할 수 있다. 예를 들어 100,000원의 원금을 연이자율 8%, 만기 5년의 정기예금에 가입했다면 미래가치는 다음과 같이 계산한다.

> **미래가치(FV_5) = 100,000 × (1+0.08)5 = 146,933원**
> **또는 미래가치(FV_5) = 100,000 × $\underline{1.46933}$ = 146,933원**
> **5년, 8%, 미래가치**

이와 같이 미래가치를 계산할 때 복리이자표에서 1원의 8%, 5년 만기 복리이자인 1.46933에 원금 100,000원을 곱해서 미래가치를 계산하면 간편하다.

2) 현재가치

'일시금의 현재가치(PV: Present Value)'란 미래가치에 대한 반대개념으로 미래 일시에 받을 금액에서 복리를 적용한 이자를 차감해서 현시점의 가치로 환산한 금액을 말한다. 예를 들어 5%의 이자율에서 2년 후에 받을 110,250원의 현재시점의 가치는 미래가치를 계산하는 과정을 반대로 다음과 같이 적용하면 된다.

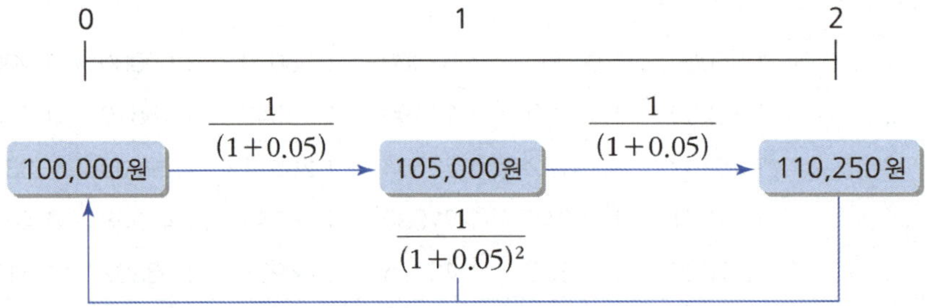

이와 같이 2년 후에 수령하는 110,250원의 현재가치는 미래수령액 110,250원을 $(1+0.05)^2$으로 나누어 계산한 100,000원이 된다. 2년 후의 미래가치가 $(1+0.05)^2$을 곱하는 것과 반대로 2년 후 금액의 현재가치는 $(1+0.05)^2$으로 나누어 계산하는 것이다. 이를 일반화하면 미래에 수령하는 n기간 말의 일정금액 FV_n을 복리이자율 r로 계산한 현재가치 PV는 다음과 같은 공식으로 표시할 수 있다.

$$\text{현재가치: } PV = FV_n \times \frac{1}{(1+r)^n}$$

현재가치를 공식에 기초해서 미래일시금(FV_n) 1원에 대하여 다양한 기간과 이자율을 적용해서 일일이 현재가치를 계산해서 표로 만들어 놓은 것을 '1원의 현가표'라고 하며 다음의 표는 '1원의 현가표'의 일부를 발췌해서 표시한 것이다.

1원의 현가표(현재가치)

이자율(r) / 기간(n)	5%	6%	7%	8%	9%	10%
1	0.95238	0.94340	0.93458	0.92593	0.91743	0.90909
2	0.90703	0.89000	0.87344	0.85734	0.84168	0.82645
3	0.86384	0.83962	0.81630	0.79383	0.77218	0.75131
4	0.82270	0.79209	0.76290	0.73503	0.70843	0.68301
5	0.78353	0.74726	0.71299	0.68058	0.64993	0.62092

이와 같은 '1원의 현가표'를 이용하면 미래 특정금액의 현재가치를 쉽게 계

산할 수 있다. 예를 들어 8% 이자율하에서 5년 후에 수령하는 100,000원의 현재가치는 다음과 같이 계산한다.

$$\text{현재가치}(PV) = 100{,}000 \times \frac{1}{(1+0.08)^5} = 68{,}058\text{원}$$

$$\text{또는 현재가치}(PV) = 100{,}000 \times 0.68058 = 68{,}058\text{원}$$

5년, 8%, 현재가치

이와 같이 현재가치를 계산할 때 '1원의 8%, 5년의 현재가치인 0.68058에 미래수령액 100,000원을 곱해서 현재가치를 계산하면 간편하다.

(2) 현재가치의 회계처리방법

앞에서 현재가치개념과 계산방법에 대해서 살펴보았다. 아래에서는 회계실무에서 볼 수 있는 사례를 이용하여 현재가치평가를 회계처리에 적용하는 것을 살펴보도록 한다.

예제 1 장기대여금의 현재가치평가

㈜서울은 2026년 초에 ㈜대구에 1,000,000원을 장기대여하였다. 동 장기대여금의 만기는 2028년 말이고 매년 말에 10%의 이자를 수령하기로 하였다. 2026년 초의 시장이자율을 10%이다.

[물음]

1. 2026년 초 장기대여금의 현재가치를 계산하시오.
2. 2026년부터 2028년 말까지 ㈜서울의 회계처리를 하시오. 단, 유동성대체는 생략한다.
3. ㈜대구의 입장에서 물음에 답하시오.

풀이

1. 장기대여금의 현재가치

원　금:	1,000,000원×0.75131(3년, 10%, 현가계수)=	751,320원
이　자:	100,000원×2.48685(3년, 10%, 연금현가계수)=	248,690원*
계		1,000,000원

* 현재가치 금액은 1,000,000원에 맞추기 위해 단수차이 조정하였음.

2. (주)서울의 회계처리

2026. 1. 1	(차) 장기대여금	1,000,000	(대) 현　금	1,000,000
2026.12.31	(차) 현　금	100,000	(대) 이자수익	100,000
2027.12.31	(차) 현　금	100,000	(대) 이자수익	100,000
2028.12.31	(차) 현　금	1,000,000	(대) 장기대여금	1,000,000

3. (주)대구의 회계처리

2026. 1. 1	(차) 현　금	1,000,000	(대) 장기차입금	1,000,000
2026.12.31	(차) 이자비용	100,000	(대) 현　금	100,000
2027.12.31	(차) 이자비용	100,000	(대) 현　금	100,000
2028.12.31	(차) 이자비용	100,000	(대) 현　금	100,000
	(차) 장기차입금	1,000,000	(대) 현　금	1,000,000

(주)서울은 (주)대구에 대여 당시 적정한 시장이자율에 근거하여 액면이자를 수령하고 있다. 이와 같이 시장이자율과 액면이자율이 동일하면 장기대여금의 현재가치 금액이 대여금액(명목상의 금액)과 동일하게 된다. 그리고 (주)서울은 액면이자 금액만 이자수익으로 인식한다.

SECTION
03 사채 회계

1 사채의 의의

장기적으로 거액의 자금을 조달하기 위한 방법으로 기업은 흔히 **사채**를 발행한다. 사채는 권면에 표시된 사채의 상환일, 즉 만기일에 사채권면에 표시된 액면가액을 지급하며, 동시에 정기적으로 권면에 표시된 이자율에 따라 일정이자를 지급하겠다고 약정한 증서를 말한다.

상법상 사채의 총액은 자본과 자본금(순자산액)의 2배를 초과하지 못하는 범위 내에서 이사회의 결의에 의하여 주식회사만이 발행할 수 있으며, 사채권상에는 사채에 대한 이자지급액에 관한 사항, 원금상환에 관한 사항, 사채상환에 대한 담보 유무 등을 기재한다.

사채는 회사가 회사의 채무임을 표시하는 증서를 발행해 주고 증권시장의 일반투자자들로부터 거액의 장기자금을 조달하는 방법을 말한다.

2 사채와 주식의 차이점

사채와 주식은 기업의 장기자금의 주요 조달원천이지만, 다음과 같은 차이점이 있다.

① 사채는 회사의 채무이지만 주식은 회사의 채무가 아니다. 사채를 소유한 사람은 회사의 채권자로서 회사의 외부인이나 주식을 소유한 사람은 주주로 회사의 구성원이다.

② 사채권자는 회사의 경영에 참여할 수 없으나 주주는 주주총회에서 의결권을 행사함으로써 경영에 참여할 수 있다.

③ 회사는 사채권자에 대하여 이익의 유무에 관계없이 일정한 이자를 지급하여야 하나 주주에 대해서는 불확정적인 이익을 배당한다.

④ 사채는 만기에 상환되고 회사해산의 경우에 주식에 우선하여 변제되는데 반하여 주식은 상환되지 않고 잔여재산이 있으면 분배받는다.

3 사채의 발행

사채의 발행방법에는 액면발행, 할인발행, 할증발행의 세 가지가 있으나 일반적으로 할인시장이자율 발행이 많이 이용된다.

사채의 발행입장에서 액면이자율과 시장이자율과의 차이만큼 사채의 액면가액에서 할인 또는 할증하여 발행하여야 된다. 그러므로 시장이자율은 결국 사채발행자가 실질적으로 부담하게 되는 이자율이므로 이를 유효이자율(effective interest rate)이라 한다.

사채는 액면이자율과 시장이자율의 관계에 따라 다음과 같이 발행된다.

① 액면발행: 액면이자율 = 시장이자율 ⟶ 액면가 = 발행가
② 할인발행: 액면이자율<시장이자율 ⟶ 액면가>발행가
③ 할증발행: 액면이자율>시장이자율 ⟶ 액면가<발행가

시징이자율은 수시로 변하는데 여기서 말하는 시장이자율은 발행일의 시장이자율이다. 사채발행자(채무자)의 입장에서 할인액과 할증액을 지칭하는

“기업회계기준”의 용어는 각각 사채할인발행차금과 사채할증발행차금이다.

사채의 발행가격은 일반 사채매입자가 회사로부터 받게 될 미래의 현금유입액을 현재가치로 환산한 금액으로 결정된다.

사채의 발행가격 =만기 원금의 현재가치+정기적으로 받게 될 이자액들의 현재가치

가. 액면발행(at par issue)

사채의 액면이자율과 시장이자율이 같은 경우, 사채를 액면가액과 같은 가액으로 발행하는 것을 액면발행이라고 한다. 사채에 대한 이자를 지급하면, 이자비용(영업외비용)계정 차변에 기입한다.

(차) 당좌예금	×××	(대) 사 채	×××

나. 할인발행(discount issue)

사채의 액면이자율이 시장이자율보다 낮은 경우, 즉 사채를 액면가액보다 낮은 가액으로 발행하는 것을 할인발행이라 한다. 사채할인발행차금은 사채상환기간에 시장이자율법을 적용하며, 상각액은 이자비용계정에 가산한다. 사채할인발행차금의 잔액은 재무상태표에 사채의 액면가액에서 차감하는 형식(차감적 평가계정)으로 기재한다.

(차) 당좌예금	×××	(대) 사 채	×××
사채할인발행차금	×××		

다. 할증발행(premium issue)

사채의 액면이자율이 시장이자율보다 높은 경우, 사채를 액면가액보다 높은 가액으로 발행하는 것을 할증발행이라 한다. 그것은 사채의 부가적 성격(부가적 평가계정)이므로 재무상태표에는 사채에 가산하는 형식으로 기재하여야 한다.

사채의 액면가액과 발행가액과의 차액은 사채할증발행차금계정이 발생 → 사채에 가산하는 형식으로 기재, 대변에 기입한다. 사채할증발행차금은 사채상환기간에 유효이자율법을 적용하여 환입하며, 환입액은 이자비용계정에서 차감한다.

(차) 당좌예금	×××	(대) 사　채	×××
		사채할증발행차금	×××

4 재무상태표상의 표시

① 할증발행의 경우

사　　채	×××	
사채할증발행차금	×××	×××

② 할인발행의 경우

사　　채	×××	
사채할인발행차금	(×××)	×××

사채할인발행차금은 사채의 평가계정으로 사채로부터 차감하여 표시된다. 그리고 선급이자의 성격을 갖고 있어 사채를 상환할 때까지 매 기간에 걸쳐

상각한다. 상각방법으로는 정액법과 유효이자율법이 있는데 기업회계기준은 유효이자율법을 사용하도록 하고 있다.

5 사채이자(interest expense on bonds)

사채를 발행한 회사가 사채권자에게 사채액면에서 사채이율을 곱하여 사채이자를 계산 지급하였을 때에는 보통의 이자와 구별하여 사채이자계정 차변에 기입한다.

사채이자지급이 결산일 때에는 사채할인발행차금, 사채할증발행차금, 전환권조정계정 및 신주인수권조정계정은 사채발행시부터 최종상환시까지의 기간에 유효이자율법 등을 적용하여 상각 또는 환입하고 동 상각 또는 환입액은 사채이자에 가감하여 처리한다.

6 사채할인발행차금의 상각과 사채이자의 계상

가. 정액법

사채할인발행차금을 매기 균등액을 상각하는 방법이다. 이 방법에 의할 경우 매기 사채이자와 사채할인발행차금상각은 각각 균등액이 계상된다. 비유동부채인 사채의 장부가액(사채에서 사채할인발행차금을 차감한 후의 가액)은 매기 일정액의 사채할인발행차금상각이 추가됨으로써 점차 증가하게 된다.

나. 유효이자율법

사채의 장부가액이 유효이자율을 적용하여 사채할인발행차금을 상각하는 방법이다. 이 방법에 의할 경우 매기의 사채이자는 균등액이나 사채할인발행차금상각은 유효이자율이 일정률이지만 장부가액의 증가에 따라 매기 증가한다.

여기서 유효이자율은 사채를 발행할 당시의 시장이자율이다. 이 방법에 의해서도 비유동부채인 사채의 장부가액은 매기 사채할인발행차금이 감소함으로써 오히려 증가하게 된다. 유효이자율법의 장단점은 정액법의 반대이다(기업회계기준에서는 유효이자율법을 사용해야 한다고 규정).

예제 2 **사채할인발행차금 회계처리**

㈜한양은 2026년 1월 1일에 액면 1,000,000원, 표시이자율 10%, 3년 만기의 사채를 962,000원에 발행하고, 사채발행비는 10,000원이 발생하였다. 사채발행시 유효이자율은 12%이고 이자지급일은 매년 12월 31일이다.
유효이자율법에 의해 사채할인발행차금을 상각할 경우 필요한 회계처리를 하라.
1. 사채발행시
2. 결산정리분개(2026년 12월 31일) 및 재무상태표 표시

풀 이

1. 사채발행시

(차) 현 금	952,000	(대) 사 채	1,000,000
사채할인발행차금	48,000		

사채발행가액은 사채발행회사가 수령하는 금액에서 사채발행수수료와 사채발행과 관련하여 발생한 기타 비용, 즉 사채발행비를 차감한 후의 금액을 말하므로 962,000원에서 사채발행비 10,000원을 차감한 금액인 952,000원이 사채의 발행가액이 되고, 액면가액인 1,000,000원에서 952,000원을 차감한 48,000원이 사채할인발행차금이 된다.

사채할인발행차금상각표

일　자	유효이자(이자비용) (기초장부가액×12%)	액면이자 (액면가액×10%)	사채할인발행 차금상각액	미상각 할인발행차금	사채의 장부가액
2026. 1. 1.				48,000	952,000
2026.12.31.	114,240	100,000	14,240	33,760	966,240
2027.12.31.	115,949	100,000	15,949	17,811	982,189
2028.12.31.	117,811	100,000	17,811	0	1,000,000
계	348,000	300,000	48,000		

2. 결산일(2026. 12. 31.)

(차) 이자비용	114,240	(대) 현　　금	100,000
		사채할인발행차금상각	14,240*

* 114,240원 - 100,000원 = 14,240원

재무상태표

사　　채	1,000,000	
사채할인발행차금	(33,760)	966,240

7 사채발행비(bond issue expense)

사채발행비는 사채발행을 위하여 직접적으로 발행한 비용을 말하는데, 금융기관이나 증권회사에 대한 모집광고비, 모집위탁수수료, 인수수수료, 사채등기의 등록세, 사채청약서나 사채권의 인쇄비 등이다. 사채발행비는 사채에서 차감하도록 한다.

8 사채상환(retirement or redemption of bonds)

사채의 상환에는 만기상환과 수시상환의 두 가지가 있다.

▎사채상환

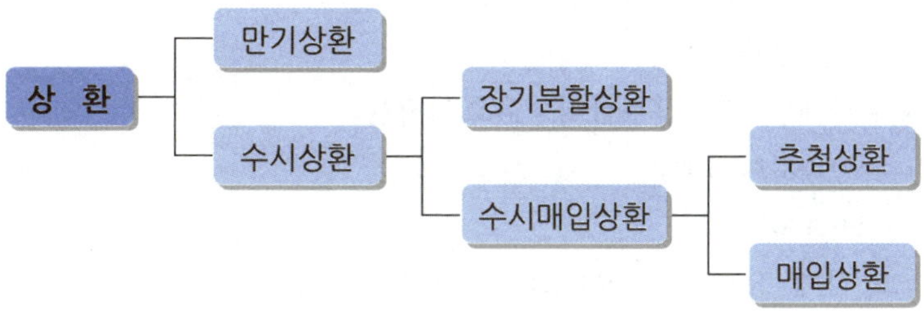

예제 3 사채상환

한강회사는 2026년 1월 1일에 다음과 같은 조건의 사채를 발행하였다.

- 액면금액: 1,000,000원
- 이자지급: 매년 12월 31일에 액면금액의 연 7% 지급
- 상환: 2029년 12월 31일에 일시 상환
- 사채발행일의 유효이자율: 연 10%

1. 사채의 발행가액은 얼마인가?
2. 한강회사가 사채 전체기간 동안 인식할 이자비용은 얼마인가?
3. 한강회사가 2026년도에 인식해야 할 사채이자비용은 얼마인가?
4. 한강회사가 2027년 초에 사채를 930,000원에 모두 조기상환하였을 경우 갑회사가 인식해야 할 사채상환손익은 얼마인가?

풀이

1. 사채의 발행가액 = 70,000원 × 3.16987(기간 4, 10%, 연금현가계수, 부록참조)
   + 1,000,000원 × 0.68301(기간 4, 10%, 1원의 현가계수, 부록참조)
   = 904,901원
2. 전체 이자비용 = 표시이자 총액 + 사채할인발행차금
   = 70,000 × 4 + (1,000,000 − 904,901)
   = 375,099원
3. 이자비용 = 사채의 기초장부금액 × 유효이자율
   = 904,901 × 10%
   = 90,490원
4. 2027년 초 사채 장부금액 = 904,901 + 90,490 − 70,000
   = 925,391원

   사채상환손익 = 상환시 사채의 장부금액 − 상환금액
   = 925,391 − 930,000
   = 4,609원(상환손실)

9 감채기금과 감채적립금

회사가 발행한 사채를 상환함에는 일시에 거액의 자금을 지출하면 경영에 지장을 초래하므로 사채상환목적으로 감채기금과 감채적립금을 설정하여 준비한다. 감채기금(sinking fund)은 매기 일정액을 결산기마다 장래의 사채상환에 대비해서 자금을 적립해 두는 것을 말하며 이것은 투자자산에 속한다.

감채적립금은 기업이 당기순이익이 발생할 때 정관이나 주주총회의 결의에 따라 사채상환목적으로 일정금액을 적립하는 것이다. 이것은 이익잉여금에 속한다.

감채기금과 감채적립금을 설정하는 방법에는

① 감채의 목적으로 특정자금을 정기예금, 금전신탁 및 유가증권 형태로

기업의 외부에 감채기금을 설정하는 방법이다.

② 사채의 상환에 대비하여 이익의 일부를 감채적립금으로 사내에 유보하는 방법이다.

③ 위의 '①과 ②'를 병용하는 것으로 이익의 일부를 감채적립금으로 적립함과 동시에 동액의 감채기금을 사외에 설정하는 방법 등이 있다.

10 전환사채와 신주인수권부사채

전환사채는 사채소지자의 희망에 따라 주식으로 전환할 수 있는 권리가 내재되어 있는 사채이다. 즉, 사채를 주식으로 전환할 수 있는 권리인 전환권이 있다.

신주인수권부사채는 사채를 유리한 조건으로 발행하기 위하여 또는 사채발행을 원활히 하기 위하여 사전에 약정된 가액으로 신주를 인수할 수 있는 권리를 부여하여 발행한 사채를 말한다.

“M/E/M/O”

SECTION 04

장기차입금과 장기성매입채무

장기차입금은 금전소비대차계약에 의한 차입금 중 재무상태표일로부터 1년 이후에 상환되는 차입금을 말한다. 장기차입금은 차입처별차입액, 차입용도, 이자율, 상환방법 등을 주석으로 기재하고, 관계회사 장기차입금과 주주 · 임원 · 종업원 장기차입금 및 외화장기차입금의 내용도 주석으로 기재하여야 한다.

장기성매입채무는 유동부채에 속하지 아니하는 일반적 상거래에서 발생한 장기의 외상매입금 및 지급어음으로 한다. 따라서 장기성매입채무로 계상된 채무 중 재무상태표일 현재 만기가 1년 이내에 도래하게 되는 채무는 유동성장기부채로 계정을 재분류해야 한다.

• 차입시 회계처리

(차) 현금 및 현금성자산	×××	(대) 장기차입금	×××

• 상환시 회계처리

(차) 장기차입금	×××	(대) 현금 및 현금성자산	×××
이자비용	×××		

예제 4 **장기차입금, 유동성장기부채**

다음 거래를 분개하라.

① 거래은행으로부터 2년간의 기간으로 100,000원을 현금으로 차입하다.

② 결산일 현재 위 차입금의 만기가 6개월 이내로 도래하여 유동성대체분개를 하다.

풀이

① (차) 현　금	100,000	(대) 장기차입금	100,000
② (차) 장기차입금	100,000	(대) 유동성장기부채	100,000

“M/E/M/O”

SECTION 05

장기충당부채

1 장기충당부채의 의의

충당부채는 추정부채로 지출의 시기 또는 금액이 불확실한 부채를 말한다. 즉, 과거 사건이나 거래의 결과에 의하여 재무상태표일 현재 부담하는 의무를 이행하기 위해 자원이 유출될 가능성이 높고 그 금액을 신뢰성 있게 추정할 수 있는 의무를 비유동부채로 인식한 것으로서 퇴직급여충당부채, 장기제품보증충당부채 등을 포함한다.

2 장기충당부채의 설정 요건

① 장래에 지출될 것이 확실하고
② 당해 지출의 원인이 당기에 있으며,
③ 당해 지출금액을 합리적으로 추정할 수 있어야 한다.

충당부채	① 퇴직급여 충당부채	퇴직급여로 계상한 금액에서 지급한 금액을 차감한 금액
	② 장기제품 보증충당부채	보증해 주기로 하고 제품을 판매한 경우 보증채무 추정액
	③ 기타	미래에 지출될 것으로 추정되는 비용이나 손실에 대비하여 설정한 장기충당부채로서 별도로 표시되지 않는 부채

3 장기충당부채의 종류

(1) 퇴직급여충당부채

퇴직급여충당부채는 회계연도 말 현재 전임직원이 일시에 퇴직할 경우 지급하여야 할 퇴직금에 상당하는 금액으로 한다.

회계연도 말 현재 전임직원의 퇴직금 소요액과 퇴직급여충당부채의 설정잔액 및 기중의 퇴직금지급액과 임원퇴직금의 처리방법 등을 주석으로 기재한다.

회계연도의 재무상태표에 계상되는 퇴직급여충당부채는 전종업원이 일시에 퇴직할 경우에 지급하여야 할 퇴직금에 미달하는 경우에는 그 미달하는 금액을 이 기준시행일이 속하는 회계연도의 다음 연도부터 5년 이내의 매 결산기에 균등액 이상을 추가로 계상하여야 한다.

세법에 의하면 퇴직급여충당부채전입 한도액은 종업원에게 지급한 연간 총급여액의 10분의 1에 상당하는 금액을 한도로 하고 있으며, 퇴직급여충당부채의 누계총액은 전원이 퇴직할 경우에 퇴직급여로 지급되어야 할 금액의 50%를 한도로 한다.

근로기준법에 의한 퇴직금계산구조를 간단히 살펴보면 다음과 같다.

퇴직금 = 평균임금* × 30일 × 계속근로연수

* 평균임금: 결산일 이전 3개월(12월 결산법인의 경우 10월~12월)간 그 근로자에 대하여 지급된 임금의 총액을 그 기간의 총일수로 나눈 금액을 말한다.

퇴직급여충당부채의 설정은 다음과 같다.

회사의 퇴직급여규정 등에 의하여 직원이 퇴직할 때 지급해야 할 퇴직금을 충당하기 위하여 설정하는 계정과목으로, 퇴직급여충당부채 설정시에는 퇴직급여충당부채계정 대변에 기입하고, 퇴직금 지급시에는 퇴직급여충당부채계정 차변에 기입한다.

퇴직급여 = 퇴직급여충당부채 기말잔액 − (퇴직급여충당부채 기초잔액 − 당기 퇴직금지급액)

퇴직급여충당부채

차변	대변
① 당기 퇴직금지급액	기초잔액
② 기말잔액	③ 퇴직급여
↓ 재무상태표로	↓ 손익계산서로

* 퇴직급여충당부채설정과 지급시 회계처리

[결산정리 분개]: 퇴급급여충당부채 설정시

(차) 퇴직급여	×××	(대) 퇴직급여충당부채	×××

[퇴직금 지급시]: 종업원 퇴직급여 지급시

(차) 퇴직급여충당부채	×××	(대) 현　　금	×××

퇴직급여추가설정액 = 퇴직급여충당금추계액-(퇴직급여충당부채 기초잔액 -당기퇴직금지급액)

- 퇴직급여추계액=1년 이상 근무한 사원의 평균임금×(근무일수/365)
- 평균임금=퇴직 등 사유발행일 이전 3개월간 임금총액/대상인 3개월의 총일수
- 12월말법인의 경우 평균임금=10월부터 12월까지 지급된 임금총액/92일
- 생산직과 사무직으로 구분하여 계산

참고 퇴직연금제도

퇴직연금제도는 회사가 근로자의 퇴직급여를 금융기관에 위탁하여 운용한 뒤 일정 연령(55세)에 도달할 때부터 연금이나 일시금으로 주는 제도를 말한다.

• 퇴직연금제도의 종류

퇴직연금제도에는 확정급여형(Defined Benefit)과 확정기여형(Defined Contribution)이 있다.

발행형태	확정급여형(DB)	확정기여형(DC)
개념	• 노사가 사전에 급여 수준 · 내용을 약정 • 근로자가 일정한 연령(55세)에 달할 때 약정에 따른 급여 지급	• 노사가 사전에 부담할 기여금을 확정 • 적립금을 근로자가 자기책임으로 운용 • 근로자가 일정한 연령에 달할 때에 그 운용결과에 기초하여 급여를 지급
기여금	운용수익률, 승급률 등 변경시 변동	확정 (근로자 연간 임금총액의 1/12 이상)
퇴직연금수령액	확정	운영실적에 따름
적립금운용	적립금 운용에 대한 권한과 책임이 회사에 있음	적립금 운용에 대한 권한과 책임이 근로자에게 있음
지급보장	의무적립금제도(퇴직부채 60%)	운용방법에 원리금보장상품 포함등 안정적 운영지도
주요대상	대기업, 기존 사외적립기업	연봉제 실시기업, 중소기업
회계처리	퇴직연금운용자산	퇴직급여

예제 5 퇴직급여충당부채

당기에 설정할 퇴직급여충당부채를 산정한 후 분개하라.

당기말 현재 전임직원 퇴직시 지급할 금액이 20,000,000원이고 당기 중 실제로 지급한 퇴직금은 6,000,000원이다. 전기 말 현재 퇴직금 총추계액은 15,000,000원이다.

풀이

1. 당기에 전입해야 할 퇴직급여충당부채 전입액

   20,000,000원 − (15,000,000원 − 6,000,000원) = 11,000,000원

2. 12월 31일

(차) 퇴직급여	11,000,000	(대) 퇴직급여충당부채	11,000,000

(2) 장기제품보증충당부채

장기제품보증충당부채란 제품의 판매 후에 일정기간 동안 보수를 무상으로 실시하는 기업에서는 특정기의 제품판매액에 대한 비용이 차기 이후에 발생한다. 판매보증충당부채는 품질보증의무를 나타내는 충당부채이다. 그러나 법인세법에서는 장기제품보증충당부채를 손금으로 인정하지 않고 있다.

예제 6 장기제품보증충당부채

2026년 5월 1일에 상품 1,000,000원을 보증판매하다. 과거의 경험에 비추어 3%의 무료수리비가 발생될 것으로 예상된다. 2027년 6월 1일에 상품 20,000원의 무료수리를 해주다.

1. 2026년 12월 31일(결산일)의 분개를 하라.
2. 2027년 6월 1일의 분개를 하라.

풀이

1. 2026년 12월 31일

(차) 제품보증비	30,000	(대) 장기제품보증충당부채	30,000

2. 2027년 6월 1일

(차) 장기제품보증충당부채	20,000	(대) 현 금	20,000

주요용어

- 감채기금(sinking fund)
- 감채적립금(sinking reserve)
- 공정가치(face value)
- 만기일(maturity date)
- 무담보사채(unsecured bond)
- 비유동부채(long-term liabilities)
- 사채(bonds)
- 사채권(bond certificate)
- 사채할인발행차금(discount on a bond)
- 사채할증발행차금(premium on a bond)
- 시장이자율(market interest rate)
- 액면(표시)이자율(contractual(stated) interest rate)
- 유동부채(current liability)
- 유효이자율(effective-interest rate)
- 전환사채(convertible bonds)
- 지급어음(notes payable)
- 현재가치(present value)

“M/E/M/O”

Chapter 10 주관식 연습문제

01 사채란 무엇인가?

02 사채발행형태를 비교하여 설명하시오.

03 충당부채에 대하여 설명하시오.

04 퇴직급여충당부채 설정시와 지급시 회계처리에 대하여 설명하시오.

Chapter 10 객관식 연습문제

01 기업회계기준에 의한 부채성충당금의 설정 요건이 아닌 것은?

① 당기의 수익에 대응하는 비용이어야 한다.
② 장래에 지출될 것이 확실하여야 한다.
③ 당해 지출의 원인이 전기 이전에 발생하여야 한다.
④ 당해 지출금액을 합리적으로 추정할 수 있어야 한다.

02 재무회계에서 당기에 발생한 원가 중 일부를 이연하는 이론적 근거는?

① 수익, 비용의 대응　　② 신뢰성의 제고
③ 보수주의의 적용　　④ 중요성의 원칙

03 기업회계기준에서 규정하고 있는 부채성충당금이 아닌 것은?

① 퇴직급여충당부채 ② 대손충당금
③ 수선충당부채 ④ 판매보증충당부채

04 사채 발행시점에서 사채의 발행가액을 현재가치로 계산하는 방법으로 옳은 것은?

① 만기가액의 현재가치+이자지급액의 현재가치
② 만기가액+이자지급액의 현재가치
③ 만기가액의 현재가치+이자지급액
④ 만기가액+이자

05 비유동성장기부채가 어떠한 경우에 유동부채로 분류되는가?

① 화폐성부채로 전환되는 경우
② 부채가 자본으로 전환되는 경우
③ 장기부채를 현금상환하게 되는 경우
④ 유동부채로 분류되는 부분이 1년 이내에 상환되는 경우

해설 비유동부채란 재무상태표일로부터 1년 이상이 경과한 후에 만기가 도래하는 부채를 말한다. 여기에는 사채, 장기차입금 등이 있다. 그러나 비유동부채 중 재무상태표일로부터 1년 이내에 지급하여야 할 부분에 대해서는 유동부채(유동성 장기부채)로 분류하여야 하며, 비유동부채는 유동부채와는 달리 미래에 지급하게 될 재화나 용역의 현재가치로 평가하는 것이 원칙이다.

06 사채의 가격결정에 직접적으로 영향을 미치는 요소가 아닌 것은?

① 액면가액 ② 액면이자율
③ 사채의 만기 ④ 정부정책의 영향

해설 사채가격은 회사가 액면이자율을 통하여 결정하므로 정부정책의 영향은 사채의 발행가격에 직접적인 영향을 미치지는 않는다.

07 사채에 대한 설명 중 올바른 것은?

① 유효이자율법하에서 할증발행차금상각액은 매기 감소한다.
② 할인발행된 경우 유효이자율법하에서의 이자비용은 매기 감소한다.
③ 정액법 적용시 장부가액에 대한 이자비용의 비율이 매년 변동한다.
④ 유효이자율법 적용시 할인발행차금상각액은 매기 감소한다.

해설 ① 유효이자율법 적용시 할증발행차금상각액은 매기 증가한다.
② 할인발행된 경우 유효이자율법하에서의 이자비용은 매기 증가한다.
④ 유효이자율법 적용시 할인발행차금상각액은 매기 증가한다.

08 사채발행비에 대한 설명 중 틀린 것은?

① 사채를 발행할 때 발생한 인쇄비, 인수수수료, 광고비 등의 비용을 말한다.

② 미래의 이자비용을 감소시키는 효과가 있다.

③ 사채발행비의 회계처리방법은 비용으로 처리하는 방법, 사채발행가액에서 직접 차감하는 방법, 자산으로 처리하는 방법이 있다.

④ 액면발행의 경우, 사채할인발행차금으로 처리하여야 한다.

해설 사채발행비는 미래의 이자비용을 증가시키는 효과가 있다.

09 부채의 특성이 아닌 것은?

① 부채인식시점에서 상환금액이 구체적으로 확정되어야 한다.

② 미래에 자산을 이전하거나 용역을 제공하여야 한다.

③ 의무가 특정기업에 속하는 것이어야 한다.

④ 부채를 발생시킨 거래 혹은 사건이 이미 발생했어야 한다.

해설 부채의 특징
- 부채인식시점에서 지급금액 및 지급시기 또는 채권자가 반드시 확정될 필요는 없다.
- 부채는 반드시 기업 자체의 채무이어야 한다.
- 미래에 자산을 이전하거나 용역을 제공해야 한다.
- 부채란 과거의 거래나 경제적 사건의 결과로서 관련의무가 현재의 시점에서 존재하는 것이어야 한다.

10 사채할인발행차금에 대한 설명 중 맞는 것은?

① 사채발행시 이익잉여금에서 차감

② 사채발행시 자본잉여금에서 차감

③ 사채발행 기초의 비용

④ 사채발행으로 차입한 자금이용기간의 비용

해설 사채할인발행차금은 사채이자의 선급분으로 볼 수 있다.
따라서 발행일로부터 상환일까지의 회계기간에 걸쳐서 상각한다.

11 다음 중 부채성충당금이 아닌 것은?

① 대손충당금　② 수선충당부채
③ 판매보증충당부채　④ 퇴직급여충당부채

해설 충당금
- 평가성충당금: 감가상각누계액, 대손충당금
- 부채성충당금: 수선충당금, 퇴직급여충당금, 판매보증충당금, 공사보증충당금

12 유동부채에 속하지 않는 것은?

① 매입채무　② 단기차입금
③ 장기차입금　④ 미지급법인세

해설 위의 항목 중 장기차입금은 비유동부채에 속하는 것이므로 유동부채에는 포함될 수 없다.

13 상품 2,200,000원을 판매하기로 하고, 계약금으로 600,000원을 현금으로 받았다. 맞는 분개는?

① (차) 현　　금	2,200,000	(대) 가 수 금	2,200,000
② (차) 현　　금	600,000	(대) 가 수 금	600,000
③ (차) 현　　금	2,200,000	(대) 외상매출금	2,200,000
④ (차) 현　　금	600,000	(대) 선 수 금	600,000

해설 선수금은 상품을 주문받고 계약금을 미리 받는 단기채무를 말한다. 즉, 수주품, 수주공사 및 기타 일반적 상거래에서 발생한 금액인 착수금, 선수금액을 말한다.

－착수금(상품대금)을 미리 받았을 때 분개

(차) 현　　금　×××　(대) 선 수 금　×××

14 전환사채를 발행한 경우 사채발행의 대가로 수취한 현금에 대하여 기업회계기준이 정하고 있는 회계처리방법은 어느 것인가?

① 전환사채의 전환권에 해당하는 부분은 이익잉여금으로 나머지 순수한 사채에 해당하는 부분은 부채로 기록한다.

② 전환사채의 전환권에 해당하는 부분은 자본조정항목으로 기록하고 나머지 순수한 사채에 해당되는 부분은 부채로 기록한다.

③ 전환사채의 전환권에 해당하는 부분은 자본잉여금으로 기록하고 나머지 순수한 사채에 해당되는 부분은 부채로 기록한다.

④ 전환권에 해당하는 부분을 인식하지 않고 일반사채와 마찬가지로 전액 부채로 계산한다.

15 다음은 우발상황과 관련된 기업회계기준과 관련 해석의 내용이다. 틀린 것은?

① 우발이득은 어떠한 경우에도 재무제표에 반영해서는 안 된다.

② 우발손실의 금액이 일정한 범위로 추정되는 경우에는 그 범위의 최소금액을 재무제표에 반영하고 주석으로 기재한다.

③ 타인을 위하여 제공한 보증 또는 담보제공내역은 발생가능성과 관계없이 주석으로 기재하여야 한다.

④ 수선충당금 등 부채성충당금도 우발손실의 규정에 따라 재무제표에 반영한 것이다.

16 (주)승리는 발생주의회계를 채택하여 2026년 포괄손익계산서에 이자비용을 80,000원으로 보고하였다. 만일 현금주의를 채택하면 이자비용이 15,000원만큼 감소하게 된다. 2026년 말 미지급이자가 20,000원이라면 2026년 초 이자비용은?

① 5,000원 ② 20,000원

③ 15,000원 ④ 25,000원

해설 발생주의 이자비용 = 현금주의 이자비용 + 기말미지급이자 − 기초미지급이자
80,000 = 65,000 + 20,000 − (0)

17 2026년 1월 1일에 연이율 10%, 5년 만기 사채액면 1,000,000원을 970,000원에 발행하였다. 2027년 12월 31일 재무상태표에 표시될 사채금액은 얼마인가?

① 1,000,000원 ② 988,000원

③ 986,000원 ④ 984,000원

해설 연간 할인차금상각액: 30,000원 ÷ 5 = 6,000원
사채의 장부가액: 1,000,000원 − (6,000 × 2) = 988,000원

18 사무용 비품 2,000,000원을 구입하고 대금 중 1,000,000원은 현금으로 지급하고, 나머지는 외상으로 하였다면 분개는?

① (차)	비　　품	2,000,000	(대)	현　　금	1,000,000
				미지급금	1,000,000
② (차)	비　　품	2,000,000	(대)	현　　금	1,000,000
				매입채무	1,000,000
③ (차)	비　　품	2,000,000	(대)	현　　금	1,000,000
				가지급금	1,000,000
④ (차)	비　　품	2,000,000	(대)	현　　금	1,000,000
				외상매입금	1,000,000

해설 미지급금은 일반적 상거래 이외에서 발생한 단기채무를 말한다.
채무가 발생시 분개: (차) 비　　품　　×××　　(대) 미지급금　　×××

19 기업회계기준에 의한 부채성충당금의 설정요건이 아닌 것은?

① 당기의 수익에 대응하는 비용이어야 한다.

② 장래에 지출될 것이 확실하여야 한다.

③ 당해 지출의 원인이 전기 이전에 발생하여야 한다.

④ 당해 지출금액을 합리적으로 추정할 수 있어야 한다.

20 사채 발행시점에서 사채의 발행가액을 현재가치로 계산하는 방법으로 옳은 것은?

① 만기가액의 현재가치 + 이자지급액의 현재가치

② 만기가액 + 이자지급액의 현재가치

③ 만기가액의 현재가치 + 이자지급액

④ 만기가액 + 이자

21 다음 중 자본잉여금 항목이 아닌 것은?

① 주식발행초과금　　② 감자차익

③ 재평가적립금　　④ 기업합리화적립금

ACCOUNTING PRINCIPLE

CHAPTER

11

자본 회계

SECTION 01

자본의 회계처리

자본의 회계처리는 기업의 형태에 따라 달라진다. 기업은 크게 개인기업과 법인기업으로 나눌 수 있다.

개인기업이란 단 한 사람이 기업을 소유하는 기업형태로 기업과 기업주가 동일인이다. 따라서 자본과 관련된 모든 회계처리는 자본금계정 하나로 처리한다. 개인기업은 설립시 소유주의 투자액을 자본금계정 대변에 기록하고 각 회계기간에 산출된 이익도 이익잉여금계정을 설정하여 처리하지 않고 자본금계정으로 대체시킨다. 소유주가 기업으로부터 현금을 인출할 때에는 인출금계정으로 자본금계정의 차변에 기록한다.

법인기업은 소액의 주식(100원 이상의 균일한 금액)으로 분할되어 있으며 소액의 자금을 지닌 투자자들로부터 광범위하게 거액의 자본을 모으는 것이 가능한 기업형태이다. 주식은 자유양도가 가능하며, 주주는 유한책임제도이다.

자본은 자산에서 부채를 차감한 것으로 순자산, 잔여지분 또는 소유주 지분 등으로 부른다. 자본은 자본금, 자본잉여금, 자본조정, 기타포괄손익, 이익잉여금 등으로 구분된다.

자산 − 부채 = 자본 ……〉 자본 등식

자본의 구분(K-IFRS, K-GAAP)

[K-GAAP 기준에 의한 자본 분류]

계정구분	비고
1. 자본금 ① 보통주 자본금 ② 우선주 자본금	• 법정자본금 발행주식수×액면가액 발행주식수×액면가액
2. 자본잉여금 ① 주식발행초과금 ② 감자차익, 기타자본잉여금 (자기주식처분이익)	• 자본거래에서 발생한 잉여금 발행가액 - 액면가액 감자차익, 자기주식처분이익
3. 자본조정 ① 자기주식 ② 기타자본조정	• 자본 전체를 증가시키거나 감소시키는 항목 자기회사주식의 취득원가 주식할인발행차금, 출자전환채무, 주식매수선택권, 감자차손, 자기주식처분손실
4. 기타포괄손익누계액 ① 매도가능금융자산평가손익 ② 해외사업환산손익 등	매도가능금융자산의 보유손익 해외자회사의 외화환산손익
5. 이익잉여금 ① 법정적립금(이익준비금) ② 임의적립금 ③ 미처분이익잉여금	• 기업이익에서 사내 유보시킨 금액 상법 등에 의거 적립 정관, 주주총회 결의에 의거 임의적립 (적극적 적립금: 사업확장적립금, 감채적립금, 소극적 적립금: 배당평균적립금, 결손보전적립금) 미처분(미적립)상태의 이익잉여금

[K-IFRS 기준에 의한 자본 분류]

계정구분	비고
1. 자본금 ① 보통주 자본금 ② 우선주 자본금	• 법정자본금 발행주식수×액면가액 발행주식수×액면가액
2. 이익잉여금 ① 법정적립금(이익준비금) ② 각종 임의적립금 ③ 미처분이익잉여금	• 기업이익에서 사내 유보시킨 금액 상법 등에 의거 적립 정관, 주주총회 결의에 의거 임의적립 미처분(미적립)상태의 이익잉여금

3. 기타자본요소 ① 주식발행초과금 ② 감자차익, 기타자본잉여금 ③ 자기주식 ④ 기타자본조정 ⑤ 매도가능금융자산평가손익 ⑥ 해외사업환산손익 등	내용 위와 동일

참고 **K-IFRS의 자본분류 해설**

한국채택국제회계기준에서는 자본을 납입자본금, 이익잉여금, 기타자본구성요소로 구분하고 있다.

즉, 자본 = 납입자본 + 이익잉여금 + 기타자본요소
= 납입자본 + [설립 이후 순이익 – 배당지출액] + 기타자본구성요소
= 주식발행자본금 + 주식발행초과금 + 이익준비금 + 기타법정적립금 + 임의적립금 + 미처분이익잉여금 + 자산재평가차익 + 매도가능금융자산평가손익

“M/E/M/O”

SECTION 02

자 본 금

기업회계기준상 자본금계정은 주주의 불입자본 중 상법의 규정에 따라 정관에 자본금으로 확정되어 있는 법정자본금을 의미한다.

회사가 서로 다른 두 종류 이상의 주식을 발행할 경우에는 이는 별도로 구분, 표시하여야 하는데, 기업회계기준에 의한 자본금의 표시방법은 다음과 같다.

Ⅰ. 자본금 ·· ×××
　1) 보통주 자본금 ·· ×××
　　(발행주식수: ×××주)
　2) 우선주 자본금 ·· ×××
　　(발행주식수: ×××주)

1 주식의 종류

주식은 자본의 구성단위이며 회사에 대한 주주의 권리 및 의무의 표시단위로서의 의미를 가진다. 투자자의 다양한 욕구를 충족시켜 줌으로써 자본의 조달을 용이하게 하기 위하여 주식회사는 여러 가지 종류의 주식을 발행하는데 크게 보통주와 우선주로 분류할 수 있다.

(1) 보통주(common stock)

보통주란 여러 종류의 주식 중 기본이 되는 주식이다. 따라서 보통주 주주는 주주총회에서 의결권이 있고 이익배당을 받을 권리가 있다. 주식회사가 한 종류의 주식만 발행한 경우에는 그 주식 모두가 보통주가 된다.

(2) 우선주(preferred stock)

우선주는 보통주보다 약정된 특정 권리가 우선하여 적용되는 주식이다. 이는 우선청구권의 이점이 주어지는 반면, 일정기간 후에는 상환되거나 의결권이 부여되지 않는 수가 있어 불리할 수도 있다. 우선주는 우선권의 내용에 따라 이익배당우선주, 전환우선주, 상환우선주로 나눌 수 있다.

1) 이익배당우선주

이익배당우선주는 보통주가 이익을 배당받기 전에 일정율의 배당을 우선적으로 받을 수 있는 권리가 부여된 주식을 말하는데 이것은 다음과 같이 분류된다.

가. 참가적, 비참가적 우선주

이익배당을 받은 후 잔여이익이 있을 경우에 보통주와 함께 일정한 비율에 의해 추가적인 이익배당에 참가할 수 있는가의 여부에 따른 분류이다.

나. 누적적, 비누적적 우선주

특정연도의 이익배당이 우선 배당률에 미달할 경우에 그 부족액을 소급하여 다음연도의 이익에서 우선적으로 배당받을 수 있는 권리가 있는가의 여부에 따른 분류이다.

2) 전환우선주

전환우선주란 우선주주의 청구에 따라 보통주로 전환될 수 있는 성질을 가진 우선주를 말한다.

3) 상환우선주

상환우선주는 회사가 일정한 요건하에서 이익으로 소각할 수 있는 주식을 말한다. 회사가 상환우선주를 발행하는 이유는 일시적으로 자금조달이 어려운 경우에 우선주를 발행하여 자금을 보다 용이하게 조달하고 일정기간 후에는 이를 상환함으로써 우선주에 대한 배당압력을 피하고 기업의 자금운용을 원활히 하려는 데 있다.

2 주식의 발행

주식은 주권에 기재된 액면가액으로 발행되거나 액면가액 이상 또는 액면가액 이하로 발행되기도 한다. 주식을 액면가액으로 발행한 경우에 발행대금 전액을 자본금계정으로 대변에 기록하지만, 액면가액을 초과하여 할증 발행될 경우에는 주식발행가액과 관계없이 액면가액을 자본금계정에 기록하고 발행가액 중 액면가액을 초과하는 금액은 주식발행초과금으로 하여 자본잉여금으로 처리한다.

한편 주식이 액면가액에 미달하여 할인발행된 경우에는 주식의 액면가액을 자본금계정의 대변에 기록하고 발행가액이 액면가액에 미달하는 금액은 주식할인발행차금으로 처리하며 재무상태표의 자본조정항목으로 분류하여 표시한다.

구분	내용
1. 액면발행 (발행가액 = 액면가액)	(차) 현 금 ××× (대) 자 본 금 ×××
2. 할증발행 (발행가액>액면가액)	(차) 현 금 ××× (대) 자 본 금 ××× 주식발행초과금 ××× (자본잉여금)
3. 할인발행 (발행가액<액면가액)	(차) 현 금 ××× (대) 자 본 금 ××× 주식할인발행차금 ××× (자본조정)

예제 1

(1) 한양(주)는 액면 5,000원인 주식 10,000주를 발행하여 납입액을 당좌예금하다.

(2) 충성(주)는 액면 5,000원인 주식 10,000주를 주당 5,500원에 발행하고 납입액은 당좌예금하다.

(3) 두레(주)는 액면 5,000원인 주식 10,000주를 주당 4,500원에 발행하고 납입액은 당좌예금하다.

풀이

	차변	금액	대변	금액
(1)	(차) 현 금	50,000,000	(대) 자 본 금	50,000,000
(2)	(차) 당좌예금	55,000,000	(대) 자 본 금	50,000,000
			주식발행초과금	5,000,000
(3)	(차) 당좌예금	45,000,000	(대) 자 본 금	50,000,000
	주식할인발행차금	5,000,000		

3 자본의 증자

주식회사가 자본금을 증가시키기 위하여 신주를 발행하는 것을 증자라고

하며, 증자에는 실질적 증자와 형식적 증자가 있다.

(1) 실질적 증자(유상증자)

실질적 증자는 다른 말로 유상증자라고 하며 추가 자본을 조달하기 위하여 유상으로 신주를 발행하는 것을 말한다. 실질적 증자를 하면 회사의 순자산이 증가하고 자본금이 증가한다.

(2) 형식적 증자(무상증자)

형식적 증자는 무상증자라고 하며 회사의 순자산이 증가하지 않고, 형식적으로만 자본금이 증가하는 것을 말한다.

무상증자는 자금조달을 목적으로 하지 않고 자본구성을 바로 잡거나 사내유보의 적정화 또는 기타의 목적을 위해 시행되는 것으로 회사의 총자산에는 변화를 가져오지 않고 재무제표상 항목간의 변동을 통하여 신주식을 발행하는 형식적 증자라고 할 수 있다. 형식적 증자에는 이익준비금의 자본전입, 자본준비금의 자본전입 등이 있다.

유상증자와 무상증자

구분	유상증자	무상증자
자본금	증가	증가
이익잉여금	주식할인발행차금 상각시 감소	재원이 이익준비금인 경우 감소
자본총계	증가	변동 없음

4 자본의 감자

기업환경의 변화에 따라 회사가 결손을 보전하거나 사업규모를 줄이기 위해서 자본금을 감소시키는 경우가 발생한다.

자본의 감소(감자)란 주식회사의 발행주식을 매입소각하여 자본을 감소시키는 것을 말하며 자본감소는 크게 실질적 감자와 형식적 감자 두 가지로 구분된다.

(1) 실질적 감자(유상감자)

실질적 감자는 기업의 규모를 축소시키는 방법으로서 주주에게 주식소각의 대가로 현금 등을 지급함으로써 회사 순자산의 실질적 감소를 수반하는 경우를 말하는데 이를 유상감자라고도 한다.

실질적 감자에서는 소각된 주식의 액면가액과 감자를 위해 주주에게 지급되는 환급금액간에 차이가 발생할 수 있는데, 이를 비교하여 주주에의 환급액이 소각주식의 액면가액보다 적을 경우에는 그 차액을 감자차익으로 계상하고 반대로 주주에의 환급액이 소각주식의 액면가액보다 큰 경우에는 그 차액을 감자차손으로 계상한다.

감자차익은 재무상태표상의 자본잉여금으로 분류되는데, 이는 주주에 의해 납입된 자본의 일부로서 자본거래에 의해 나타난 것이기 때문이다. 감자차손은 자본조정에 속하는 항목으로서 자본전체에서 차감할 항목으로 표시된다.

(차) 자 본 금	×××	(대) 현　　금	×××
		감자차익	×××

(2) 형식적 감자(무상감자)

형식적 감자란 주주에게 주식소각의 대가를 지급하지 아니함으로써 실제로 회사의 순자산은 변동하지 않고 명목상으로만 자본금이 감소하는 경우를 말하는 것으로서 회사의 이월결손금을 보전하기 위하여 자본을 감소시키는 경우가 이에 해당한다.

형식적 감자의 방법에는 주식의 수를 일정비율로 감소시킴으로써 주식을 병합하는 방법과 주식수는 그대로 두고 주당 액면가액을 일괄적으로 감액시키는 방법 등이 있다.

(차) 자 본 금	×××	(대) 이월결손금	×××
		감자차익	×××

예제 2 **감자차익**

한국(주)는 5월 10일 액면가 5,000원의 주식을 4,500원에 1,000주를 매입하여 소각하였다.

풀이

(차) 자 본 금	5,000,000	(대) 현 금	4,500,000
		감자차익	500,000

유상감자와 무상감자

구분	유상감자	무상감자
자본금	감 소	감 소
이익잉여금	감자차손의 처리시 감소	결손보전시 증가
자본총계	감 소	변동 없음

SECTION 03 이익잉여금

이익잉여금은 유보이익(retained earnings)이라고 하는데, 기업의 이익창출 활동에 의하여 획득한 이익 중 배당금 등으로 사외에 유출되거나 납입자본으로 대체되지 않고 사내에 유보된 부분을 말한다.

이익잉여금은 포괄손익계산서와 재무상태표의 연계관계에서 중추적인 역할을 한다. 포괄손익계산서에서의 마지막 수치인 당기순이익 또는 당기순손실은 마감을 통하여 이익잉여금계정으로 대체된다. 영업활동을 통하여 당기에 창출된 모든 수익과 비용은 각 거래의 발생시마다 이를 재무상태표의 자본을 증가 또는 감소시키는 형태로 기록할 수도 있으나 이는 너무 번거롭고 혼란을 초래한다.

따라서 수익과 비용에 관련된 모든 거래를 포괄손익계산서에 집계한 뒤에 수익에서 비용을 차감한 순액인 당기순이익(당기순손실)만을 이익잉여금에 대체시키는 방법을 택하고 있다. 따라서 포괄손익계산서와 재무상태표를 연결시키는 항목이 바로 이익잉여금이라고 할 수 있다.

이익잉여금을 증가시키는 주된 원천은 당기순이익이고 감소시키는 주된 원천은 당기순손실, 배당 및 이익잉여금의 처분을 통한 상각이다.

이익잉여금은 크게 법정적립금(이익준비금, 기타법정적립금), 임의적립금, 미처분이익잉여금으로 구분된다.

미처분이익잉여금 = 전기이월 미처분이익잉여금 + 당기순이익

1 법정적립금

법정적립금은 법의 규정에 의하여 의무적으로 적립해야 하는 금액으로서 회사의 재무상태를 견고히 하기 위하여 제도적으로 도입된 것인데, 여기에는 이익준비금이 있다.

이익준비금

상법 규정에 의하여 자본의 1/2에 달할 때까지 매결산시, 금전에 의한 이익배당액의 1/10 이상의 금액을 자본금의 1/2에 달할 때까지 적립하도록 한 법정적립금으로서 결손보전과 자본전입 이외에는 사용할 수가 없다.

참고 [재무구조개선적립금]의 폐지

금융감독위원회와 금융감독원은 2007년 12월 3일 유가증권 발행 및 공시 등에 관한 규정과 증권업감독규정과 시행세칙 변경을 예고하고 시행키로 했다고 밝혔다.
개정안에 따르면 상장사가 매년 일정 금액을 적립해야 하는 재무구조개선적립금은 적립의무가 폐지된다. 지금까지 1,759개 상장사들 중에서 348개사가 재무구조개선적립금으로 총 2조 3,000억원을 적립하였다.
금융감독원 관계자는 "상장사들의 재무구조가 개선됨에 따라 이 같은 적립금 적립의무는 불필요한 규제라는 지적이 많았다"며 "앞으로 상장사들은 2007회계연도부터 재무구조개선적립금을 적립하지 않아도 되며 지금까지 쌓아둔 적립금은 배당, 설비투자 등에 마음껏 사용할 수 있다"고 말했다.

2 임의적립금

법률이 아닌 회사 임의적으로 일정한 목적을 위하여 정관이나 주주총회의 결의에 의해서 이익잉여금 중 사내에 유보된 적립금이다.

(1) 적극적 적립금

기업의 순자산을 증대시키기 위한 목적으로 자본을 유보하는 적립금으로서 사업확장적립금과 감채적립금[1] 등이 있다.

(2) 소극적 적립금

장차 거액의 손실이나 지출로 인하여 기업의 순자산이 감소할 것을 대비하여 적립하는 적립금으로서 배당평균적립금,[2] 결손보전적립금, 퇴직급여적립금 등이 있다.

3 미처분이익잉여금

미처분이익잉여금이란 이익잉여금 중 처분이 제한된 이익잉여금(법정적립금, 임의적립금)을 제외한 나머지 금액을 의미한다. 전기이월미처분이익잉여금과 당기순이익(또는 당기순손실)으로 구성된다.

---

1) 사채, 장기차입금 등 거액의 비유동부채를 상환하기 위하여 순이익의 일부를 적립한 적립금이다.

2) 주주배당을 일정한 수준으로 유지하기 위하여, 이익이 많은 연도에 그 이익 중의 일부를 적립하여 놓았다가 이익이 적은 연도에 부족분을 보충하는 적립금이다.

예제 3

미처분이익잉여금

이익잉여금의 처분에 따른 물음에 답하시오.

1. ㈜서울의 2026년도 당기순이익은 손익계정에서 800,000원으로 계산되었다. 당기순이익 800,000원을 손익계정에서 미처분이익잉여금계정으로 대체하는 분개를 하시오(전기로부터 이월된 미처분이익잉여금계정의 기초잔액은 100,000원이다).

2. 2022년 2월 23일 ㈜수원의 주주총회에서는 2026년도의 당기순이익 800,000원을 포함한 미처분이익잉여금을 다음과 같이 처분하기로 최종 승인하였다.

이익준비금	80,000원
현금배당	600,000원
차기이월	220,000원

이익잉여금처분계산서를 작성하고 주주총회 승인일에 해야 할 이익잉여금처분에 따른 분개를 하시오.

3. 2027년 4월 26일 ㈜서울은 배당금을 지급하였다. 배당금지급에 따른 분개를 하시오.

풀 이

1. 당기순이익의 미처분이익잉여금계정으로 대체

(차) 집합손익	800,000	(대) 미처분이익잉여금	800,000

2. 이익잉여금처분계산서의 작성과 처분에 따른 분개

이익잉여금처분계산서

2026년 1월 1일부터 2026년 12월 31일까지

(주)서울 처분확정일 2027년 2월 23일 (단위: 원)

Ⅰ. 미처분이익잉여금			
1. 전기이월미처분이익잉여금	100,000		
2. 당기순이익	800,000	900,000	

Ⅱ. 임의적립금이입액		0
합 계		900,000
Ⅲ. 이익잉여금 처분액		
1. 이익준비금	80,000	
2. 배당금	600,000	(680,000)
Ⅳ. 차기이월미처분이익잉여금		220,000

3. 이익잉여금처분 분개

(차) 미처분이익잉여금	680,000	(대) 이익준비금	80,000
		미지급배당금	600,000

" M/E/M/O "

SECTION 04

기타의 자본요소

기타자본요소는 자본거래에서 발생한 손익이나 손익거래에서 발생한 포괄손익을 말하며, 자본잉여금, 자본조정 및 기타포괄손익누계액으로 분류할 수 있다.

1 자본잉여금

(1) 주식발행초과금

경영성적이 우수하고, 장래성이 있는 주식회사에서 증자를 위한 주식을 발행할 때 액면금액을 초과하여 주식을 발행한 경우 액면금액을 초과한 금액(발행가액 – 액면금액)을 주식발행초과금이라 한다.

주식발행초과금 = [납입금액 – 액면가액] – 주식발행비

(2) 감자차익

주식회사에서 기업의 규모를 축소하기 위하여 발행한 주식을 매입소각하거나, 결손금을 보전하기 위하여 자본을 감소시키는 것을 감자라고 하며, 이 경우 감소한 자본금이 주금의 환급액 또는 결손금의 보전액을 초과할 때의 초과액(감자액－주금의 환급액 또는 결손금보전액)을 감자차익이라 한다.

예제 4

다음 거래를 분개하시오.

주식 10,000주(1주당 액면금액 5,000원)를 1주당 3,500원으로 매입소각하다.

자본감소		자산감소/자본증가	
(차) 자 본 금	50,000,000	(대) 현 금	35,000,000
		감자차익	15,000,000

(50,000,000 → 5,000원×10,000주, 35,000,000 → 3,500원×10,000주)

재무상태표

자 본:

Ⅱ. 자본잉여금

감자차익 15,000,000

(3) 기타자본잉여금

상법에 규정되어 있는 특별한 경우에는 자기회사의 주식을 매입할 수 있는데, 이때 취득원가는 자기주식계정 차변에 기입하고, 이것을 처분할 때 처분이익이 발생하면, 자기주식처분이익계정 대변에 기입한다.

2 자본조정

자본조정은 당해 항목의 성격으로 보아 자본거래에 해당하나 최종 납입된 자본으로 볼 수 없거나 자본의 가감성격으로 자본금이나 자본잉여금으로 분류할 수 없는 항목으로 자본에서 차감되거나 가산된다. 기업회계기준에서는 자본조정항목으로 자기주식, 주식할인발행차금, 배당건설이자, 주식매수선택권, 출자전환채무, 감자차손, 자기주식처분손실 등을 들고 있다.

(1) 주식할인발행차금

주식발행시 주식을 액면가액 이하로 발행하는 경우 액면금액에서 발행가액을 차감한 금액이다. 주식할인발행차금은 이익잉여금의 처분항목으로서 주식발행연도부터 3년 이내의 기간에 매기균등액을 상각하고 미상각잔액은 재무상태표에 자본에서 차감하는 형식으로 표시한다.

(2) 배당건설이자

철도·전기·가스사업 등과 같이 공익상 꼭 필요한 사업이지만, 회사설립 후 2년 이내에 영업을 개시할 수 없는 경우, 정관규정에 의하여 개업 전 일정기간 동안 자본금의 연 5% 이내에서 주주들에게 배당할 수 있는데 이것을 배당건설이자라 한다. 배당건설이자는 자본의 차감항목으로서 개업 후 연 6% 초과 배당시 6%를 초과한 금액을 상각하여야 하며, 배당건설이자상각은 이익잉여금의 처분항목이다.

(3) 출자전환채무

출자전환채무란 채권자와 채무를 조정하면서 채무를 자본으로 전환할 것에

합의하였으나 출자전환이 즉시 이행되지 않는 경우에 조정대상채무를 출자전환채무의 과목으로 하여 자본조정에 대체한 것을 말한다. 출자전환채무는 전환으로 인하여 발행될 주식의 공정가치로 하고 조정대상채무의 장부금액과의 차이는 채무조정이익으로 인식한다.

(4) 자기주식

자기회사가 발행한 주식을 취득하였을 경우 이를 자기주식이라고 한다. 자기주식을 취득하였을 경우에는 그 금액을 취득원가로 자본조정항목에 기록하고 취득경위·향후처리계획 등을 주석으로 기재한다.

자기주식의 회계처리방법은 기업회계기준에서는 원가법을 채택하고 있다.

예제 5

> 다음은 2026년 중의 자기주식 관련거래 내용이다.
> 3월 2일 자기주식 10주를 주당 7,000원에 구입하였다.

풀이

• 2026. 3. 2

(차) 자기주식	70,000	(대) 현　　금	70,000*

* 7,000원×10주=70,000원

(5) 미교부주식배당금

당기의 이익잉여금처분계산서에 나타난 주식배당액을 말하는 것으로서 이는 이익잉여금처분계산서가 주주총회에서 확정된 후 주주들에게 교부될 주식을 의미하는 것으로 아직 교부되지는 않았다고 하더라도 자본과 같은 성격에 해당한다. 따라서 자본에 가산하는 자본조정항목으로 표시하여야 한다.

(6) 감자차손

소각된 주식의 액면가액보다 감자에 따른 지급대가가 많은 경우 그 차액을 말한다. 감자차손은 감자차익에서 우선적으로 차감하고 나머지는 자본조정항목으로 계상한다.

예제 6

다음은 2026년 중의 감자에 관련된 내용이다.
3월 2일 주당액면금액 5,000원의 주식 10주를 감자하면서 주주에게 55,000원을 지급하였다.

풀 이

- 2026년 3월 2일

(차)	자 본 금	50,000*	(대) 현 금	55,000
	감자차손	5,000		

* 5,000원×10주=50,000원

(7) 자기주식처분손실

자기주식을 취득원가보다 낮은 가격으로 처분하였을 경우 그 차액을 말한다. 자기주식처분손실은 자기주식처분이익에서 우선적으로 차감하고 나머지는 자본조정항목으로 계상한다.

[자기주식처분 시 회계처리]

① 처분가액 > 취득원가의 경우

(차)	현 금	×××	(대) 자기주식	×××
			자기주식처분이익 (자본잉여금)	×××

② 처분가액<취득원가의 경우

(차) 현　금	×××	(대) 자기주식	×××
자기주식처분이익	×××		
자기주식처분손실	×××		
(자본조정)			

3 기타포괄손익누계액

기타포괄손익은 재무상태표일 현재의 매도가능금융자산평가손익, 해외사업환산손익, 현금흐름위험회피 파생상품평가손익 등의 잔액이다.

기타포괄손익은 자본거래 이외의 원천에 의한 당기 중 순자산(순자본)의 변화로 측정한다. 포괄주의 개념에서는 이를 당기순이익으로 본다. 그러나 일부 포괄손익 구성항목은 포괄손익계산서를 통과하지 않고 재무상태표에 직접 조정하도록 되어 있다. 즉, "포괄손익＝당기순손익 ± 기타포괄손익"으로 표현되며, 포괄손익계산서를 우회하여 재무상태표에 직접 가감하는 항목은 기타포괄손익이라고 한다.

기업회계기준(재무제표의 작성과 표시)에서는 기타포괄손익으로 처리하여야 하는 항목은 일부 자산과 부채 항목의 미실현보유손익(unrealized holding gains and losses)으로 국한시키고 있다. 이들은 매도가능금융자산평가손익, 해외사업환산손익 및 현금흐름위험회피파생상품평가손익 등의 변동액을 포함한다.

(1) 해외사업환산차손익

해외사업환산차(손익)은 해외지점이나 종속법인의 외화표시 재무제표를 현행 환율법에 의하여 원화로 환산하는 경우에 환산손익으로서, 자본에 차감(가산)하는 형식으로 기재하고 그 내용을 주석으로 기재하여야 한다.

(2) 매도가능금융자산평가차손익

매도가능금융자산평가차손익은 매도가능금융자산을 공정가액법으로 평가하는 경우에 발생되는 평가손익으로서 실현되지 않은 손익이므로 당기의 손익에 반영하지 않고 실현된 경우 자본의 증감에 미칠 영향을 표시하기 위해 자본조정항목에 가산 또는 차감항목으로 표시한다.

당해 매도가능금융자산평가손익의 누적금액은 그 유가증권을 처분하거나 감액손실을 인식하는 시점에 일괄하여 당기손익에 반영하여야 한다.

예제 7 **주식할인발행, 주식할증발행시 회계처리**

(1) 현실주식회사는 이사회의 결의에 따라 1,000주를 1주액면 4,000원으로 액면발행하고 납입금은 당좌예금하였다.
(2) 보경주식회사는 이사회의 결의에 따라 5,000주(1주액면 4,000원)를 1주당 6,000원으로 할증발행하고, 납입금은 당좌예금하였다.
(3) 공단주식회사는 증자 결의에 의하여 5,000주(1주액면 5,000원)를 법정절차에 따라 1주당 4,500원으로 할인발행하고, 납입금은 당좌예금하였다.

풀 이

	차변		대변	
(1)	(차) 당좌예금	4,000,000	(대) 자 본 금	4,000,000
(2)	(차) 당좌예금	30,000,000	(대) 자 본 금	20,000,000
			주식발행초과금	10,000,000
(3)	(차) 당좌예금	22,500,000	(대) 자 본 금	25,000,000
	주식할인발행차금	2,500,000		

4 이익준비금

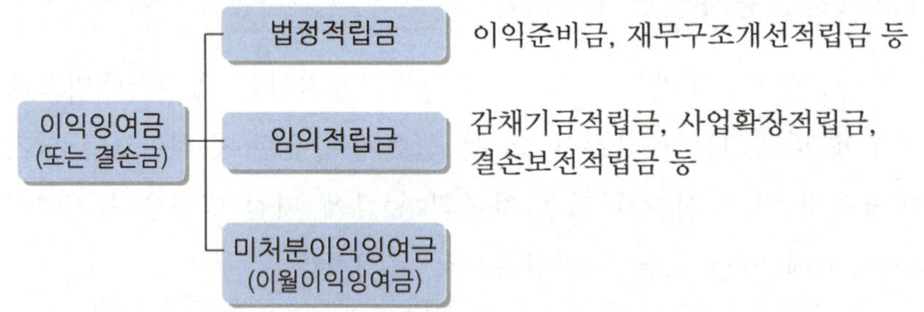

(1) 이익준비금

채권자를 보호하고 회사의 재무적 기초를 견고히 하고자 상법의 규정에 의하여 강제적으로 적립하는 법정적립금이다.

주식회사는 자본금의 1/2에 달할 때까지 매 결산기의 현금배당액의 1/10 이상의 금액을 이익준비금으로 적립하여야 한다.

당기에 영업을 시작한 (주)삼일의 현금배당액이 200,000원이라면 이익준비금으로 처분되어야 할 금액은 20,000원 이상이어야 한다.

재무상태표

자 본:	
Ⅰ. 자본금	
Ⅱ. 자본잉여금	
⋮	
Ⅴ. 이익잉여금	
1. 법정적립금	20,000

매기 이익준비금으로 처분한 금액이 누적된다.
(자본금의 1/2이 최고한도)

이익잉여금처분계산서

Ⅰ. 미처분이익잉여금	
전기이월미처분이익잉여금	
당기순이익	
Ⅱ. 임의적립금 등의 이입액	
Ⅲ. 이익잉여금처분액	
1. 이익준비금	20,000
2. 현금배당액	200,000
Ⅳ. 차기이월미처분이익잉여금	

(2) 기타 법정적립금

상법 이외의 법률에 따라 적립하는 유보이익을 말하며 재무구조개선적립금 등이 있다.

(3) 임의적립금

법률에 의하지 않고 회사가 임의적으로 일정한 목적을 위하여 적립하는 것을 말한다. 회사는 임의적립금의 적립을 통하여 스스로 배당을 제한하는 효과를 가져올 수 있다.

“M/E/M/O”

SECTION 05 자본변동표

1 자본변동표의 의의 및 필요성

자본변동표(statement of change in equity)란 한 회계기간 동안 발생한 소유주지분(자본)의 변동을 표시하는 재무보고서를 말한다. 이러한 자본변동표에서는 자본을 구성하고 있는 자본금, 자본잉여금, 자본조정, 기타포괄손익, 이익잉여금(결손금)의 변동에 관한 포괄적인 정보를 제공한다.

이익잉여금처분계산서는 자본의 이익잉여금 중 이월이익잉여금 항목의 변동내용만을 나타낼 뿐 자본을 구성하는 모든 항목의 변동내용을 포괄적이고 체계적으로 제시하지 못하고 있다. 이러한 이유로 자본의 변동내용에 관한 포괄적인 정보제공의 필요성이 제기되었으며 한국회계연구원의 회계기준위원회에서는 "재무제표작성과 표시"(회계기준서 21호)에서 자본변동표를 기본재무제표의 하나로 포함시키고 있다. 자본변동표가 기본재무제표로 포함되어 작성되면 기존의 이익잉여금처분계산서에서 제공하는 정보를 자본변동표에서 제공할 수 있으므로 이익잉여금처분계산서에서 기본 재무제표에서 제외되어 자본변동표의 주석으로 공시하게 된다.

자본변동표는 재무제표 간의 연계성을 제고시키며 재무제표의 이해가능성을 높인다. 재무상태표에 표시되어 있는 자본의 기초잔액과 기말잔액을 모두 제시함으로써 재무상태표와 연결할 수 있고, 자본의 변동내용은 포괄손익계산서와 현금흐름표에 나타난 정보와 연결할 수 있어 정보이용자들이 보다 명확히 재무제표간의 관계를 파악할 수 있게 된다.

자본변동표

(주)서울 2026년 1월 1일~2026년 12월 31일 (단위: 백만원)

구 분		자본금	이익잉여금	기타자본요소	합 계
변동내역	기초금액	2,000	900	1,300	4,200
	현금배당지급		(200)		(200)
	유상증자	1,000		1,300	2,300
	자기주식취득			(300)	(300)
	당기순이익		400		400
	기말금액	3,000	1,100	2,300	6,400

자본변동표에는 자본금, 이익잉여금(결손금), 기타자본요소의 각 항목별로 기초잔액, 변동사항, 기말잔액을 표시한다.

① 자본금의 변동은 유·무상증자(감자)와 주식배당에 의해 발생하며 자본금은 보통주자본금과 우선주자본금으로 구분하여 표시한다.

② 이익잉여금 변동은 연차배당과 전기 말 미처분이익잉여금, 중대한 전기오류수정손익, 회계정책의 변경으로 인한 누적효과, 중간배당, 당기순손익 등의 항목으로 구분 표시한다.

③ 기타자본요소로 자본잉여금 변동은 유·무상증자(또는 감자), 결손금처리 등으로 구분하여 표시한다. 자본조정의 변동은 주식할인발행차금, 배당건설이자, 자기주식, 주식매수선택권, 출자전환채무, 감자차손, 자기주식처분손실 등의 항목으로 구분하여 표시한다. 그리고 기타포괄손익의 변동은 매도가능금융자산평가차손익, 해외사업차손익 현금흐름 위험회피 파생상품평가차손익 등의 항목으로 구분하여 표시한다.

주요용어

- 간접법(indirect method)
- 결손(deficit)
- 납입자본(paid-in capital)
- 배당금(dividend)
- 법정자본(legal capital)
- 수권주식(authorized stock)
- 액면주식(par value stock)
- 영업활동(operating activities)
- 우선주(preferred stock)
- 유통주식(outstanding stock)
- 이익잉여금(retained earnings)
- 자기주식(treasury stock)
- 재무활동(financing activities)
- 주식배당(stock dividend)
- 주식회사(corporation)
- 직접법(direct method)
- 투자활동(investing activities)
- 현금흐름표(statement of cash flows)

“M/E/M/O”

Chapter 11 주관식 연습문제

01 자본이란 무엇인가?

02 기업회계기준상 자본의 분류를 설명하시오.

03 우선주와 보통주의 차이점에 대하여 설명하시오.

04 자본잉여금, 자본조정, 이익잉여금에 대하여 설명하시오.

Chapter 11 객관식 연습문제

01 다음 중 자본에 부가하는 자본조정항목이 아닌 것은?

① 자기주식　　② 미교부주식배당금

③ 주식발행초과금　　④ 배당건설이자

02 다음은 기업회계기준상 자본조정항목을 나타낸 것이다. 틀린 것은?

① 주식할인발행차금　　② 배당건설이자

③ 미교부주식배당금　　④ 이익준비금

03 회계변경은 크게 회계정책의 변경과 회계추정의 변경으로 구분할 수 있다. 회계추정의 변경에 대한 기업회계기준상의 처리방법은?

① 소급법 ② 당기일괄처리법

③ 전진법 ④ 정답없음

04 다음 중 자본잉여금 항목이 아닌 것은?

① 주식발행초과금 ② 감자차익

③ 자기주식처분이익 ④ 해외사업환산손익

05 주식배당에 관한 설명 중 옳지 않은 것은?

① 이익잉여금을 현금으로 배당하지 않고 주식을 교부한 것이다.

② 배당 후에도 자본(순자산)은 불변이다.

③ 배당금만큼 주주의 이익은 커진다.

④ 배당 후 자본은 증가한다.

06 기업회계기준상 자본의 분류에 해당하지 않는 것은?

① 자본금 ② 자본잉여금

③ 이익잉여금 ④ 유동부채

해설 자본은 자본금, 자본잉여금, 이익잉여금, 자본조정으로 구분된다. 유동부채는 부채에 속한다.

07 이익잉여금에 대한 설명 중 옳은 것은?

① 주식발행초과금 중 일부분이다.

② 주주에 대한 배당금 지급에 의해서만 감소될 수 있다.

③ 현금으로 이용가능한 기업의 유보자금을 의미한다.

④ 재무상태표 자본 부분에 나타나며, 이익 중 배당하고 남은 부분을 의미한다.

해설 이익잉여금이란 회사설립 이후에 발생한 당기순이익에서 배당을 제외하고 회사 내부에 유보된 잉여금의 누적액을 의미한다. 이익잉여금은 주주총회의 결의에 의하여 처분된다.

08 이익잉여금에 해당하는 항목은?

① 주식발행초과금　　② 자기주식처분이익

③ 임의적립금　　④ 국고보조금

해설 자본의 분류

(1) 자본금

(2) 자본잉여금

① 주식발행초과금

② 감차차익

③ 기타자본잉여금

(3) 자본조정

① 차감항목: 주식할인발행차금, 배당건설이자, 자기주식, 투자유가증권평가손실

② 가산항목: 미교부주식배당금, 투자유가증권평가이익, 해외사업환산대

(4) 이익잉여금

① 이익준비금

② 기타법정적립금: 재무구조개선적립금. 기업합리화적립금 등

③ 임의적립금: 사업확장적립금, 감채적립금, 결손보전적립금 등

④ 차기이월 이익잉여금

09 다음 설명 중 틀린 것은?

① 이익준비금은 상법규정에 의하여 자본금의 1/2에 달할 때까지 매 결산기 금전에 의한 이익배당액의 1/10 이상의 금액을 사내에 유보하여야 하는 강제적립금이다.

② 임의적립금은 회사의 정관 또는 주주총회의 의결에 따라 결정하는 적립금이다.

③ 기업합리화적립금은 법인세법에 의하여 기업의 결손에 대비한 자금마련을 위하여 설정하는 적립금이다.

④ 재무구조개선적립금은 상장법인 재무관리 규정에 의하여 자기자본이 30/100에 달할 때에 일정액 이상을 적립하는 것이다.

해설 ③은 결손보전적립금에 관한 설명이다.

10 주식배당액은 어떻게 평가하는가?

① 주식액면가액으로 한다.　　② 주식의 시가로 한다.

③ 주식의 발행가액으로 한다.　　④ 현금지급액으로 한다.

해설 주식배당액의 평가는 발행가액에 의한다.

11 자본에서 직접 차감 형식으로 표시되는 항목은?

① 주식할인발행차금과 배당건설이자

② 해외사업환산대 · 차

③ 투자주식평가손실

④ 미교부주식배당금

해설 자본에서 차감항목: 배당건설이자와 주식할인발행차금

12 주식할인발행차금에 대한 설명 중 틀린 것은?

① 주식을 액면가액에 미달하는 금액으로 발행할 때 발행가액과 액면가액과의 차이를 말한다.

② 주식발행연도부터 3년 이내의 기간 동안 매기 균등액 이상을 상각하는 것을 원칙으로 한다.

③ 자본의 차감적 평가계정이다.

④ 일종의 선급이자라고 할 수 있다.

해설 주식을 액면 이하로 할인발행하였을 때 발행가액이 액면가액에 미달하는 금액을 말한다. 이는 일종의 선급배당금이라 할 수 있다.

13 주식배당에 대한 설명이다. 틀린 것은?

① 현금의 유출없이 이익배당의 효과가 있다.

② 주식수가 증가하여 주식의 시장성이 높아진다.

③ 이익배당을 하지 않음으로써 그만큼 자금을 기업운영에 사용할 수 있다.

④ 주식수가 늘어나지만, 배당압력을 점차 소멸된다.

해설 주식배당이란 주식발행회사가 이익잉여금을 현금으로 배당하지 않고 주식을 교부한 것을 말한다.

• 분개: 배당기준일(회계연도 말)

(차) 이월이익잉여금 ××× (대) 미교부주식배당금 ×××

배당지급일(다음 회계연도)

(차) 미교부주식배당금 ××× (대) 자본금 ×××

• 장점: 주식의 시장성을 높인다. 회사재산을 유출하지 않으며, 이익배당을 하는 효과가 있다. 주주들에게 이익배당을 하고도, 지급되지 않는 현금으로 자금을 기업운영에 사용할 수 있다.

• 단점: 기업에 배당재원이 없음에도 주식으로 배당하여 자본잠식으로 이끌 우

려가 있다. 주식수가 늘어남으로써 장래 배당압력을 받는다(우리나라 상법에서는 주식배당은 현금배당의 1/2까지 할 수 있다고 규정하고 있다).

14 이익잉여금에 속하지 않는 것은?

① 이익준비금　　② 기타법정적립금
③ 차기이월이익잉여금　　④ 투자유가증권평가이익

해설 이익잉여금의 구성항목에는 이익준비금, 기타법정적립금, 임의적립금, 차기이월이익잉여금 등이 포함된다.

15 주식배당이 있었을 때 어떤 변화가 발생하는가?

① 총자산가액의 불변　　② 운전자본의 감소
③ 주당순이익의 증가　　④ 자본금의 감소

해설 주식배당의 효과: 운전자본은 불변, 주당순이익의 감소, 주당순자산가액의 감소

16 자본등식으로 맞는 것은?

① 자산 + 부채 = 자본　　② 자본 = 자산 − 부채
③ 자본 = 자본금 + 자본잉여금　　④ 자본금 + 이익잉여금 = 자본

해설 자본은 기업의 자산에서 부채를 차감한 금액을 말한다.

17 자본금 30,000,000원인 회사가 현금배당과 주식배당을 각각 10% 실시하는 경우, 이 회사가 적립하여야 할 이익준비금의 최소한도액은 얼마인가?

① 150,000　　② 700,000
③ 400,000　　④ 300,000

해설 이익준비금 = 현금배당액(30,000,000 × 10% = 3,000,000)의 10% 이상임.

18 현금 10,000,000원과 비품 10,000,000원을 출자하여 주식회사를 설립하였을 때 맞는 분개는?

	차변		대변	
①	(차) 현　금	10,000,000	(대) 자본금	10,000,000
②	(차) 현　금	10,000,000	(대) 자본금	20,000,000
	비　품	10,000,000		

③ (차)	현 금	20,000,000	(대) 자본금	20,000,000
④ (차)	현 금	10,000,000	(대) 갑 개인	10,000,000
	비 품	10,000,000	을 개인	10,000,000

19 자본잉여금은 얼마인가?

감자차익	1,500,000원
이익준비금	1,000,000원
배당건설이자	2,500,000원
미교부주식배당금	3,000,000원
주식발행초과금	1,200,000원

① 2,200,000원 ② 2,700,000원
③ 2,500,000원 ④ 3,500,000원

해설 감자차익과 주식발행초과금의 합계인 2,700,000원이다.
이익준비금은 이익잉여금이고, 배당건설이자와 미교부주식배당금은 자본조정이다.

20 보통주의 액면초과발행은 어느 계정에 보고되는가?

① 자본금 ② 자본조정
③ 이익잉여금 ④ 자본잉여금

21 기업회계기준상 자본의 분류에 해당하지 않는 것은?

① 자본금 ② 자본잉여금
③ 이익잉여금 ④ 유동부채

해설 자본은 자본금, 자본잉여금, 이익잉여금, 자본조정으로 구분된다. 유동부채는 부채에 속한다.

22 이익잉여금에 속하지 않는 것은?

① 이익준비금 ② 기타법정적립금
③ 차기이월이익잉여금 ④ 투자유가증권평가이익

해설 이익잉여금의 구성항목에는 이익준비금, 기타법정적립금, 임의적립금, 차기이월이익잉여금 등이 포함된다.

CHAPTER

12

수익과 비용 회계

SECTION 01

수익의 인식

수익은 통상적인 경영활동에서 발생하는 경제적 효익의 총유입을 말하며, 자산의 증가 또는 부채의 감소로 나타낸다.

수익은 주된 영업활동으로부터 창출된 수익과 일시적이거나 우연적인 거래로부터 발생한 이익으로 분류된다.

수익의 인식시점을 결정하는 문제에 대해 제품을 직접 제조해 판매하는 경우를 예시로 살펴보자. 제품은 원재료와 노동력 등을 투입해 생산공정을 거쳐 완성해 판매할 때까지 다양한 단계를 거친다.

수익실현과정

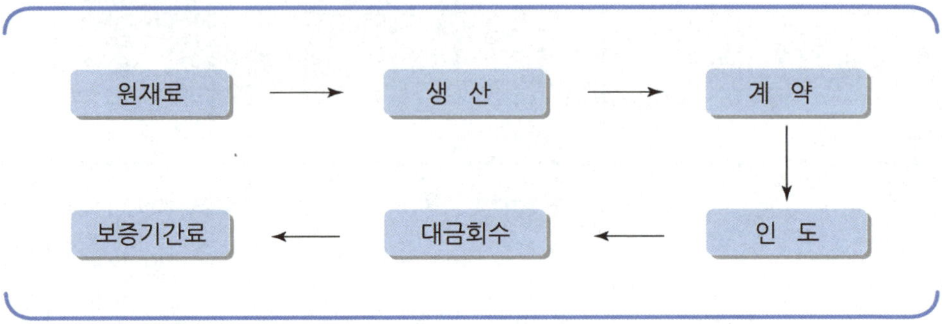

각 거래별로 상이한 수익인식기준을 적용한다.

① 재화판매: 인도기준

② 용역제공: 진행기준

③ 기타수익: 이자수익, 로열티수익, 배당수익

1 재화의 판매(인도기준)

재화의 판매로 인한 수익은 기본적으로 인도기준을 적용하여 인식하는데, 한국채택국제회계기준에서는 다음의 5가지 조건을 모두 충족할 때 수익을 인식하도록 규정하고 있다. 따라서 재화의 인도만으로는 수익인식 조건을 충족할 수 없다.

① 재화의 소유에 따른 중요한 위험과 보상이 구매자에게 이전된다.
② 판매자는 판매된 재화의 소유권과 결부된 통상적 수준의 지속적인 관리상 관여를 하지 않을 뿐만 아니라 효과적인 통제를 하지도 않는다.
③ 수익금액을 신뢰성 있게 측정할 수 있다.
④ 거래와 관련된 경제적 효익의 유입 가능성이 높다.
⑤ 거래와 관련하여 발생하였거나 발생할 원가를 신뢰성 있게 측정할 수 있다.

특수한 판매형태의 수익인식에 대하여 정리하면 다음과 같다.

1) 위탁판매

'위탁판매(sales on consignment)'란 자기의 상품을 대리점과 같은 타인에게 위탁하여 매출하는 것을 말한다.

여기서 상품의 판매를 위탁한 회사를 위탁자라고 하고 상품을 위탁받아서 판매를 대행하는 회사를 수탁자라고 하며 판매를 위탁한 상품을 적송품이라고 한다.

위탁판매의 수익실현시점은 위탁자가 수탁자에게 상품을 발송한 날이 아니라 '수탁자가 적송품을 판매한 날'로 한다. 따라서 적송품은 수탁자의 창고에 보관되어 있지만 그 소유권은 위탁자에게 있다.

2) 시용판매

'시용판매(sales on approval)'란 거래처가 상품을 일정기간 동안 시험적으로 사용하고 매입의사를 표시해야만 매매가 확정되는 매출을 말한다.

시용판매의 수익실현시점은 상품을 고객에게 인도한 날이 아니라 거래처로부터 매입의사표시를 통지받은 시점으로 한다. 따라서 시송품 중에서 거래처가 매입의사를 표시하지 않은 상품은 거래처가 사용하고 있지만 그 소유권은 판매자에게 있다.

시용판매

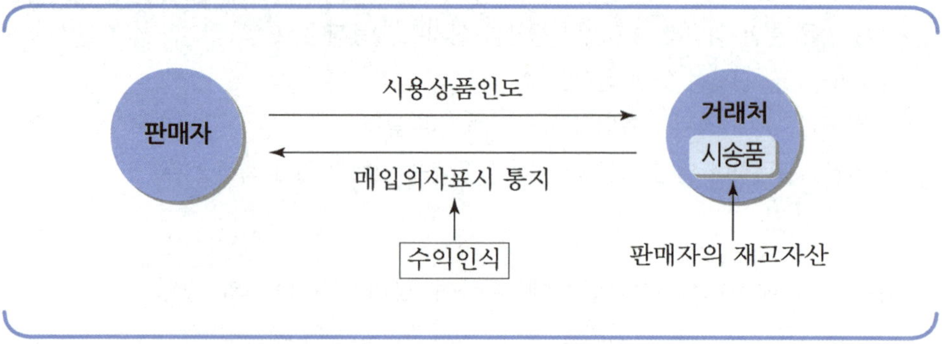

2 용역매출(진행기준)

용역의 제공으로 인한 수익은 용역제공거래의 결과를 신뢰성 있게 측정할 수 있을 때 진행기준을 적용하여 인식하는데, 한국채택국제회계기준에서는 다음의 4가지 조건을 모두 충족할 때 용역제공거래의 결과를 신뢰성 있게 측정할 수 있는 것으로 규정하고 있다.

① 수익금액을 신뢰성 있게 측정할 수 있다.
② 거래와 관련된 경제적 효익의 유입가능성이 높다.
③ 보고기간 말에 그 거래의 진행률을 신뢰성 있게 측정할 수 있다.
④ 이미 발생한 원가 및 거래의 완료를 위한 원가를 신뢰성 있게 측정할 수 있다.

재화의 판매시 수익인식 조건에는 소유에 따른 중요한 위험과 보상의 이전이 필요하나, 용역은 소유 개념이 적용될 수 없으므로 이러한 조건이 필요하지 않다.

용역의 제공을 진행기준으로 수익인식하기 위해서 가장 중요한 작업은 진행률을 결정하는 것이다. 진행률을 계산하고 수익을 인식하는 방법을 정리하면 다음과 같다.[1)]

$$\text{당기의 용역수익} = \frac{\text{총용역수익금액} \times \text{누적진행률*} - \text{전기까지의 수익인식누적액}}{\text{당기까지 인식할 전체 용역수익누계액}}$$

$$\text{*누적진행률} = \frac{\text{현재까지 발생한 누적원가}}{\text{총추정원가}} \times 100$$

이처럼 누적진행률은 당해 기간까지 발생한 실제원가의 누계액을 총추정원가로 나누어서 계산한다. 그리고 총용역수익금액에 누적진행률을 곱해서 당기까지 인식할 용역수익누계액을 계산하고 여기서 전기까지 인식한 용역수익누계액을 차감해서 당기분으로 인식할 용역수익을 계산한다.

1) 진행기준으로 수익을 인식하는 대표적인 업종은 건설업이다. 건설업에 대한 회계처리는 업종별 회계처리에 속하므로 중급회계에서 설명하기로 한다.

예제 1

진행기준

(주)서울은 기업컨설팅을 주업으로 하는 회사이다. 2026년 총용역대금 2,000,000원인 컨설팅용역을 수주하여 2028년에 완성하였으며 관련된 자료는 다음과 같다.

	2026년	2027년	2028년
당기발생원가	100,000원	400,000원	600,000원
총용역추정원가	800,000	1,000,000	1,100,000

[물음]

1. 각 연도별 누적진행률과 수익을 계산하시오.
2. 각 연도별 이익을 계산하시오.

풀이

1. 공사진행률과 수익

	2026년	2027년	2028년
누적용역원가	100,000원	500,000원	1,100,000원
누적진행률	12.5%	50%	100%
	(100,000 원÷ 800,000)	(500,000원 ÷ 1,000,000)	(1,100,000원 ÷ 1,100,000)
당기까지 인식할 용역수익누계액	250,000원	1,000,000원	2,000,000원
	12.5%	50%	100%
	(2,000,000원 × 12.5%)	(2,000,000원 × 50%)	(2,000,000원 × 100%)
전기까지의 용역인식누계액	0	250,000	1,000,000
당기의 용역수익	250,000원	750,000원	1,000,000원

2. 연도별 이익

	2026년	2027년	2028년	합 계
용역수익	250,000원	750,000원	1,000,000원	2,000,000원
용역원가	100,000	400,000	600,000	1,100,000
용역이익	150,000원	350,000원	400,000원	900,000원

3 영업외수익

자산을 타인에게 사용하게 함으로써 창출되는 이자수익, 로열티수익 및 배당수익은 거래와 관련된 경제적 효익의 유입가능성이 높고, 수익금액을 신뢰성 있게 측정할 수 있을 때 다음의 기준에 따라 인식한다.

기타 수익의 인식

구분	수익인식기준
이자수익	유효이자율법을 적용하여 인식
로열티수익	관련된 계약의 실질을 반영하여 발생기준에 따라 인식
배당수익	주주로서 배당받을 권리가 확정되는 시점에 인식

“M/E/M/O”

SECTION 02

비용의 인식

비용(expenses)은 수익·비용의 대응원칙(matching principle)에 따라 수익을 인식한 회계기간에 대응해서 인식한다. 수익·비용의 대응원칙이 성립하기 위해서는 일정기간 동안에 이루어진 자원의 희생(비용)이 특정한 수익과 관련이 있어야 하고, 관련된 수익과 동일기간에 인식되어야 한다. 즉, 특정의 재화나 용역의 판매로부터의 얻어지는 순자산의 증가(수익)와 인과관계를 가지면서 인식되어야 한다. 그런데 기업에서 발생하는 비용들 중에는 특정수익과 직접적으로 대응시키기가 어려운 비용항목이 많다.

따라서 수익·비용의 대응원칙에 따라 일정한 회계기간의 비용을 인식하는 방법에는 ① 인과관계에 따라 직접 대응하는 방법이 있고 간접대응방법으로는 ② 체계적이고 합리적으로 배분하는 방법과 ③ 발생한 회계연도에 기간비용화하는 방법이 있다.

[수익과 비용의 대응]

① 직접대응: 인과관계에 따라 수익에 직접 대응(예, 매출액과 매출원가)

② 간접대응

- 배 분: 수익창출기간 동안 체계적이고 합리적인 방법으로 배분
- 기간대응: 발생 즉시 기간비용으로 인식

1 직접대응

'비용의 직접대응(direct matching)'이란 특정의 재화나 용역을 생산하고 판매하면서 소비된 자원의 원가(비용)가 인과관계에 따라 당해 재화나 용역의 수익과 직접적으로 대응되어 인식되는 것을 말한다.

즉, 일정한 원가가 특정의 재화나 용역과의 관련성이 확인되면 그 원가는 특정 재화나 용역의 수익이 인식되는 기간에 동시에 비용으로 인식되는 것을 말한다. 직접대응방법으로 비용을 인식하는 예로는 특정매출과 관련되는 매출원가, 특정매출과 관련되는 판매수수료, 매출운임 등이 있다.

2 체계적이고 합리적인 배분

유형자산과 같이 특정한 수익과 직접 관련되지는 않지만 일정기간의 수익창출과정에 사용된 자산은 특정 회계연도의 수익과 관련해서 가치가 얼마나 감소했는지를 파악할 수 없기 때문에 수익창출에 기여한 기간 동안 합리적이고 체계적인 방법으로 취득원가를 배분한다. 이렇게 비용을 인식하는 예로는 유형자산 감가상각비나 무형자산상각 등이 있다.

3 기간대응

특정 수익과 직접적으로 관련되어 있지 않으면서 해당 지출이 미래 경제적 효익에 기여하는 시점을 결정하기 곤란한 비용은 발생 즉시 기간비용으로 처리한다. 기간대응에 따라 비용을 인식하는 예로는 광고선전비, 이자비용 등이 있다.

비용의 인식방법

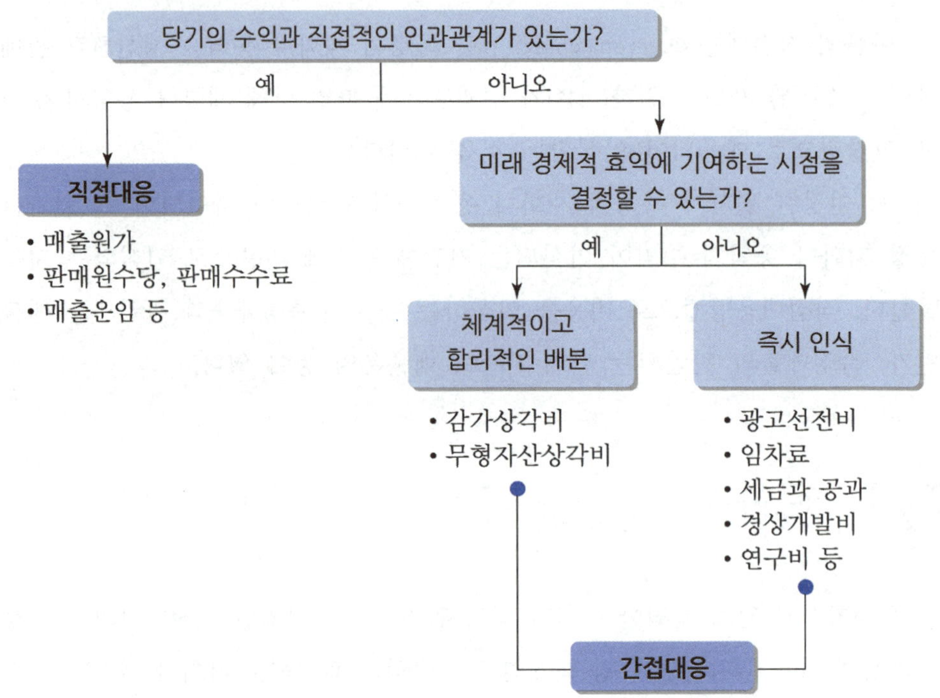

수익의 분류

분류	계정과목	내용
① 영업수익	매출액[2]	상품, 제품, 용역의 판매액을 매출액이라고 한다.
② 영업외수익	이자수익	예금, 대여금 등에서 발생하는 이자의 수입액
	배당금수익	주식, 출자 등의 투자에 대한 이익분배를 받은 금액
	임대료	토지, 건물 등의 부동산을 빌려주고 그 대가로 받는 금액
	수수료수익	용역(서비스)의 제공으로 받는 수수료 금액

분류	계정과목	내용
	단기투자자산 처분이익	단기투자목적의 시장성 있는 주식, 채권, 금융상품을 처분하였을 때 발생하는 이익액
	단기투자자산 평가이익	결산일에 단기투자목적의 시장성 있는 주식, 채권 등을 평가하면서 장부금액보다 공정가치가 클 경우 나타나는 차액
	유형자산처분이익	유형자산을 처분하였을 때 발생하는 이익
	잡이익	영업활동 이외에서 발생하는 기타의 이익 금액
	자산수증이익	무상으로 기부받은 자산 금액
	채무면제이익	채권자에 의해 채무를 면제받은 금액
	보험차익	보험으로 보상받은 금액으로 피해액을 초과한 금액

비용의 분류

분류	계정과목	내용
① 매출원가	매출원가[3]	상품제품, 용역의 매출액에 대응하는 원가의 금액
② 판매비와 관리비	급여	근로의 대가로 지급하는 금액
	복리후생비	복리후생을 위해 지급하는 금액
	퇴직급여	퇴직할 때 지급하는 금액
	감가상각비	유형자산의 가치 감소 금액
	접대비	기업이 영업목적상 접대를 위하여 지출하는 금액
	세금과 공과	국가, 지방자치단체에 대한 세금과 기타의 공과금
	무형자산상각비	무형자산의 가치 감소 금액
	광고선전비	판매촉진을 위한 광고, 홍보, 선전 등을 위한 지출액
	여비교통비	업무상 교통요금과 출장시 숙박요금 등으로 지급하는 금액
	통신비	전화, 인터넷, 우편 등의 이용 금액

2) 총매출액 − 매출에누리와 환입 − 매출할인 = (순)매출액

분류	계정과목	내용
	수도광열비	수도, 전기, 가스 등의 사용 금액
	보험료	보험료 지급 금액
	수선비	건물, 기계장치 등의 수리비 지급 금액
	교육훈련비	교육과 훈련을 위한 지출액
	차량유지비	차량운행을 위한 유류, 부품, 타이어 등의 구입액과 차량수리비 지급액
	도서인쇄비	신문, 도서 등의 구입액과 인쇄비
	견본비	신제품에 대한 제작비용 및 샘플비용
	포장비	제품포장비(끈, 테이프, 박스라벨 등 구입비)
	임차료	토지 건물 등의 부동산을 빌리고 지급하는 금액
	운송비[4]	상품 발송 등의 운송비 지급 금액
	보관비	창고회사에 물품 보관비용 지급시 처리
	잡비	기타의 영업비용으로 소액이거나 구분이 필요없는 금액
③ 영업외 비용	이자비용	차입금 등 금융 이용의 대가로 지급하는 이자 등
	수수료비용	용역의 제공을 받고 지급하는 수수료 금액
	단기투자자산 처분손실	단기투자목적의 시장성 있는 주식, 채권, 금융상품을 처분하였을 때 발생하는 손실액
	단기투자자산 평가손실	단기투자목적의 시장성 있는 주식, 채권 등을 평가하면서 장부금액보다 공정가치가 작을 경우 나타나는 차액
	재고자산 감모손실	재고자산의 실제 수량이 장부상 수량보다 적은 경우 부족부분에 해당하는 금액
	기부금	영업활동과 무관하게 기증하는 금전 및 물품의 금액
	유형자산 처분손실	유형자산을 처분하였을 때, 발생하는 손실
	잡손실	영업활동 이외에서 발생하는 기타의 손실 금액
	재해손실	천재지변이나 재해 등으로 입은 손실 금액
법인세비용		법인의 소득에 부과하는 법인세 상당액

3) 기초재고액 + 당기매입액* − 기말재고액 = 매출원가
*총매입액 − 매출에누리와 환출 − 매입할인 = 당기순매입액

참고 접대비와 기부금의 차이

기부금이란 상대방으로부터 대가를 받지 않고 무상으로 증여하는 금전, 기타의 자산가액을 말하며 회사의 사업과 무관하게 지출된다는 점에서 접대비와 구분된다.

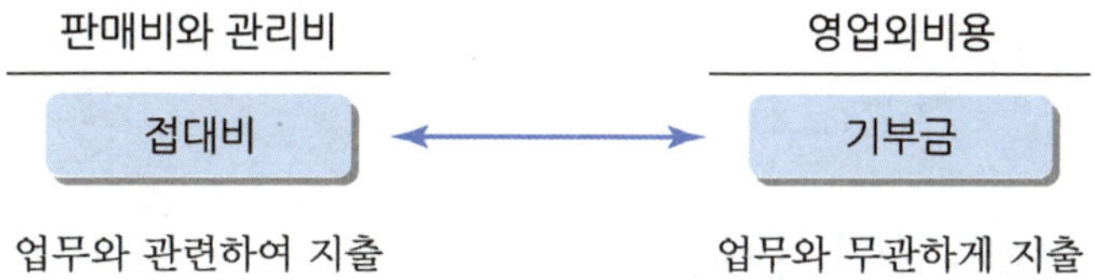

SECTION 03

법인세비용

1 법인세비용의 의의

회사가 이익을 얻으면 국가에 세금을 납부해야 하는데 이와 같이 회사의 이익에 대해 납부하는 세금을 법인세라 한다.

기업회계에서의 이익과 세법에 규정된 과세대상 소득의 개념이 상이하기 때문에 법인세비용을 산정하기 위해서는 과세대상이 되는 소득을 별도로 계산하여야 한다.

법인세비용은 영업활동의 결과인 일정기간에 벌어들인 소득에 대하여 부과되는 세금이므로 영업활동이 보고되는 기간에 비용으로서 인식되어야 한다. 따라서 이익이 많으면 법인세비용도 많아지고, 이익이 적으면 법인세비용도 적어지는 인과관계를 갖는다.

2 법인세비용의 회계처리

일반적인 기업은 1년에 두 차례 법인세를 납부하게 된다.

먼저 기업은 각 사업연도 개시일로부터 6개월이 되는 기간을 중간예납기간으로 하여 직전연도 법인세 산출세액의 절반을 중간예납세액으로 미리 납부하고 매 결산일마다 부담할 법인세액을 당기 법인세부채로 계상하여야 한다.

주/요/용/어

- 개념체계(conceptual framework)
- 계속기업(going concern)
- 당좌자산(quick asset)
- 목적적합성(relevance)
- 무형자산(intangible asset)
- 미래 경제적 효익(future economic benefit)
- 발생기준(accrual basis)
- 비교가능성(comparability)
- 비용(expense)
- 수익(revenue)
- 신뢰성(reliability)
- 실현가능가치(realizable value)
- 완전성(completeness)
- 유동자산(current asset)
- 유형자산(tangible asset)
- 이해가능성(understandability)

Chapter 12 주관식 연습문제

01 수익인식에 대하여 설명하시오.

02 비용의 인식방법에 대하여 설명하시오.

03 위탁판매, 시용매출, 용역매출에 대하여 설명하시오.

04 수익의 분류에 대하여 설명하시오.

05 비용의 분류에 대하여 설명하시오.

Chapter 12 객관식 연습문제

01 수익의 실현에 대한 설명 중 거리가 가장 먼 것은?

① 상품의 매출은 판매하여 인도하는 시점에 실현되는 것으로 한다.

② 위탁매출은 수탁자가 위탁품을 판매한 날에 실현되는 것으로 하며, 시용매출은 매입자에게 도착한 날에 실현되는 것으로 한다.

③ 용역매출액은 진행기준에 따라 실현되는 것으로 한다.

④ 상품할부매출로 회수기간이 장기인 경우 이자상당액은 기간의 경과에 따라 수익으로 인식한다.

02 위탁판매의 수익실현시기로서 기업회계기준에서는 어느 것을 택하고 있는가?

① 매출세금계산서가 도착한 날

② 수탁자로부터 송금이 도착한 날

③ 위탁자가 위탁품을 적송한 날

④ 수탁자가 위탁품을 판매한 날

03 다음 중 기업회계기준에 의한 수익인식기준으로 올바른 것은?

① 위탁판매 – 수탁자에게 상품을 인도한 날

② 상품권판매 – 상품권을 회수한 날

③ 시용판매 – 구매자에게 상품을 인도한 날

④ 할부판매 – 매회 할부금을 회수하는 날

04 다음 중 기업회계기준에 의할 경우 수익의 인식시점으로 옳지 않은 것은?

① 위탁매출은 수탁자가 상품을 판매한 날

② 단기할부매출은 상품 등을 인도한 날

③ 용역매출은 진행기준에 따라

④ 상품권매출은 상품권을 고객에게 제공한 날

05 상품의 매입과 매출에 관련된 자료가 다음과 같은 때 일반기업회계기준에 따른 매출총이익은 얼마인가?

총매출액	20,000원	총매입액	12,000원
기초상품재고액	3,000원	기말상품재고액	2,000원
매입운임	2,000원		

① 3,000원　　② 4,000원

③ 5,000원　　④ 6,000원

해설 기초상품재고액 3,000원＋순매입액 14,000원(매입운임포함 2,000원)－기말상품재고액 2,000원＝매출원가 15,000원, 순매출액 20,000원－매출원가 15,000원＝매출총이익 5,000원

06 다음 자료에서 매출원가를 구하시오.

기초상품재고액	1,500,000원	매입에누리	90,000원
당기매입액	3,000,000원	기말상품재고액	2,000,000원
매입운임	200,000원	매출운임	100,000원

① 2,560,000원　　② 2,580,000원

③ 2,610,000원　　④ 2,700,000원

해설 기초상품재고액 1,500,000원＋순매입액 3,110,000원(매입운임 200,000원가산하고, 매입에누리 90,000원 차감한 금액)－기말상품재고액 2,000,000원＝매출원가 2,610,000원
주의: 매출운임은 매입액에 포함하는게 아니라, 운반비로 회계처리함.

ACCOUNTING PRINCIPLE

CHAPTER 13

회계변경과 오류수정

SECTION 01 회계변경과 오류수정

SECTION 02 회계변경과 오류의 회계처리

SECTION 03 기업회계기준의 회계처리 예

회계변경은 회계정보의 비교가능성을 손상시킬 수 있으므로 회계변경을 하는 기업은 반드시 회계변경의 정당성을 입증하여야 한다. 합병이나 기업의 양도 등과 같은 기업환경의 중대한 변화, 업계의 합리적인 관행수용, 기업의 최초 공개 등의 사유로 재무정보의 유용성을 높이기 위하여 회계변경을 하거나, 회계기준 제정기구에 의한 기업회계기준의 제, 개정에 따라 회계변경을 하는 경우에는 이를 정당한 회계변경으로 본다. 그러나 단순히 세법의 규정을 따르기 위한 회계변경이나 이익조정을 주된 목적으로 한 회계변경은 정당한 회계변경으로 보지 않는다.

회계변경의 문제는 최근 크게 주목받는 문제라고 할 수 있다. 미국의 경우 1960년대 후반 재무정보의 공시가 크게 문제되면서 회계방침의 변경이 이익조작에 이용된다는 점에서 사회적인 비판으로까지 비화하였던 문제이다. 게다가 이 문제에 대해 그 당시에는 AICPA, SEC 등에서 명확한 규정을 두지 않아 기업실무도 각양각색으로 이루어졌다.

그래서 어떤 조치가 있어야 한다는 사회적 여론으로 1971년 APB Opinion NO. 20이 '회계변경'이란 제목으로 나오게 되었다. 우리나라에서도 최근 감가상각방법의 변경에 대한 논쟁이 있었던 것을 상기하면 이 문제의 심각성을 이해할 수 있다.

그러므로 회계변경이 발생하면 회계정보의 기간별 비교가능성(일관성)이 침해되며, 회계변경을 임의로 하면 회계정보이용자가 정보를 이용하여 적절한 의사결정을 할 수 없게 된다. 따라서 회계변경에 대한 충분한 공시와 적절한 회계처리를 하여야 한다.

SECTION 01

회계변경과 오류수정

회계변경이란 기업이 경제적, 사회적 환경의 변화 또는 새로운 정보의 입수에 의하여 그동안 적용하여 오던 회계원칙, 회계추정, 보고실체를 변경하는 것으로 회계정책의 변경과 회계추정의 변경이 있다.

회계의 오류수정이란 회계처리과정에서 회계담당자의 부주의 등으로 사실과 다르게 회계처리된 것을 말한다.

1 회계변경의 유형

(1) 회계정책의 변경 사례

이는 「일반적으로 인정된 회계원칙」에서 다른 「일반적으로 인정된 회계원칙」으로 변경하는 경우를 말한다. 즉, 재무제표의 작성과 보고에 적용하던 회계정책을 다른 회계정책으로 바꾸는 것을 말한다.

예를 들면,

① 유형자산의 감가상각방법을 정액법에서 정률법으로 변경한 경우 ② 재고자산 계산의 평가방법의 변경으로 선입선출법에서 평균법으로의 변경 ③ 유가증권 취득단가 산정방법의 변경

(2) 회계추정의 변경 사례

이는 새로운 사실의 발견이나 경험의 축적, 그리고 추가적인 정보의 입수 등으로 회계추정치를 변경하는 것을 말한다. 회계추정의 변경 예를 들면,

① 수취채권의 대손추정률의 변경
② 재고자산의 가치감소액
③ 유형자산의 내용연수와 잔존가액
④ 무형자산의 내용연수
⑤ 광산의 광물 매장 추정치의 변경
⑥ 제품판매보증에 대한 판매보증비 추정의 변경

(3) 보고실체의 변경

이는 재무제표를 작성하는 보고실체가 변경된 경우로 그 예는 다음과 같다.

① 연결재무제표를 작성하기 시작하다.
② 연결재무제표에 포함되는 특정기업을 변경하다.

2 회계오류의 유형

과거기간 동안에 재무제표를 작성할 때 신뢰할 만한 정보를 이용하지 못했거나 잘못 이용하여 발생한 재무제표에의 누락이나 왜곡표시를 당기에 발견하여 이를 수정한 것을 말한다.

① 유가증권을 투자유가증권으로 분류한 경우
② 감가상각비를 대손상각비로 기재한 경우
③ 재고자산이나 미지급비용, 선급비용, 미수수익, 선수수익 등을 과소 · 과대평가한 경우
④ 감가상각비, 이자비용(사채이자), 대손상각 등의 오류

*전기오류수정은 오류가 발견된 기간의 당기손익으로 보고하지 않는다.

“M/E/M/O”

SECTION 02

회계변경과 오류의 회계처리

기업회계기준에서는 전기 이전에 발생한 사유로서 전기 이전 재무제표에 대한 오류의 수정사항에 속하는 손익항목은 전기 오류수정손익으로 하여 그 누적효과를 이익잉여금에 반영하고, 비교목적으로 공시되는 전기재무제표는 다시 작성하도록 규정하고 있다. 회계변경의 회계처리방법에는 소급법, 당기일괄처리법, 전진법이 있다.

1 소급법

소급법(retroactive method)은 기초의 재무제표에 새로운 방법의 적용으로 인한 누적적 효과를 계산하여 이 금액을 소급적으로 수정하는 방법이다. 이 경우 1개년의 재무제표만 작성하는 경우 누적적 효과를 기초이익잉여금에서 수정하고 비교 재무제표를 작성하는 경우 소급적으로 전년도 재무제표를 재작성한다.

우리나라의 기업회계기준에서는 회계정책의 변경에 대해서 소급법을 적용해서 처리하도록 하고 있다.

누적효과 = 변경 전 내용에 의한 변경연도 기초의 장부가액
− 변경 후 내용에 의한 변경연도 기초의 장부가액

가. 장점

회계변경의 영향이 재무제표에 충분히 반영되고 재무제표의 비교가능성이 유지된다.

나. 단점

재무제표의 수정은 신뢰성 상실과 혼란을 야기하고 계산이 복잡하며 시간과 비용이 많이 든다.

2 전진법

전진법(prospective method)은 회계변경 이전의 회계처리결과는 전혀 수정하지 않고, 회계변경연도의 기초의 장부가액을 근거로 회계변경연도와 그 이후의 회계기간에만 변경된 내용을 적용하는 방법이다. 회계기준은 회계추정의 변경시에는 전진법으로 처리하도록 하고 있다.

전진법의 적용시 회계처리과정은 ① 변경연도의 기초장부가액을 산출한다. ② ①에서 산출된 기초의 장부가액을 기준으로 변경내용을 변경연도와 이후의 회계기간에 적용하여 회계처리를 한다.

가. 장점

전진법은 과거 재무제표의 사회적 신뢰성이 유지된다. 재무제표의 재작성비용이 그 효익보다 클 경우가 많다. 그리고 특별항목 공시로 이용자의 주의가 환기된다.

나. 단점

순이익의 변동이 커서 이용자의 판단에 혼란이 초래된다. 재무제표의 비교가능성이 저해되고 이익조작의 위험성이 있다.

3 당기일괄처리법

당기일괄처리법(current method)은 회계변경이 이루어진 기간의 기초시점에서 새로운 회계방법의 채택으로 인한 누적효과를 계산하여 이를 변경연도의 당기순이익에 포함시키면서 해당 계정에 가감하는 방법으로, 비교재무제표 작성시 변경이전의 재무제표는 수정하지 않는 방법이다.

가. 장점

전기재무제표를 재작성하지 않음으로써 과거 재무제표의 사회적 신뢰성이 유지된다. 회계변경으로 인한 영향을 당기의 포괄손익계산서에 공시하게 되면 변경의 효과와 중요성에 대해 정보이용자들의 주의를 환기시킬 수 있다. 재무제표는 최종적인 결과치로서 그 유효성이 유지된다. 그리고 이익조작이 방지된다.

나. 단점

재무제표의 비교가능성이 저해되고 계속성이 위배되는 결과를 초래하고 변경효과의 파악이 불가능하다. 과거연도 사항을 당해 연도에 수정함으로써 회계변경을 이익조작 목적으로 사용할 가능성이 있다.

회계변경의 회계처리방법

기간 \ 방법	① 소급법	② 전진법	③ 당기일괄처리법
변경연도 이전	변경 후의 방법으로 수정	수정하지 않는다.	수정하지 않는다.
변경연도의 추가적인 회계처리	누적효과를 변경연도의 기초이익잉여금에 반영	누적효과가 당기와 당기 이후의 기간에 분산되어 반영	누적효과를 변경연도의 당기순이익에 반영
장점	비교가능성 제고	신뢰성이 유지되고 이익 조작이 방지된다.	신뢰성과 포괄주의이익 강조
단점	신뢰성 저하	비교가능성의 저하와 변경효과 파악 불가능하다.	비교가능성이 저하되고 경영성과가 왜곡될 수 있음

“M/E/M/O”

SECTION 03

기업회계기준의 회계처리 예

기업회계기준서(제1호)에서는 회계변경을 다음과 같이 회계처리를 하도록 규정하고 있다.

1 회계추정의 변경

전진법으로 회계처리한다. 즉, 회계변경을 실시한 당해 기간과 미래의 기간에 변경된 회계처리방법을 적용한다. 따라서 회계변경 이전의 기간은 영향을 받지 않는다. 회계변경이 미치는 효과를 회계정책의 변경과 회계추정의 변경으로 구분하기가 불가능한 경우에는 이를 회계추정의 변경으로 본다.

2 회계정책의 변경

변경된 새로운 회계정책은 소급법을 적용한다. 다만, 다른 기업회계기준에 회계정책의 변경에 관한 별도의 규정이 있는 경우에는 그에 따른다. 전기 또는 그 이전의 재무제표를 비교 목적으로 공시할 경우에는 소급적용에 따른 수정사항을 반영하여 재작성한다. 소급적용의 효과를 합리적으로 결정하기 어려운 경우에는 새로운 회계정책을 당기부터 전진적으로 적용할 수 있다.

참고

회계변경은 회계정보의 비교가능성을 손상시킬 수 있으므로 회계변경을 하는 기업은 반드시 회계변경의 정당성을 입증하여야 한다. 합병이나 기업의 양도 등과 같은 기업환경의 중대한 변화, 업계의 합리적인 관행수용, 기업의 최초 공개 등의 사유로 재무정보의 유용성을 높이기 위하여 회계변경을 하거나, 회계기준 제정 기구에 의한 기업회계기준의 제 · 개정에 따라 회계변경을 하는 경우에는 이를 정당한 회계변경으로 본다. 그러나 단순히 세법의 규정을 따르기 위한 회계변경이나 이익조정을 주된 목적으로 한 회계변경은 정당한 회계변경으로 보지 않는다.

주요용어

- 당기일관처리법(current method)
- 소급법(retroactive method)
- 전진법(prospective method)
- 회계변경
- 회계오류
- 회계정책
- 회계추정

“M/E/M/O”

Chapter 13 주관식 연습문제

01 회계변경의 회계처리방법인 소급법, 전진법, 당기일괄처리법을 설명하시오.

02 회계추정의 변경과 회계원칙의 변경에 대하여 정의하고 그 사례를 드시오.

03 우리나라 기업회계기준서의 회계변경에 대한 회계처리방법에 대하여 설명하시오.

Chapter 13 객관식 연습문제

01 다음 중 전기오류수정의 대상이 되지 않는 것은?

① 계산상의 실수　② 회계추정의 변경
③ 사실판단의 잘못　④ 사실의 누락

02 기업회계기준의 회계변경에 대한 회계처리의 설명 중 옳은 것은?

① 회계정책의 변경시 전진법을 적용하는 경우는 없다.
② 회계정책 변경에 대해서 소급법을 적용하는 경우 비교식으로 공시하는 전기재무제표를 재작성하지 않는다.
③ 회계추정의 변경과 회계정책의 변경이 동시에 발생하는 경우에는 회계정책의 변경을 우선 적용한다.
④ 회계정책 변경으로 인한 누적효과가 중대할 경우에만 전기이월이익잉여금에 가감한다.
⑤ 회계추정의 변경시 변경후의 추정치를 적용한 과거 3개년간의 주요 손익항목의 내용을 주석으로 기재한다.

해설 ① 회계정책 변경시 소급효과를 파악하기 곤란한 경우에는 전진법을 적용할 수 있다.
② 소급법을 적용하는 회계정책 변경시 비교식으로 공시하는 전기재무제표를 재작성해야 한다.
③ 회계추정변경과 회계정책변경이 동시에 발생하는 경우에는 소급법을 적용하는 회계정책변경에 대한 회계처리를 우선 한 후에 전진법을 적용하는 회계추정의 변경에 대한 회계처리를 한다.
④ 회계변경 누적효과는 중대성 여부와 관계없이 전기이월이익잉여금에 반영한다. 반면 전기오류수정손익은 중대한 경우에만 전기이월이익잉여금에 반영하고 중대하지 않으면 당기 영업외손익으로 처리하는 점을 유의하여야 한다.
⑤ 회계정책 변경의 경우에는 변경후의 회계정책을 적용한 과거 3개년간의 주요 손익항목의 내용을 주석으로 기재하지만, 회계추정의 변경은 전진법을 적용하므로 과년도의 손익항목의 내용을 주석으로 기재할 이유가 없다.

03 회계변경에 대한 기업회계기준의 설명 중 옳은 것은?

① 재고자산 평가방법을 선입선출법에서 후입선출법으로 변경한 경우 전진법으로 회계처리한다.

② 회계정책 변경시 누적효과를 계산하여 당기손익에 반영한다.

③ 유형자산의 내용연수에 대한 추정이 변경되는 경우 정당한 변경이라면 변경된 내용연수를 이용하여 전진법으로 감가상각을 한다.

④ 회계정책의 변경으로 인한 효과를 당기의 손익계산서에 일괄처리한다.

⑤ 개별재무제표에서의 원가법을 연결재무제표에서 지분법으로 변경하는 경우 전진법으로 회계처리한다.

해설 ① 회계정책 변경은 소급법으로 회계처리한다. 재고자산 평가방법의 변경은 회계정책의 변경이므로 소급법으로 회계처리한다.
② 회계정책 변경에 따른 누적효과는 당기손익에 반영하는 것이 아니라 전기이월이익잉여금에 반영한다.
③ 내용연수 변경은 회계추정의 변경이며 전진법으로 처리한다.
④ 회계정책의 변경으로 인한 효과는 전기이월이익잉여금에 가감한다.
⑤ 개별재무제표와 연결재무제표는 별개이므로 개별재무제표에서 원가법을 적용하다가 연결재무제표에서 지분법으로 전환하는 것은 회계변경이 아니다. 한편 연결재무제표에서의 지분법은 모두 소급조정한다.

ACCOUNTING PRINCIPLE

CHAPTER

14

재무제표 정보의 활용과 분석

SECTION 01

재무상태표의 이해

1 재무상태표의 개념과 분류

재무상태표는 일정시점인 결산일 현재 회사의 재산상태를 정리한 표이다. 현재 자금이 얼마나 있으며, 부채는 얼마인데, 이렇게 형성된 자산이 어떻게 운용되는지를 나타낸다. 즉, 재무상태표는 일정시점에서 기업이 얼마의 자산을 갖고 있는데, 이 가운데 빚진 돈(부채)이 얼마이고 주주의 돈(자본)이 얼마인지를 알려주는 표이다.

재무상태표의 구성요소인 자산, 부채, 자본은 각각 다음과 같이 구분한다.

① 자산은 현재 우리 회사에서 가지고 있는 자원 중에 미래에 언젠가는 회사의 부를 증대시켜 줄 수 있는 자원을 의미한다. 자산은 유동자산과 비유동자산으로 구분한다. 유동자산은 당좌자산과 재고자산으로 구분하고, 비유동자산은 투자자산, 유형자산, 무형자산, 기타비유동자산으로 구분한다.

② 부채는 기업이 미래에 상환하여야 할 빚으로 크게 유동부채와 비유동부채로 구분한다.

③ 자본은 자신이 영업활동을 위해 출자한 돈과 영업으로 인한 순이익, 순수한 자기 몫을 말한다. 자본은 자본금, 자본잉여금, 자본조정, 기타포괄손익 및 이익잉여금(또는 결손금)으로 구분한다.

자산 = 부채 + 자본

재무상태표

서울기업(주)	2026년 12월 31일 현재		(단위: 원)
자 산:		부 채:	
현 금	100,000원	매입채무	250,000원
매출채권	350,000원	단기차입금	500,000원
상 품	700,000원	장기차입금	3,000,000원
토 지	3,000,000원	부채총계	3,750,000원
차량운반구	300,000원		
비 품	200,000원	자 본:	
건 물	2,500,000원	자 본 금	3,000,000원
		이익잉여금	400,000원
		자본총계	3,400,000원
자산총계	7,150,000원	부채와 자본총계	7,150,000원

기업회계기준서에 의한 자산, 부채, 자본의 분류

- 자 산
  - 유동자산
    - 당좌자산: 현금 및 현금성자산, 매출채권 등
    - 재고자산: 상품, 제품, 반제품, 재공품 등
  - 비유동자산
    - 투자자산: 장기손익인식지정금융자산, 매도가능금융자산, 장기대여금 등
    - 유형자산: 토지, 건물, 기계장치, 차량운반구 등
    - 무형자산: 산업재산권, 광업권, 개발비 등
    - 기타비유동자산: 장기성매출채권, 보증금 등

부 채		
	유동부채	매입채무, 단기차입금, 미지급금 등
	비유동부채	사채, 장기차입금, 퇴직급여충당부채 등

* 차입금은 단기보다 장기가 유리하다. 단기로 빌릴 경우 변제가 힘들어져 재무신용평가 하락요인이 될 수 있다. 차입금 총액이 같아도 내실 쌓기에 주력해야 한다.

자 본		
	자본금	1주당 액면가액×발행주식수 (보통주 자본금, 우선주 자본금)
	자본잉여금	주식발행 및 소각 등 주주와의 자본거래에서 발생한 잉여금 －주식발행초과금, 기타자본잉여금 등
	자본조정	주주와의 거래이지만 자본금이나 자본잉여금으로 분류할 수 없기 때문에 자본 전체에 대하여 가감할 성격의 항목 －주식할인발행차금, 배당건설이자, 자기주식 등
	기타포괄손익누계액	손익거래이지만 포괄손익계산서에 포함되지 않아 자본 전체에 대하여 가감할 성격의 항목으로 환산차손익이나 평가차손익항목 －매도가능평가차손익, 해외사업환산차손익 등
	이익잉여금	영업활동에서 창출된 이익 중 기업 내에 유보한 금액 －이익준비금, 임의적립금, 미처분이익잉여금 등

2 기업회계기준서의 재무상태표 양식

재무상태표

제×기 2026년 12월 31일 현재

제×기 2025년 12월 31일 현재

회사명: (단위: 원)

과목	당기		전기	
[자산]				
Ⅰ. 유동자산		×××		×××
1. 당좌자산		×××		×××
현금 및 현금성자산	×××		×××	
단기투자자산	×××		×××	
매출채권	×××		×××	
선급비용	×××		×××	
이연법인세자산	×××		×××	
	×××		×××	
2. 재고자산	×××	×××	×××	×××
제품	×××		×××	
재공품	×××		×××	
원재료	×××		×××	
Ⅱ. 비유동자산	×××	×××	×××	×××
1. 투자자산	×××	×××	×××	
투자부동산	×××		×××	
장기투자증권				
관계기업투자				
2. 유형자산	×××		×××	×××
토지	×××		×××	
설비자산	(×××)	×××	(×××)	
(－)감가상각누계액	×××		×××	
건설중인자산	×××		×××	
3. 무형자산	×××	×××	×××	×××
영업권	×××		×××	
산업재산권	×××		×××	
개발비	×××		×××	
… … … … … … … … …				
4. 기타비유동자비산	×××	×××	×××	×××
이연법인세자산	×××		×××	
자산총계		×××		×××

과 목	당 기		전 기	
[부 채]				
Ⅰ. 유 동 부 채		×××	×××	×××
단 기 차 입 금	×××		×××	
매 입 채 무	×××		×××	
미 지 급 법 인 세	×××		×××	
미 지 급 비 용	×××		×××	
이 연 법 인 세 부 채	×××			
Ⅱ. 비 유 동 부 채			×××	
사 채	×××	×××	×××	×××
신 주 인 수 권 부 사 채	×××		×××	
전 환 사 채	×××		×××	
장 기 차 입 금	×××		×××	
퇴 직 급 여 충 당 부 채	×××		×××	
장 기 제 품 보 증 충 당 부 채	×××		×××	
이 연 법 인 세 부 채	×××			
부 채 총 계		×××		×××
[자 본]				
Ⅰ. 자 본 금				
보 통 주 자 본 금	×××	×××	×××	×××
우 선 주 자 본 금	×××		×××	
Ⅱ. 자 본 잉 여 금				
주 식 발 행 초 과 금	×××		×××	
Ⅲ. 자 본 조 정	×××	×××	×××	×××
자 기 주 식				
Ⅳ. 기 타 포 괄 손 익	×××		×××	
매 도 가 능 금 융 자 산 평 가 손 익	×××		×××	
해 외 사 업 환 산 손 익		×××		×××
현금흐름위험회피 파생상품평가손익				
Ⅴ. 이 익 잉 여 금(또는 결손금)	×××		×××	
법 정 적 립 금	×××		×××	
임 의 적 립 금	×××	×××	×××	×××
미처분이익잉여금(또는미처리결손금)	×××		×××	
자 본 총 계	×××		×××	
부 채 및 자 본 총 계	×××		×××	

SECTION 02

포괄손익계산서의 이해

1 포괄손익계산서의 기초개념과 분류

포괄손익계산서란 일정기간의 경영성과를 나타내는 회계보고서를 말한다. 여기서 일정기간이란 보통 1회계기간으로서 우리나라의 경우 1월 1일에서 시작하여 12월 31일에 종료되는 경우가 많다.

수익은 기업이 벌어들인 돈이며, 비용은 기업이 지출한 돈이며 순이익은 기업의 장부상이익이다.

포괄손익계산서 등식: 수익 − 비용 = 당기순손익

포괄손익계산서는 다음과 같이 구분하여 표시한다. 다만, 제조업, 판매업 및 건설업 외의 업종에 속하는 기업은 매출총손익의 구분표시를 생략할 수 있다.

① 매출액

② 매출원가

③ 매출총손익

④ 판매비와관리비

⑤ 영업손익

⑥ 영업외수익

⑦ 영업외비용

⑧ 법인세비용차감전계속사업손익

⑨ 계속사업손익법인세비용

⑩ 계속사업손익

⑪ 중단사업손익(법인세효과 차감후)

⑫ 당기순손익

⑬ 주당손익

수익과 비용은 각각 총액으로 보고하는 것을 원칙으로 한다. 다만, 이 기준서 외의 다른 기업회계기준에서 요구하거나 허용하는 경우에는 수익과 비용을 상계하여 표시할 수 있다.

2 포괄손익계산서 보는 방법

	2026		2027		중점분석내용
매출액	14,359	100	11,729	100	매출액은 증가하고 있는가?
(-)매출원가	10,416	(72.54)	9,132	(77.86)	매출원가는 감소하고 있는가?
매출총이익	3,943	(27.46)	2,597	(22.14)	매출액은 얼마만큼의 이익을 낼까?
(-)판매비와 관리비	884	(6.16)	764	(6.51)	판매비와 관리비는 적정한가?
영업이익	3,059	(21.30)	1,833	(15.63)	판촉활동의 결과 얼마만큼의 영업이익인가? 만족수준인가?
(+)영업외수익	346	(2.40)	441	(3.76)	영업외수익은 있는가?
(-)영업외비용	741	(5.16)	809	(6.90)	이자비용은 적정한가?

	2026		2027		중점분석내용
법인세비용차감전 순이익	2,664	(18.55)	1,465	(12.49)	내가 경영에 노력을 기울인 결과 얼마만큼의 이익을 냈을까?
(-)법인세비용	683	(4.76)	364	(3.10)	
당기순이익	1,981	(13.80)	1,101	(9.39)	최종적으로 흑자인가, 적자인가?

*매출액을 100으로 하여 매출액에 비해 각 항목이 몇 %인가를 차지하는가를 계산한 후 추세를 알 수 있다.

1) 경영체질 분야 분석 방법

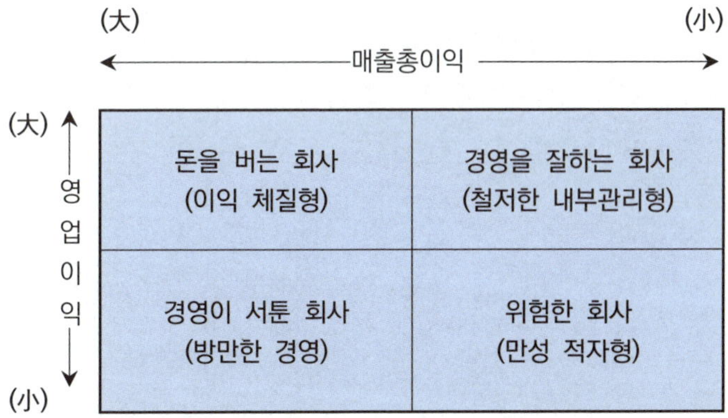

2) 자금의 여유도를 아는 방법

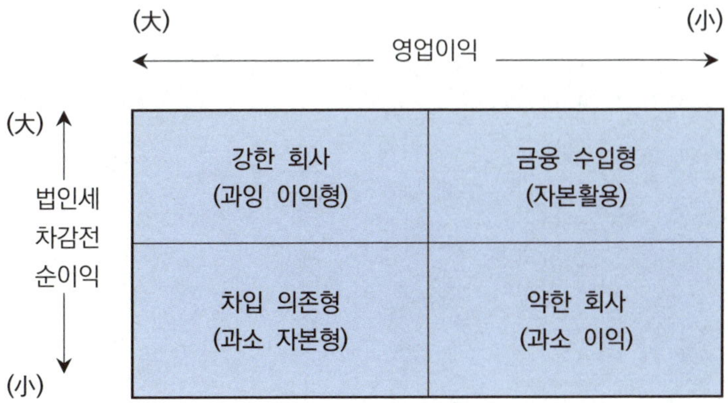

기업이 이익을 늘리려면? 수익인 매출 → 증가시킨다.

비용인 지출 → 감소시킨다.

“M/E/M/O”

SECTION 03

이익잉여금처분계산서와 결손금처리계산서

1 이익잉여금처분계산서

이익잉여금처분계산서(또는 결손금처리계산서)는 이익잉여금의 처분사항(또는 결손금의 처리사항)을 명확히 보고하기 위한 재무보고서이다.

이익잉여금처분계산서

2026년 1월 1일부터 2026년 12월 31일

도약(주) 처분확정일 2027년 2월 25일 (단위: 원)

	Ⅰ. 처분전이익잉여금	×××
	± 1. 전기이월이익잉여금 (또는 전기이월결손금)	
	± 2. 당기순이익	
	Ⅱ. 임의적립금 이입액	×××
	합 계	×××
(차감)	Ⅲ. 이익잉여금처분액	(×××)
	1. 이익준비금	
	2. 기타법정적립금	
	3. 배당금	
	4. 임의적립금	
	Ⅳ. 차기이월이익잉여금	×××

2 결손금처리계산서

결손금처리계산서는 당기에 처리전결손금이 있는 경우에 결손금의 처리내용을 보여주는 보고서이다.

결손금처리계산서

2026년 1월 1일부터 2026년 12월 31일

도약(주) 처분확정일 2027년 2월 25일 (단위: 원)

Ⅰ. 처리전결손금	(×××)
± 1. 전기이월이익잉여금 (또는 전기이월결손금)	
± 2. 당기순손실	
Ⅱ. 결손금처리액	×××
1. 임의적립금이입액	
2. 기타법정적립금이입액	
3. 이익준비금이입액	
4. 자본잉여금이입액	
Ⅲ. 차기이월결손금	×××

“M/E/M/O”

SECTION 04

자본변동표의 이해

자본변동표는 자본의 크기와 그 변동에 관한 정보를 제공하는 재무보고서로서 자본을 구성하고 있는 자본금, 자본잉여금, 자본조정, 기타포괄손익, 이익잉여금(또는 결손금)의 변동에 대한 포괄적인 정보를 제공한다.

자본변동표

서울주식회사　　　2026년 1월 1일~2026년 12월 31일　　　(단위: 백만원)

구분		자본금	자본 잉여금	자본 조정	기타포괄 손익	이익 잉여금	합계
변동내역	기초금액	2,000	1,500	(200)	0	900	4,200
	현금배당지급					(200)	(200)
	유상증자	1,000	1,300				2,300
	자기주식취득			(300)			(300)
	당기순이익					400	400
	기말금액	3,000	2,800	(500)	0	1,100	6,400

SECTION 05

현금흐름표 실무 이해

1 현금흐름표의 이해

현금흐름표(statement of cash flows)는 기업의 현금흐름을 나타내는 표로서 영업활동, 투자활동, 재무활동에 의하여 발생되는 현금의 흐름에 관한 전반적인 정보를 상세하게 제공해 준다.

포괄손익계산서는 이익을 중심으로 만들어지며, 현금흐름표는 현금을 중심으로 만들어진다.

아무리 많은 이익을 내더라도 현금이 고갈되면 원자재를 구입하지 못할 뿐더러 종업원의 급여도 지불할 수 없다. 다시 말해 현금이 없으면 회사는 망하게 되는 것이다. 현금흐름표는 크게 세 부분(영업활동, 투자활동, 재무활동)으로 나눠서 현금 입출금을 기록한다.

가. 영업활동으로 인한 현금흐름

본업(영업활동)에 의한 현금 입출금으로 제품의 생산과 상품 및 용역의 구매·판매활동에 해당하는 영업활동에 의한 현금의 유입과 유출을 말한다.

나. 투자활동으로 인한 현금흐름

건물, 토지 구입이나 주식 매매 같은 투자활동에 의한 현금 입출금을 말한다.

다. 재무활동으로 인한 현금흐름

은행차입 및 주식발행, 배당금지급 등과 같이 회사 자금 조달활동으로 인해 증감되는 현금액이다.

현금흐름표(간접법)

도약(주) 2026. 1. 1~2026. 12. 31 (단위: 원)

구 분		금 액
Ⅰ. 영업활동으로 인한 현금흐름		×××
1. 당기순이익	×××	
2. 현금의 유출이 없는 비용 등의 가산	×××	
3. 현금의 유입이 없는 수익 등의 차감	(×××)	
4. 영업활동으로 인한 자산, 부채의 변동	×××	
Ⅱ. 투자활동으로 인한 현금흐름		×××
1. 투자활동으로 인한 현금유입액	×××	
2. 투자활동으로 인한 현금유출액	(×××)	
Ⅲ. 재무활동으로 인한 현금흐름		×××
1. 재무활동으로 인한 현금유입액	×××	
2. 재무활동으로 인한 현금유출액	(×××)	
Ⅳ. 현금의 증감(Ⅰ+Ⅱ+Ⅲ)		×××
Ⅴ. 기초의 현금		×××
Ⅵ. 기말의 현금		×××

2 현금흐름표의 작성 방법

현금흐름표는 포괄손익계산서의 당기순이익을 기준으로 실제 현금이 오가지 않은 항목들을 더하고 빼는 방식으로 구한다. 이를 간접법이라고 한다. 간접법의 반대는 직접법이 있는데 한국의 기업들은 대부분은 간접법을 채택하고 있다.

3 현금흐름에 의한 회사의 모습

	영업활동의 현금흐름	투자활동의 현금흐름	재무활동의 현금흐름	회사의 모습
1	+	−	−	성숙기업
2	+	−	+	성장단계기업
3	+	+	−	거품제거기업
4	−	−	+	창업기업
5	−	+	−	도산위험기업

1) 성숙기업(+, −, −)

영업활동을 통해 창출한 현금으로 투자도 하고 부채도 갚아나가는 회사를 말한다. 투자를 했으니 장래에 더 많은 이익이 돌아올 것이고, 부채를 갚았으니 이자비용이 줄어들 것이다. 당연히 기업가치가 높아진다. 삼성전자, 포스코 등 한국의 우량기업의 현금흐름표가 여기에 해당한다.

2) 성장기업(+, −, +)

영업활동을 통해 창출한 현금으로 투자를 하지만, 내부 현금만으로는 충분하지 않기 때문에 부채를 끌어오는 기업이다. 해마다 매출을 확장해 가는 기업이 여기에 해당한다.

3) 창업기업(−, −, +)

영업활동으로 현금을 창출하지 못하고 있지만 투자를 하고 있고, 여기에 필요한 자금을 외부에서 끌어다 쓰고 있는 기업 유형이다. 이런 형태가 지속되는 기업은 크게 성장하거나 도산하거나 둘 가운데 하나의 결과를 맞이할 가능성이 높다.

4) 도산위기기업(-, +, -)

영업활동으로 현금을 창출하지 못하고 있고, 비유동자산 등을 처분해 현금을 끌어오는 한편으로 외부 금융기관 등에서 돈을 빌리는 기업 유형이다. 오너가 회사를 정리하는 생각을 갖고 있을 수도 있다.

세 가지 항목 가운데 영업활동을 인한 현금흐름은 기업의 사업 건전성을 파악하는 가장 중요한 지표나 영업활동으로 인한 현금흐름이 플러스가 되지 않으면 그 기업은 장기적으로 존속하기 어렵다.

❝ M/ E/ M/ O ❞

SECTION 06

기타의 재무제표 이해

1 주석

주석은 다음의 사항을 포함한다.

① 재무제표 작성기준 및 중요한 거래와 회계사건의 회계처리에 적용한 회계정책

② 기업회계기준에서 주석공시를 요구하는 사항

③ 재무상태표, 포괄손익계산서, 이익잉여금처분계산서(또는 결손금처리계산서), 현금흐름표 및 자본변동표의 본문에 표시되지 않는 사항으로서 재무제표를 이해하는 데 필요한 추가 정보

주석은 체계적인 방법으로 표시한다. 재무상태표, 포괄손익계산서, 이익잉여금처분계산서(또는 결손금처리계산서), 현금흐름표 및 자본변동표의 본문에 표시된 개별항목에는 관련된 주석내용과 상호 연결하는 기호 등을 표시한다.

주석은 일반적으로 재무제표 이용자가 재무제표를 이해하고 다른 기업의 재무제표와 비교하는 데 도움이 될 수 있도록 다음의 순서로 작성한다.

① 기업회계기준에 준거하여 재무제표를 작성하였다는 사실의 명기

② 재무제표 작성에 적용된 중요한 회계정책의 요약

③ 재무제표 본문에 표시된 항목에 대한 보충정보(재무제표의 배열 및 각 재

무제표 본문에 표시된 순서에 따라 공시한다)

④ 기타 우발상황, 약정사항 등의 계량정보와 비계량정보

이 기준서는 시행일인 2006년 12월 31일 이후 최초로 개시하는 회계연도부터 적용한다. 자본변동표의 경우 이 기준서를 처음으로 적용하는 회계연도에는 당해 회계연도분만 작성할 수 있다.

2 제조원가명세서

제조원가명세서는 당기에 발생한 원가를 재료비, 노무비, 경비의 각 요소로 구분하여 기재하고 그의 합계액에 기초재공품재고액을 가산한 후 이로부터 기말재공품재고액을 차감하여 당기제품제조원가를 나타낸 표이다. 이는 포괄손익계산서상의 당기제품제조원가에 관한 명세를 나타내는 보고서이다.

제조원가명세서

서울(주) (단위: 만원)

과 목	금 액	
Ⅰ. 재료비		550
1. 기초재료재고액	100	
+ 2. 당기재료매입액	600	
- 3. 기말재료재고액	(150)	
Ⅱ. 노무비		150
Ⅲ. 경 비		110
Ⅳ. 당기 총 제조비용		810
+ Ⅴ. 기초재공품 재고액		60
Ⅵ. 합 계		870
- Ⅶ. 기말재공품 재고액		(70)
= Ⅷ. 당기제품 제조원가		800

제조기업의 포괄손익계산서는 상기업의 회계순환과 근본적으로 다른 점은 없다. 다만 제조원가명세서상의 당기제품제조원가가 포괄손익계산서상의 당기제품제조원가가 된다는 점에 유의할 필요가 있다.

손익계산서

서울(주) (단위: 만원)

과 목	금 액	
Ⅰ. 매출액		1,000
Ⅱ. 매출원가		(700)
1. 기초제품재고액	100	
2. 당기제품제조원가	800	
3. 기말제품재고액	(200)	
Ⅲ. 매출총이익		300
Ⅳ. 판매비와관리비		(160)
Ⅴ. 영업이익		140
Ⅵ. 영업외수익		10
Ⅶ. 영업외비용		(50)
Ⅷ. 법인세차감전순이익		100
Ⅸ. 법인세비용		(40)
Ⅹ. 당기순이익		60

3 감사보고서

감사보고서는 기업의 사업보고서를 회계법인이 감사한 내용을 담고 있다. 최근 금융감독원은 감사보고서 내용에 오류가 발견될 경우 회계법인에 대해 책임을 묻는 편이어서 신뢰도가 높아지고 있다. 감사인은 감사보고서에 다음의 4가지 의견 가운데 한 가지 의견을 표명하게 된다.

① 적정의견	• 해당 기업 재무제표가 기업회계기준에 따라 적정하게 작성되어 있어 신뢰할 수 있는 상태
② 한정의견	• 기업회계기준에 따르지 않은 몇 가지 사항이 있지만 해당 사항이 그다지 큰 영향을 미치지 않는 상태 • 기업 신용등급에 악영향, 감사범위 제한으로 인한 한정의견의 경우 관리 종목 지칭
③ 부적정의견	• 기업회계기준에 위배되는 사항이 재무제표에 중대한 영향을 미쳐 기업 경영 상태가 전체적으로 왜곡돼 있는 상태 • 거래정지 및 조회공시, 이후 상장(등록)폐지
④ 의견거절	• 기업의 존립에 의문을 제기할 만한 객관적인 사항이 중대하거나 감사인이 독립적인 감사업무를 수행할 수 없는 상태 • 거래 정지 및 조회공시 이후 상장(등록)폐지

부적정의견과 의견거절을 받은 기업은 곧바로 거래 정지 및 조회공시에 들어가고 조회공시의 내용이 사실일 경우 상장(등록)폐지 절차를 밟게 된다. 한정의견을 받은 기업은 거래정지나 조회공시를 받지 않지만, 금융기관으로부터 대출금 회수 압력을 받게 되고 신용등급이 떨어져 어려움을 겪게 된다. 감사범위 제한으로 인한 한정의견의 경우 관리종목으로 지정될 수 있다.

예를 들어 의견거절의 경우 실제의 감사보고서에는 "본 감사인은 위 문단에서 기술한 사항이 상기 재무제표에 미치는 경향의 중요성 때문에 동 재무제표에 대한 의견을 표명하지 아니 합니다"라는 식으로 기재된다.

참고 재무제표 보는 요령

(1) 과거 기록과 비교한다.
(2) 같은 업종의 타 회사와 비교한다.
(3) 실적예상수치와 비교한다.
※ (3)은 상장회사의 경우 1년 뒤의 실적예상수치를 발표하므로 그것을 이용한다.

4 한국 기업의 분식회계의 유형

금융감독원이 2019년 증권거래소와 코스닥 기업 86곳을 조사한 결과를 토대로 발표한 분식회계 유형은 다음과 같다.

분식회계 유형

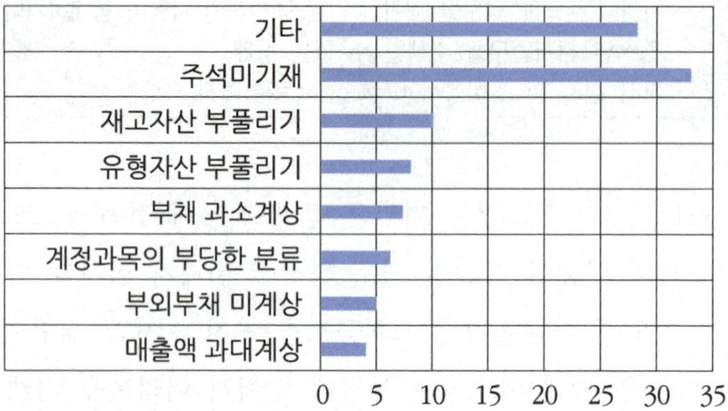

*한국기업의 분식회계 유형 – 금융감독원, 2007년 발표, 단위: %

(1) 주석미기재

주석미기재란 투자자의 의사결정에 영향을 미치는 사실을 사업보고서에 아예 기재하지 않는 것을 말한다. 특히 오너, 대주주 등 특수 관계자가 발생한 거래 사실을 기재하지 않는 경우가 가장 많다. 이렇게 거래 사실을 기재하지 않으면 투자자로서는 사실을 확인할 방법이 없다. 주석미기재가 분식회계의 가장 빈번한 유형이라는 사실은 우리나라 기업의 사업보고서에 나오는 주석이 충실하지 않다는 사실을 보여준다.

우리나라 기업들은 재무제표 이용자들의 회계지식이 아주 높다고 생각해서인지 복잡한 문장구조와 전문적인 용어를 사용하는 것을 즐긴다. 기업이 주석을 알기 쉽게 풀어쓰는 것은 어렵지 않다. 이것은 성의의 문제다. 현재로서는 주석미기재의 문제점을 극복하려면 내가 회계전문가가 되는 수밖에 없다. 그리고 궁금한 부분들을 여러 번 읽어보면서 의미를 이해하는 노력을 기울여야 한다.

(2) 기타

기타에 속하는 분식회계 유형으로는 대손충당금 과소계상, 이자수익 과대계상, 퇴직급여충당금 과소계상, 매출채권에 대한 대손상각 미처리, 지분법 평가오류 등이 있다.

(3) 재고자산 부풀리기

재고자산을 부풀리기를 이용한 분식회계의 징후로는 매출액에 비해 재고자산이 급격히 증가한다거나, 재고자산회전기간이 전년도에 비해 증가하거나 동종업계 평균보다 길 때 의심해 볼 수 있다.

(4) 유형자산 부풀리기

유형자산 부풀리기를 이용한 분식회계를 확인하려면 유형자산회전율이 해마다 낮아지거나 동종업계 평균보다 현저히 낮은지를 체크해야 한다.

(5) 부채과소계상 및 부외부채 미계상

이런 방식을 악용한 분식회계의 징후로는 매출액 영업이익률과 매출액 이익률의 차이가 크거나, 운용리스의 활용도가 높은 경우, 그리고 부채비율이 건전한데도 영업활동으로 인한 현금흐름이 마이너스인 것 등이 있다.

(6) 매출액 과대계상

매출액 과대계상을 이용한 분식회계의 징후로는 매출채권이 현저히 증가하거나 매출채권회수기간이 업계 평균보다 현저히 높은 경우 그리고 이전 연도에 비해 급격히 높은 경우 등이 있다.

일반적으로 다음의 징후를 보이는 기업을 우선 주의해야 한다.

참고 분식회계 징후

분식회계를 저지르는 기업들에게서 쉽게 찾아볼 수 있는 징후이기 때문이다.

1. 영업활동으로 인한 현금흐름이 낮다: 기업의 본원적 활동인 장사를 통해서 돈이 들어오지 않으면 분식회계의 유혹에 빠지게 된다.
2. 영업이익이 적자인데 당기순이익은 간신히 흑자를 기록하고 있다. 회사 경영진이 현금이 오가지 않는 일부 비용이나 상각 시기를 조정해 장부상 흑자를 만들었을 가능성이 높다. 이것은 분식회계가 아닐 수도 있지만 장부조정임에는 틀림없다.
3. 실적발표 때마다 전기오류를 수정한다. 매출채권을 크게 늘렸다가 이를 수정하려면 다음 결산기에 전기오류수정을 할 수밖에 없다.
4. 임원진이 자주 바뀐다. 임원진이 자주 바뀌는 것은 내부 경영에 문제가 있다는 징후다.

국내의 분식회계 사례

기업	분식규모	분식회계연도	주요방법
한보철강	6,920억원	90~96년도	
기아자동차	30,148억원	91~97년도	차입금과 매출채권 상계처리 가공할부수익
아시아자동차	15,588억원	91~97년도	

기업	분식규모	분식회계연도	주요방법
동아건설	7,140억원	97년도	매출액 과대 계상
대우계열 12개사	229,000억원	97~98년도	부외부채 재고자산 과대계상
SK글로벌	15,587억원	94~97년도	매출액 및 재고자산 과대 계상 지분법 평가손실 과소계상

➡ 이들 기업은 외부 차입에 의존한 과잉투자로 인해 기업의 부실화가 급격하게 진행되었지만 기업들의 정보가 투명하게 공개되지 않아 기업들의 부실화 위험을 제대로 평가할 수 없었음. 결국 투명하지 못한 회계정보는 기업의 파산 등으로 이어졌으며, 외환위기의 중요한 원인이 되었음.

“M/E/M/O”

SECTION 07

사례기업의 요약 재무제표[1)]

1 사례기업 재무제표

(1) 재무상태표

(단위: 10억원)

계정과목 \ 연도	2024	2025	2026
유동자산	3,773	5,328	7,742
당좌자산	2,502	3,769	5,633
재고자산	1,271	1,559	2,109
비유동자산	13,472	13,079	13,625
투자자산	3,869	4,023	4,059
유형자산	9,272	8,705	9,203
무형자산	331	351	363
자산총계	17,245	18,407	21,367
유동부채	2,497	2,528	3,221
비유동부채	3,181	2,921	2,036
부채총계	5,678	5,449	5,257
자본금	482	482	482
자본잉여금	3,686	3,708	3,772

1) 출처: 금융감독원 전자공시시스템

계정과목 \ 연 도	2024	2025	2026
이 익 잉 여 금	8,483	9,867	12,864
자 본 조 정	-1,084	-1,099	-1,008
자 본 총 계	11,567	12,958	16,110
부 채 와 자 본 총 계	17,245	18,407	21,367

위 기업의 2026년도 말 총자산은 21조 3,670억원으로 부채 5조 2,570억원과 자본 16조 1,100억원으로 조달되었음을 보여주고 있다. 총자산 중 당좌자산은 5조 6,330억원, 재고자산은 2조 1,090억원이다. 비유동자산은 투자자산이 4조 590억원, 유형자산이 9조 2,030억원, 무형자산이 3,630억원으로 구성되어 있다. 부채는 유동부채 3조 2,210억원, 비유동부채 2조 360억원이며, 자본은 자본금 4,820억원, 자본잉여금 3조 7,720억원, 이익잉여금 12조 8,640억원, 자본조정 1조 80억원을 차감하여 이루어져 있다.

(2) 손익계산서

(단위: 10억원)

계정과목 \ 연도	2024	2025	2026
매 출 액	11,729	14,359	19,792
(-)매 출 원 가	9,132	10,416	13,707
매 출 총 이 익	2,597	3,943	6,085
(-)관 리 비	764	884	1,031
영 업 이 익	1,833	3,059	5,054
(+)영 업 외 수 익	441	346	830
(-)영 업 외 비 용 (이 자 비 용 포 함)	809 (144)	741 (144)	653 (144)
법인세비용차감전순이익	1,465	2,664	5,234

계정과목 \ 연도	2024	2025	2026
(-)법 인 세 비 용	364	683	1,408
당 기 순 이 익	1,101	1,981	3,826

위 기업은 2026년 한해 동안 19조 7,920억원의 매출을 실현하였으며, 매출총이익은 6조 850억원이다. 그리고 판매비와 관리비로 1조 310억원 영업이익으로 5조 540억원, 법인세차감전순이익이 5조 2,310억원, 당기순이익은 3조 8,260억원이다.

이 회사는 매출도 이익도 증가한 회사로 이익이 절정에 달한 회사로 분류할 수 있다.

(3) 이익잉여금처분계산서

(단위: 10억원)

계정과목 \ 연도	2024	2025	2026
Ⅰ. 미 처 분 이 익 잉 여 금	1,567	1,698	3,483
전 기 이 월 이 익 잉 여 금	71	68	83
회계처리변경에 의한 누적효과	718	-16	0
중 간 배 당 액	-41	-82	-121
기 타 처 분 전 이 익 잉 여 금	-282	-253	-305
당 기 순 이 익	1,101	1,981	3,826
Ⅱ. 임 의 적 립 금 이 입 액	158	147	167
Ⅲ. 이 익 잉 여 금 처 분 액	1,657	1,762	3,507
이 익 준 비 금	200	250	320
배 당 금	245	304	523
임 의 적 립 금	1,212	1,108	2,664
Ⅳ. 차기이월미처분이익잉여금	68	83	143

이익잉여금처분계산서를 별도로 제공하는 이유는 이익잉여금의 변동에 관한 정보가 중요할 뿐만 아니라 재무상태표에서 제공하지 못하는 정보, 즉, 이월이익잉여금의 처분 및 변동내역에 관한 정보를 제공하여 주는 역할을 하기 때문이다. 2026년도 미처분이익잉여금은 3조 4,830억원이며, 여기에 임의적립금 이입액 1,670억원을 가산하고, 배당금과 임의적립금 등 이익잉여금처분액 3조 5,070억원을 차감하여 최종적으로 1,430억원이 2022년도로 이월된다.

이익잉여금처분계산서를 보면 회사가 벌어들인 이익을 어떻게 사용하고 있는지를 알 수 있다. 즉, 주주에게 배당을 많이 하는 회사인지, 내부유보를 많이 하는 회사인지 그리고 적립금의 항목을 통해 회사가 장래 계획하고 있는 정책(예를 들면 사업확장, 결손대비, 시설투자 등)이 무엇인지도 알 수 있다.

(4) 현금흐름표

(단위: 10억원)

계정과목 \ 연도	2024	2025	2026
Ⅰ. 영업활동으로 인한 현금흐름	2,902	3,623	4,956
1. 당기순이익	1,101	1,981	3,826
2. 현금의 유출이 없는 비용 등의 가산	1,811	2,029	2,155
3. 현금의 유입이 없는 수익 등의 차감	199	143	516
4. 영업활동으로 인한 자산, 부채의 변동	189	-244	-509
Ⅱ. 투자활동으로 인한 현금흐름	-1,967	-2,114	-3,336
1. 투자활동으로 인한 현금유입액	10,593	10,616	10,645
2. 투자활동으로 인한 현금유출액	12,560	12,730	13,981
Ⅲ. 재무활동으로 인한 현금흐름	-1,059	-1,302	-1,705
1. 재무활동으로 인한 현금유입액	899	570	99
2. 재무활동으로 인한 현금유출액	1,958	1,872	1,804
Ⅳ. 현금의 증가(감소)	-124	207	-85

계정과목 \ 연도	2024	2025	2026
Ⅴ. 기초 현금	215	91	298
Ⅵ. 기말 현금	91	298	213

위 기업은 2026년 영업활동으로 인한 현금흐름 4조 9,560억원의 현금순유입이 발생하였고, 주식처분, 배당금 지급, 현금차입 등의 재무활동으로 1조 7,050억원의 현금순유출이 있었다. 그리고 건물, 기계장치의 구입 등 투자활동으로 3조 3,360억원의 현금순유출이 발생함에 따라 기말의 현금은 2,130억원이다.

영업활동으로 인한 현금흐름이 플러스라면 아무 문제없다. 즉, 이 회사는 영업활동으로 현금을 매우 많이 늘렸다. 투자활동에 적극적으로 사용하고 나머지는 재무활동으로 차입금 상환에 사용했음을 알 수 있다.

이와 같은 현금흐름을 보이는 회사가 건전한 회사이다. 즉, 영업활동으로 인한 현금흐름이 플러스이고, 투자활동으로 인한 현금흐름과 재무활동으로 인한 현금흐름이 각각 마이너스인데 이 같은 플러스, 마이너스의 형태는 이 회사가 우량 기업임을 보여주는 징표이다.

“M/E/M/O”

2 사례기업의 주식 관련자료[2)]

사례기업의 주식 관련자료

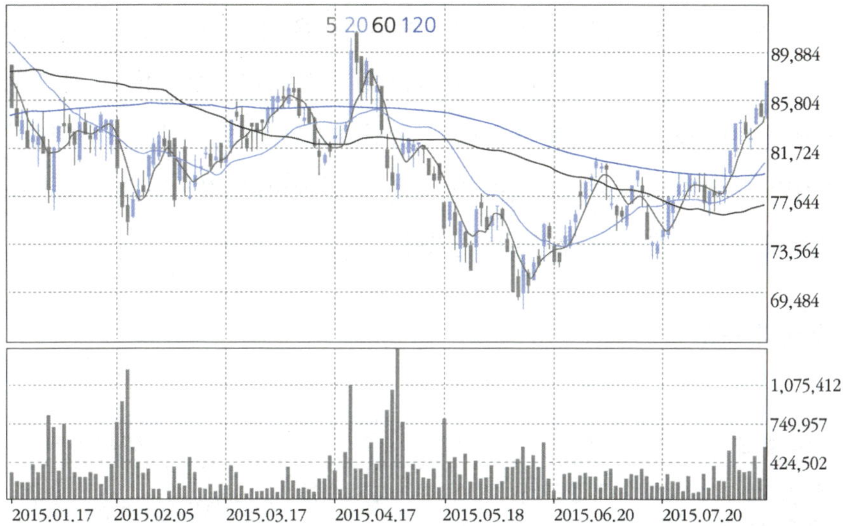

구 분	2024. 12. 31	2025. 12. 31	2026. 12. 31
주가(원)	118,000	163,000	187,000
상장주식수(주)	90,781,795	88,966,155	87,186,835
거래량(주)	274,993	289,892	194,729

주가와 상장주식수는 자기자본의 시장가치를 산출하는 데 필요한 자료이다. 포스코는 2026년도 연말 주가는 187,000원이며, 상장된 총주식수는 약 8,719만주이다. 2026년 12월 30일 하루 동안 거래된 사례기업의 주식수를 나타내는 거래량은 약 194,729만주이다.

2) 한국증권거래소, '증권시장'

3 재무비율의 분류와 표준비율

(1) 재무비율

재무비율은 재무제표 중에서 주로 재무상태표와 포괄손익계산서의 두 항목을 결합하여 구할 수 있다. 또한 어떤 재무비율은 현금흐름표의 항목이나 주가자료를 이용해서 산출되기도 한다. 각 재무제표들은 수많은 계정과목으로 구성되므로, 이 중에서 두 항목으로 조합된 재무비율의 수는 광범위할 것이다. 하지만 논리적으로 관련 있는 항목들이 결합되어 경제적 의미를 가지는 재무비율은 실무적으로는 한정되어 있다.

재무비율의 분류

분류	의미	비율
① 유동성분석 (단기지급능력)	기업의 단기채무의 상환능력을 측정	유동비율, 당좌비율
② 레버리지분석 (망하지 않는 힘) (안정성, 당기지급능력)	기업의 타인자본 의존에 따른 장기채무 지급능력과 자본조달의 안정성 측정	부채비율, 자기자본비율, 비유동자산비율, 비유동자산장기적합률, 이자보상비율
③ 활동성분석 (자원 활용성)	기업이 소유하고 있는 자산들의 효율적 이용도 측정	재고자산회전율, 매출채권회전율, 총자산회전율
④ 수익성분석 (돈 버는 힘)	투하자본에 대한 경영성과와 기업의 이익창출능력을 측정	총자본이익율, 자기자본순이익률, 매출액이익율
⑤ 성장성분석 (크는 힘)	기업의 규모 및 경영성과의 증가를 측정	매출액증가율, 총자산증가율, 자기자본증가율, 이익증가율
⑥ 시장가치분석 (증권시장에서 위치)	주가와 관련된 비율로 기업의 미래전망에 대한 투자자들의 평가를 측정	주당이익, 주당배당, PER, PBR

(2) 표준비율

표준비율(standard or benchmark ratio)은 재무상태와 경영성과를 분석하기 위하여 해당 기업의 재무비율을 계산한 다음 계산된 재무비율을 비교하고 평가하는 기준이다. 비율분석에서 활용되는 표준비율은 다음과 같은 것들이 있다.

1) 과거비율

비율분석의 대상이 되는 기업의 과거비율은 표준비율로 활용할 수 있다. 과거비율을 표준비율로 이용할 때에는 직전연도의 비율을 이용하거나, 과거 수년간의 비율을 평균하여 이용할 수 있다.

2) 산업표준비율

그 기업과 동일한 산업에 속해 있는 모든 기업들의 재무제표 항목을 합산한 업종 재무제표로부터 산업재무비율을 계산하여 비율분석의 표준으로 하는 것이다. 산업재무비율은 표준비율로 가장 많이 활용되며, 우리나라 각 산업의 표준비율은 매년 출간되는 한국은행의 「기업경영분석」과 산업은행의 「재무분석」에서 찾을 수 있다. 즉 특정한 산업표준비율은 해당 산업에 속한 모든 기업의 재무제표 항목의 합산치의 비율이므로, 다른 의미에서는 가중평균에 가깝다고 볼 수 있다. 「기업경영분석」에서 산업평균비율은 제조업, 세부 업종, 기업규모로 구분되므로 어느 비율을 표준비율로 선정해야 할지를 검토해야 한다. 기업이 여러 업종을 영위할 때에는 그 기업의 주력 업종에 해당하는 세부 업종을 선정하고, 기업규모가 소기업이나 대기업에 속하는가를 구분하여 표준비율을 선정한다.

3) 업계 경쟁기업과 우량기업 비율

업계의 경쟁기업은 분석대상 기업의 수익성에 직접적인 영향을 미칠 수 있으므로 경쟁기업이나 산업 내에서 경영성과가 우월한 기업의 재무비율을 활용하는 것이 분석에 도움이 될 때가 많다. 산업에서 가장 성과가 뛰어난 기업의 재무비율을 비교기준으로 이용하면 분석대상 기업이 가진 강·약점을 파악할 수 있기 때문에 의미가 있다. 업계 경쟁기업은 시장점유율이나 수익성의 기준에서 선정할 수 있다.

또한 삼성전자나 현대자동차와 같이 세계적 수준의 기업들과 경쟁력이 있는 국내 우량기업들은 동일한 업종에 속한 국내 기업들보다는 해외의 다국적 기업을 벤치마크 대상으로 하여 차이점을 비교 분석하는 것이 경영전략 수립에 보다 유용하다.

4 감사보고서와 감사의견의 종류

감사보고서에서 회사의 외부감사인은 재무제표에 대한 의견을 표명하게 되는데 이를 감사의견이라고 한다.

감사의견에는 네 가지 종류가 있다.

표명 조건		감사의견
재무제표가 기업회계기준에 따라 중요성의 관점에서 적정하게 표시되고 있다고 판단했을 경우에 표명	→	① 적정의견 (unqualified opinion)
기업회계기준의 위배나 감사범위의 제한으로 인한 영향이 중요하여 적정의견을 표명할 수는 없지만, 부적정의견이나 의견거절을 표명할 정도로는 중요하지 않고 전반적이지 않은 경우에 표명	→	② 한정의견 (qualified opinion)

감사인과 기업회계기준의 위배로 인한 영향이 특히 중요하고 전반적이어서 한정의견의 표명으로는 재무제표의 오도 또는 왜곡표시된 내용을 적절히 공시할 수 없을 경우에 표명	→	③ 부적정의견 (adverse opinion)
감사범위의 제한이 특히 중요하고 전반적이어서 충분하고 적합한 감사증거를 확보할 수 없는 경우에 표명	→	④ 의견거절 (disclaimer opinion)

“M/E/M/O”

SECTION 08

재무비율 분석 및 활용방법

1 유동성분석(=단기지급능력)

유동성이란 만기가 도래한 부채를 상환할 수 있는 능력을 의미하며, 유동자산이 유동부채보다 많을수록 유동성(또는 단기지급능력)이 양호하다고 한다.

(1) 유동비율

유동비율(current ratio)은 재무상태표상에 있는 유동자산을 유동부채로 나눈 것이다. 유동비율은 비율분석에서 가장 중요시되며. 기업의 유동성을 측정하는 데 가장 많이 사용되는 비율로 은행가비율(banker's ratio)이라고도 한다. 해당 기업의 유동비율이 높다는 것은 동일한 산업의 다른 기업들보다 단기부채의 지급능력이 높다는 것을 의미한다.

이러한 현상은 유동비율이 높은 기업에 단기부채를 제공한 채권자의 입장에서는 매우 바람직한 것이다. 그러나 기업 경영자의 입장에서는 다른 결론을 내릴 수 있다. 유동자산은 수익성이 높은 자산이 아니므로, 유동자산이 과도히 많을 경우 기업의 수익성이 낮아질 염려가 있다.

즉, 기업은 위험이 높은 투자를 기피하거나 적절한 투자기회를 찾지 못할 경우에 불필요한 현금이 내부에 누적될 수도 있다. 다시 말하면, 유동자산 중의 하나인 현금을 너무 많이 가지고 있다는 것은 현금을 다른 곳에 투자하여 수익을 올릴 기회를 상실하고 있다는 것이다. 그러므로 유동비율이 높다거나 낮다는 것은 어느 기업에게나 모두 좋거나 나쁜 것이 아니라, 그 비율을 분석하는 입장에 따라 달라질 수 있다는 것에 유의해야 한다.

$$유동비율 = \frac{유동자산}{유동부채} \times 100$$

분/석 **사례기업 재무상태표 참조할 것**

$$유동비율 = \frac{7,742}{3,221} \times 100\% = 240.36\%$$

$$산업평균비율 = 137.16\%$$

(2) 당좌비율

당좌비율(quick ratio)은 유동자산 중에서 재고자산을 제외한 자산인 당좌자산을 유동부채로 나눈 것이다. 당좌자산은 판매과정을 거치지 않고 즉시 현금화될 수 있는 자산으로 다른 자산의 취득 또는 유동부채의 지급에 충당할 수 있는 자산이다. 유동자산 중에서 재고자산은 유동성이 가장 낮은 항목일 뿐만 아니라 처분할 때에도 손실을 입을 위험이 높다.

특히 진부화된 재고자산이나 재고자산의 회전율이 낮은 기업에서는 이러한 위험을 가질 가능성이 높다. 그러므로 기업은 재고자산을 제외하고도 단기부채를 상환할 수 있는 능력을 가지고 있는지를 파악하는 것이 중요하다. 두 기업의 유동비율이 동일하다 하더라도, 유동자산에 재고자산이 많이 포함되어 있는 기업은 당좌비율은 낮을 수 있다. 재고자산이 0보다 크다면, 유동비율은 당좌비율보다 반드시 크다.

$$당좌비율 = \frac{당좌자산}{유동부채} \times 100 = \frac{유동자산 - 재고자산}{유동부채} \times 100$$

분/석

$$당좌비율 = \frac{5,633}{3,221} \times 100\% = 174.88\%$$

산업평균비율 = 89.70%

2 레버리지 분석(=안정성분석)

레버리지비율(leverage ratio)은 부채성 비율이라고도 하며 기업이 타인자본에 의존하고 있는 정도를 나타내는 비율이며, 특히 장기부채의 상환능력을 측정하는 것이다.

레버리지비율은 재무상태표상에서 관찰할 수 있는 비율로서 자기자본에 비해 타인자본의 규모가 어느 정도인지를 측정하는 정적 개념의 성격을 지니는 종류와, 다른 하나는 포괄손익계산서의 항목을 이용하는 비율로서 기업의 영업이익이 부채로 인한 금융비용의 지출을 어느 정도 감당할 능력이 있는지를 측정하는 동적 개념의 성격을 가진 것이 있다.

(1) 부채비율

부채비율은 기업의 자본구조의 안정성을 나타내는 가장 대표적인 비율이다. 부채비율(debt to equity ratio)은 총자본을 구성하고 있는 자기자본과 타인자본의 비율로, 타인자본은 재무상태표에서 부채에 해당하며 자기자본은 자본에 해당한다.

기업이 타인자본에 과도히 의존할 경우에는 파산이나 부도를 초래하는 지급불능위험이 증가하므로 장기자금을 제공하는 채권자의 입장에서는 중요한 비율이다. 부채비율이 낮은 기업일수록 도산이나 파산 위험은 낮다는 것을 의미한다.

그렇지만 주주의 입장에서는 높은 부채비율이 항상 나쁜 것만은 아니다. 예를 들어, 미래의 경기전망이 양호해서 부채 사용에 따른 비용보다 큰 수익이 예상될 경우에 부채비율이 높은 기업에서는 주주에게 귀속되는 이익이 높다.

또한 기업이 신규 사업에 필요한 자금조달을 할 때 주식을 발행할 경우 기존 주주들의 기업지배권이 약화될 것을 우려하여 자기자본 대신에 타인자본을 선호하여 조달하려 하므로, 이는 결과적으로 부채비율을 증가시키게 된다. 100% 이상의 부채비율은 위험하다고 할 수 있다. 이때에는 재무구조를 개선하기 위한 노력을 하여야 할 것이다.

$$\text{부채비율} = \frac{\text{타인자본(부채)}}{\text{자기자본(자본)}} \times 100\%$$

분/석

$$\text{부채비율} = \frac{5{,}257}{16{,}110} \times 100\% = 32.63\%$$

$$\text{산업평균비율} = 61.78\%$$

참고 재무구조개선 방법들

(1) 재무구조조정: 부채와 자본 중에서 부채를 줄이는 방법이다.
(2) 자산구조조정: 자산에 맞지 않는 사업체나 불필요한 자산을 매각하는 일
(3) 비용감축: 해고, 인원감축, 자회사 파견 등 비용감축
(4) 매출증대: 신상품이나 새로운 아이템에 도전

(2) 자기자본비율(stockholder's equity to total assets)

회사의 안정성(망하지 않는 힘)을 알 수 있는 지표이다. 자기자본비율은 타인자본과 자기자본을 합한 총자본에서 자기자본이 차지하는 비중을 나타내는 비율을 의미한다. 자기자본비율과 부채비율은 역의 관계를 가지므로, 자기자본비율이 높을수록 그 기업의 재무구조는 양호하다고 판단할 수 있다.

$$\text{자기자본비율} = \frac{\text{자기자본}}{\text{총자본}} \times 100\%$$

분석

$$\text{자기자본비율} = \frac{16,110}{21,367} \times 100\% = 75.40\%$$

$$\text{산업평균비율} = 61.81\%$$

일반적으로 자기자본비율이 40% 이상이면 우량기업, 15% 미만이면 부실기업으로 본다. 현대자동차와 소니를 비교하면 현대자동차 30%, 소니 26%이므로 포스코가 훨씬 높은 비율을 나타내기 때문에 안전성이 매우 높은 회사라는 것을 알 수 있다.

자기자본비율이 낮으면 경기변동에 대한 적응력이 떨어져 불황이 계속될 경우 도산 위험이 높아진다. 불황이 계속돼 회사의 순자산이 지속적으로 감소하더라도 자기자본이 충분하다면 이를 감당할 수 있지만 그렇지 않은 경우에는 부채가 총자산금액을 초과하는 상황(자본잠식)에 직면할 수 있기 때문이다.

(3) 이자보상비율

이자보상비율(times interest earned 또는 interest coverage ratio)은 기업 본연의 활동으로 발생한 영업이익이 매년 지급해야 할 이자비용의 몇 배에 해당하는가를 나타내는 비율이다. 즉 타인자본의 사용으로 발생하는 금융비용인 이자가 기업에 어느 정도의 압박을 가져오는가를 판단하기 위한 지표가 바로 이자보상비율이다.

이자비용은 영업외비용이기 때문에 이자지급능력은 법인세의 영향을 받지 않는다. 이자보상비율이 높을수록 그 기업은 금융비용을 부담할 수 있는 능력이 높으며, 재무적 안정성이 높다는 것을 의미한다. 또한 부채비율이 낮을수록 기업이 부담하는 이자비용이 감소하므로, 상대적으로 이자보상비율은 증가한다.

이자보상비율은 영업이익으로 이자비용의 몇 배까지 지급할 수 있는가를 측정하는 비율이기 때문에 적정 수준의 이자보상비율을 유지해야만 이자비용의 지급능력이 양호한 것으로 평가한다.

1배 이하는 부실한 상태이며, 3배 이상이 양호한 수준이다.

$$\text{이자보상비율} = \frac{\text{영업이익}}{\text{이자비용}}$$

분/석

- 사례기업의 요약포괄손익계산서(2022)에서 영업외비용 중 이자비용이 2,440임.

$$\text{이자보상비율} = \frac{5,054}{2,440} = 2.07\text{배}$$

$$\text{산업평균비율} = 130\%$$

(4) 비유동자산비율

비유동자산비율(fixed ratio)은 기업이 보유한 자산의 고정화 위험을 측정하는 대표적인 비율로서 비유동자산을 자기자본으로 나눈 비율이다. 자기자본이 비유동자산에 어느 정도 투입되어 운용되고 있는가를 나타내는 지표로서 일반적으로 비유동자산비율은 낮을수록 기업의 장기적 재무안정성이 양호한 것으로 평가된다. 그 이유는 비유동자산은 기업에서 장기적으로 사용되는 자산이므로 상환부담이 없는 자기자본으로 투자하는 것이 재무안정성 측면에서 바람직하다고 판단되기 때문이다. 일반적으로 비유동자산비율은 100% 이하이면 양호한 것으로 본다.

비유동자산비율은 낮을수록 좋으며 100% 이하일 때에 양호한 것으로 판단되고 있다.

$$\text{비유동자산비율} = \frac{\text{비유동자산}}{\text{자기자본}} \times 100\%$$

분/석

$$비유동자산비율 = \frac{13,625}{16,110} \times 100\% = 84.57\%$$

$$산업평균비율 = 102.97\%$$

(5) 비유동자산장기적합률

비유동자산장기적합률(fixed assets to stockholder's equity and long-term liabilities)은 자기자본 및 비유동부채가 비유동자산에 어느 정도 투입되어 운용되고 있는가를 나타내는 지표로서 비유동자산을 자기자본과 비유동부채의 합으로 나눈 비율이다.

비유동자산비율과 마찬가지로 비유동자산장기적합률도 낮을수록 재무안정성 측면에서 해당 기업이 양호하다는 것을 의미한다. 이 비율은 100% 이하일 때 양호한 것으로 해석되어 왔으며, 낮을수록 좋은 것으로 보고 있다.

이러한 해석은 비유동자산의 취득에 필요한 모든 자금을 자기자본만으로 조달하는 것이 사실상 불가능한 경우가 많기 때문에, 부족한 자금의 일부를 비교적 안정성이 큰 비유동부채에 의해 조달할 수 있다는 사고방식에 기초하고 있다.

$$비유동자산장기적합률 = \frac{비유동자산}{비유동부채 + 자기자본} \times 100\%$$

분/석

$$\text{비유동자산장기적합률} = \frac{13,625}{16,110+2,036} \times 100\% = 75.09\%$$

$$\text{산업평균비율} = 86.60\%$$

분/석

부채가 좋은 것인지 나쁜 것인지는 투자가 성공했는지 아닌지, 즉 투자를 통해 얻어진 '이익'이 이자비용을 웃도는지 아닌지에 달려 있다고 볼 수 있다. 부채가 늘 나쁘다고만은 볼 수 없다. 이자를 대고도 남는 이익을 챙길 수만 있다면 아무리 대출을 많이 받더라도 상관없다. 이자율이 낮은 상태에 머물러 있는 때에는 차입을 통해 투자를 할 만한 적기라고 할 수 있다. 그러나 그만큼 투자를 통해 이익을 내기가 어렵다는 뜻이기도 하다.

3 수익성분석(=수익창출능력)

수익성비율은 기업이 특정기간 동안 어느 정도의 영업실적을 올렸는가를 측정하는 비율이다. 즉, 기업의 모든 활동을 종합적으로 반영하는 경영성과의 지표이다.

(1) 총자산순이익률

총자산이익률은 이익과 총자본(총자산)의 관계를 나타내며 기업의 수익성을 대표하는 비율로 총자산순이익률과 총자산영업이익률로 구분된다. 총자산순이익률(ROA: Return On Assets)은 총자본 1원당 순이익의 비율을 나타내며 투자이익률(ROI: Return On Investment)이라고도 하며, 간단히 ROI이라고도 한다.

총자본순이익률에서 분자인 당기순이익에는 타인자본 사용에 대한 비용인 이자비용이 차감된 반면, 총자산에는 타인자본과 자기자본이 포함되기 때문에 분모와 분자의 비교의 일관성이 결여된다. 따라서 이 같은 문제를 해결하기 위해서는 이자비용이 포함되기 전 단계의 이익인 영업이익을 당기순이익 대신에 활용한 총자산영업이익률을 사용할 수 있다.

$$\text{총자산순이익률} = \frac{\text{순이익}}{\text{총자산}} \times 100\%$$

분/석

$$\text{총자산순이익률} = \frac{3{,}826}{21{,}367} \times 100\% = 17.91\%$$

$$\text{산업평균비율} = 12.90\%$$

- 이 비율이 높다면 보유중인 자산에 비하여 자산활용도가 높다는 의미이다.

(2) 자기자본순이익률

자기자본순이익률(ROE: Return On Equity)은 순이익을 자기자본으로 나눈 것으로, 1원의 자기자본으로 순이익을 얼마만큼 창출했는가를 나타내는 경영성과 지표이다. 자기자본순이익률은 총자산이익률과 더불어 경영성과의 수익성을 측정시 중요한 지표이다.

자기자본순이익률은 주주들이 요구하는 투자수익률을 의미하며, 자기자본순이익률이 높다는 것은 자기자본이 매우 효율적으로 운용되고 있음을 의미한다. 자기자본순이익률이 주주들의 기대에 미치지 못하는 경우 주주들이 자금을 더 이상 기업에 투자하지 않을 것이기 때문에 기업의 경영활동이 위축되어 주가를 하락시키는 원인으로 작용하게 된다.

그러므로 자기자본순이익률은 기업이나 주주 모두의 입장에서 수익성을 측정하는 중요한 지표라 할 수 있다.

$$자기자본순이익률 = \frac{순이익}{자기자본} \times 100\%$$

분/석

$$자기자본순이익률 = \frac{3,826}{16,110} \times 100\% = 23.75\%$$

$$산업평균비율 = 18.90\%$$

ROE는 기업이 주주의 돈(자본 총계)으로 얼마를 벌었느냐(당기순이익)를 보여주는 지표라는 점에서 투자자에게 중요하다. 한국의 증권거래소 상장 기업의 평균 ROE가 14%를 오르내리는 것에 비하면 삼성전자의 ROE 19.9%는 꽤 높은 수치이다.

(3) 매출액순이익률

매출액순이익률(net profit to sales)은 순이익을 매출액으로 나눈 것으로 매출액 1원에 대한 순이익이 얼마인가를 나타내며 보통 매출마진(margin on sales)이라고도 한다. 이 비율은 기업의 영업활동의 성과를 총괄적으로 파악하는 비율이라 할 수 있으며, 경쟁기업의 매출액순이익률과 비교분석함으로써 그 기업의 경영합리화를 위한 문제점을 발견할 수 있다.

한편, 매출액 영업이익률은 영업이익을 매출액으로 나눈 것으로, 비경상적

비반복적인 부분인 영업외손익과 특별손익을 제외한 기업의 주된 영업활동의 성과를 나타내는 지표이다. 영업외손익과 특별손익은 기업경영에서 우발적이고 일시적으로 발생하는 항목이므로 이익의 질(quality of earning)에서 볼 때 이를 제외한 영업이익이 당기순이익에 비해 재무비율을 이용하는 정보이용자의 입장에서는 더욱 유용할 수 있다.

$$\text{매출액순이익률} = \frac{\text{순이익}}{\text{매출액}} \times 100\%$$

이 비율은 기업의 영업활동의 성과를 총괄적으로 파악하는 비율로서 높을수록 양호하다.

$$\text{영업이익률} = \frac{\text{영업이익}}{\text{매출액}} \times 100\%$$

영업이익률은 기업이 장사를 해서 얼마나 돈을 벌어들이는지를 보여주고, 매출액 1원에 대하여 순이익이 얼마인가 또는 매출액에 대한 순이익이 얼마인가를 나타낸다.

분/석

$$\text{매출액순이익률} = \frac{3,826}{19,792} \times 100\% = 19.33\%$$

$$\text{매출액영업이익률} = \frac{5,054}{19,792} \times 100\% = 25.54\%$$

4 활동성분석(=자원의 효율성)

활동성비율이란 기업이 소유하고 있는 자산들을 얼마나 효과적으로 이용하고 있는가를 측정하는 비율로 매출액에 대한 각 중요자산의 회전율(turnover)로 표시된다.

회전율이란 자산의 물리적 효율성(physical efficiency)을 말하는 것으로, 자산의 효율적 이용으로 인한 화폐적 성과와는 다르다. 활동성비율은 재고자산회전율, 매출액회전율, 비유동자산회전율, 총자산회전율이 있으며 일반적으로 '회전'이라는 단위로 측정한다.

(1) 재고자산회전율

재고자산회전율(inventory turnover)은 매출액을 재고자산으로 나눈 값으로 재고자산이 얼마나 빨리 판매되어 회전하는가를 나타내는 것이다. 재고자산회전율이 낮다는 것은 매출액에 비하여 과다한 재고를 소유하고 있다는 것이며 높다는 것은 재고자산이 효율적으로 순환되고 있다는 것을 의미한다.

$$재고자산회전율 = \frac{매출액}{재고자산}$$

분/석

$$재고자산회전율 = \frac{19,792}{2,109} = 9.38회$$

재고자산회전율이 높다는 것은 재고자산이 기업에 머무는 기간이 짧고 재고자산이 빨리 팔려나간다는 뜻이다.

재고자산평균보유기간(days in inventory)은 재고자산회전율의 역수에 365를 곱한 값으로 재고자산회전율을 기간 형태로 표시한 것이다. 재고자산평균보유기간은 재고자산이 판매되기까지 평균적으로 소요된 일수를 측정하므로, 이 값이 낮을수록 매출이 원활하다고 볼 수 있다.

$$\text{재고자산평균보유기간} = \frac{365\text{일}}{\text{재고자산회전율}}$$

분/석

$$\text{재고자산평균보유기간} = \frac{365\text{일}}{9.38\text{회}} = 39\text{일}$$

*재고를 늘릴 바에야 차라리 저렴하게라도 팔아서 매출을 늘리도록 하라.

(2) 매출채권회전율

매출채권회전율(receivables turnover)은 매출액을 매출채권으로 나눈 값이다. 이는 매출채권이 신속히 매출액으로 전환되는 정도를 나타낸다. 같은 매출액에 비하여 매출채권이 적을수록 매출채권관리를 잘하고 있다고 볼 수 있으므로, 매출채권회전율은 높을수록 좋다. 재고자산과 마찬가지로 영업기간 동안 매출활동과 더불어 매출채권도 계속 발생하기 때문에 재무상태표의 특정시점의 매출채권보다는 기초매출채권과 기말매출채권의 평균값을 사용하는 것이 이상적이다.

매출채권회전율도 기간 형태로 표시할 수 있는데, 재고자산평균보유기간과 같이 매출채권회전율의 역수에 365를 곱하면 매출채권평균회수기간(days in accounts receivable)이다. 매출채권회수기간은 매출채권이 발생된 후 현금으로 회수되기까지 소요되는 평균 일수를 측정한다.

매출채권회수기간은 당연히 짧을수록 좋다. 만약 매출채권회수기간이 30일이라면 이 회사가 매출채권을 회수하는 데 30일이 걸린다는 뜻으로 쉽게 해석할 수 있다. 매출채권회수기간은 기업의 최고경영자나 임원 등 내부관계자들도 관심있게 들여다보는 지표다.

일반적으로 제조기업의 매출채권회수기간은 50일 이내인 것이 좋고, 매출채권회수기간이 100일을 넘는 기업은 아주 위험한 상태라고 봐도 무방하다.

한편 매출채권이 떼일 가능성이 있다는 점을 감안해 회사가 미리 적립해둔 것을 대손충당금이라고 한다. 대손충당금을 얼마로 해야 할지는 기업의 과거 채권의 회수기록을 토대로 산정한다. 대손충당금을 설정할 경우 발생하는 비용이 대손상각비이다.

$$\text{매출채권회전율} = \frac{\text{매출액}}{\text{매출채권}}$$

$$\text{매출채권평균회수기간} = \frac{\text{365일}}{\text{매출채권회전율}}$$

분/석

$$\text{매출채권회전율} = \frac{19{,}792}{2{,}072} = \text{9.55회}$$

$$\text{매출채권평균회수기간} = \frac{365}{\text{9.55회}} = \text{38일}$$

일반적으로 재고자산과 매출채권은 각각 총자산의 20%를 넘지 않는 것이 좋다고 본다. 매출채권과 재고의 비중이 20%를 넘는 경우 영업순환주기가 길

어지고 회사의 현금흐름이 악화될 가능성이 있기 때문이다.

5 성장성 분석(=발전하는 힘)

성장성비율은 일정기간 중에 기업의 경영규모 및 경영성과가 얼마나 증대되었는가를 나타내는 비율로서, 일반적으로 재무제표 각 항목에 대한 일정기간 동안의 증가율로 측정한다.

또한 자산 및 자기자본의 증가는 이익의 증가와 관련을 가진다. 어느 기업의 이익성장률이 높다면 투자자에게는 미래 수익발생능력이 상대적으로 증대하여 일정수준 이상의 이익실현의 확실성이 높아지고 시세차익(capital gain)이 높아질 것임을 의미한다. 특정산업이 경제 전체의 평균성장률보다 높으면 고성장산업으로서 유망업종으로 일단 간주될 수 있고, 어떤 특정기업이 당해 산업 내의 경쟁기업보다 성장률이 높으면 상대적으로 시장에서의 경쟁력 지위의 확보가 빠른 것으로 평가할 수 있다. 성장률의 변화는 시장에서의 상대적 지위의 변화를 뜻하므로 기업의 장기간에 걸친 동태적 변화를 보는 데 적합한 지표가 된다.

(1) 매출액증가율

매출액증가율은 당기 매출액증가분을 전기 매출액으로 나눈 증가율로서 기업의 외형적인 신장세를 나타내는 대표적인 비율이다. 매출액증가는 판매단가의 인상에 기인하거나 판매량의 증가에 기인할 수 있으며, 양자 모두 영향을 미칠 수 있다. 매출액증가가 어느 요인에 기인하는지에 대한 원인분석이 이루어지면 유용한 정보가 될 것이다. 한편, 경쟁기업보다 높은 매출액증가율은 결국 시장점유율의 증가를 의미한다.

$$\text{매출액증가율} = \frac{\text{당기매출액} - \text{전기매출액}}{\text{전기매출액}} \times 100$$

$$\text{매출액증가율} = \frac{19{,}792 - 14{,}359}{14{,}359} \times 100 = 37.83\%$$

매출액증가율이 해마다 10% 이상 증가율을 보이는 회사를 가리켜 “성장기업”이라고 표현한다.

(2) 이익증가율

이익의 증가율은 경영성과의 변동을 나타내는 중요한 재무비율로서 어떤 이익 측정치를 사용하느냐에 따라 여러 형태의 증가율로 측정된다. 대표적인 이익증가율로는 영업이익증가율과 순이익증가율이 있다. 이익증가율을 측정 시 주의해야 할 점은 당기 말 이익이나 전기 말 이익 수치가 음수로 측정된 경우에는 의미가 없다.

예를 들어 전년도 순이익이 적자이지만 당기순이익이 흑자로 전환된 경우에 순이익증가율은 음수로 측정되는 등 왜곡된 수치를 가져오므로 ‘흑자전환’으로 표기해야 한다. 반면에 이익이 전년도에 이어 당기에도 연속적으로 적자인 경우에는 ‘적자지속’, 전년도에는 흑자였지만 당기에는 적자인 경우에는 ‘적자전환’ 등으로 나타낸다. 만일 영업이익증가율이 낮지만 순이익증가율이 높다면 영업외이익이나 특별이익과 같은 비본질적인 기업활동에서 발생한 이익이 증가하였다는 것을 의미하므로, 이익의 질적 측면에서는 검토를 해야 한다.

$$\text{영업이익증가율} = \frac{\text{당기영업이익} - \text{전기영업이익}}{\text{전기영업이익}} \times 100$$

$$\text{순이익증가율} = \frac{\text{당기순이익} - \text{전기순이익}}{\text{전기순이익}} \times 100$$

분/석

$$\text{영업이익증가율} = \frac{5{,}054 - 3{,}059}{3{,}059(\text{전기영업이익})} \times 100 = 65.21\%$$

$$\text{순이익증가율} = \frac{3{,}826 - 1{,}981}{1{,}981} \times 100 = 93.13\%$$

(3) 총자산증가율

총자산증가율은 일정기간 동안의 총자산증가분을 기초의 총자산으로 나눈 증가율로서, 매출액증가율과 더불어 기업의 외형적 규모의 신장을 나타내는 비율이다. 총자산증가율은 매출액증가율과는 달리 일정시점을 기준으로 작성된 재무상태표를 이용한 것이고, 자산재평가 실시 여부와 실시시기에 따라서 장부상의 자산가액이 실제보다 과소계상되는 경향이 있으므로 여러 기업간의 상호 비교분석시에는 주의할 필요가 있다.

$$\text{총자산증가율} = \frac{\text{당기말총자산} - \text{전기말총자산}}{\text{전기말총자산}} \times 100$$

분/석

$$\text{총자산 증가율} = \frac{21{,}367 - 18{,}407}{18{,}407} \times 100\% = 16.08\%$$

(4) 회사가 성장하는 4가지 유형

매출액과 이익의 증가율을 바탕으로 회사의 성장성이 어떤 상태인지를 유형별로 분류해 보면 다음과 같다.

① 매출도 이익도 증가한 회사: 회사 발전이 절정에 달한 회사
② 매출도 이익도 감소한 회사: 판매력 저하, 이익 자체가 마이너스
③ 매출은 증가하고, 이익만 감소한 회사: 불필요한 지출이 많은 회사, 매출증가폭 이상으로 비용지출(예 광고선전비, 인건비, 점포임대비용 등)
④ 매출은 감소했지만 이익은 증가한 회사: 구조조정중인 회사 매출은 감소했는데 이익이 생길 수 있다. 재료비용이 줄었거나, 실적이 나쁜 부문을 처리해거나 급여가 높은 종업원을 해고하는 등의 구조조정 정책 시행한 것을 들 수 있다.

$$\text{총자산순이익률} = \frac{\text{순이익}}{\text{총자산}} = \frac{\text{순이익}}{\text{매출액}} \times \frac{\text{매출액}}{\text{총자산}}$$

$$(\text{총자본순이익률}) = (\text{매출액순이익률}) \times (\text{총자산회전율})$$

*총자산순이익률은 투자수익률(ROI)이라고 하며, 매출액순이익률이 높고, 총자산회전율이 높을수록 투자수익률이 높아질 수 있다.

6 시장가치비율(=주가분석)

(1) 주당순이익

주당순이익(EPS: Earnings Per Share)은 주식을 평가할 때 가장 기본이 되는 자료로서, 발행주식 1주당 순이익이 얼마인가를 보여주는 수치이다. 주당순이익은 당기순이익을 보통주의 발행주식수로 나누어 계산한다. 연도 중에 증자나 주식소각이 발생할 경우 기말 발행주식수가 변동하므로, 이를 고려하여 기초 발행주식수와 기말 발행주식수의 평균을 사용한다. EPS가 높을수록 그 기업의 주식가격이 높은 것이 보통이다.

$$\text{주당 순이익(EPS)} = \frac{\text{순이익}}{\text{발행주식수}}$$

(2) 주가수익비율

주가수익비율(PER: Price-Earnings Ratio)은 주가를 주당이익으로 나눈 것으로서, P/E비율 또는 PER라고 하며, 그 단위는 배가 된다. 이것은 주당이익의 몇 배가 주식가격으로 형성되는가를 보여준다. 수익성에서 높은 성장이 기대되는 기업은 이 비율이 높게 나타나며, 성장이 낮을 것이라고 생각되는 기업은 이 비율이 낮다.

한편 이 비율은 주가의 예상 전망에도 활용된다. 주당이익이 높은데도 주가수익비율이 낮은 기업은 주가가 낮은 저평가 상태이기 때문에 시장에서 적정한 평가가 되면 잠재적으로 주가가 상승할 것이라고 예상되는 기업으로 간주할 수 있다. 이와 반대로, 낮은 주당 이익에 비해 주가수익비율이 높은 기업의 주가는 향후 주가가 하락할 것으로 투자자들은 판단할 수 있다.

$$주가수익비율 = \frac{주가}{주당순이익(EPS)}$$

PER는 주가를 주당이익(이익총액/발행주식수)으로 나눈 지표이다.

예를 들어 어떤 기업의 주가가 5,000원이고, 주당이익이 500원이라면 이 기업의 PER는 10이 된다.

즉, 주가가 주당이익의 10배라는 의미이다. 이는 통상 주식의 수익성이나 안정성을 반영하는 것으로 수치가 높을수록 주가가 상대적으로 높다는 의미이다.

적정PER를 파악하려면 그 종목이 속한 업종이나 시장 전체의 PER와 비교하면 된다.

예를 들어 현재 우리나라 상장기업의 평균 PER는 11~12배 정도가 되는데 이와 비교해 낮으면 시장 대비 저평가, 높으면 시장 대비 고평가라고 한다.

단순히 시장 PER와 비교하는 것은 적절치 않고 비슷한 사업모델을 가진 경쟁업체와 비교해서 상대적으로 판단하는 게 비교적 정확하다.

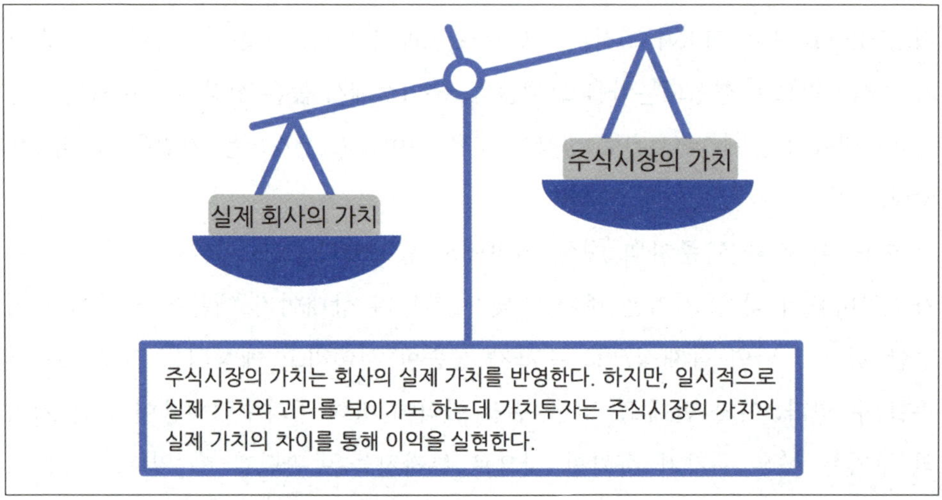

(3) 배당수익률(dividend yield)

$$배당수익률 = \frac{주가배당금}{주가}$$

주식투자로 돈을 벌 수 있는 방법은 크게 두 가지다. 하나는 주가가 오를 경우 얻게 되는 시세차익이고 다른 하나는 기업이 주주에게 지급하는 배당금이다. 배당금이 어느 정도인가를 나타내는 대표적인 지표가 배당수익률이다. 배당수익률이 높은 기업은 대개 새로운 성장기회가 많지 않은 오래된 기업들인 경우가 많다.

이런 회사들은 미래성장을 위한 전도유망한 기회를 찾아내기 어렵기 때문에 순이익의 상당 부분을 배당금으로 주주에게 지급한다. 배당을 별것 아니라고 생각하지 말라. 장기투자에서 배당수익률은 주식투자 수익의 성패에 영향을 미친다.

| 관련 자료 및 제공기관

작성기관	홈페이지	시스템	내용
금융감독원	dart.fss.or.kr	전자공시시스템 (DART)	사업보고서, 공시보고서
금융감독원	fisis.fss.or.kr	금융통계 정보시스템	금융회사 경영정보, 금융통계월보(e-book)
한국증권선물거래소 유가증권시장	kind.krx.co.kr	전자공시시스템 (KIND)	기업개요, 공시내용, 재무비율
한국증권선물거래소 코스닥시장	xbrl.kosdaq.com	상세재무서비스 (XBRL)	기업개요, 공시내용, 재무제표
한국은행	ecos.bok.or.kr	경제통계시스템 (ECOS)	경제통계, 경영분석

작성기관	홈페이지	시스템	내용
포스코경영연구소	www.posri.re.kr		기업관련자료
미국증권거래소	www.amex.com		증권관련자료

“M/E/M/O”

SECTION 09

재무비율 분석의 응용방법

1 공통형 재무제표

공통형 재무제표(common-size financial statements)는 일점시점 또는 일정기간 동안 기업들의 재무상태나 경영성과를 상호 비교할 때 유용한 기법으로, 재무상태표나 포괄손익계산서의 각 항목을 총액에 대한 구성비율 형태로 표시한 재무제표이다.

공통형 재무제표는 규모가 상이한 기업들의 재무구조와 손익구조를 비교하는 데 보편적으로 활용되지만 특정기업의 재무구조와 손익구조의 시간의 경과에 따른 추세변화를 검토하는 데에도 활용 가능하다. 공통형 재무제표는 공통형 재무상태표와 공통형 포괄손익계산서로 분류된다.

공통형 재무상태표는 자산총계를 100%로 정할 경우 자산, 부채 및 자본의 각 항목의 구성비를 백분율로 표시하여 작성한다. 즉 공통형 재무상태표는 각 자산, 부채 및 자본의 항목을 자산총계로 나누어 비율로 표시한 것이다.

공통형 재무상태표를 보면 P사와 H사는 유동자산은 총자산 중 각각 36.2%와 30.8%를 차지하고 있으므로 자산구조가 유사하다. 재무구조를 보면 P사의 부채비율은 24.6%로 H사의 부채구성 비율인 49.5%의 절반 수준이다. 재무구조의 안전성 면에서 H사의 부채의존도가 높은 편으로 P사가 재무구조에서 우위를 보이고 있다.

공통형 재무상태표

(단위: 10억원)

요약 재무상태표	P사		H사	
구분 / 항목	2026	백분율(%)	2026	백분율(%)
유동자산	7,742	36.23	1,759	30.8
비유동자산	13,625	63.76	3,948	69.2
자산총계	21,367	100	5,707	100
부채총계	5,257	24.60	2,826	49.5
자본총계	16,110	75.40	2,881	50.5
부채와 자본총계	21,367	100	5,707	100

공통형 포괄손익계산서는 매출액을 100%로 정하고 포괄손익계산서의 각 항목의 구성비를 백분율로 표시하여 작성한다. 따라서 공통형 포괄손익계산서는 포괄손익계산서의 각 항목을 매출액으로 나누어 비율로 표시하면 된다.

공통형 포괄손익계산서

(단위: 10억원)

요약 재무상태표	P사		H사	
구분 / 항목	2026	백분율(%)	2026	백분율(%)
매출액	19,792	100	5,049	100
(-)매출원가	13,707	69.3	4,162	82.4
매출총이익	6,085	30.7	888	17.6
(-)판매비와관리비	1,031	5.2	258	5.1
영업이익	5,054	25.5	630	12.5
(+)영업외수익	830	4.2	225	4.5
(-)영업외비용	653	3.3	173	3.4
법인세차감전순이익	5,234	26.4	683	13.6
당기순이익	3,826	19.3	476	9.4

공통형 포괄손익계산서를 보면 P사의 매출총이익률을 나타내는 매출총이익 구성비는 30.7%로 H사의 매출총이익률인 17.6%보다 높은 수준이다. 이는 P사가 매출원가에서 우위를 보이는 데 기인한다.

판매비와 관리비의 구성비율은 양 기업이 유사하다. P사의 영업이익의 구성비율은 25.5%로 H에 비해 2배 가량 높은 수치를 나타낸다. 결과적으로 양 기업의 이익구조를 결정하는 가장 큰 이유는 매출원가 구조에서 기인하는 것으로 파악할 수 있다. 부채의존도가 높은 편으로 P사가 재무구조에서 우위를 보이고 있다.

2 추세분석

(1) 추세분석의 의의

재무비율분석에서 특정 연도에 산출된 재무비율만을 대상으로 비교하는 것으로는 충분한 정보를 획득하기 어렵다. 예를 들어 경영자가 금년도 순이익 중에서 얼마를 배당으로 지급할 것인지를 결정하기 위하여 재무분석을 한다고 하자. 이때 경영자는 단순히 전년도의 순이익과 당기의 순이익을 비교하여 배당지급액을 결정하지는 않을 것이다. 특별히 금년에 순이익이 많이 발생하였기 때문에 배당금을 증가시키는 경우는 거의 없으며 향후에도 이익이 계속 발생하리라는 예상을 하는 경우에 배당금을 증가시킬 것이다. 따라서 경영자가 올바른 배당의사결정을 내리기 위해서는 과거 수년간의 이익변동추세를 분석하여야 한다.

만일 특정연도의 재무비율의 수치가 당해 연도에만 국한될 경우에는 왜곡된 정보를 제공할 가능성이 있기 때문이다. 재무항목들은 시간적 경과에 따라 일정한 패턴을 유지하면서 변동하는 경우가 많다.

예를 들어 매출액이나 순이익 같은 재무항목은 중장기적인 기간에서 추세를 가지며 증가와 감소를 반복하면서 평균적인 수치에 수렴하는 과정을 나타내는데, 이 같은 현상을 통계학적으로는 평균회귀과정(mean-reverting process)이라고 한다. 또한 재무항목들의 추세 패턴은 기업의 성장과정에서도 나타나기도 한다. 또한 신생기업이나 고성장기업(high growth firm)의 경우에는 초기에는 성장성이나 수익성과 관련된 비율들이 증가하지만, 이후에는 경쟁기업의 진입과 경쟁강도의 심화로 인하여 낮아지므로 평균회귀과정을 따르게 된다.

재무비율은 일정시점을 기준으로 작성한 재무상태표나 일정기간의 포괄손익계산서 등의 재무제표를 중심으로 한 것이기 때문에 기업경영의 한 단면만 보여주게 된다.

추세분석(trend analysis)은 이러한 비율분석의 단점을 보완하기 위하여 비율의 시간적인 변화에 관한 동태적인 측면을 고려함으로써 기업의 미래 재무상태와 경영성과를 예측하는 방법이다. 즉 과거에 그 기업의 여러 비율들이 어떠한 추세를 가지고 변화해 왔는가를 관찰하여 미래를 예측하려는 것이다.

(2) 재무비율의 추세분석

재무비율의 추세분석은 두 가지 방법으로 분석가능하다. 하나는 분석대상이 되는 기업의 과거 몇 년간 추이를 분석함으로써 미래를 예측하는 것이다.

예를 들어, 어느 기업의 유동비율이 하락하는 추세를 나타내고 있다면 미래에도 더욱 하락할 가능성이 클 것으로 가정하는 방법이다. 또 다른 방법은 분석대상 기업의 재무비율의 변화와 아울러 표준비율의 변화상태와 비교하는 것이다. 이렇게 표준비율의 변화와 비교하면 표준과 비교하여 어떠한 상태로 진행되고 있는지 비교가능성을 제고시키는 장점이 있다.

P사의 최근 3년간의 추세분석

재무비율	2024	2025	2026
유동비율(P사)	151.07	210.74	240.36
산업평균비율	102.15	121.08	137.18
부채비율(P사)	49.09	42.05	32.63
산업평균비율	112.72	95.24	61.78
재고자산회전율(P사)	8.88	10.15	10.79
산업평균비율	8.61	9.39	9.24
총자산순이익율(P사)	6.32	11.11	19.24
산업평균비율	4.54	7.13	12.90
자기자본증가율(P사)	13.44	12.03	24.32
산업평균비율	0.54	15.66	20.19
주가수익비율(P사)	10.34	7.63	4.30
산업평균비율	8.39	6.39	3.88

출처: 금융감독원 전자공시시스템, 한국은행 기업경영분석

주/요/용/어

- 당좌비율(quick ratio)
- 매출총이익률(profit margin ratio)
- 부채비율(debt ratio)
- 배당수익률(dividend yield ratio)
- 수익성비율(profitability ratio)
- 안전성비율(solvency ratio)
- 유동비율(current ratio)
- 유동성비율(liquidity ratio)
- 이자보상비율(times interest earned ratio)
- 총자산이익률(return on assets)
- 자산회전율(asset turnover)
- 재고자산회전율(inventory turnover)
- 주가이익률(price earnings ratio, PE ratio)
- 주당이익(earnings per ratio, EPS)
- 투자이익률(return on investment, ROI)
- 평균회수기간(average collection period)

Chapter 14 주관식 연습문제

01 재무분석이란 무엇인가?

02 유동성분석에 대하여 설명하시오.

03 안전성분석에 대하여 설명하시오.

04 수익성분석에 대하여 설명하시오.

05 활동성분석에 대하여 설명하시오.

Chapter 14 객관식 연습문제

01 당좌자산 100만원, 재고자산 150만원, 기타유동자산 50만원 그리고 유동부채 150만원일 때 유동비율은?

① 150% ② 100%

③ 300% ④ 200%

해설 부채비율 $= \dfrac{\text{유동자산}}{\text{유동부채}} \times 100$

유동비율 $= \dfrac{100\text{만원} + 150\text{만원} + 50\text{만원}}{150\text{만원}} \times 100 = 200\%$

02 장기차입금이 1,000만원, 단기차입금이 500만원, 자기자본이 1,500만원일 경우 부채비율은?

① 100% ② 50%

③ 10% ④ 400%

해설 부채비율 $= \dfrac{\text{타인자본}}{\text{자기자본}} \times 100$

부채비율 $= \dfrac{500\text{만원} + 1{,}000\text{만원}}{1{,}500\text{만원}} \times 100 = 100\%$

03 자기자본이 600만원, 비유동자산이 670만원, 비유동부채가 300만원일 경우 비유동장기적합률은?

① 74.4% ② 23.6%

③ 61.8% ④ 134%

해설 비유동장기적합률 $= \dfrac{670\text{만원}}{600\text{만원} + 300\text{만원}} \times 100 = 74.4\%$

04 당기순이익이 59,698,000원, 배당금이 27,000원, 평균 발행주식수가 27,000원일 때 EPS는 얼마인가?

① 1,000원 ② 2,210원

③ 3,000원 ④ 4,522원

해설 $\text{주당이익(EPS)} = \frac{\text{당기순이익}}{\text{평균발행주식수}}$

$\text{주당이익(EPS)} = \frac{59{,}698{,}000 - 27{,}000}{27{,}000} = 2{,}210\text{원}$

05 PER를 계산한 것은?

현재주가	29,100원	주당이익	2,211원
배 당 금	16,200원	당기순이익	59,568원

① 13.2배　　② 13.2%

③ 2.9배　　④ 20%

해설 $\text{PER} = \frac{\text{현재주가}}{\text{주당이익}}$, $\text{PER} = \frac{29{,}100\text{원}}{2{,}211\text{원}} = 13.2\text{배}$

“M/E/M/O”

ACCOUNTING PRINCIPLE

Accounting Principle

부록

부록 01

회계원리 종합 총정리문제

01 회계과정 중 부기와 관련된 것은?

① 식별 ② 측정

③ 기록 ④ 전달

02 다음 중 회계과정에 포함되지 않는 것은?

① 측정과정 ② 검증과정

③ 기록과정 ④ 전달과정

03 회계과정 중 측정대상과 측정시점을 결정하는 과정은?

① 식별과정 ② 측정과정

③ 기록과정 ④ 전달과정

04 다음 중 자산에 속하는 항목으로만 묶은 것은?

(가) 매입채무	(나) 이익잉여금	(나) 매출채권
(라) 상　　품	(마) 비　　품	(바) 자 본 금

① (가), (라), (마) ② (나), (다), (바)

③ (다), (마), (바) ④ (다), (라), (마)

05 다음 중 회계상 거래에 해당되는 것은?

① 기계장치를 10억원에 취득하기로 계약을 체결하다.

② 원재료를 1억원에 매입하기로 계약을 체결하다.

정답	1. ③ 2. ② 3. ① 4. ④ 5. ④

③ 신입사원 2명을 월 2,000,000원 지급하기로 하고 채용하다.

④ 공장건물(장부금액 500,000원)이 화재발생으로 소실되다.

06 식별된 경제적 사건에 화폐가치를 부여하는 과정은?

① 식별과정 ② 측정과정

③ 기록과정 ④ 전달과정

07 다음 중 회계상에서 기업의 내부이해관계자는?

① 주주 ② 채권자

③ 노동조합 ④ 경영자

08 경영자의 경영계획과 통제를 위해 필요한 회계정보를 제공하는 회계분야는?

① 관리회계 ② 재무회계

③ 세무회계 ④ 회계감사

09 다음 재무제표 중 기업의 경영성과를 보고하기 위하여 작성되는 것은?

① 재무상태표 ② 포괄손익계산서

③ 이익잉여금처분계산서 ④ 현금흐름표

10 다음 중 특정 시점을 기준으로 작성되는 정태보고서는?

① 재무상태표 ② 포괄손익계산서

③ 이익잉여금처분계산서 ④ 현금흐름표

11 다음 중 재무상태표등식은?

① 자산＝부채＋자본 ② 자산－부채＝자본

③ 수익－비용＝순이익 ④ 자산＋비용＝부채＋자본＋수익

정답	6. ② 7. ④ 8. ① 9. ② 10. ① 11. ①

12 다음 중 자본등식은?

① 자산＝부채＋자본
② 자산－부채＝자본
③ 수익－비용＝순이익
④ 자산＋비용＝부채＋자본＋수익

13 다음 중 포괄손익계산서등식은?

① 자산＝부채＋자본
② 자산－부채＝자본
③ 수익－비용＝순이익
④ 자산＋비용＝부채＋자본＋수익

14 재무상태표에 대한 설명으로 틀린 것은?

① 재무상태표의 차변항목은 자원구조를 나타낸다.
② 재무상태표의 대변항목은 재무구조를 나타낸다.
③ 재무상태표는 일정기간의 재무상태를 보여준다.
④ 재무상태표의 차변항목은 유동자산과 비유동자산이다.

15 다음 중 부채를 지칭하고 있는 것은?

① 채권자지분
② 소유주지분
③ 잔여지분
④ 순자산

16 다음 중 자본에 대한 설명으로 틀린 것은?

① 순자산이다.
② 잔여지분이다.
③ 채권자지분이다.
④ 소유주지분이다.

17 다음 중 자산을 지칭하고 있는 것은?

① 순자산
② 소유주지분
③ 채권자지분
④ 용역잠재력

정답	12. ② 13. ③ 14. ③ 15. ① 16. ③ 17. ④

18 기초와 기말의 현금의 순증감이 발생한 원인에 대한 내역을 표시하고 있는 재무제표는?

① 재무상태표 ② 포괄손익계산서

③ 이익잉여금처분계산서 ④ 현금흐름표

19 유형자산 취득원가 결정시 틀린 것은?

① 토지취득관련등록세

② 기계장치취득시 설치비

③ 기계일괄구입시 시가기준으로 안분계산

④ 무형자산으로 증여받은 취득원가로 계상하지 않는다.

해설 증여받은 경우 공정가치로 계상한다.

20 다음 자산항목 중 유동성배열법하에서 마지막으로 배열되는 항목은?

① 유동자산 ② 기타비유동자산

③ 투자자산 ④ 유형자산

21 미래에 발생할 경제적 효익의 크기가 가장 불확실한 자산은?

① 당좌자산 ② 재고자산

③ 유형자산 ④ 무형자산

22 다음 중 순자산은?

① 자산 ② 부채

③ 자본 ④ 수익

23 공표용 재무제표에서 표시되어서는 안 되는 것은?

① 대손충당금 ② 미결산계정

③ 미지급금 ④ 선급금

정답	18. ④ 19. ④ 20. ② 21. ④ 22. ③ 23. ②

24 다음 중 임시계정은?

① 자산 ② 부채

③ 자본 ④ 수익과 비용

25 '자산 = 부채 + 자본'의 형식으로 되어 있는 재무제표는?

① 재무상태표 ② 포괄손익계산서

③ 이익잉여금처분계산서 ④ 현금흐름표

26 우리나라 기업회계기준 제정의 근거가 되는 법률은?

① 세법 ② 상법

③ 증권거래법 ④ 주식회사의 외부감사에 관한 법률

27 우리나라 기업의 재무회계행위에 기본적 지침이 되는 것은?

① 상법 ② 세법

③ 증권거래법 ④ 기업회계기준

28 다음 중 시산표에 의하여 발견될 수 없는 오류는?

① 150,000원의 외상매출금을 회수하여 현금 150,000원을 차변기입하고, 외상매출금 105,000원을 대변기입하였다.

② 토지와 건물을 일괄하여 300,000원에 매입하고 현금계정 대변에 300,000원을 기록하고 토지계정 차변에 150,000원을 기록하였다.

③ 장부금액 100,000원의 단기매매증권을 150,000원에 처분하고 차변에 현금 150,000원을 기록하고 대변에 단기매매증권 150,000원으로 처리하였다.

④ 외상매입금을 지급하고 현금계정 차변에 100,000원을 기록하고 외상매입금계정 차변에 100,000원을 기록하였다.

정답	24. ④ 25. ① 26. ④ 27. ④ 28. ③

29 기중에 소모품 ₩500,000을 대량구매하여 자산계정으로 처리한 후 결산시 사용분을 조사하여 보니 ₩90,000이었다면 기말수정분개는?

① (차) 소모품비 90,000 (대) 소모품 90,000
② (차) 선급비용 90,000 (대) 소모품 90,000
③ (차) 소모품비 410,000 (대) 소모품 410,000
④ (차) 소 모 품 410,000 (대) 소모품비 410,000

30 현행 우리나라의 기업회계기준 제정기관은?

① 국세청 ② 재정경제부
③ 공인회계사회 ④ 한국회계기준원

31 기업이 회계행위를 할 때 회계기준에 정하고 있지 않은 것은 무엇을 따라야 하는가?

① 회계목적 ② 회계공준
③ 회계관습 ④ 회계절차

32 다음 중 부채계정에 속하지 않는 것은?

① 사채 ② 선급비용
③ 예수금 ④ 선수금

33 (주)미래는 2026년 12월 31일 다음과 같은 기말수정분개를 하였다. (주)미래는 2026년 중 소모품을 구입하기 위해 750,000원을 현금으로 지급하였으며 당기초에 소모품 재고를 보유하고 있지는 않았다. 당기말에 (주)미래가 소유하고 있는 소모품 잔액은?

기말수정분개	(차) 소모품비	400,000	(대) 소모품	400,000

① 750,000원 ② 400,000원
③ 450,000원 ④ 350,000원

정답	29. ① 30. ④ 31. ③ 32. ② 33. ④

34 다음 자료에 의하면 결산일에 보험료의 미경과분을 계상하지 않았는데, 이를 계상하면 당기순이익은 어떻게 변하는가?

• 6월 1일 1년분 보험료 360,000원을 현금으로 납부하였다. • 12월 31일 결산일에 보험료 미경과분을 계상하지 않았다.

① 150,000원 증가 ② 150,000원 감소
③ 210,000원 증가 ④ 210,000원 감소

35 (주)미래상사는 한 가지 종류의 임차료를 지급하고 있는데, 전기 재무상태표에는 선급임차료가 없고 미지급임차료가 5,000원 계상되어 있으며, 당기 포괄손익계산서에는 임차료가 10,000원 계상되어 있다. 당기에 현금으로 지급한 임차료가 20,000원이라면 당기 재무상태표에 계상될 계정과목과 금액은?

① 선급임차료 5,000원 ② 선급임차료 10,000원
③ 미지급임차료 5,000원 ④ 미지급임차료 10,000원

36 다음은 상품매매거래에 대한 회계처리방법으로서 계속기록법에 대한 설명이다. 옳지 않은 것을 고르시오.

① 회계기간 어느 시점에서든 해당 시점의 상품잔액을 알 수 있다.
② 상품을 판매하는 시점에서 상품의 수량과 판매한 상품의 원가를 계산해야만 한다.
③ 고가의 미술품이나 귀금속상처럼 거래가 빈번하지 않은 상품에 적당한 방법이다.
④ 상품의 회계처리에 관한 기록을 유지하는 데 시간과 비용이 비교적 적게 소비된다.

37 재고자산의 인식기준은?

① 발생주의 ② 실현주의
③ 저가주의 ④ 시가주의

정답	34. ① 35. ① 36. ④ 37. ③

38 일반적으로 인정된 기업회계원칙에서 수익의 인식기준은?

① 현금주의　　② 발생주의
③ 실현주의　　④ 시가주의

39 일반적으로 인정된 기업회계원칙에서 비용의 인식기준은?

① 현금주의　　② 발생주의
③ 실현주의　　④ 시가주의

40 다음은 실지재고조사법에 관한 설명이다. 틀린 것을 고르시오.

① 계속기록법과는 달리 기말수정분개를 필요로 한다.
② 판매한 상품의 원가를 회계기간 말에 계산하는 방법이다.
③ 매입계정을 별도로 설정하여 판매하는 시점에서 원가를 계산한다.
④ 실제로 창고조사를 통하여 기말시점에서의 재고의 수량과 원가를 파악한다.

41 (주)미래주식회사의 2026년도 상품관련 자료이다. 12월 31일 매출원가를 산출하면 얼마인가?

2026년 상품매출액	1,500,000원	2026년 상품매입액	1,000,000원
2026년 기초상품재고액	300,000원	2026년 기말상품재고액	400,000원

① 600,000원　　② 800,000원
③ 900,000원　　④ 1,100,000원

42 자료를 이용하여 매출총이익을 계산하면 얼마인가?

기초상품재고액	50,000원	총 매 입 액	300,000원
총 매 출 액	510,000원	매 입 환 출	30,000원
매 입 에 누 리	10,000원	매 출 환 입	40,000원
매 출 에 누 리	20,000원	기말상품재고액	90,000원

정답	38. ③ 39. ② 40. ③ 41. ③ 42. ③

① 190,000원　　② 210,000원
③ 230,000원　　④ 250,000원

43 현재 사용되고 있는 복식부기가 루카 파치올리에 의해 책으로 처음 소개된 국가는?

① 미국　　② 영국
③ 프랑스　　④ 이탈리아

44 다음 중 미시회계의 영역에 속하지 않는 것은?

① 기업회계　　② 정부회계
③ 비영리조직회계　　④ 국민소득회계

45 다음 중 기업외부의 불특정다수인에게 보고할 목적으로 이루어지는 회계는?

① 재무회계　　② 관리회계
③ 세무회계　　④ 책임회계

46 다음의 자료에 기초하여 상품의 당기 순매입액을 계산하면 얼마인가?

> (1) 당기에 상품 500개를 개당 1,000원에 외상으로 매입하였다.
> (2) 매입과정에서 10,000원의 운반비가 발생하였다.
> (3) 매입한 상품 500개 중 10개가 검수과정에서 적발되어 반품되었고, 20개에 대해서는 개당 800원으로 매입단가를 조정하였다.
> (4) 외상매입대금을 조기에 지급함으로써 5,000원의 매입할인을 받았다.

① 510,000원　　② 501,000원
③ 495,000원　　④ 491,000원

정답	43. ④ 44. ④ 45. ① 46. ④

47 현대회계의 기원이 되는 복식부기를 발명한 나라는?

① 영국 ② 네덜란드
③ 이탈리아 ④ 미국

48 다음 중 공인회계사만이 할 수 있는 직무는?

① 외부감사 ② 세무대리
③ 경영자문 ④ 기장대리

49 독립성을 가지고 기업의 외부감사를 수행하는 직업적 회계전문가는?

① 세무사 ② 공인회계사
③ 경영지도사 ④ 증권분석사

50 기업회계의 주체는?

① 전문경영자 ② 기업주
③ 회계담당자 ④ 기업체

51 A상품에 관한 다음 거래를 선입선출법으로 기장한 경우 매출원가와 매출총이익은 각각 얼마인가? 단, 회사는 계속기록법으로 장부기록을 하고 있다.

5월 1일	전월이월	50개	@180
10일	매 입	100개	@200
11일	환 출	(10일분 10개)	
20일	매 출	120개	@300
21일	환 입	(20일분 20개)	

① 19,000원, 11,000원 ② 18,000원, 12,000원
③ 19,800원, 16,200원 ④ 23,000원, 13,000원

정답	47. ③ 48. ① 49. ② 50. ④ 51. ①

52 집합손익을 마감하는 분개를 할때 그 상대계정과목은?

① 비용계정 ② 자산계정

③ 부채계정 ④ 자본계정

53 보통주의 액면초과발행은 어느 계정에 보고되는가?

① 자본금 ② 자본조정

③ 이익잉여금 ④ 자본잉여금

54 다음 기업회계기준상 재무제표가 아닌 것은?

① 재무상태표 ② 현금흐름표

③ 주석 ④ 합계잔액시산표

55 기업의 재무상태를 나타내는 재무재표는?

① 재무상태표 ② 현금흐름표

③ 주석 ④ 합계잔액시산표

56 기업의 경영성과를 나타내는 재무제표는?

① 재무상태표 ② 현금흐름표

③ 주석 ④ 포괄손익계산서

57 다음 자료를 이용하여 이동평균법에 의한 8월말 재고액을 계산하면 그 금액은?

8/ 5	A상품	매입	40개	@500원
8/16	A상품	매출	20개	@580원
8/20	A상품	매입	60개	@540원
8/31	A상품	매출	20개	@600원

① 41,920원 ② 31,800원

③ 43,400원 ④ 42,600원

정답	52. ① 53. ④ 54. ④ 55. ① 56. ④ 57. ③

58 다음 중 유형자산의 취득원가에 해당하지 않는 항목은?

① 토지구획정리비　　② 배수로설치비
③ 등록세　　④ 재산세

59 단기매매금융자산평가손익은 무엇으로 처리하는가?

① 매출원가　　② 판매비와 관리비
③ 영업외비용　　④ 특별손실

60 주식할인발행차금은 무엇으로 처리하는가?

① 판매비와 관리비　　② 영업외비용
③ 특별손실　　④ 자본조정

61 광고선전비는 무엇으로 처리하는가?

① 매출원가　　② 판매비와 관리비
③ 영업외손익　　④ 자본조정

62 매도가능금융자산평가손익은 무엇으로 처리하는가?

① 매출원가　　② 판매비와 관리비
③ 영업외비용　　④ 기타포괄손익

63 기업회계기준상의 기말 단기매매금융자산의 평가방법은?

① 취득원가법　　② 공정가액법
③ 현재가치법　　④ 대체원가법

64 중대한 영향력을 가지고 있는 주식의 회계처리방법은?

① 원가법　　② 지분법
③ 저가법　　④ 공정가액법

정답	58. ④ 59. ③ 60. ④ 61. ② 62. ④ 63. ② 64. ②

65 감가상각비는 어디에 속하는가?

① 매출원가　　② 판매비와 관리비

③ 영업외비용　　④ 특별손실

66 (주)백두는 사업확장을 위하여 영업용으로 사용할 건물을 100,000원에 구입하고 구입대금은 다음 지출항목과 함께 현금으로 지급하였다. 취득원가를 계산하고 바르게 전기한 것은?

사용전 수리비	10,000원	취 득 세	20,000원
등 기 비 용	30,000원	등 록 세	20,000원
취득후 재산세	40,000원	부동산중개수수료	10,000원

① 건물: 현금 180,000

② 건물: 현금 190,000

③ 건물: 현금 220,000

④ 건물: 현금 230,000

67 타회사에 중대한 영향력을 행사하는 데 필요한 보통주식 소유비율은?

① 10% 이상 소유　　② 20% 이상 소유

③ 30% 이상 소유　　④ 40% 이상 소유

68 다음 중 매출채권으로 분류되는 것은?

① 받을어음　　② 단기대여금

③ 미수금　　④ 미수수익

69 다음 중 매출채권으로 분류되는 것은?

① 외상매출금　　② 미수금

③ 미수수익　　④ 단기대여금

정답	65. ② 66. ② 67. ② 68. ① 69. ①

70 다음 중 비유동자산의 매각으로 나타나는 미수채권은?

① 미수금 ② 외상매출금
③ 받을어음 ④ 대여금

71 업무용 자동차를 외상으로 구입했을 경우의 대변계정 잔액은?

① 외상매입금 ② 미지급금
③ 단기차입금 ④ 미지급비용

72 업무용으로 컴퓨터를 외상으로 구입했을 경우의 대변계정 잔액은?

① 외상매입금 ② 미지급비용
③ 미지급금 ④ 단기차입금

73 회사빌딩신축을 위한 부지 1,000,000원을 외상으로 구입하였을 경우의 분개로 맞는 것은?

① (차) 토　지	1,000,000	(대) 외상매입금	1,000,000
② (차) 외상매입금	1,000,000	(대) 토　지	1,000,000
③ (차) 토　지	1,000,000	(대) 미지급금	1,000,000
④ (차) 미지급금	1,000,000	(대) 토　지	1,000,000

74 태백상사에 대한 외상매입금 5,000,000원을 지급하기 위하여 한라상사에서 받은 약속어음을 배서양도하였다. 배서양도시점에서 평가계정을 사용할 경우의 분개로 맞는 것은?

① (차) 외상매입금	5,000,000	(대) 받을어음	5,000,000
② (차) 외상매입금	5,000,000	(대) 배서어음	5,000,000
③ (차) 외상매입금	5,000,000	(대) 받을어음	5,000,000
어음배서의무대충	5,000,000	어음배서의무	5,000,000
④ (차) 외상매입금	5,000,000	(대) 할인어음	5,000,000

정답	70. ① 71. ② 72. ③ 73. ③ 74. ②

75 배서어음과 같은 계정을 무엇이라고 하는가?

① 대조계정　② 인명계정

③ 통제계정　④ 평가계정

76 "신축중인 영업용 건물 4,500,000원(공사계약금액)이 완공되어 인수하고 공사비 잔액 1,000,000원과 등기비용 50,000원은 현금으로 지급하다"의 올바른 분개는?

	차변	금액	대변	금액
①	(차) 건 물	5,550,000	(대) 현 금	1,050,000
			건설중인자산	4,500,000
②	(차) 건 물	4,550,000	(대) 현 금	1,050,000
			건설중인자산	3,500,000
③	(차) 건 물	4,500,000	(대) 현 금	3,500,000
	수수료비용	50,000	건설중인자산	1,050,000
④	(차) 건 물	1,050,000	(대) 현 금	1,050,000
			건설중인자산	3,500,000

77 소득세, 보험료 등과 같이 납기까지 기업이 일시적으로 맡아 보관하는 금액은 무엇으로 처리해야 하는가?

① 자산으로 처리한다.　② 부채로 처리한다.

③ 자본으로 처리한다.　④ 수익으로 처리한다.

78 타인에게 지급하여야 할 현금을 기업이 일시적으로 맡아 보유하고 있는 경우 무엇으로 분류하는가?

① 선수금　② 예수금

③ 미결산계정　④ 가수금

정답	75. ④ 76. ① 77. ② 78. ②

79 기말 매출채권잔액 5,000,000원에 대해 1%의 대손충당금을 설정하다. 단, 대손충당금잔액은 30,000원이다. 이 거래를 올바르게 분개한 것은?

① (차) 대손상각비 20,000 (대) 매출채권 20,000
② (차) 대손상각비 20,000 (대) 대손충당금 20,000
③ (차) 대손상각비 30,000 (대) 매출채권 30,000
④ (차) 대손상각비 30,000 (대) 대손충당금 30,000

80 위 문제에서 대손충당금잔액이 80,000원이었을 경우의 분개로 맞는 것은?

① (차) 대손충당금 30,000 (대) 대손충당금환입 30,000
② (차) 대손상각비 30,000 (대) 대손충당금환입 30,000
③ (차) 대손상각비 80,000 (대) 매출채권 80,000
④ (차) 대손상각비 80,000 (대) 대손충당금 80,000

81 기말 매출채권잔액 3,000,000원에 대해 1%의 대손충당금을 설정하다. 단, 대손충당금잔액은 20,000원이다. 이 거래를 올바르게 분개한 것은?

① (차) 대손상각비 10,000 (대) 매출채권 10,000
② (차) 대손상각비 10,000 (대) 대손충당금 10,000
③ (차) 대손상각비 30,000 (대) 매출채권 30,000
④ (차) 대손상각비 30,000 (대) 대손충당금 30,000

82 유형자산을 취득한 후에 추가의 지출이 발생하는 경우 처리하는 성격이 다른 하나는?

① 유형자산의 증설비
② 유형자산의 현상유지를 위한 수선비
③ 유형자산의 용도변경비
④ 유형자산의 내용연수를 증가시킨 수선비

해설 현상(능률)유지를 위한 수선비는 수익적 지출로 처리함.

정답	79. ② 80. ① 81. ② 82. ②

83 당기 중에 공장건설용 토지를 구입하면서 다음과 같은 지출이 이루어진 경우 토지의 취득가액은 얼마인가?

−토지 취득대금 30,000,000원 −토지상의 구건물 철거비용 3,700,000원 −구건물 철거시 철골자재 등 매각대금 2,100,000원 −토지 취득세, 등록세 1,400,000원 −토지 재산세 450,000원

① 30,000,000원　② 33,000,000원
③ 33,450,000원　④ 35,100,000원

해설 구건물이 있는 토지를 취득하여 철거하고 신건물을 짓는 경우 구건물이 있는 토지의 취득원가에 철거비용을 가산하고, 철골매각대는 차감한다. 토지의 취득세, 등록세도 취득부대비용이므로 가산한다. 재산세는 보유중에 부담하는 것이므로 취득부대비용이 아니므로 취득원가에 가산하지 않고 세금과공과로 처리한다.
취득가액 = 30,000,000원 + 3,700,000원 − 2,100,000원 + 1,400,000원
= 33,000,000원

84 감가상각대상자산이 아닌 것은?

① 건설중인자산　② 건물
③ 기계장치　④ 장기할부로 구입한 업무용 트럭

해설 건설중인자산, 토지, 창고에 보관중인 유형자산 등은 감가상각 대상자산이 아니다.

85 2026년 1월 1일에 취득한 기계의 취득원가는 100,000원이고 잔존가치는 5,000원이며 내용연수는 5년이다. 이 기계를 정률법으로 감가상각하는 경우 2022년 감가상각비는? (단, 감가상각률은 0.45로 가정한다)

① 45,000원　② 42,845원
③ 25,770원　④ 24,750원

해설 (취득원가100,000 − 0) × 0.45 = 2026년 감가상각비 45,000원
(취득원가100,000 − 45,000) × 0.45 = 2026년 감가상각비 24,750원

정답	83. ② 84. ① 85. ④

86 취득원가 1,000,000원이고 잔존가치 100,000원이며 내용연수 5년인 기계를 정액법으로 감가상각하고 있다. 2년까지 감가상각한 후 감가상각누계액은?

① 200,000원 ② 300,000원

③ 360,000원 ④ 400,000원

87 "취득원가 200,000원, 내용연수 10년, 잔존가치가 20,000원인 비품을 결산시 정액법으로 감가상각한다(단, 결산은 연 2회)." 알맞은 분개는?

①	(차) 감가상각비	90,000	(대) 감가상각누계액	90,000
②	(차) 감가상각비	18,000	(대) 감가상각누계액	18,000
③	(차) 감가상각비	9,000	(대) 감가상각누계액	9,000
④	(차) 감가상각비	20,000	(대) 비　　　품	20,000

88 비매출채권에 대한 경상적인 대손상각비는 무엇으로 처리하는가?

① 매출원가 ② 영업외비용

③ 판매비와 관리비 ④ 특별손실

89 다음 중 매출채권에 대한 차감계정은?

① 수선충당금 ② 대손충당금

③ 공사보증충당금 ④ 감가상각누계액

90 2026년 1월 다음과 같이 회사업무용 차량을 구입하였다. 전체 금액을 모두 현금으로 지급하였다고 했을 때 가장 적절한 분개는? (부가가치세는 고려하지 않음)

차량가액 10,000,000원	취득세 200,000원
등 록 세 300,000원	보험료 500,000원

①	(차) 차량운반구	10,500,000	(대) 현금	11,000,000
	보 험 료	500,000		
②	(차) 차량운반구	11,000,000	(대) 현금	11,000,000

정답	86. ③ 87. ③ 88. ② 89. ② 90. ①

③ (차) 차량운반구 10,000,000 (대) 현금 11,000,000
세금과 공과 500,000
보 험 료 500,000

④ (차) 차량운반구 12,000,000 (대) 현금 11,000,000
세금과 공과 300,000
보 험 료 500,000

91 다음 중 통제계정으로 사용되는 것은?

① 현금 및 현금성자산　② 현금과부족
③ 외상매출금　④ 감가상각비

92 다음 계정과목 중 기업회계기준에 의할 경우 무형자산에 해당하는 항목은?

㉠ 연구비	㉡ 개발비
㉢ 경상개발비	㉣ 특허권

① ㉠, ㉡　② ㉠, ㉢
③ ㉡, ㉢　④ ㉡, ㉣

93 다음 중 정상적인 영업활동과정에서 판매목적으로 보유하고 있는 자산은?

① 재고자산　② 투자자산
③ 유형자산　④ 무형자산

94 판매를 목적으로 구입한 차량은 무엇으로 분류되는가?

① 재고자산　② 투자자산
③ 유형자산　④ 무형자산

정답	91. ③　92. ④　93. ①　94. ①

95 재고자산으로 분류해야 할 것은?

① 증권회사가 판매목적으로 보유하고 있는 장기투자증권
② 부동산회사가 투자목적으로 보유하고 있는 토지
③ 가구회사가 영업활동에 사용할 목적으로 보유하고 있는 가구
④ 수탁자가 대리판매를 하기 위해 보유하고 있는 상품

96 감가상각과 관련된 다음 설명 중 잘못된 것은?

① 수익·비용 대응원칙에 따라 기업의 수익창출 활동에 기여한 기간 동안 유형자산의 취득원가를 비용으로 인식하는 것이다.
② 감가상각은 유형자산의 가치감소분을 인식하는 것이 아니라 내용연수에 걸친 취득원가의 비용배분과정이다.
③ 동일한 상황에 처해 있는 기업이라도 감가상각방법을 어떻게 선택하는가에 따라 당기순이익이 달라질 수 있다.
④ 다른 요건이 동일하다면 유형자산 취득 초기에는 정액법에 의한 감가상각비가 정률법에 의한 상각비보다 많다.

97 재고자산의 결정에 종속되어 결정되는 것은?

① 당좌자산 ② 매출원가
③ 투자자산 ④ 유형자산

98 위탁매출의 수익인식시점은?

① 위탁품을 적송한 날
② 수탁자가 위탁품을 받은 날
③ 위탁자가 매출계산서를 받은 날
④ 수탁자가 위탁품을 판매한 날

정답	95. ① 96. ④ 97. ② 98. ④

99 2026년 1월 1일에 취득한 700,000원의 기계장치에 대하여 결산일인 2026년 12월 31일에 연수합계법에 의한 감가상각비는? (단, 결산은 연 1회, 잔존가치는 취득원가의 10%, 내용연수 4년)

① 252,000원　　② 210,000원
③ 189,000원　　④ 126,000원

100 적송품계정이 나타나는 매출형태는?

① 할부매출　　② 위탁매출
③ 예약매출　　④ 시송매출

101 상품계정의 결산정리시 차기이월상품액의 매입계정대체를 위한 분개는? 단, 3분법을 사용하고 있다고 가정한다.

① (차) 매입 ××× (대) 상품 ×××
② (차) 상품 ××× (대) 매입 ×××
③ (차) 손익 ××× (대) 매입 ×××
④ (차) 매입 ××× (대) 손익 ×××

102 사채의 발행시 발행가액과 액면금액의 차이인 사채할인발행차금에 대한 설명으로 옳은 것은?

① 사채할인발행차금은 유효이자율법으로 상각할 경우 할인차금을 초기에 과도하게 상각하는 문제가 있다.
② 사채할인발행차금을 정액법으로 상각하는 것은 이론상 우수하다.
③ 사채할인발행차금 상각액은 사채의 차감으로 기록해야 한다.
④ 사채할인발행차금은 사채의 액면이자율이 시장이자율보다 낮을 때 발행하는 것으로 선급이자 성격이다.

정답	99. ③ 100. ② 101. ② 102. ④

103 (주)강남은 2026년 초 사채를 발행하였다. 발행일의 분개로 맞는 것은?

액면금액	1,000,000원	이자지급일	매년 12월 31일
발행가액	980,000원	액면이자율	9%
상환조건	2028. 12. 31 일시상환		

① (차) 현금 980,000 (대) 사채 1,000,000
　　사채할인발행차금 20,000

② (차) 현금 1,000,000 (대) 사채 980,000
　　사채할인발행차금 20,000

③ (차) 현금 980,000 (대) 사채 1,000,000
　　사채할인발행차금 20,000

④ (차) 현금 1,000,000 (대) 사채 1,000,000

104 다음은 2026년 초에 사채를 상환하기 직전의 사채관련 자료이다. 사채 상환시점에 인식할 사채상환손익은 얼마인가?

액면금액	10,000,000원	사채할인발행차금	1,000,000원
상환가액	7,000,000원	액면이자율	10%

① 사채상환이익 2,000,000원　② 사채상환손실 2,000,000원
③ 사채상환이익 3,000,000원　④ 사채상환손실 3,000,000원

해설 10,000,000 − 1,000,000 = 9,000,000원(사채장부가액)

105 전기이월상품액을 매입계정에 대체하기 위한 분개는?

① (차) 매　입 ×××　(대) 상　품 ×××
② (차) 상　품 ×××　(대) 매　입 ×××
③ (차) 매　입 ×××　(대) 집합손익 ×××
④ (차) 집합손익 ×××　(대) 매　입 ×××

정답	103. ③ 104. ① 105. ①

106 상품계정의 정리분개시 차기이월상품액을 상품계정에 대체하는 분개는?

①	(차) 매출원가	×××	(대) 상　　품	×××
②	(차) 상　　품	×××	(대) 매출원가	×××
③	(차) 집합손익	×××	(대) 매　　입	×××
④	(차) 매　　출	×××	(대) 집합손익	×××

107 상품계정의 분할시 5분법에서만 나타나는 계정은?

① 매입　　② 매출

③ 상품　　④ 매입에누리와 환출

108 다음은 무형자산의 상각에 대한 설명이다. 잘못된 것은?

① 무형자산의 내용연수는 관계법령이나 계약에 정해진 경우를 제외하고 20년을 초과할 수 없다.

② 무형자산의 상각은 자산이 사용가능한 때부터 시작한다.

③ 무형자산은 합리적 상각방법을 정할 수 없는 경우에는 정률법으로 상각한다.

④ 무형자산은 잔존가액은 없는 것을 원칙으로 한다.

해설 합리적인 방법을 정할 수 없는 경우에는 정액법으로 상각한다.

109 유형자산으로 분류하기 위한 조건이 아닌 것은?

① 영업활동에 사용할 목적으로 취득하여야 한다.

② 물리적인 실체가 있어야 한다.

③ 판매목적으로 보유하고 있어야 한다.

④ 장기간 사용할 목적으로 보유하고 있어야 한다.

110 다음 중 상품계정의 보조기입장은?

① 상품재고장　　② 매입장

③ 매입처원장　　④ 매출처원장

정답	106. ②　107. ④　108. ④　109. ③　110. ②

111 다음 중 매출액에 대응되는 비용항목은?

① 매출원가　　② 판매비와 관리비

③ 영업외비용　　④ 특별손실

112 서울상사의 제7기 말 결산 전 개발비잔액 48,000원을 정액법으로 상각하면 얼마인가? 개발비는 제5기부터 상각하였으며 5년간 상각한다. (결산 연1회)

① 12,000원　　② 16,000원

③ 19,600원　　④ 24,000원

해설 개발비잔액 48,000 ÷ 남은기간 3년 = 16,000

113 다음 자료를 이용하여 매출원가를 구하면 얼마인가?

기초상품재고액	200,000원
기말상품재고액	300,000원
당기상품매입액	1,800,000원

① 1,700,000원　　② 1,800,000원

③ 1,900,000원　　④ 2,300,000원

해설 매출원가 = 기초상품재고액 + 당기상품순매입액(당기상품총매입액 – 매입에누리와 환출) – 기말상품재고액
매출원가 = 200,000 + 1,800,000 – 300,000 = 1,700,000원

114 다음 자료를 이용하여 매출원가를 구하면 얼마인가?

당기상품매입액	5,000,000원	기말상품재고액	800,000원
기초상품재고액	600,000원	매입환출	500,000원

① 3,600,000원　　② 4,300,000원

③ 4,700,000원　　④ 4,800,000원

해설 매출원가 = 기초상품재고액 + 당기상품순매입액(당기상품총매입액 – 매입에누리와 환출) – 기말상품재고액
매출원가 = 600,000 + (5,000,000 – 500,000) – 800,000 = 4,300,000원

정답	111. ① 112. ② 113. ① 114. ②

115 남원회사의 3월 중 다음 A상품자료를 이용하여 선입선출법에 의해 기말재고액을 구하면?

2일	매입	200개	@400원
5일	매입	600개	@440원
19일	매출	500개	

① 124,000원 ② 132,000원
③ 212,000원 ④ 220,000원

116 다음의 계정과목 중 성격이 다른 것은?

① 매입채무 ② 미지급금
③ 단기차입금 ④ 상품

해설 금융부채: 매입채무, 미지급금, 단기차입금

117 재고자산가액 결정을 위해 계속기록법의 사용시 매출원가가 결정되면 자동적으로 결정되는 자산항목은?

① 당좌자산 ② 재고자산
③ 투자자산 ④ 무형자산

118 인플레이션시 재고자산의 과대평가 및 매출원가의 과소평가를 초래하는 재고자산평가방법은?

① 선입선출법 ② 후입선출법
③ 총평균법 ④ 이동평균법

119 다음 부채의 특징 및 그 인식조건에 관한 설명 중 옳은 것은?

① 부채는 과거의 거래나 경제적 사건의 결과로서 관련 의무가 현재의 시점에 존재하고 있어야 한다.
② 부채의 지급시기가 현재의 시점에서 확정되어 있어야 한다.

정답	115. ② 116. ④ 117. ② 118. ① 119. ①

③ 채권자가 현재의 시점에서 구체적으로 확정되어 있어야 한다.

④ 채무액이 현재의 시점에서 반드시 확정되어 있어야 한다.

120 다음 중 기타 비유동자산에 속하는 계정과목은?

① 임차보증금　　② 영업권

③ 건물　　④ 연구비

121 현행 일반기업회계기준상 자산과 부채를 1년 기준으로 분류하고 있다. 이 경우 1년은 언제부터 기산하는가?

① 자산은 취득일로부터

② 재무상태표 작성일로부터

③ 부채는 차입한 날로부터

④ 기업의 임의적으로 정한 날부터

122 다음의 부채 중 재무상태표에 계상될 수 없는 부채는?

① 미지급법인세　　② 예수금

③ 선수수익　　④ 가수금

123 계속기록법하에서만 사용할 수 있는 재고자산 원가배분방법은?

① 선입선출법　　② 후입선출법

③ 총평균법　　④ 이동평균법

124 실지재고조사법에서만 적용할 수 없는 재고자산원가계산방법은?

① 선입선출법　　② 후입선출법

③ 총평균법　　④ 이동평균법

정답	120. ① 121. ② 122. ④ 123. ④ 124. ③

125 결산일 현재 (주)대구는 손해배상소송에 피소되어 있으며 아직 확정판결은 나지 않은 상태이다. 고문변호사에 따르면 (주)대구가 패소할 가능성은 높으며 손해배상금의 합리적인 추정치는 1억원으로 예상된다고 한다. (주)대구는 당기 재무제표에 이를 어떻게 보고하여야 하는가?

① 확정판결이 나지 않았기 때문에 아무런 회계처리를 하지 않는다.

② 주석에만 소송의 내역을 기재한다.

③ 손실 1억원을 당기 포괄손이계산서에, 부채 1억원을 당기말 재무상태표에 인식한다.

④ 부채만 1억원을 재무상태표에 인식한다.

126 화폐가치가 자주 변할 때 사용할 수 있는 재고자산 원가배분방법은?

① 선입선출법　　② 후입선출법

③ 총평균법　　④ 이동평균법

127 재고자산의 원가배분방법에 영향을 주는 요인이 아닌 것은?

① 세금효과　　② 재무상태표에 대한 영향

③ 포괄손익계산서에 대한 영향　　④ 현금흐름표에 대한 영향

128 회사의 회계 담당자가 결산시 미수이자 3,000원을 인식해야 할 것을 다음과 같이 잘못 분개하였다. 이러한 오류가 당기순이익에 어떤 영향을 미치겠는가?

(차) 이자비용 3,000원	(대) 미지급비용 3,000원

① 3,000원 과소계상　　② 3,000원 과대계상

③ 6,000원 과소계상　　④ 6,000원 과대계상

정답	125. ② 126. ④ 127. ④ 128. ③

129 다음 중 현금흐름표의 구분에 해당되지 않는 것은?

① 영업활동으로 인한 현금흐름 ② 투자활동으로 인한 현금흐름
③ 재무활동으로 인한 현금흐름 ④ 판매활동으로 인한 현금흐름

해설 현금흐름표는 영업활동, 투자활동, 재무활동으로 구분된다.

130 감가상각에 대한 설명으로 맞는 것은?

① 평가의 과정이다. ② 원가배분의 과정이다.
③ 현금누적의 과정이다. ④ 감정의 과정이다.

131 다음 중 감가상각비의 계산요소가 아닌 것은?

① 취득원가 ② 잔존가액
③ 내용연수 ④ 시가

132 다음 중 감가상각비의 계산에 불필요한 요소는?

① 취득원가 ② 내용연수
③ 잔존가액 ④ 공정가액

133 다음 중 기말 결산정리 분개시 나타나지 않는 계정과목은?

① 선수비용 ② 미수수익
③ 미지급비용 ④ 선급비용

134 감가상각비의 계산요소 중 추정이 필요 없는 것은?

① 취득원가 ② 잔존가액
③ 내용연수 ④ 시가

135 다음 중 비상각자산은?

① 건물 ② 기계장치
③ 공구와 기구 ④ 건설중인자산

정답	129. ④ 130. ② 131. ④ 132. ④ 133. ① 134. ① 135. ④

136 다음 중 재무상태표, 손익계산서와 관련된 설명으로 가장 적절하지 않은 것은?

① 재무상태표는 일정시점에서 기업의 자금조달원천인 부채와 자본 규모를 알 수 있다.

② 손익계산서는 현금으로 지급되지 않은 사항은 보고하지 않는다.

③ 재무상태표에서 이익잉여금이 매년 누적될수록 주주의 몫인 자본은 커진다.

④ 수익을 창출하기 위해 희생된 대가를 비용이라 한다.

137 다음 중 유형자산에 속하지 않는 것은?

① 토지 ② 건물

③ 기계 ④ 광업권

138 다음 중 정액법에 의한 유형자산의 감가상각대상금액은?

① 취득원가 ② 잔존가액

③ 취득원가 – 잔존가액 ④ 취득원가 – 감가상각누계액

139 다음 중 정률법에 의한 유형자산의 감가상각대상금액은?

① 취득원가 ② 잔존가액

③ 취득원가 – 잔존가액 ④ 취득원가 – 감가상각누계액

140 광산, 유전과 같은 감모성자산의 상각에 가장 적합한 감가상각방법은?

① 정액법 ② 정률법

③ 연수합계법 ④ 생산량비례법

141 취득원가 10,000,000원, 내용연수 10년, 잔존가치 10%인 건물의 연간 감가상각비는? 단, 정액법을 사용한다.

① 900,000원 ② 1,000,000원

③ 1,800,000원 ④ 2,000,000원

정답	136. ② 137. ④ 138. ③ 139. ④ 140. ④ 141. ①

142 건물(취득원가 4,000,000원, 감가상각누계액 2,500,000원)을 2,300,000원에 매각하고 대금은 수표로 받았을 경우 분개로 맞는 것은?

	차변	금액	대변	금액
①	(차) 현 금	2,300,000	(대) 건 물	2,300,000
②	(차) 당 좌 예 금	2,300,000	(대) 건 물	2,300,000
③	(차) 감가상각누계액	2,500,000	(대) 건 물	4,000,000
	현 금	2,300,000	유형자산처분이익	800,000
④	(차) 감가상각누계액	2,500,000	(대) 건 물	4,000,000
	당 좌 예 금	2,300,000	유형자산처분이익	800,000

143 다음 자료에 대한 설명은 무엇을 나타내는 것인가?

> 가. 여기에 해당하는 자산은 감가상각을 하나 예외인 계정과목이 있다.
> 나. 감가상각 계산방법은 정액법, 정률법, 생산량비례법 등이 있다.
> 다. 물리적인 형태가 있는 자산이다.
> 라. 감가상각누계액 계정은 재무상태표의 해당 자산에서 차감하는 형식으로 나타낸다.

① 무형자산 ② 재고자산
③ 유형자산 ④ 투자자산

144 다음 중 손익계산서상 구분표시가 다른 것은?

① 복리후생비 ② 유형자산처분손실
③ 기부금 ④ 이자비용

해설 ②③④ 영업외비용

145 다음 중 재무상태표가 제공할 수 있는 정보로서 가장 적합하지 않는 것은?

① 경제적 자원에 관한 정보 ② 경영성과에 관한 정보
③ 유동성에 관한 정보 ④ 지급능력에 관한 정보

해설 경영성과에 관한 정보는 손익계산서에서 제공하는 정보이다.

정답	142. ③ 143. ③ 144. ① 145. ②

146 일반적으로 인정된 회계원칙에 따라 기말에 회사건물에 대한 감가상각비 5,000,000원을 계상한 분개로 맞는 것은?

① (차) 감가상각비 5,000,000 (대) 건물 5,000,000

② (차) 감가상각비 5,000,000 (대) 건물감가상각누계액 5,000,000

③ (차) 건 물 5,000,000 (대) 감가상각비 5,000,000

④ (차) 건물감가상각누계액 5,000,000 (대) 감가상각비 5,000,000

147 수익의 실현에 대한 설명 중 거리가 가장 먼 것은?

① 상품의 매출은 판매하여 인도하는 시점에 실현되는 것으로 한다.

② 위탁매출은 수탁자가 위탁품을 판매한 날에 실현되는 것으로 하며, 시용매출은 매입자에게 도착한 날에 실현되는 것으로 한다.

③ 용역매출액은 진행기준에 따라 실현되는 것으로 한다.

④ 상품 할부매출로 회수기간이 장기인 경우 이자상당액은 기간의 경과에 따라 수익으로 인식한다.

148 위탁판매의 수익실현시기로서 기업회계기준에서는 어느 것을 택하고 있는가?

① 매출세금계산서가 도착한 날 ② 수탁자로부터 송금이 도착한 날

③ 위탁자가 위탁품을 적송한 날 ④ 수탁자가 위탁품을 판매한 날

149 다음 중 기업회계기준에 의한 수익인식기준으로 올바른 것은?

① 위탁판매－수탁자에게 상품을 인도한 날

② 상품권판매－상품권을 회수한 날

③ 시용판매－구매자에게 상품을 인도한 날

④ 할부판매－매회 할부금을 회수하는 날

정답	146. ② 147. ② 148. ④ 149. ②

150 건물을 신축키로 하고 도급금 중 착수금 1,000,000원과 설계비 50,000원을 수표를 발행하여 지급했을 경우의 분개로 맞는 것은?

① (차) 건　　물 1,050,000 (대) 현　　금 1,050,000
② (차) 건　　물 1,050,000 (대) 당좌예금 1,050,000
③ (차) 건설중인자산 1,050,000 (대) 현　　금 1,050,000
④ (차) 건설중인자산 1,050,000 (대) 당좌예금 1,050,000

151 매년 정기적으로 실시되는 건물의 내부도장을 위해 용역회사에 1,000,000원을 수표를 발행하여 지급한 경우의 분개로 맞는 것은?

① (차) 수선비 1,000,000 (대) 현　　금 1,000,000
② (차) 수선비 1,000,000 (대) 당좌예금 1,000,000
③ (차) 건　물 1,000,000 (대) 현　　금 1,000,000
④ (차) 건　물 1,000,000 (대) 당좌예금 1,000,000

152 주식을 발행할 때 액면금액을 초과한 금액을 무엇이라고 하는가?

① 자본금 ② 주식할인발행차금
③ 주식발행초과금 ④ 이익잉여금

153 기업이 동종의 다른 기업보다 초과이익력을 갖고 있을 경우 이를 자본화한 것은?

① 영업권 ② 산업재산권
③ 창업권 ④ 개발비

154 다음 중 법률상의 권리가 아닌 것은?

① 저작권 ② 산업재산권
③ 광업권 ④ 영업권

정답	150. ④ 151. ② 152. ③ 153. ① 154. ④

155 다음 중 무형자산은?

① 개발비 ② 경상개발비

③ 연구비 ④ 광고선전비

156 다음 중 무형자산으로 분류할 수 없는 것은?

① 영업권 ② 연구비

③ 개발비 ④ 산업재산권

157 기업으로부터 분리하여서는 식별 불가능한 무형자산은?

① 영업권 ② 산업재산권

③ 저작권 ④ 광업권

158 A회사가 B회사를 흡수합병하기로 하고 합병대가로 ₩30,000,000을 지급하였다. B회사의 다음 자료를 이용하여 총괄평가법에 따라 영업권을 계산하면?

자산의 공정가액	40,000,000원
부채의 공정가액	30,000,000원
자산의 재무상태표가액	30,000,000원
부채의 재무상태표가액	15,000,000원

① 10,000,000원 ② 15,000,000원

③ 20,000,000원 ④ 30,000,000원

159 다음 중 자산이 아닌 것은?

① 개발비 ② 연구비

③ 저작권 ④ 산업재산권

정답	155. ① 156. ② 157. ① 158. ③ 159. ②

160 다음 중 추정부채는?

① 매입채무 ② 사채
③ 유동성장기부채 ④ 판매보증충당부채

161 다음 중 추정부채는?

① 외상매입금 ② 지급어음
③ 퇴직급여충당부채 ④ 판매보증충당부채

162 다음 중 유동부채로 분류되는 것은?

① 사채 ② 장기차입금
③ 장기성매입채무 ④ 유동성장기부채

163 다음 중 부채가 아닌 것은?

① 수선충당금부채 ② 감가상각누계액
③ 판매보증충당금부채 ④ 퇴직급여충당부채

164 사채의 평가계정으로서 사채에서 차감되는 것은?

① 감채기금 ② 감채적립금
③ 사채할증발행차금 ④ 사채할인발행차금

165 사채의 평가계정으로서 사채에서 차감되는 것은?

① 사채이자 ② 사채발행비상각
③ 사채할증발행차금 ④ 사채발행비

166 기업회계기준상의 사채할인발행차금 상각방법은?

① 정액법 ② 정률법
③ 연수합계법 ④ 유효이자율법

정답	160. ④ 161. ③ 162. ④ 163 ② 164. ④ 165. ④ 166. ④

167 다음 당기순이익을 계산하기 위해 이용되는 계정은?

① 자본금계정 ② 처분전이익잉여금계정
③ 자본잉여금계정 ④ (집합)손익계정

168 주식회사의 경우 당기순이익의 처리를 위해 이용되는 계정은?

① 자본금계정 ② 처분전이익잉여금계정
③ 자본잉여금계정 ④ (집합)손익계정

169 개인기업의 경우 손익계정잔액(순이익)이 발생하면 어떤 계정으로 대체하는가?

① 자본금계정 ② 처분전이익잉여금계정
③ 자본잉여금계정 ④ 자본조정계정

170 주식회사의 자본항목 중 포괄손익계산서상의 당기순이익을 기업에 유보한 것은?

① 자본금 ② 자본잉여금
③ 이익잉여금 ④ 자본조정

171 이익잉여금 중 상법에 의해서 적립되는 것은?

① 이익준비금 ② 감채적립금
③ 사업확장적립금 ④ 재무구조개선적립금

172 다음 중 ㉠, ㉡에 들어갈 말로 알맞은 것은?

이익준비금은 법정적립금으로서 매기마다 주주에게 배당하는 현금배당액의 (㉠) 이상을, 자본금의 (㉡)에 달할 때까지 적립한다.

① ㉠ 1/20, ㉡ 1/2 ② ㉠ 1/10, ㉡ 1/2
③ ㉠ 1/10, ㉡ 1/4 ④ ㉠ 1/20, ㉡ 1/4

정답	167. ④ 168. ② 169. ① 170. ③ 171. ① 172. ②

173 다음 중 자본에서 차감되어야 할 것은?

① 주식발행초과금 ② 주식할인발행차금
③ 감자차익 ④ 자기주식처분이익

174 다음 중 이익잉여금은?

① 이익준비금 ② 자기주식처분이익
③ 감자차익 ④ 주식발행초과금

175 다음 중 자본계정의 임시계정에 대한 내역으로 구성되어 있는 재무제표는?

① 재무상태표 ② 포괄손익계산서
③ 이익잉여금처분계산서 ④ 현금흐름표

176 다음 중 전기오류수정의 대상이 되지 않는 것은?

① 계산상의 실수 ② 사실판단의 잘못
③ 회계정책의 변경 ④ 사실의 누락

177 자본잉여금이 보고되는 재무제표는?

① 재무상태표 ② 포괄손익계산서
③ 이익잉여금처분계산서 ④ 현금흐름표

178 다음 주식회사 자본의 분류 중 손익거래에서 발생한 것은?

① 자본금 ② 자본잉여금
③ 이익잉여금 ④ 자본조정

179 다음 중 법정적립금은?

① 재무구조개선적립금 ② 감채적립금
③ 배당평균적립금 ④ 별도적립금

정답	173. ② 174. ① 175. ② 176. ③ 177. ① 178. ③ 179. ①

180 다음 중 전기오류수정손익의 대상은?

① 재고자산평가방법의 변경

② 유형자산상각방법의 변경

③ 기업회계기준의 잘못된 적용

④ 대손추정의 변경

181 개인기업과 주식회사에 모두 존재하는 자본계정은?

① 자본금　　② 자본잉여금

③ 이익잉여금　　④ 자본조정

“M/E/M/O”

정답	180. ③ 181. ①

부록

02 재무제표 계정과목

1 재무제표 계정과목

자산	유동자산	당좌자산	현금 및 현금성자산	• 현금: 통화, 타인발행수표, 우편환, 배당금통지표, 만기도래국공채이자표
				• 당좌예금: 은행과 당좌거래 약정을 맺고 당좌수표를 발행할 수 있는 예금 (당좌차월: 당좌예금의 잔액을 초과하여 수표를 발행한 금액으로 결산 시 단기차입금으로 분류)
				• 보통예금: 만기가 없이 수시로 입출금이 자유로운 요구불예금
				• 현금성자산: 큰 거래비용 없이 현금 전환이 용이하고, 이자율변동에 따른 가치의 변동의 위험이 중요하지 않은 금융상품으로 취득 당시 만기(또는 상환일)가 3개월 이내인 단기금융상품
			단기투자자산	• 단기금융상품: 취득 시 만기가 3개월 초과 1년 이내에 도래하는 금융상품(정기예 · 적금 등 저축성예금) • 단기대여금: 1년 이내의 상환조건으로 차용증을 받고 금전을 빌려준 경우 • 단기매매증권: 단기간 내에 매매차익을 목적으로 취득한 유가증권

자산	유동자산	당좌자산	매출채권	• 외상매출금: 일반적인 상거래(상품매출)에서 외상으로 판매한 경우 채권 • 받을어음: 일반적인 상거래(상품매출)에서 외상으로 판매하고 받은 어음 (대손충당금: 외상매출금, 받을어음의 차감적 평가계정으로 결산시점에 대변에 추가로 설정하고, 대손확정시에는 차변으로 분개한다)
			미수금	일반적인 상거래 이외(상품매출 이외: 유형자산처분 등)에서 발생한 채권
			미수수익 (수익의 발생)	당기에 속하는 수익 중 약정기일이 도래하지 않아 아직 받지 못한 수익(발생주의, 거래나 사건이 발생한 기간에 인식)
			선급금	상품의 구입조건으로 미리 지급하는 계약금
			선급비용 (비언의 이연)	당기에 지급한 비용 중 차기분에 해당하는 비용을 자산으로 처리하는 경우(발생주의, 거래나 사건이 발생한 기간에 인식)
			가지급금	금전은 지급되었으나 내용, 금액 등이 확정되지 않았을 때 처리하는 계정
			현금과부족	장부상 현금과 금고상 현금이 일치하지 않았을 경우 금고상 금액으로 일치시키는 임시계정 결산시까지 원인이 밝혀지지 않으면 잡손실, 잡이익으로 대체, 결산 당일의 현금시재불일치는 현금과부족을 사용하지 않고 바로 잡손실, 잡이익으로 대체
		재고자산	상품	판매를 목적으로 외부에서 구입한 물품(도 · 소매업)
			소모품	소모품 구입 시 자산으로 처리한 경우(자산처리법)
	비유동자산	투자자산	장기투자자산	• 장기금융상품: 만기가 1년 이후에 도래하는 금융상품(정기예 · 적금 등 저축성예금) • 매도가능증권: 단기매매증권, 만기보유증권으로 분류되지 아니하는 유가증권 • 만기보유증권: 만기가 확정된 채무증권으로 만기까지 보유할 적극적인 의도와 능력이 있는 것
			장기대여금	대여기간이 결산일로부터 1년 이상인 것
			투자부동산	영업활동에 사용하지 않는 투자 목적으로 구입한

자산	비유동자산			토지, 건물 및 기타의 부동산
		유형자산	토지	영업활동에 사용하는 대지, 임야, 전, 답 등
			건물	영업활동에 사용하는 공장, 사무실, 창고 등으로 냉난방, 조명, 기타 건물 부속설비를 포함
			구축물	영업활동에 사용하는 교량, 저수지, 갱도, 상하수도, 터널, 전주, 지하도관, 신호장치, 정원 등
			기계장치	영업활동에 사용하는 기계장치, 생산설비 등 기타의 부속설비
			차량운반구	영업활동에 사용하는 승용차, 트럭, 오토바이, 지게차 등 차량과 운반구
			비품	영업활동에 사용하는 PC, 복사기, 프린트, 책상 등의 집기 · 비품
			건설중인자산	영업활동에 사용할 유형자산을 건설하기 위하여 지출한 금액으로 아직 건설이 완료되지 않은 것
			(감가상각누계액)	건물, 구축물, 기계장치, 차량운반구 등 유형자산의 차감적 평가 계정(토지, 건설 중인 자산: 감가상각하지 않음)
		무형자산	영업권	사업결합의 경우 이전대가의 공정가치가 취득자산과 인수부채의 순액을 초과하는 금액(외부구입 영업권만 인정)
			산업재산권	• 특허권: 신규 발명품에 대한 특허를 등록하고 얻은 독점적 권리 • 실용신안권: 산업상 이용할 수 있는 물품을 형상, 구조, 조합에 관한 신규고안을 등록하고 얻은 권리 • 디자인권: 물품에 대한 새로운 디자인을 고안하여 등록하고 얻은 권리 • 상표권: 특정상표를 등록하여 독점적으로 이용하는 권리
			개발비	신기술 개발비용으로 미래 경제적 효익의 유입가능성이 매우 높고 취득원가를 신뢰성 있게 측정할 수 있는 경우
			소프트웨어	소프트웨어(회계프로그램, ERP프로그램, 한글프

				로그램, MS오피스프로그램 등) 구입 금액
		기타 비유동 자산	임차보증금	임대차계약에 의하여 임차인이 임대인에게 지급하는 보증금으로 계약기간 만료되면 다시 상환받음.
			장기매출채권	• 장기외상매출금: 일반적인 상거래(상품매출)에서 외상으로 판매한 후 회수기간이 1년 이상인 채권 • 장기받을어음: 일반적인 상거래(상품매출)에서 외상으로 판매하고 받은 어음으로 만기가 1년 이상인 어음
			장기미수금	일반적인 상거래 이외(상품매출 이외)에서 발생한 채권으로 회수 기간이 1년 이상인 채권
			부도어음과수표	어음과 수표 대금에 대한 지급 청구 시 지급이 거절된 어음과 수표
부채	유동부채	매입채무		• 외상매입금: 일반적인 상거래(상품)에서 외상으로 매입한 경우의 채무
				• 지급어음: 일반적인 상거래(상품)에서 외상으로 매입하고 지급한 어음
		미지급금		일반적인 상거래 이외(상품 이외: 유형자산매입 등)에서 발생한 채무
		미지급비용(비용의 발생)		당기에 속하는 비용 중 약정기일이 도래하지 않아 아직 지급하지 못한 비용(발생주의, 거래나 사건이 발생한 기간에 인식)
		예수금		소득세, 지방소득세, 4대 보험의 근로자부담금 등을 원천징수하여 일시적으로 보관하는 예수금액
		가수금		금전의 입금이 있으나 그 내용이나 금액이 확정되지 않았을 대 처리하는 계정
		선수금		상품매출 등을 약정하고 계약금 성격으로 미리 받은 대금
		선수이익(수익의 연)		당기에 이미 받은 수익 중에서 차기분에 해당하는 수익을 부채로 처리하는 경우(발생주의, 거래나 사건이 발생한 기간에 인식)
		단기차입금		자금을 차입하고 그 상환기간이 1년 이내에 도래

			하는 차입금
		부가세예수금	상품, 제품, 비품 등 물품 판매 시에 거래징수한 부가가치세로서 매출세액
		유동성장기부채	장기차입금 중 기말결산일 현재 상환기일이 1년 이내 도래하는 채무
	비유동부채	장기차입금	자금을 차입하고 그 상환기간이 1년 이후에 도래하는 차입금
		임대보증금	임대차계약에 의하여 임대인이 임차인에게 받은 보증금으로 계약기간 만료되면 다시 상환함.
		퇴직급여충당부채	직원이 퇴직할 때 지급해야 할 퇴직급여를 충당하기 위해 설정한 금액
		장기미지급금	일반적인 상거래 이외(상품 이외: 유형자산매입 등)발생한 채무로 1년 이후에 지급할 채무
자본금		자본금	주식회사가 발행한 주식의 액면금액(발행주식수×액면금액)
		인출금	개인기업의 기업주가 개인적인 이유로 자본금을 인출한 금액

2 손익계산서 계정과목

수익	영업수익	상품매출	상품을 판매하여 발생한 상품순매출액 (상품순매출액=상품총매출액-매출에누리와 환입-매출할인)
	영업외수익	이자수익	금융기관의 예금이나 대여금 등에 대하여 받은 이자
		배당금수익	주식(단기매매증권 등)의 투자에 대하여 받은 배당금
		단기매매증권평가이익	결산시 단기매매증권을 공정가치로 평가할 때 장부금액보다 공정가치가 높은 경우 그 차액
		단기매매증권처분이익	단기매매증권을 처분할 때 장부금액보다 처분금액이 높은 경우 차액

		외환차익	외화자산의 회수와 외화부채의 상환 시 환율 차이로 발생하는 이익
		외화환산이익	결산시 외화자산과 외화부채를 결산일 환률로 평가할 때 발생하는 이익
		수수료수익	용역(서비스)을 제공하고 그 대가를 받은 경우
		임대료	토지, 건물, 기계장치, 차량운반구 등을 임대하여 사용하게 하고 받은 대가
		유형자산처분이익	유형자산을 장부금액(취득원가-감가상각누계액)보다 높은 금액으로 처분하는 경우 그 차액
		자산수증이익	타인으로부터 자산을 무상으로 증여 받은 경우 인식하는 이익
		채무면제이익	타인으로부터 채무를 면제 받는 경우 인식하는 이익
		보험금수익	보험에 가입된 자산이 피해를 입었을 경우 보험회사로부터 수령하는 금액
		잡이익	영업활동 이외의 활동에서 금액이 적은 이익이나 빈번하지 않은 이익
비용	매출원가	상품매출원가	판매된 상품의 매입원가로 상품매출에 대응되는 원가 (상품매출원가=기초재고액+당기순매입액-기말재고액) (당기순매입액=당기총매입액-매입에누리와 환출-매입할인)
	판매비와 관리비	급여	직원에 대한 급여와 제수당
		퇴직급여	직원이 퇴직할 경우 발생하는 퇴직금이나 결산 시 퇴직급여충당부채를 설정할 경우의 퇴직금
		복리후생비	직원의 복리와 후생을 위해 지출한 비용으로 식대, 경조사비, 직장체육대회, 야유회비 등
		여비교통비	직원의 업무와 관련한 교통비와 출장 여비 등
		접대비	업무와 고나련하여 거래처를 접대한 성격의 비용
		통신비	업무와 관련하여 발생한 전화, 핸드폰, 팩스, 인터넷 등의 요금
		수도광열비	업무와 관련하여 발생한 가스, 수도, 난방 등의 요금
		전력비	업무와 관련하여 발생한 전기 요금
		세금과공과금	업무와 관련하여 발생한 세금과공과금으로 재산세, 자동차

비용	판매비와 관리비		세, 대한상공회의소회비, 협회비 등
		감가상각비	업무와 관련된 유형자산인 건물, 기계장치, 차량운반구, 비품 등의 감가상각 금액
		무형자산상각비	업무와 관련된 무형자산인 개발비, 영업권, 소프트웨어 등의 상각금액
		임차료	업무와 관련하여 발생한 토지, 건물, 기계장치, 차량운반구 등의 임차비용
		보험료	업무와 관련된 유형자산(건물, 기계장치 등)과 재고자산(상품, 제품 등) 등에 대한 보험료
		차량유지비	업무와 관련된 차량운반구의 유지와수선을 위한 비용
		운반비	상품을 매출하고 지출한 운송료(cf.상품 매입시 운송료: 자산의 취득원가에 가산)
		도서인쇄비	업무와 관련된 도서구입비, 신문잡지구독료, 인쇄비 등
		소모품비	업무와 관련된 소모성물품 구입비(복사용지, 문구류, 소모공기구, 소모자재 등)
		수수료비용	업무와 관련된 용역을 제공받고 그에 대한 대가를 지불한 것(은행 송금수수료, 청소와 경비용역비 등)
		광고선전비	업무와 관련하여 광고목적으로 신문, 방송, 잡지 등에 지출한 광고 비용
		대손상각비	상품매출과 관련하여 발생한 매출채권(외상매출금, 받을어음)이 회수불능되었을 때나 결산시 대손에 대비하여 대손충당금을 설정할 경우(대손충당금환입: 결산시 대손충당금 잔액이 매출채권 잔액에 대한 대손충당금 총액보다 클 경우 그 차액으로 판매비와 관리비의 차감계정)
	영업외 비용	이자비용	금융기관에 대한 차입금, 당좌차월 등 자금의 차입대가로 지불하는 이자
		기부금	무상으로 금전이나 물건 등을 기증하는 경우
		매출채권처분손실	받을어음을 만기가 되기 전에 은행에 할인하는 경우 그 할인료와 수수료
		단기매매증권 평가손실	결산 시 단기매매증권을 공정가치로 평가할 때 장부금액보다 공정가치가 낮은 경우 그 차액
		단기매매증권	단기매매증권을 처분할 때 장부금액보다 처분금액이 낮은

		처분손실	경우 그 차액
		재해손실	천재지변이나 도난 등 예측치 못한 상황으로 발생한 손실
		유형자산처분손실	유형자산을 장부금액(취득원가-감가상각누계액)보다 낮은 금액으로 처분할 때 발생하는 손실
		투자자산처분손실	투자자산을 장부금액보다 낮은 금액으로 처분하는 경우 발생하는 손실
		잡손실	영업활동 이외의 활동에서 금액이 적은 비용이나 빈번하지 않은 지출

3 관련 계정과목 비교

자산	부채
단기대여금	단기차입금
외상매출금	외상매입금
받을어음	지급어음
미수금	미지급금
선급금	선수금
미수수익	선수수익
선급비용	미지급비용
가지급금	가수금
장기대여금	장기차입금
임차보증금	임대보증금

비용	수익
상품매출원가	상품매출
이자비용	이자수익
단기매매증권평가손실	단기매매증권평가이익
단기매매증권처분손실	단기매매증권처분이익
수수료비용	수수료수익
임차료	임대료
유형자산처분손실	유형자산처분이익
잡손실	잡이익

부록 03

한국채택국제회계기준과 현행기업회계기준서의 주요 내용 비교

구분	한국채택 국제회계기준 (K-IFRS)	일반회계기준 (K-GAAP)
회계원칙의 차이	회계처리 선택권 넓게 허용하며, 원칙을 중심으로 한다.	규정중심으로 구체적인 회계처리 방법 명시
재무제표의 기본가정의 차이	발생기준, 계속기업	기업실체의 가정, 계속기업의 가정, 기간별 보고의 가정
회계정보 질적 속성의 차이	(1) 이해가능성 (2) 목적적합성 (3) 신뢰성 (4) 비교가능성 (5) 목적적합하고 신뢰성 있는 정보에 대한 제약요인 (6) 진실하고 공정한 관점 / 공정한 표시	(1) 주요질적속성 ① 목적적합성 ② 신뢰성 (2) 비교가능성 (3) 중요성 (4) 실질의 우선 (5) 질적 특성간의 상충관계
재무제표 명칭	포괄손익계산서	손익계산서
재무제표 양식	재량적 결정	구체적 양식 규정
상계	한국채택국제회계기준에서 허용하는 경우를 제외하고는 자산과 부채, 수익과 비용의 상계 금지. 단, 동일 거래에서 발생하는 수익과 비용의 상계표시가 거래의 실질을 더욱 잘 반영한다면 상계 표시	관련 규정이 없음
재무제표 항목	최소한 표시되어야 할 항목 규정	통합표시 가능 항목과 반드시 구분표시할 항목을 규정

구분	한국채택 국제회계기준 (K-IFRS)	일반회계기준 (K-GAAP)
자산 · 부채의 유동 · 비유동 구분과 유동성배열	선택	유동 · 비유동 의무적으로 구분유동성이 높은 항목부터 배열
자본	구체적인 분류항목 없음	자본금, 자본잉여금, 자본조정, 기타포괄손익누계액, 이익잉여금(결손금)으로 구분
손익의 구분	관련 규정이 없음. 단, 특별손익 표시불가	매출액, 매출원가, 판매비와관리비, 영업외수익, 영업외비용을 구분하여 표시. 단, 특별손익 표시불가
비용의 분류	성격별 또는 기능별 분류 중 선택 가능	기능별 분류만 규정
명칭변경의 차이	단기매매금융자산	단기매매증권
	• 취득시 부대비용은 수수료비용(당기 비용)으로 인식 • 처분시의 제비용은 수수료비용(당기 비용)으로 인식 • 매도가능금융자산 • 만기보유금융자산 • 관계기업투자	• 취득시 부대비용은 취득원가에 포함 • 처분시의 제비용은 처분가액에서 차감 • 매도가능증권 • 만기보유증권 • 지분법적용투자주식
자산 · 부채의 평가방법차이	공정가치 평가를 강조	객관적 평가가 어려운 항목들은 취득원가로 평가
재고자산의 평가	• 표준원가법이나 소매재고법 등의 원가측정방법은 그러한 평가가 실제원가와 유사한 경우에 사용할 수 있다. • 후입선출법을 허용하지 않는다.	• 표준원가제도를 채택하고 있는 경우에도 재고자산의 재무상태표 표시가액은 실제원가로 표시한다. • 후입선출법을 허용한다.
재무제표의 구성	• 재무상태표, 포괄손익계산서, 현금흐름표, 자본변동표 및 주석 • 연결재무제표가 기본재무제표임.	• 대차대조표, 손익계산서, 이익잉여금처분계산서(또는 결손금처리계산서), 현금흐름표, 자본변동표 및 주석

<table>
<tr><th colspan="2">구분</th><th>한국채택 국제회계기준
(K-IFRS)</th><th>일반회계기준
(K-GAAP)</th></tr>
<tr><td rowspan="4">재무제표 표시</td><td>재무제표 표시</td><td>재무상태표상 자산과 부채를 유동성 비유동성 구분법 또는 유동성 순서 표시 중 한 가지 방법 선택</td><td>대차대조표상 자산과 부채를 유동성 비유동성으로 구분하고 유동성 순서에 따라 표시</td></tr>
<tr><td>자본의 표시</td><td>자본금, 이익잉여금, 기타자본의 3가지로 구분하고 개별항목 표시에 관한 구체적 예시 없음</td><td>자본의 대분류로서 자본금, 자본잉여금, 자본조정, 기타포괄손익, 이익잉여금으로 구분하고 세분류항목에 대해서도 구체적으로 규정</td></tr>
<tr><td rowspan="2">포괄 손익계산서의 구조</td><td>〈포괄손익계산서〉
• 성격별 분류방법과 기능별 분류방법 중 선택한다.
• 영업손익을 구분표시하지 아니한다.
• 소액주주 및 지배회사 지분에 대한 당기순손익 배분내용을 표시한다.</td><td>〈손익계산서〉
• 기능별 분류방법
• 영업손익을 구분표시한다.
• 소액주주 및 지배회사 지분에 대한 당기순손익 배분내용을 표시하지 아니한다.</td></tr>
<tr><td>〈포괄손익계산서〉
① 매출액
② (매출원가)
③ 매출총손익
④ 기타수익
⑤ (물류원가)
⑥ (관리비)
⑦ (금융원가)
⑧ (기타비용)
⑨ 법인세비용차감전순손익
⑩ (법인세비용)
⑪ 계속영업이익
⑫ 중단영업손익
⑬ 당기순손익
⑭ 기타포괄손익
⑮ 총포괄이익
⑯ 주당순이익</td><td>〈손익계산서〉
① 매출액
② (매출원가)
③ 매출총손익
④ (판매비와관리비)
⑤ 영업손익
⑥ 영업외수익
⑦ (영업외비용)
⑧ 법인세비용차감전계속사업손익
⑨ (법인세비용)
⑩ 계속사업손익
⑪ 중단사업손익
⑫ 당기순손익
⑬ 주당순손익</td></tr>
</table>

구분		한국채택 국제회계기준 (K-IFRS)	일반회계기준 (K-GAAP)
	이익잉여금의 처분	이익잉여금처분계산서를 기본 재무제표에서 제외하며, 배당 이외의 이익잉여금 처분에 대한 규정 없음	이익잉여금처분계산서를 작성하고 배당금, 다른 이익잉여금의 적립 및 이익잉여금 처분에 의한 상각 등을 표시
재고자산	적용범위	농업, 임업, 축산업, 광업의 재고자산을 제외하고, 이러한 업종에 대해서는 별도의 기준서 적용	별도의 기준서 없음
	표준원가	표준원가와 실제원가가 유사한 경우 표준원가법을 사용하여 재고자산 측정 가능	실제원가로만 보고
	후입선출법	인정하지 않음	인정함
유형자산	교환거래시 취득원가	취득한 자산은 공정가치를 취득원가로 결정하되, 교환거래에 사업적 실질이 결여되어 있거나 교환대상자산의 공정가치를 모두 신뢰성 있게 측정할 수 없으면 제공한 자산의 장부금액을 취득원가로 결정	이종자산 교환시 제공자산의 공정가치를 취득원가로 결정하고, 동종자산 교환시 제공자산의 장부금액으로 취득원가를 결정
	감가상각 단위	유형자산 일부 원가가 전체원가에 비해 중요할 경우 별도로 감가상각	감가상각 단위 구분에 대한 규정 없음
	잔존가치와 내용연수의 추정	매 회계연도 말에 재검토하여 회계추정의 변경으로 처리	주기적인 재검토 규정 없음
	감가상각방법 변경	매 회계연도 말에 재검토하여 회계추정의 변경으로 회계처리	주기적인 재검토 의무는 없으며 감가상각방법의 변경은 회계정책의 변경으로 처리
무형자산	무형자산의 정의	무형자산의 보유 목적에 대한 규정 없음	재화의 생산이나 용역의 제공, 타인에 대한 임대 또는 관리에 사용할 목적으로 기업이 보유하고 있다는 정의 포함
	내용연수	내용연수가 유한한 무형자산에 대한 내용연수의 결정시 고려할 사항에 대해서만 언급됨. 내용연수가 무한정인 무형자산 인정	독점적, 배타적 권리를 부여하고 있는 관련 법령이나 계약에서 정한 경우 외에는 20년을 초과할 수 없음.

구분		한국채택 국제회계기준 (K-IFRS)	일반회계기준 (K-GAAP)
	영업권상각	상각하지 않고, 손상검사만 수행	20년 이내의 내용연수에 걸쳐 정액법 상각
투자부동산	투자부동산의 정의 및 분류	임대수익이나 시세차익을 얻기 위하여 소유자나 금융리스 이용자가 보유하고 있는 부동산으로 정의	투자부동산에 대한 별도의 기준서가 없으므로 투자자산 혹은 유형자산으로 분류
충당부채	충당부채 인식 요건	충당부채로 인식하기 위해서는 자원의 유출가능성이 높아야 함(50% 초과)	충당부채로 인식하기 위해서는 자원의 유출가능성이 매우 높아야 함(80% 초과)
자본	자본금, 자본잉여금, 자본조정 등의 회계처리	구체적인 회계처리를 규정하고 있지 않음	구체적인 회계처리를 규정함
수익인식기준	진행기준 적용범위	아파트 분양 등 예약매출에 대한 적용 범위의 명시적 언급 없음	아파트 분양 등 예약매출에 대해서도 적용
퇴직급여충당부채	1년 미만 근속자에 대한 퇴직급여채무	인식함	기업의 퇴직금지급규정에서 별도로 정하지 않는 한 인식하지 않음
법인세회계	이연법인세자산의 인식 요건	차감할 일시적 차이, 미사용 세무상 결손금 및 세액공제가 사용될 수 있는 과세소득의 발생 가능성이 높은 경우에 인식	차감할 일시적 차이, 미사용 세무상 결손금 및 세액공제가 활용될 수 있는 가능성이 거의 확실한 경우에만 인식
	이연법인세 측정시 적용할 세율	평균세율	한계세율
	재무상태표의 표시	이연법인세자산, 이연법인세부채의 분류에 대한 언급 없음	자산항목과 부채항목의 분류에 따라 이연법인세자산, 이연법인세부채를 유동, 비유동 항목으로 분류

구분		한국채택 국제회계기준 (K-IFRS)	일반회계기준 (K-GAAP)
현금흐름표	단기매매목적으로 보유하는 유가증권	영업활동 현금흐름	투자활동 현금흐름
	금융회사의 대출채권	영업활동 현금흐름	관련 규정 없음
	이자와 배당금	현금흐름의 분류를 기업이 선택가능함. 다만 매기간 현금흐름 분류를 일관성 있게 적용	이자수익, 배당수익, 이자비용은 영업활동 현금흐름, 배당금의 지급은 재무활동 현금흐름
	법인세와 관련된 현금흐름	영업활동 현금흐름, 단 투자활동이나 재무활동과 명백히 관련되는 경우에는 해당 활동으로 분류함	영업활동 현금흐름

부록 04 재무제표 양식

1 재무상태표 양식

재무상태표

제×기 20××년×월×일 현재
제×기 20××년×월×일 현재

회사명 (단위: 원)

과 목	당 기		전 기	
자 산				
유 동 자 산		×××		×××
당 좌 자 산		×××		×××
현 금 및 현 금 성 자 산	×××		×××	
단 기 투 자 자 산	×××		×××	
매 출 채 권	×××		×××	
선 급 비 용	×××		×××	
이 연 법 인 세 자 산	×××		×××	
… … … … … … … … … … …	×××		×××	
재 고 자 산		×××		×××
제 품	×××		×××	
재 공 품	×××		×××	
원 재 료	×××		×××	
… … … … … … … … … … …	×××		×××	

과 목	당 기		전 기	
비 유 동 자 산		×××		×××
투 자 자 산		×××		×××
투 자 부 동 산	×××		×××	
장 기 투 자 증 권	×××		×××	
관 계 기 업 투 자	×××		×××	
…………………………………	×××		×××	
유 형 자 산		×××		×××
토 지	×××		×××	
기 계 장 치	×××		×××	
(−)감 가 상 각 누 계 액	(×××)		(×××)	
건 설 중 인 자 산	×××		×××	
…………………………………	×××		×××	
무 형 자 산		×××		×××
영 업 권	×××		×××	
산 업 재 산 권	×××		×××	
개 발 비	×××		×××	
…………………………………	×××		×××	
기 타 비 유 동 자 산		×××		×××
이 연 법 인 세 자 산	×××		×××	
…………………………………	×××		×××	
자 산 총 계		×××		×××
부 채				
유 동 부 채		×××		×××
단 기 차 입 금	×××		×××	
매 입 채 무	×××		×××	
미 지 급 법 인 세	×××		×××	
미 지 급 비 용	×××		×××	
이 연 법 인 세 부 채	×××		×××	
…………………………………	×××		×××	

과목	당기		전기	
비유동부채		×××		×××
사채	×××		×××	
신주인수권부사채	×××		×××	
전환사채	×××		×××	
장기차입금	×××		×××	
퇴직급여충당부채	×××		×××	
장기제품보증충당부채	×××		×××	
이연법인세부채	×××		×××	
…………………………………	×××		×××	
부채총계		×××		×××
자본				
자본금		×××		×××
보통주자본금	×××		×××	
우선주자본금	×××		×××	
자본잉여금		×××		×××
주식발행초과금	×××		×××	
…………………………………	×××		×××	
자본조정		×××		×××
자기주식	×××		×××	
…………………………………	×××		×××	
기타포괄손익		×××		×××
매도가능금융자산평가손익	×××		×××	
해외사업환산손익	×××		×××	
현금흐름위험회피 파생상품평가손익	×××		×××	
…………………………………	×××		×××	
이익잉여금(또는 결손금)		×××		×××
법정적립금	×××		×××	
임의적립금	×××		×××	
미처분이익잉여금(또는 미처리결손금)	×××		×××	
자본총계		×××		×××
부채 및 자본 총계		×××		×××

2 포괄손익계산서 양식(중단사업손익이 있을 경우)

포괄손익계산서

제×기 20××년×월×일부터 20××년×월×일까지

제×기 20××년×월×일부터 20××년×월×일까지

회사명 (단위: 원)

과　　목	당 기	전 기
매 출 액	×××	×××
매출원가	×××	×××
매출총이익(또는 매출총손실)	×××	×××
기타수익	×××	×××
물류원가	×××	×××
관리비	×××	×××
금융비용	×××	×××
기타비용	×××	×××
법인세비용차감전계속사업손익	×××	×××
법인세비용	×××	×××
계속사업손익	×××	×××
중단사업손익	×××	×××
당기순손익	×××	×××
기타포괄손익	×××	×××
총포괄손익	×××	×××

3 포괄손익계산서의 주석 양식

포괄손익계산서

제×기 20××년×월×일부터 20××년×월×일까지
제×기 20××년×월×일부터 20××년×월×일까지

회사명 (단위: 원)

구 분	당 기	전 기
당기순손익	×××	×××
회계정책변경누적효과 (주)	×××	×××
기타포괄손익	×××	×××
매도가능금융자산평가손익 (법인세효과: ×××원)		
해외사업환산손익(법인세효과: ×××원)		
현금흐름위험회피 파생상품평가손익 (법인세효과: ×××원)		
포괄손익	×××	×××

*회계정책의 변경에 대하여 소급적용하지 않고 회계정책 변경의 누적효과를 기초 이익잉여금에 일시에 반영하는 경우(A56)

4 이익잉여금처분계산서 양식

이익잉여금처분계산서

제 × 기	20××년×월×일부터 20××년×월×일까지	제 × 기	20××년×월×일부터 20××년×월×일까지
처리예정일	20××년×월×일	처리확정일	20××년×월×일

회사명 (단위: 원)

과 목	당 기		전 기	
Ⅰ. 미처분이익잉여금		×××		×××
1. 전기이월미처분이익잉여금	×××		×××	
2. 전기오류수정손익	×××		×××	
3. 당기순이익	×××		×××	
Ⅱ. 임의적립금이입액		×××		×××
합계				
Ⅲ. 이익잉여금처분액		(×××)		(×××)
1. 이익준비금	×××		×××	
2. 기타법정적립금	×××		×××	
3. 배당금	×××		×××	
4. 임의적립금	×××			
Ⅳ. 차기이월미처분이익잉여금		×××		×××

Ⅰ + Ⅱ - Ⅲ = Ⅳ

5 결손금처리계산서 양식

결손금처리계산서

제 × 기	20××년×월×일부터 20××년×월×일까지	제 × 기	20××년×월×일부터 20××년×월×일까지
처리예정일	20××년×월×일	처리확정일	20××년×월×일

회사명 (단위: 원)

과 목	당 기		전 기	
미처리결손금		×××		×××
전기이월미처분이익잉여금 (또는 전기이월미처리결손금)	×××		×××	
회계정책변경누적효과	–		×××	
전기오류수정	–		×××	
중간배당액	×××		×××	
당기순이익(또는 당기순손실)	×××		×××	
결손금처리액		×××		×××
임의적립금이입액	×××		×××	
법정적립금이입액	×××		×××	
자본잉여금이입액	×××		×××	
차기이월미처리결손금		×××		×××

6 자본변동표 양식

자본변동표

제×기 20××년×월×일부터 20××년×월×일까지
제×기 20××년×월×일부터 20××년×월×일까지

회사명 (단위: 원)

구 분	자본금	자본 잉여금	자본 조정	기타포괄 손익	이익 잉여금	총 계
20××.×.×(보고금액)	×××	×××	×××	×××	×××	×××
회계정책변경누적효과					(×××)	(×××)
전 기 오 류 수 정					(×××)	(×××)
수 정 후 이 익 잉 여 금					×××	×××
연 차 배 당					(×××)	(×××)
처 분 후 이 익 잉 여 금					×××	×××
중 간 배 당					(×××)	(×××)
유 상 증 자(감자)	×××	×××				×××
당 기 순 이 익 (손 실)					×××	×××
자 기 주 식 취 득			(×××)			(×××)
해 외 사 업 환 산 손 익				(×××)		(×××)
20××.×.×	×××	×××	×××	×××	×××	×××
20××.×.×(보고금액)	×××	×××	×××	×××	×××	×××
회계정책변경누적효과					(×××)	(×××)
전 기 오 류 수 정					(×××)	(×××)
수 정 후 이 익 잉 여 금					×××	×××
연 차 배 당					(×××)	(×××)
처 분 후 이 익 잉 여 금					×××	×××
중 간 배 당					(×××)	(×××)
유 상 증 자(감자)	×××	×××				×××
당 기 순 이 익 (손 실)					×××	×××
자 기 주 식 취 득			(×××)			(×××)
매도가능금융자산평가손익 손 익				×××		×××
20××.×.×	×××	×××	×××	×××	×××	×××

부록

05 이자계산표

1 복리표

$$FVIF = (1+\gamma)^t = 1\text{원의 } t\text{기간 후 미래가치}$$

이자율 / 연	1%	2%	3%	4%	5%	6%	7%	8%	9%	10%	12%	15%	17%	20%
1	1.0100	1.0200	1.0300	1.0400	1.0500	1.0600	1.0700	1.0800	1.0900	1.1000	1.1200	1.1500	1.1700	1.2000
2	1.0201	1.0404	1.0609	1.0816	1.1025	1.1236	1.1449	1.1664	1.1881	1.2100	1.2544	1.3225	1.3689	1.4400
3	1.0303	1.0612	1.0927	1.1249	1.1576	1.1910	1.2250	1.2597	1.2950	1.3310	1.4049	1.5209	1.6016	1.7280
4	1.0406	1.0824	1.1255	1.1699	1.2155	1.2625	1.3108	1.3605	1.4116	1.4641	1.5735	1.7490	1.8739	2.0736
5	1.0510	1.1041	1.1593	1.2167	1.2763	1.3382	1.4026	1.4693	1.5386	1.6105	1.7623	2.0114	2.1924	2.4883
6	1.0615	1.1262	1.1941	1.2653	1.3401	1.4185	1.5007	1.5869	1.6771	1.7716	1.9738	2.3131	2.5652	2.9860
7	1.0721	1.1487	1.2299	1.3159	1.4071	1.5036	1.6058	1.7138	1.8280	1.9487	2.2107	2.6600	3.0012	3.5832
8	1.0829	1.1717	1.2668	1.3686	1.4775	1.5938	1.7182	1.8509	1.9926	2.1436	2.4760	3.0590	3.5115	4.2998
9	1.0937	1.1951	1.3048	1.4233	1.5513	1.6895	1.8385	1.9990	2.1719	2.3579	2.7731	3.5179	4.1084	5.1598
10	1.1046	1.2190	1.3439	1.4802	1.6289	1.7908	1.9672	2.1589	2.3674	2.5937	3.1058	4.0456	4.8068	6.1917
11	1.1157	1.2434	1.3842	1.5395	1.1703	1.8983	2.1049	2.3316	2.5804	2.8531	3.4786	4.6524	5.6240	7.4301
12	1.1268	1.2682	1.4258	1.6010	1.7959	2.0122	2.2522	2.5182	2.8127	3.1384	3.8960	5.3503	6.5801	8.9161
13	1.1381	1.2936	1.4685	1.6651	1.8856	2.1329	2.4098	2.7196	3.0658	3.4523	4.3635	6.1528	7.6987	10.699
14	1.1495	1.3195	1.5126	1.7317	1.9799	2.2609	2.5785	2.9372	3.3417	3.7975	4.8871	7.0757	9.0075	12.839
15	1.1610	1.3459	1.5580	1.8009	2.0789	2.3966	2.7590	3.1722	3.6425	4.1772	5.4736	8.1372	10.539	15.407
16	1.1726	1.3728	1.6047	1.8730	2.1829	2.5404	2.9522	3.4259	3.9703	4.5950	6.1304	9.3576	12.330	18.488
17	1.1843	1.4002	1.6528	1.9479	2.2920	2.6928	3.1588	3.7000	4.3276	5.0545	6.8660	10.761	14.426	22.186
18	1.1961	1.4282	1.7024	2.0258	2.4066	2.8543	3.3799	3.9960	4.7171	5.5599	7.6900	12.375	16.879	26.623
19	1.2081	1.4568	1.7535	2.1068	2.5269	3.0256	3.6165	4.3157	5.1417	6.1159	8.6128	14.232	19.748	31.948
20	1.2202	1.4859	1.8061	2.1911	2.6533	3.2071	3.8697	4.6610	5.6044	6.7275	9.6463	16.367	23.106	38.338

2 현가표

$$PVIF = \frac{1}{(1+\gamma)^t} = t\text{기간 후 1원의 현재가치}$$

할인율 / 연	1%	2%	3%	4%	5%	6%	7%	8%	9%	10%	12%	15%	17%	20%
1	.99010	.98039	.97087	.96154	.95238	.94340	.93458	.92593	.91743	.90909	.89286	.86957	.85470	.83333
2	.98030	.96117	.94260	.92456	.90703	.89000	.87344	.85734	.84168	.82645	.79719	.75614	.73051	.69444
3	.97059	.94232	.91514	.88900	.86384	.83962	.81630	.79383	.77213	.75131	.71178	.65752	.62437	.57870
4	.96098	.92385	.88849	.85480	.82270	.79209	.76290	.73503	.70843	.68301	.63552	.57175	.53365	.48225
5	.95147	.90573	.86261	.82193	.78353	.74726	.71299	.68058	.64993	.62092	.56743	.49718	.45611	.40188
6	.94205	.88797	.83748	.79031	.74622	.70496	.66634	.63017	.59627	.56477	.50663	.43233	.38984	.33490
7	.93272	.87056	.81309	.75992	.71068	.66506	.62275	.58349	.54703	.51316	.45235	.37594	.33320	.27908
8	.92348	.85349	.78941	.73069	.67684	.62741	.58201	.54027	.50187	.46651	.40388	.32690	.28478	.23257
9	.91434	.83676	.76642	.70259	.64461	.59190	.54393	.50025	.46043	.42410	.36061	.28426	.24340	.19381
10	.90529	.82035	.74409	.67556	.61391	.55839	.50835	.46319	.42241	.38554	.32197	.24718	.20804	.16151
11	.89632	.80426	.72242	.64958	.58468	.52679	.47509	.42888	.38753	.35049	.28748	.21494	.17781	.13459
12	.88745	.78849	.70138	.62460	.55684	.49697	.44401	.39711	.35553	.31863	.25668	.18691	.15197	.11216
13	.87866	.77303	.68095	.60057	.53032	.46884	.41496	.36770	.32618	.28966	.22917	.16253	.12989	.09346
14	.86996	.75788	.66112	.57748	.50507	.44230	.38782	.34064	.29925	.26333	.20462	.11433	.11102	.07789
15	.86135	.74301	.64186	.55526	.48102	.41727	.36245	.31524	.27454	.23939	.18270	.12289	.09489	.06491
16	.85282	.72845	.62317	.53391	.45811	.39365	.33873	.29189	.25187	.21763	.16312	.10686	.08110	.05409
17	.84438	.71416	.60502	.51337	.43630	.37136	.31657	.27027	.23107	.19784	.14564	.09293	.06932	.04507
18	.83602	.70016	.58739	.49363	.41552	.35034	.29586	.25025	.21199	.17986	.13004	.08081	.05925	.03756
19	.82774	.68643	.57029	.47464	.39573	.33051	.27651	.23171	.19449	.16351	.11611	.07027	.05064	.03130
20	.81954	.79297	.55368	.45639	.37689	.33180	.25842	.21455	.17843	.14864	.10367	.06110	.04328	.02608

3 연금복리표

$FVIF = (1+\gamma)^t - 1\gamma = t$기간 반복되는 1원 연금의 미래가치합계

연 \ 이자율	1%	2%	3%	4%	5%	6%	7%	8%	9%	10%	12%	15%	17%	20%
1	1.0000	1.0000	1.0000	1.0000	1.0000	1.0000	1.0000	1.0000	1.0000	1.0000	1.0000	1.0000	1.0000	1.0000
2	2.0100	2.0200	2.0300	2.0400	2.0500	2.0600	2.0700	2.0800	2.0900	2.1000	2.1200	2.1500	2.1700	2.2000
3	3.0301	3.0604	3.0909	3.1216	3.1525	3.1836	3.2149	3.2464	3.2781	3.3100	3.3744	3.4725	3.5389	3.6400
4	4.0604	4.1216	4.1836	4.2465	4.3101	4.3746	4.4399	4.5061	4.5731	4.6410	4.7793	4.9934	5.1405	5.3680
5	5.1010	5.2040	5.3091	5.4163	5.5256	5.6371	5.7507	5.8666	5.9847	6.1051	6.3528	6.7424	7.0144	7.4416
6	6.1520	6.3081	6.4684	6.6330	6.8019	6.9753	7.1533	7.3359	7.5233	7.7156	8.1152	8.7537	9.2068	9.9299
7	7.2135	7.4343	7.6625	7.8983	8.1420	7.3938	8.6540	8.9228	9.2004	9.4972	10.089	11.067	11.772	12.916
8	8.2857	8.5830	8.8923	9.2142	9.5491	9.8975	10.260	10.637	11.028	11.436	12.300	13.727	14.773	19.499
9	9,3685	9.7546	10.159	10.583	11.027	11.491	11.978	12.488	13.021	13.579	14.776	17.786	18.285	20.799
10	10.462	10.950	11.464	12.006	12.578	13.181	13.816	14.487	15.193	15.937	17.549	20.304	22.393	25.959
11	11.567	12,169	12.808	13.486	14.207	14.972	15.784	16.645	17.560	18.531	20.655	24.349	27.200	32.150
12	12.682	13.412	14.192	15.026	15.917	16.870	17.888	18.977	20.141	21.384	24.133	29.002	32.824	39.580
13	13.809	14.680	15.618	16.627	17.713	18.882	20.141	21.495	22.953	24.523	28.029	34.352	39.404	48.497
14	14.947	15.974	17.086	18.292	19.599	21.015	22.550	24.215	26.019	27.975	32.393	40.505	47.103	59.196
15	16.097	17.293	19.599	20.024	21.579	23.276	25.129	27.152	29,361	31.772	37.280	47.580	56.110	72.035
16	17.258	18.639	20.157	21.825	23.657	25.673	27.888	30.324	33.003	35.950	42.753	55.717	66.649	87.442
17	18.430	20.012	21.762	23.697	25.840	28.213	30.840	33.750	36.974	40.545	48.884	65.075	78.979	105.93
18	19.615	21.412	23.414	25.654	28.132	30.906	33.999	37.450	41.301	45.599	55.750	75.836	93.406	128.12
19	20.811	22.841	25.117	27.671	30.539	33.760	37.379	41.446	46.018	51.159	63.440	88.212	110.28	154.74
20	22.019	24.297	26.870	29.778	33.066	36.786	40.995	45.762	51.160	57.275	72.052	102.44	130.03	186.69

4 연금현가표

$$PVIFA = \frac{(1+\gamma)^t - 1}{\gamma(1+\gamma)^t} = t\text{기간 반복되는 1원 연금의 현재가치합계}$$

할인율 / 연	1%	2%	3%	4%	5%	6%	7%	8%	9%	10%	12%	15%	17%	20%
1	.99010	.98039	.97087	.96154	.95238	.94340	.93458	.92593	.91743	.90909	.89286	.86957	.85470	.83333
2	1.9704	1.9416	1.9135	1.8861	1.8594	1.8334	1.8080	1.7833	1.7591	1.7355	1.6901	1.6257	1.5852	1.5278
3	2.9410	2.8839	2.8286	2.7751	2.7232	2.6730	2.2643	2.5771	2.5313	2.4869	2.4018	2.2832	2.2096	2.1065
4	3.9020	3.8077	3.7171	3.6299	3.5460	3.4651	3.3872	3.3121	3.2397	3.1699	3.0373	6.8550	2.7432	2.5887
5	4.8534	4.7135	4.5797	4.4518	4.3295	4.2124	4.1002	3.9927	3.8897	3.7908	3.6048	3.3522	3.1993	2.9906
6	5.7955	5.6041	5.4172	5.2421	5.0757	4.9173	4.7665	4.6229	4.4859	4.3553	4.1114	3.7845	3.5892	3.3255
7	6.7282	6.4720	6.6303	6.0021	5.7864	5.5824	5.3893	5.2064	5.0330	4.8684	4.5638	4.1604	3.9224	3.6046
8	7.6517	7.3255	7.0197	6.7327	6.4632	6.2098	5.9713	5.7466	5.5348	5.3349	4.9676	4.4873	4.2072	3.8372
9	8.5660	8.1622	7.7861	7.4353	7.1078	6.8017	6.5152	6.2469	5.9952	5.7590	5.3283	4.7716	4.4506	4.0310
10	9.4713	8.9826	8.5302	8.1109	7.7217	7.3601	7.0236	6.7101	7.4177	6.1446	5.6502	5.0188	4.6586	4.1925
11	10.368	9.7868	9.2526	8.7605	8.3064	7.8869	7.4987	7.1390	6.8052	6.4951	5.9377	5.2337	4.8364	4.3271
12	11.255	10.575	9.9540	9.3851	8.8633	8.3838	7.9427	7.5361	7.1607	6.8137	6.1944	5.4206	4.9884	4.4392
13	12.134	11.348	10.635	9.9856	9.3936	8.8527	8.3576	7.9038	7.4869	7.1034	6.4235	5.5831	5.1183	4.5372
14	13.004	12.106	11.296	10.563	9.8986	9.2950	8.7455	8.2442	7.7862	7.3667	6.6282	5.7245	5.2293	4.6106
15	13.865	12.849	11.938	11.119	10.380	9.7122	9.1079	8.5595	8.0607	7.6061	6.8109	5.8474	5.3242	4.6755
16	14.718	13.578	12.561	11.652	10.838	10.106	9.4466	8.8514	8.3126	7.8237	6.9740	5.9542	5.4053	4.7296
17	15.562	14.292	13.166	12.166	11.274	10.477	9.7632	9.1216	8.5436	8.0216	7.1196	6.0472	5.4746	4.7746
18	16.398	14.992	13.754	12.659	11.690	10.828	10.059	9.3719	8.7556	8.2014	7.2497	6.1280	5.5339	4.8122
19	17.226	15.678	14.324	13.134	12.085	11.158	10.336	9.6036	8.9501	8.3649	7.3658	6.1982	5.5845	4.8435
20	18.046	16.351	14.877	13.590	12.462	11.470	10.594	9.8181	9.1285	8.5136	7.4694	6.2593	5.6278	4.8696

연습문제 정답

SECTION 01

연습문제 정답

제 1 장 회계의 기본개념

1. ④ 2. ① 3. ④ 4. ④ 5. ① 6. ④ 7. ① 8. ③ 9. ② 10. ②
11. ① 12. ④ 13. ③ 14. ④ 15. ② 16. ③ 17. ④ 18. ② 19. ① 20. ④

제 2 장 회계순환과정의 기본구조

1. ④ 2. ② 3. ② 4. ② 5. ④ 6. ① 7. ④ 8. ① 9. ③ 10. ①
11. ② 12. ④ 13. ① 14. ②

제 3 장 기본 재무제표

1. ② 2. ① 3. ① 4. ④ 5. ② 6. ③ 7. ④ 8. ④ 9. ③ 10. ④
11. ④ 12. ③ 13. ② 14. ④ 15. ③ 16. ④ 17. ③ 18. ②

제 4 장 금융자산(Ⅰ): 현금 및 금융상품

1. ② 2. ① 3. ② 4. ③ 5. ④ 6. ④ 7. ④ 8. ② 9. ③ 10. ①
11. ③ 12. ③ 13. ④ 14. ② 15. ① 16. ① 17. ③ 18. ① 19. ③ 20. ②
21. ② 22. ① 23. ② 24. ③ 25. ③ 26. ① 27. ② 28. ③

제 5 장 금융자산(II): 유가증권

1. ④ 2. ② 3. ① 4. ① 5. ④ 6. ② 7. ② 8. ④ 9. ③ 10. ③
11. ④ 12. ② 13. ④ 14. ④ 15. ④ 16. ④ 17. ③

제 6 장 금융자산(III): 수취채권과 지급채무

1. ① 2. ③ 3. ② 4. ① 5. ② 6. ③ 7. ② 8. ② 9. ① 10. ③
11. ② 12. ① 13. ③ 14. ② 15. ② 16. ③

제 7 장 상품매매거래와 재고자산

1. ③ 2. ② 3. ③ 4. ③ 5. ① 6. ③ 7. ② 8. ④ 9. ③ 10. ①
11. ② 12. ④

제 8 장 금융자산(IV): 지분증권과 채무증권

1. ④ 2. ④ 3. ④ 4. ③ 5. ④

제 9 장 유형자산과 무형자산, 기타비유동자산

1. ① 2. ① 3. ④ 4. ② 5. ④ 6. ① 7. ④ 8. ① 9. ④ 10. ①
11. ③ 12. ① 13. ④ 14. ② 15. ④ 16. ② 17. ② 18. ① 19. ④ 20. ③
21. ① 22. ④ 23. ③ 24. ③ 25. ② 26. ①

제10장 금융부채와 비유동부채 및 장기충당부채

1. ③ 2. ① 3. ② 4. ① 5. ④ 6. ④ 7. ③ 8. ② 9. ① 10. ④
11. ① 12. ③ 13. ④ 14. ④ 15. ④ 16. ① 17. ② 18. ① 19. ③ 20. ①
21. ④

제11장 자본 회계

1. ③ 2. ④ 3. ③ 4. ④ 5. ④ 6. ④ 7. ④ 8. ③ 9. ③ 10. ③
11. ① 12. ④ 13. ④ 14. ④ 15. ① 16. ② 17. ④ 18. ② 19. ② 20. ④
21. ④ 22. ④

제12장 수익과 비용 회계

1. ② 2. ④ 3. ② 4. ④ 5. ③ 6. ③

제13장 회계변경과 오류수정

1. ② 2. ③ 3. ③

제14장 재무제표 정보의 활용과 분석

1. ④ 2. ① 3. ① 4. ② 5. ①

찾아보기

ㄷ

ㄹ

ㅁ

ㅂ

ㅅ

ㅇ

ㅈ

ㅊ

ㅌ

ㅍ

ㅎ

저자 약력

- 한양대학교 졸업, 경제학사
- 숙명여자대학교 대학원 졸업, 경영학석사
- 숙명여자대학교 대학원 졸업, 경영학박사

경 력

- 가천대학교 겸임교수
- 한양대학교 겸임교수
- 수원여자대학교 겸임교수
- GIST(광주과학기술원) 대우교수
- 경인여자대학교 겸임교수
- 한국석유관리원 감사, 청렴옴부즈만
- 기획재정부, 정부 및 준정부기관 경영평가위원
- 동원대학, 경희대학교, 장안대학, 부천대학교, 수원대학교 겸임교수
- 중소벤처기업진흥공단 전문위원
- 경기도경제과학진흥원 전문위원, 경기스타트업 플랫폼 전문위원
- 한국직업능력개발원 직업훈련기관 평가위원, 국가공인자격시험 심사위원
- 한국산업인력관리공단 직업능력개발훈련과정 심사위원
- 지식경제부, 공무원연수원 전문위원, 한국청소년수련원 지도자과정 연수담당(재무관리)
- 국가공인중소벤처부 경영지도사, 원가분석사 자격시험 출제위원
- 국가공인 한국세무사회 전산회계, 재무관리 2, 전산세무회계, 기업회계, 세무회계 자격시험 출제위원
- 한국경영기술컨설턴트협회 이사, 경영지도사 양성과정 위원장
- 경영지도사, 원가분석사
- 숙명여대 경영·경제연구소 연구원
- 한양대학교, 숙명여자대학교, 한양사이버대학교, 서울사이버대학교, 한양여자대학, 진주산업대학교, 세종대학교, 경기대학교, 남서울대학교, KAIST, 경기과학기술대학교, 광운대학교, 강서대학교, 공무원연수원, 우정사업부 회계담당 교수 등

저 서

- 원가관리회계(예문사, 2018)
- 재무회계(박영사, 2019)
- 직장인을 위한 회계&세무시리즈(나눔출판사, 2010)
- 전산회계1급 실기·필기(나눔출판사, 2011)

주요논문

- 다국적기업의 투자 및 기술이전을 통한 이전가격 세제에 관한 연구, 2000
- 전산회계시스템의 회계처리와 보고에 관한 연구, 2002
- 내부거래비율과 조세부담정도와의 관계에 대한 실증연구, 2004 외 다수

김경자 박사의 회계놀이터
cafe.naver.com/accounting33

e-mail
kjkimaa@naver.com

제 5 판

쉽고 알찬 회계원리

초판발행 2012년 8월 10일
제 2 판 발행 2015년 6월 30일
제 3 판 발행 2019년 8월 25일
제 4 판 발행 2022년 3월 25일
제 5 판 발행 2026년 1월 30일

지은이 김경자
펴낸이 안종만 · 안상준

편 집 전채린
기획/마케팅 김민규
표지디자인 BEN STORY
제 작 고철민 · 김원표

펴낸곳 (주) 박영사
서울특별시 금천구 가산디지털2로 53, 210호(가산동, 한라시그마밸리)
등록 1959. 3. 11. 제300-1959-1호(倫)
전 화 02)733-6771
f a x 02)736-4818
e-mail pys@pybook.co.kr
homepage www.pybook.co.kr
ISBN 979-11-303-9755-9 93320

정 가 33,000원